साहित्य की पहचान

साहित्य की पहचान

नामवर सिंह

सम्पादक
आशीष त्रिपाठी

राजकमल प्रकाशन

ISBN : 978-81-267-2251-8

मूल्य : ₹895

पहला संस्करण : 2012
दूसरा संस्करण : 2015
This book is printed on **Print on Demand** Technology : 2024

प्रकाशक : राजकमल प्रकाशन प्रा.लि.
1-बी, नेताजी सुभाष मार्ग, दरियागंज
नई दिल्ली-110 002

शाखाएँ : अशोक राजपथ, साइंस कॉलेज के सामने, पटना-800 006
पहली मंजिल, दरबारी बिल्डिंग, महात्मा गांधी मार्ग, प्रयागराज-211 001
1, अनमोल सोराबजी संतुक लेन, धोबी तलाव, मरीन लाइंस, मुम्बई-400 002
वेबसाइट : www.rajkamalprakashan.com
ई-मेल : info@rajkamalprakashan.com

SAHITYA KI PAHCHAN
by Namwar Singh
Edited by Ashish Tripathi

पहचान नयी पहचान

नामवर सिंह संवादी आलोचक हैं। आलोचना में 'सहयोगी प्रयास' के पक्षधर। वाद विवाद संवाद को अनिवार्य मानते हुए संवाद के प्रत्येक रूप के लिए प्रस्तुत। साहित्य-समाज में छिड़ी चर्चाओं में अपनी मान्यताओं और तर्कों के साथ उपस्थित होकर उसमें अपने ढंग से हस्तक्षेप करना उन्हें ज़रूरी लगता है। रुचिकर भी। इसमें वे रमते हैं। 'छायावाद' जैसी आलोचना-कृति में ज़रूर वे अपनी ओर से गैर विवादी मुद्रा में दीखते हैं, परन्तु 'कविता के नये प्रतिमान' और 'दूसरी परम्परा की खोज' के साथ ही 'इतिहास और आलोचना' से लेकर 'वाद विवाद संवाद' तक के निबन्ध ज़रूर किसी न किसी तात्कालिक बहस में हिस्सा लेते हुए लिखे गए हैं। सम्भवतः इसीलिए इन पुस्तकों और निबन्धों को पढ़ते हुए हम उन्हें संवाद करते हुए अनुभव करते हैं। उनकी आलोचना का 'लिखित शब्द' मूलतः 'संवादी शब्द' मालूम पड़ता है।

नामवर जी की रचना-प्रक्रिया के लिए वैचारिक उत्तेजना अनिवार्य रही है। उनके निबन्धों को पढ़ते हुए पाठक किसी भव्यता और दिव्यता से साक्षात्कार नहीं करता। शीतधर्मी रस-ग्राह्यता या ज्ञान-मीमांसा से भी उसका सामना नहीं होता। इन निबन्धों में प्रवेश करते ही वह बहस में उतरता है और स्वयं भी एक वैचारिक-ऊर्जा अनुभव करता है। रचना में तन्मय होने की अद्भुत योग्यता के बावजूद अपवादों को छोड़कर नामवर जी तन्मय करने वाले लेखन की ओर प्रवृत्त नहीं होते। अकारण नहीं है कि आचार्य रामचन्द्र शुक्ल, आचार्य हजारी प्रसाद द्विवेदी और डॉ. रामविलास शर्मा के प्रशंसक होने और उनसे शिष्यवत सीखने के बावजूद रचनाकार केन्द्रित आलोचना लिखने में उनका मन नहीं रमा है। 'दूसरी परम्परा की खोज' और परवर्ती समय में नागार्जुन, त्रिलोचन, शमशेर, राहुल सांकृत्यायन पर कुछ फुटकर आलेख अपवाद हैं। वाद-विवाद की वैचारिक उत्तेजना से मुक्त लेखन का प्रायः उनमें अभाव है। इस मायने में वे मुक्तिबोध के हमराही हैं। सगोतिया। वैचारिक आधारों से लेकर संरचना तक। यह कम महत्वपूर्ण नहीं है कि नामवर जी के प्रारम्भिक लेखन के दौर में, जब सीखें 'स्वभाव' का हिस्सा बनती हैं मुक्तिबोध हरिशंकर परसाई के सम्पादन में छपने

वाली पत्रिका 'वसुधा' में 'स्तम्भ' के रूप में 'एक साहित्यिक की डायरी' के निबन्ध लिख रहे थे। ये निबन्ध आलोचना में एक बिल्कुल नये शिल्प की खोज कर रहे थे। इनमें वाद-विवाद की गहन आत्मिक उत्तेजना और सघन तीव्रता थी। उपनिषदों, संगीतियों, सत्संगों तथा हितोपदेश, बैताल-पचीसी और सिंहासन बत्तीसी के देश में यह सहज सम्भव था। ये निबन्ध नामवर जी ने रुचि और ध्यान से पढ़े थे। इसका अन्दाजा इसी बात से लगाया जा सकता है कि 1964 में इन निबन्धों के पुस्तक रूप में प्रकाशन के तुरन्त बाद उन्होंने तत्परता से इसकी समीक्षा लिखी और बाद में विनम्र गर्व के साथ कहा–''मेरी जानकारी में, 'एक साहित्यिक की डायरी' पर यह पहली समीक्षा है''। याद करना ज़रूरी लगता है कि आलोचक नामवर सिंह ने पुस्तक समीक्षायें प्रायः नहीं लिखी हैं। उनके साठ वर्ष से अधिक के आलोचना-जीवन में किसी आलोचना-पुस्तक के प्रकाशित होते ही उसकी समीक्षा के लिए तत्पर होने का कोई दूसरा उदाहरण मिलना कठिन है। सीधा आशय यह है कि ऐसी वैचारिक उत्तेजना उन्हें किसी अन्य पुस्तक से प्राप्त नहीं हुई। यह देखना भी दिलचस्प है कि समीक्षा लिखते हुए पुराने पढ़े हुए निबन्धों की याद अभी इतनी ताजा थी कि वे सहज ही उनके बदलावों को अनुभव कर सके–'प्रस्तुत रूप में प्रकाशित करते समय डायरी के खंडों में यादृच्छिक ढंग से क्रम विपर्यय कर दिया गया है और कुछ अंश छूट भी गए हैं।'

वैचारिकता से सहमत होना ही इस आकर्षण का एक मात्र कारण नहीं हो सकता। नामवर जी इन निबन्धों की साझीदार बना लेने वाली आत्मिक संवादधर्मिता के प्रति एक हद तक मुग्ध हैं–''प्लेटो के 'डायलाग्स' को छोड़कर, मुझे याद नहीं कि मैंने इस तरह कहीं हिस्सा लेने की विवशता का सुखद अनुभव किया हो।'' यह संवाद इसलिए अधिक प्रभावशाली है कि यह निष्क्रिय सिरे पर, प्रेष्य छोर पर मौजूद लोगों को भी संवाद में शामिल कर लेता है। यह गुण सिर्फ बाहरी पक्षों से वाद-विवाद करने से पैदा नहीं होता। खुद से बहस करना इसका अनिवार्य हिस्सा है। इस बहस के सिरे अन्तर्जगत से बहिर्जगत तक फैले हैं–'कुछ लोग दुनिया में बहस करते हैं तो कुछ सिर्फ अपने से, किन्तु कुछ थोड़े-से लोग ऐसे भी होते हैं जो दुनिया से बहस करने की प्रक्रिया में अपने-आप से भी बहस चालू रखते हैं। मुक्तिबोध ऐसे ही थोड़े-से लोगों में थे और उनकी 'एक साहित्यिक की डायरी' ऐसी ही जीवन्त बहस का सर्जनात्मक दस्तावेज़ है जिसमें भाग लेने का लोभ संवरण करना कठिन है। अपने-आपसे या किसी दूसरे से बात करते हुए मुक्तिबोध पाठक को कुछ इस प्रकार उस वार्तालाप का साझीदार बना लेते हैं कि निःसंग रहना कठिन हो जाता है। यह अपनापा संक्रामक है; स्वयं से अस्वयं होना है।" निज की सामाजिक और सांस्कृतिक सीमाबद्धता से मुक्त होने की प्रक्रिया का शुरू होना, इस संवाद का स्वाभाविक परिणाम है। इसके

लिए स्वयं की सीमाओं पर प्रहार करना अनिवार्य है। परन्तु इस प्रहार में भी गहन आत्मीयता है–"लगातार प्रहार करते हुए आत्मीयता का वैसा ही सम्मोहन और वैसा ही दुर्निवार निमन्त्रण विचार-प्रक्रिया में स्वतः भाग लेने का। दूसरे से प्रश्न करने के साथ-साथ अपने-आप पर भी उस प्रश्न का वैसा ही वार। और इस प्रकार विचार की गति के साथ अपने-आपको स्तर-स्तर खोलते जाना। न कहीं कोई छिपाव, न कोई दुराव। सतत आत्म-सजगता के बीच आत्म-विडम्बना का निरन्तर निर्मम बोध।" इसके लिए पारदर्शी ईमानदारी और सच्चाई अनिवार्य है–"यह पारदर्शी ईमानदारी ही है जो मुक्तिबोध की 'एक साहित्यिक की डायरी' को अनूठा आकर्षण प्रदान करती है, जिसे लेखक ने 'सुकुमार ज्वालाग्रही जादुई शक्ति' कहा है। मस्तिष्क की हर हरकत हम साफ देखते हैं जैसे शीशे के अन्दर पारे की लकीर हो! ईमानदारी इस हद तक कि युक्तियों में स्वयं पकड़ लिए जाने को भी सहर्ष प्रस्तुत और फिर निरस्त्र कर देने वाला खुलापन। ऐसा खुलापन जिसमें खोने के लिए कुछ भी न हो, सिवा किसी कमी के और पाने के लिए सब कुछ हो, जैसे आत्म-प्रत्यय। और फिर ईमानदारी ही जैसे काफी न हो, इसलिए उसके साथ-साथ मस्तिष्क की वस्तुनिष्ठता और तथ्यपरकता, जिसे अक्सर सचाई कहा जाता है। साथ ही एक प्रकार की प्रतिश्रुति-धर्मी 'गम्भीरता' भी, जो साहित्य में दिलचस्पी-भर लेने से कहीं गहरी हो। 'यह ईमानदारी एक वैज्ञानिक की सी है–"जैसे एक शिक्षक अपने शिष्यों को अथवा सारे संसार को विद्यार्थी समझकर कहता है। किन्तु 'एक साहित्यिक की डायरी' में लगता है जैसे मुक्तिबोध अपने किसी समानधर्मा से विचार-विनिमय कर रहे हैं–"एक सत्यान्वेषी की तरह हर सम्भव तथ्य को परखने के लिए रुकते हुए और प्रत्येक मान्यता को प्रस्तुत करने के साथ ही उसे जाँचते हुए।''

'एक साहित्यिक की डायरी' का संवाद वस्तुतः जीवन-प्रक्रिया का हिस्सा होने की वजह से सम्भव हुआ है–''दरअसल, इसके पीछे एक पूरी जीवन प्रक्रिया है। जो सदैव निरी आत्माभिव्यक्ति के लिए बेचैन रहते हैं उनके लिए यह कदापि सम्भव नहीं है। जो व्यक्ति एक साधारण आदमी की तरह अपने आसपास के सामाजिक परिवेश में हिस्सा लेता है और हर परिचित-अपरिचित को सहचर की तरह स्वीकार करते हुए हमेशा उन्मुक्त विचार-विनिमय के लिए प्रस्तुत रहता है उसी के लेखन में भी सम्प्रेषण और सम्भाषण का यह गुण आता है। और साफ दिखाई पड़ता है कि–"एक साहित्यिक की डायरी' ऐसी ही सामाजिक जीवन-प्रक्रिया की उपज है।'' यह आकर्षण तार्किक वैचारिक पक्षधरता से उपजा है, परन्तु उससे ज़्यादा रुचि की समानता से। नामवर सिंह अपनी आलोचना के लिए जिस शिल्प की तलाश कर रहे थे, वह उन्हें 'वसुधा' में प्रकाशित इन निबन्धों में मिला। उन्होंने इस शिल्प की प्रतिकृति विकसित नहीं की, परन्तु उसे अपनी ज़रूरतों के अनुसार विन्यस्त किया। 'एक साहित्यिक की

डायरी' के संवादी शिल्प की नाटकीयता को उन्होंने प्रायः छोड़ दिया, परन्तु संवाद की मूल भंगिमाओं को स्वीकार किया। उनकी आलोचना में संवाद के उन सभी गुणों को पाने की कोशिश साफ़ देखी जा सकती है, जिनका कि ऊपर उल्लेख हुआ–सहभागी बनाना, आत्मालोचन के लिए उकसाना, अपनापा, आत्म प्रहार, खुलापन, आत्म सजगता, पारदर्शी ईमानदारी, वस्तुनिष्ठता, तथ्यपरकता, शिक्षक-भाव, सत्यान्वेषण और जीवन प्रक्रिया से सघन जुड़ाव।

मुक्तिबोध सही अर्थों में नामवर जी के अग्रज और साथी आलोचक हैं। नामवर जी अपनी आलोचना में उनके सहधर्मा बनने की ईमानदार और सच्ची कोशिश करते हैं। इसका एक बड़ा कारण तो यही है कि मुक्तिबोध प्रगतिशील साहित्य समाज के इकलौते आलोचक थे जो भीतरी और बाहरी, प्रगतिशील और प्रगतिशील विरोधी दोनों ही शिविरों के अतिवादों और हठधर्मी मतवादों से गम्भीर संघर्ष कर रहे थे। वे रचना की 'आन्तरिकता' और 'बाहरी सम्बद्धता' दोनों को ठीक से समझने पर बल देते थे और दोनों की द्वन्द्वात्मकता को उसके 'आन्तरिक तर्कों' से समझना चाहते थे। वे आलोचना को 'मैत्री-दर्शन' मानते थे। प्रगतिवादी शिविर में प्रभावी हो रहे सरलीकरणों की तानाशाही से संघर्ष करना उन्हें ज़रूरी लगता था। नामवर सिंह की आलोचना यहीं कहीं पर अपना केन्द्र रचती है। नयी कविता के दौर में ये दोनों आलोचक एक साथ संघर्ष करते हैं। मुक्तिबोध के असामयिक निधन के बाद भी नामवर सिंह प्रायः इसी रास्ते पर आगे चलते रहे हैं। वाद विवाद संवाद के प्रति तीव्र आकर्षण ने दोनों आलोचकों की 'आत्मा के भूगोल' को गहराई से प्रभावित किया।

मुक्तिबोध और नामवर सिंह की आलोचना में उभरने वाला 'संवाद' वस्तुतः तत्कालीन समाजिक परिदृश्य का हिस्सा था। पाँचवें और छठें दशक का भारत वाद-विवाद-संवाद से गुजर रहा था। राजनीति और अर्थनीति से लेकर संस्कृति और साहित्य के क्षेत्रों में तीव्र वैचारिक उथल-पुथल थी। भारत के नवनिर्माण की परिकल्पना को लेकर तो बहस थी ही, आज़ादी की प्रक्रिया को लेकर भी मतभेद थे। स्वतन्त्रता संघर्ष के दौरान प्रभावी हो रहे शासक वर्गों का वर्ग चरित्र आजादी प्राप्त होने के बाद ज़्यादा साफ़ होकर उभरा। आज़ादी वास्तविक है या आभासी–यह एक कठिन सवाल था, जिसमें मतान्तर स्पष्ट थे। आजाद भारत में नव निर्माण के प्रयोगों में 'नव गति, नव लय, ताल छन्द नव' रचने के नाम पर 'पुरातनता' और 'अभिजनी पूँजीवादोन्मुख आधुनिकता' को विन्यस्त करने की कोशिशें जारी थीं। लोकतन्त्र को जीवन्त सामाजिक-प्रक्रियाओं से स्थायी रूप से अलगाने या जोड़ने के भिन्न विचार रखने वाली शक्तियाँ अपने तरीकों से कार्य कर रही थीं। राष्ट्रीय आन्दोलन के जनवादी उभार को ठिकाने लगाने के लिए शासक वर्ग जनता को 'समाजवाद' और 'लोकतन्त्र' के नारों में उलझाने और भरमाने की नीति पर काम कर रहा था।

'लोकतन्त्र' की प्रकट 'सहभागिता' में 'संवाद' करने का हक सबको हासिल हुआ। बावजूद इसके 'कुछ' 'सब' की ओर से बोल रहे थे। यह संवाद का आभास था।

आजादी के बाद के पहले दशक में लोकतन्त्र को संवादी बनाने के लिए संघर्ष करना ज़रूरी था। संवाद सिर्फ़ भाषा की प्रवृत्ति नहीं होते। अपने वृहत्तर अर्थ में ये वस्तुतः भिन्न सामाजिक समुदायों, वर्गों और समूहों की अन्तर्क्रिया के द्वारा रूपायित होते हैं। भारत जैसे समाजों में, जहाँ सामाजिक संरचना भेद पर आधारित है, भिन्न सामाजिक समूहों की परस्परतायें और विरोध–इन अन्तर्क्रियाओं पर निर्भर करते हैं। 'परस्परता' का सन्तुलन वस्तुतः शोषण सहते जाने और अन्याय का प्रतिकार न करने की वंचित वर्गों की क्षमता और इसके लिए ज़रूरी बाध्यता पर टिका होता है। शोषण, अन्याय और दमन के प्रति यह 'चुप्पी' सामाजिक गतिशीलता में मौजूद 'संवाद' में ताकतवर वर्गों के वर्चस्व का ही परिणाम है। स्पष्ट है कि समाज की शक्ति-संरचना संवाद को निर्धारित और नियंत्रित करती है। भारतीय स्वतन्त्रता संघर्ष की 'स्वातन्त्रय परियोजना' ने एक सीमा तक 'संवाद' के रास्ते में बाधक सामाजिक व्यवस्था के दबाव को ढीला बनाया था। आजादी के बाद इसे वास्तविक संवाद बनाने की ज़रूरत थी। परन्तु शासक वर्ग इसके लिए प्रस्तुत न थे, क्योंकि इससे हजारों सालों में बनी सामाजिक संरचना की 'परस्परता' और 'अन्तर्बन्ध' के नाजुक सन्तुलन के टूट जाने का का स्पष्ट खतरा मौजूद था। संवाद विकसित करने के लिए जनतान्त्रिकता का विकास अनिवार्य था।

भारतीय लोकतन्त्र की विभिन्न संस्थाओं में जनतान्त्रिकता के विकास के बगैर आजादी के महास्वप्नों को वास्तविक जमीन पर उतारने की कार्यवाही नहीं की जा सकती थी। लोकतन्त्र की आन्तरिक संरचना पर कब्जा जमाने की कोशिश में लगी पुनरूत्थानवादी और यथास्थितिवादी शक्तियों से लोहा लेकर ही जनवादी शक्तियों के लिए जगह बनायी जा सकती थी। स्पष्ट है कि इस प्रक्रिया में तेजी लाने के लिए विभिन्न सामाजिक समूहों के मध्य संवाद विकसित करना आवश्यक था। अनेक सदियों से चुप और संवाद के अधिकार से वंचित सामाजिक समूहों में संवाद के लिए आवश्यक साहस और समझ का विकास करना था। इसके लिए अनिवार्य परिस्थितियाँ कठिन संघर्ष से ही पैदा की जा सकती थीं। स्वतन्त्रता संघर्ष में अपनी सीमाओं में यह कार्य-प्रारम्भ हो चुका था। आजाद भारत में इसे तेज करने के लिए भारतीय सामाजिक संरचना में मौजूद अन्तर्विरोधों पर खुलकर बात करना ज़रूरी था। शासक वर्ग स्वतन्त्रता संघर्ष के दौरान इन्हें बार-बार ग़ैरज़रूरी बताकर स्थगित करने पर जोर देता रहा था। स्वतन्त्रता के बाद इस वर्ग का प्रभाव बढ़ा था। सत्ता-संरचना इस वर्ग के अधीन थी। स्पष्ट था कि भारत में सदियों से मौजूद असमानता, अन्याय और पराधीनता से जुड़े सवालों को टालते रहना उनकी वर्गीय रणनीति का हिस्सा

था। आन्तरिक सामाजिक संघर्ष का भय दिखाकर संवाद को भी रोके रखने की कोशिश की गई। राजनैतिक और बौद्धिक क्षेत्रों के तत्कालीन वाद-विवाद में इसकी झलक स्पष्ट रूप से देखी जा सकती है। साहित्य के क्षेत्र में होने वाली बहसें इसी व्यापक परिप्रेक्ष्य में देखी जानी चाहिये।

वामपक्षी राजनीति भी इस वाद-विवाद से गहराई से प्रभावित हुई। स्वतन्त्रता संघर्ष और लोकतन्त्र में उभरे 'संवाद' के 'आभास' को तोड़ने एवं उसे वास्तविक रूप से जनतांत्रिक बनाने की जिम्मेदारी जिस प्रगतिशील शिविर पर थी, वहाँ भी 'अन्यों' के साथ सुलूक जनतान्त्रिक न था। इस शिविर में एक शक्ति संरचना काम कर रही थी, जो जाने-अनजाने 'तीस के दशक के मार्क्सवाद' और खासतौर पर स्टालिन के विचारों से प्रभावित थी। स्वाभाविक है कि ऐसे में सच्चे प्रतिबद्ध प्रगतिशील बुद्धिजीवी को शासक वर्गों के 'संवादाभास' को भी तोड़ना था और प्रगतिशील शिविर में सिद्धान्तों के नाम पर व्यक्तिगत मतों की तानाशाही को भी चुनौती देनी थी। इस दौर में इस शिविर के आन्तरिक विवाद अत्यन्त उग्र और आक्रामक हो गए। जनतान्त्रिकता के अभाव में वैचारिक मतान्तर मताग्रहों के रूप में थिर हो गए और जनपक्षी वामपंथी राजनीति अनेक हिस्सों में बँट गई। एक तरफ वैश्विक स्तर पर हो रही बहसों और परिवर्तनों से इसका सम्बन्ध था तो दूसरी ओर तत्कालीन भारतीय परिस्थितियों के साथ सामंजस्य न बिठा पाने में विफलता से भी। इस विफलता के अनेक कारणों में प्रमुख है निरन्तर होने वाली वैचारिक बहसों में सच्ची जनतान्त्रिकता का अभाव। भारतीय कम्युनिस्ट पार्टी ऊपरी स्तर पर अपने नेताओं के बीच चल रहे विवादों को जमीन स्तर पर काम कर रहे जनता से सीधे जुड़े कार्यकर्ताओं के बीच ले जाकर उनकी भावनायें और विचार जानने में अक्षम रही। परिणामस्वरूप किसानों और श्रमिकों की भावना उसके निर्णयों में भागीदार नहीं हो पायी। पार्टी के भीतर एक व्यापक जनतान्त्रिक बहस नहीं बन पायी। पार्टी में दरार बढ़ती गई।

ऐसे परिदृश्य में हम सहज ही लक्षित कर सकते हैं कि प्रगतिशील साहित्यिकों ने इस जनतान्त्रिक संवादशीलता के लिए जगह बनाये रखी। प्रगतिशील लेखक संगठन के बिखर जाने के बाद भी यह संवाद जारी रहा। विविध वैचारिक पृष्ठभूमि से आए लेखक इस संवाद में शामिल होते रहे। परन्तु मार्क्सवाद से प्रतिबद्धता का प्रश्न उठाकर पक्ष-विपक्ष का स्पष्ट विभाजन करने और दूसरों पर हमला करने वाले बौद्धिक यहाँ भी मौजूद थे। 'सबसे अधिक प्रतिबद्ध कौन' का सवाल उठाकर दूसरों को विपथित और विचलित साबित करने वालों में एक योद्धा का सा जुनून भी दीख पड़ता था। आए दिन महत्वपूर्ण मार्क्सवादी लेखकों को पथच्युत सिद्ध किया जा रहा था। मार्क्सवादी शुद्धतावाद अपने चरम रूप में दीख पड़ता था। जब अपने शिविर के लेखक ही 'प्रतिबद्धता के डंडे' से बचने में नाकाम हो रहे थे तो अन्य विचारों के

लेखकों से संवाद कायम रखना और एक व्यापक जनवादी मोर्चा कायम रखना कठिन था। ऐसे में भी यह संवाद जारी रह सका तो निश्चित ही उसमें संवाद के लिए संघर्ष करने वाले लेखकों की भूमिका महत्वपूर्ण है। मुक्तिबोध और नामवर सिंह की आलोचना का महत्व इस संवाद को जारी रखने और संवाद में अपनी वैचारिकता को पूरे आग्रह के साथ रखने और वाद-विवाद करने से पीछे न हटने तथा भिन्न दृष्टि के लेखकों के प्रति संवाद के लिए अनिवार्य न्यूनतम आत्मीयता और सम्मान बनाये रखने में है। यह कार्य एक गहरी प्रतिबद्धता, नैतिकता, ईमानदारी और सच्चाई से ही सम्भव था। अकारण नहीं कि हिन्दी में इस कार्य का बीड़ा मुक्तिबोध जैसे कवि और आलोचक ने उठाया और जल्दी ही उन्हें इस कार्य में एक साथी मिल गया–नामवर सिंह। संवाद को बनाये रखने की ज़िद इनका सबसे बड़ा गुण था। प्रतिबद्धता का पैमाना।

नामवर सिंह की पहली तीन महत्वपूर्ण आलोचना पुस्तकों में से दो सीधी तौर पर 'संवादों' के बीच लिखी गईं। 'इतिहास' और आलोचना' के 1978 संस्करण की विज्ञप्ति में इसे स्वीकार करते हुये उन्होंने लिखा–'यह पुस्तक छठे दशक के वैचारिक संघर्ष का एक विवादमूलक दस्तावेज है।' इस विवाद का प्रतिपक्ष प्रगतिविरोधी शिविर था–'इस वैचारिक संघर्ष में प्रगतिविरोधी विचारों का जवाब देने में इन निबन्धों ने एक भूमिका अदा की थी।' जवाब देने की यह कार्यवाही प्रगतिशील शिविर में उस समय के शीर्ष विचारक डॉ. रामविलास शर्मा और मुक्तिबोध भी अपने-अपने तरीकों से कर रहे थे। जाहिर है कि अनेक आलेख सिर्फ लिखित संवाद न रहे होंगे, बल्कि सीधे संवादों अर्थात संगोष्ठियों में पढ़े गए होंगे। सम्भव है अनेक आलेख वाचिक वार्तालाप में भागीदार होने के बाद 'लिखित रूप' प्राप्त कर सके हों। 'आधुनिक साहित्य की प्रवृत्तियाँ' के निबन्ध इसी प्रक्रिया में लिखे गए थे। जून 1962 में लिखी गई भूमिका में नामवर जी लिखते हैं–'मूल रूप में ये निबन्ध कई जगहों पर एकाधिक बार व्याख्यान के रूप में प्रस्तुत हुए थे। मित्रों के आग्रह पर इन्हें आगे चलकर स्वतन्त्र निबन्धों के रूप में व्यवस्थित करने की कोशिश की गई।' छठे दशक में प्रारम्भ यह प्रक्रिया आगे भी चलती रही। 'वाद विवाद संवाद' के अनेक निबन्ध मूलतः संवादों में सहभागी के रूप में किए गए वाचिक व्याख्यान हैं, जिन्हें संशोधन-परिवर्धन के साथ 'पुनर्लिखित रूप' दिया गया। कहने की ज़रूरत नहीं कि यह उनकी आलोचना-प्रक्रिया का अनिवार्य हिस्सा है।

संवाद और वाचिकता में गहरा सम्बन्ध है। संवाद शुद्धतः लिखित रूपों में भी चलते रह सकते हैं, परन्तु परिस्थितियाँ कभी-कभी उन्हें वाचिक रूपों की ओर भी ले जाती हैं। सभा-संगोष्ठियाँ इसके अवसर उपलब्ध कराती हैं। नामवर सिंह के संवादी रूप को वाचिक से जोड़ने में इनकी महत्वपूर्ण भूमिका है। प्रगतिशील लेखक संघ और

परिमल के बीच विवादों को विकसित करने में संगोष्ठियों की भूमिका निर्णायक रही है। नामवर सिंह इसके स्वाभाविक अंग थे। नामवर जी के संवादी रूप को उभारने और वाचिकोन्मुख बनाने में इन संगोष्ठियों के अतिरिक्त सबसे महत्वपूर्ण भूमिका है अध्यापन की।

प्रारम्भिक दौर से ही वे अपनी संस्थाओं में लोकप्रिय अध्यापक रहे हैं। अध्यापन उनके संवादी आलोचक को गतिशील बनाता था। क्रियाशील भी। वह उन्हें आनन्द भी देता था और सचेत भी बनाता था। इस दुनिया में जाकर ही उन्हें एहसास हुआ कि चली आ रही जड़ प्रविधियों को छोड़ना और तोड़ना होगा। अध्यापन को संवादी, आधुनिक और मार्क्सवादी बनाने की चुनौती सामने थी। पुरातन 'शास्त्र' और आधुनिक पश्चिमी 'तत्ववाद'—जड़ रूप में सामने थी। 'आधुनिक साहित्य की प्रवृत्तियाँ' 'छायावाद' और 'कहानी नयी कहानी' जैसी पुस्तकों में मौजूद प्रतिपक्ष सिर्फ तत्कालीन आलोचना ही नहीं हैं, जड़ अध्यापन-प्रविधियाँ भी हैं। इसी दौर में उन्होंने अध्यापन के संवाद के उस ढाँचे को बदला जो एकपक्षी और हमारी सामाजिक संरचना का ही एक प्रतिरूप था। यहाँ अध्यापक 'सर्वशक्तिमान ऊपरी श्रेणी' की तरह व्यवहार करता था और छात्र 'मूक निचली श्रेणी' की तरह। नामवर सिंह ने उसे द्विपक्षीय अन्तर्क्रिया के रूप में विकसित किया। हम जानते हैं कि अध्यापन मूलतः संवाद है। कृति और पाठक (विद्यार्थी) के बीच। कृतिकार के युग, उसकी सामाजिकता और उसकी सौंदर्य दृष्टि तथा विद्यार्थियों के बीच। अध्यापक यहाँ मूलतः एक मध्यस्थ है, जिसके माध्यम से संवाद की यह प्रक्रिया रूपायित होती है। इसके लिए अध्यापक को अपना जीवन-विवेक, रचना-विवेक और आलोचना-विवेक विकसित करना होता है। एक जागरूक आलोचक की तरह। इसके लिए उसे इतिहास दर्शन, समाजशास्त्र, राजनीतिविज्ञान और मनोविज्ञान की विकसित संवेदना से अपनी विवेचन-प्रक्रिया रचनी होती है। इस प्रक्रिया मे उसे अपनी वर्ग-दृष्टि से मुक्त होकर विद्यार्थियों को वर्ग दृष्टि से मुक्त कराना होता है। यह इसीलिए भी आवश्यक है कि अध्यापक का उत्तरदायित्व सिर्फ साहित्य का आस्वाद पैदा कराना नहीं है। पुरानी कृतियों के माध्यम से परम्परा और समकालीन का संवाद रचना भी। ज्ञानात्मक संवेदना और संवेदनात्मक ज्ञान का विकास भी। छात्रों को जागरूक,संवेदनशील, उदार और परिवर्तनकामी नागरिक बनाना भी है।

अपने प्रारम्भिक दिनों में ही नामवर सिंह ने एक अध्यापक के रूप में इन जवाबदेहियों को स्वीकार कर लिया था। उनके भीतर के अध्यापक ने उनके आलोचक के विकास में योग दिया और उनके आलोचक ने उन्हें बेहतर और जवाबदेह अध्यापक बनाने में प्रभावी भूमिका अदा की। 'संवाद' के विविध रूपों के प्रति उनकी उत्सुकता का एक बड़ा कारण उनका अध्यापक होना भी है। नामवर जी के आलोचनाकर्म से

गुजरते हुए हम पाते हैं कि आलोचक एक संवदिया है जो एक ही समय में अनेक पक्षों से एक साथ संवाद करता हैं। वह एक तरह से देहरी पर खड़ा सचेत रचनात्मक विचारक और दृष्टा है जिसके एक ओर रचना में मौजूद 'जगत' है तो दूसरी ओर वास्तविक भौतिक- जगत। एक ओर रचना है तो दूसरी ओर शास्त्र। एक ओर समकाल है तो दूसरी ओर इतिहास, परम्परा और स्मृति। एक आलोचक इस तरह अनेक के मध्य और अनेक के साथ मौजूद होता है। एक ओर उसे 'रचना में डूबकर उसका 'आस्वाद' करना है, तो दूसरी ओर उससे बाहर आकर, उसके प्रति तटस्थ रहकर इन विविध लोकों के बीच एक साथ मौजूद रहने से बनी अपनी विशिष्ट अन्तर्चेतना से उसका परीक्षण करना है। प्रायः ब्रेख्तीय पद्धति से निरन्तर सचेत और तर्क प्रवण। एक आलोचक उपस्थित मौजूद अनेक लोकों में से किसी एक में डूब नहीं सकता। नामवर जी की सम्पूर्ण आलोचना से गुजरते हुए, प्रायः इसीलिए हम उन्हें 'गद्‌गद्', 'मगन' और 'अति प्रसन्न' मुद्रा में 'वाह! वाह!' करते बेहद कम देखते हैं। सच कहा जाए तो एक आलोचक के रूप में वे प्रायः अपने अध्यापक की ही तरह तैराक नजर आते हैं। शरीर तो रचना में डूबा, परन्तु मुख रचना के जल से बाहर मुक्त।

बीसवीं सदी के छठवें दशक की बहसें सातवें दशक के उत्तरार्द्ध में, विशेष रूप से नक्सलबाड़ी के जबर्दस्त धक्के से अप्रासंगिक सी होने लगी थीं। 'कविता के नये प्रतिमान' का प्रकाशन एक तरह से इन बहसों के अन्त की सूचना थी। यह पुस्तक बहस के दोनों पक्षों का एक संश्लेष भी करती थी और इस तरह पटाक्षेप भी। पुस्तक से उभरने वाली मुक्तिबोध की केन्द्रीयता एक तरह से नयी कविता के 'सुरुचि' समर्थक घराने के प्रगति-विरोधी तर्कों को अवैध बनाती थी। नक्सलबाड़ी आन्दोलन की पृष्ठभूमि से उठे सवाल एक तरह से मुक्तिबोध की वैचारिकता को स्वतः प्रमाणित करते थे। नक्सलबाड़ी की पृष्ठभूमि से तत्काल उभरे कवियों और अपेक्षाकृत बाद में उभरे कवियों द्वारा मुक्तिबोध की वैचारिक विरासत की व्यापक स्वीकार्यता ने भी छठे दशक की बहसों के प्रगतिविरोधी पक्षों को अप्रासंगिक बना दिया। समाजवादी लोकतान्त्रिकों और मार्क्सवादी कवियों के स्वर एक स्तर पर मिलते हुए से दिखायी पड़ने लगे। आजादी के अधूरेपन, पूँजीवादी विकास की अमानवीयता और लोकतन्त्र के आभासीपन को उद्‌घाटित करने वाली कविता अनेक वैचारिक पृष्ठभूमियों से उभरी। मुक्तिबोध, नागार्जुन, केदारनाथ अग्रवाल, त्रिलोचन–एक साथ ज़रूरी लगने लगे। मध्यवर्गीय सीमाबद्धता और नागर सुरुचि प्रश्नांकित होने लगी। लोक का प्रश्न अनिवार्य लगने लगा। प्रगतिशील लेखक पुनः संगठित हुए। लघुपत्रिकाओं के एक बड़े समूह ने आन्दोलन का रूप ले लिया। साहित्य की सारी बहसों में प्रगतिविरोधी खेमा प्रायः बाहर था। सारी बहसें मोटे तौर पर तीन समूहों में बँटे मार्क्सवादियों–

प्रगतिशीलों, जनवादियों और नववाम—के मध्य हो रही थीं। ज्ञानपीठ से पुरस्कृत-सम्मानित होने के बावजूद अज्ञेय बहसें चलाने में नाकामयाब हो रहे थे। वत्सलनिधि तथा अन्य संस्थानों से सक्रिय रहने के बाद भी। 'चौथा सप्तक' बिना चर्चा लुप्त हो गया था। नयी परिस्थितियों में उभरी नयी बहसों के मुद्दे भिन्न थे। टोन भी। कहना न होगा कि संवाद के प्रति आलोचक नामवर सिंह की बुनियादी उत्सुकता ने उन्हें नयी बहसों में भाग लेने के लिए आमन्त्रित किया। उन्होंने 1967 से 'आलोचना' के सम्पादक के रूप में इन बहसों में हिस्सेदारी की। इस दौर में 'आलोचना' में प्रकाशित उनके अधिकांश निबन्ध और सम्पादकीय इन नयी बहसों की पृष्ठभूमि में लिखे गए हैं।

प्रगतिशील लेखक संघ और जनवादी लेखक संघ के साथ ही नक्सलबाड़ी की पृष्ठभूमि में अनेक छोटे-छोटे समूह वामपंथी साहित्य आन्दोलन को जमीनी स्तर पर ले जाने में महत्वपूर्ण भूमिका निभा रहे थे। छोटे शहरों, कस्बों और गाँवों तक इन गतिविधियों का विस्तार हो रहा था। ऐसी स्थिति में प्रगतिशील आन्दोलन को अनेक महत्वपूर्ण कवियों, कथाकारों और विशेष रूप से आलोचकों की आवश्यकता थी जो प्रगतिशील मूल्यों और चेतना से सहानुभूति रखने वाले साधारण जनों, कामगारों, किसानों और शिक्षित जनों को परिपक्व मार्क्सवादी वैचारिक आधार दे सकें। रामविलास जी ने प्रेमचन्द को जनता का शिक्षक कहा था। प्रगतिशील आन्दोलनों को जनता के शिक्षकों की आवश्यकता थी। कहना न होगा कि सैकड़ों की मात्रा में प्रगतिशील साहित्यकार इस उत्तरदायित्व के निर्वहन के लिए आगे आए। देखते-देखते प्रगतिशील आन्दोलन ताकतवर रूप में उभरने लगा। नागार्जुन और नामवर सिंह इस लोकव्यापीकरण के असन्दिग्ध नायक थे। इसका एक बड़ा कारण उनकी संवादी वाचिकता थी। नागार्जुन 'बोलती हुई कविता' लिखते थे और नामवर सिंह 'बोलती हुई आलोचना।' इसी दौर में नामवर जी के व्याख्यानों की संख्या तेजी से बढ़ी। विकेन्द्रीकरण और लोकव्यापीकरण का यह अनिवार्य परिणाम था।

विकेन्द्रीकरण सत्तर के दशक में एक प्रमुख प्रवृत्ति बनकर उभरा। राजनीति से लेकर पत्रकारिता और साहित्य—सभी क्षेत्रों में आधुनिक विकास और लोकतान्त्रीकरण की प्रक्रिया में उभरे पूर्ववर्ती केन्द्रों के समानान्तर नये केन्द्रों का उभार हुआ। नक्सलबाड़ी से लेकर सम्पूर्ण क्रान्ति—सभी आन्दोलनों में ताकतवर केन्द्रों को चुनौती देने और उनकी शक्ति-सम्पन्नता को प्रश्नांकित करने की भावना मौजूद थी। लोकतन्त्र के लोकव्यापीकरण का यह अनिवार्य परिणाम था। प्रगतिशील आन्दोलन के पुनर्उभार ने साहित्य की दुनिया में इसे विकसित करने में अपनी महत्वपूर्ण भूमिका निभायी। हिन्दी क्षेत्र में कस्बों और छोटे शहरों तक गतिविधियों का विस्तार हुआ। महाविद्यालयों और विश्वविद्यालयों में अकादमिक हलचलें आकार लेने लगीं। राज्य सरकारों की साहित्यिक अकादमियाँ साहित्य के क्षेत्र में सहभागिता के लिए प्रस्तुत

हुई। इसी दौर में अशोक वाजपेयी के नेतृत्व में मध्यप्रदेश कला परिषद् और भारत भवन सक्रिय इकाई बनकर उभरे।

मध्यप्रदेश कला परिषद् और भारत भवन की पत्रिकाओं 'पूर्वग्रह' और 'कलावार्ता' ने वाचिक को प्रमुखता से छापा। भारत भवन ने उस दौर में विभिन्न विषयों पर दीर्घ परिसंवाद आयोजित किए। हिन्दी के प्रमुख रचनाकारों और बुद्धिजीवियों ने इन परिसंवादों में भागीदारी की। परिसंवाद में व्यक्त विचार 'पूर्वग्रह' में छापे। भारत भवन ने आठवें और नवें दशक में इनके माध्यम से एक वैचारिक उद्वेलन पैदा किया। मध्य प्रदेश में प्रगतिशील लेखक संघ और भारत भवन की वैचारिकी और नीतियों में उभर रहे विरोधों ने साहित्य में एक नयी वैचारिक उत्तेजना पैदा की। नवें दशक के पूर्वार्द्ध में साहित्य की केन्द्रीय बहसें भारत भवन और प्रगतिशील लेखक संघ के मध्य उभरे मतान्तर से बनती रहीं। प्रगतिशील लेखक संघ से सीधी तौर पर जुड़े होने के बावजूद नामवर जी भारत भवन से लोकतान्त्रिक नाता बनाये रहे। भारत भवन को वैध और प्रासंगिक संस्था बनाने में नामवर जी की भागेदारी की महत्वपूर्ण भूमिका है। इस दौर में वे 'अति वामपंथी प्रवृत्ति की आलोचना की ओर विशेष ध्यान' दे रहे थे और 'रूपवाद या कलावाद के विरोध की उपेक्षा' कर रहे थे। परन्तु इस दौर में भी उन्हें स्पष्ट आभास था कि रूपवाद का विरोध नये सिरे से करना पड़ेगा। मई-अगस्त 1981 में 'पूर्वग्रह' में प्रकाशित एक साक्षात्कार में वे कहते हैं–'अब इधर महसूस कर रहा हूँ कि पिटा हुआ कलावाद हिन्दी में फिर सिर उठा रहा है और नये तेवर के साथ सामने आ रहा है। निश्चय ही देर-सबेर इससे निपटना होगा।' इस आभास के बावजूद भारत भवन में उनका जाना जारी रहा। जनवरी 1987 में आयोजित ''आलोचना समवाय'' से यह सम्बन्ध टूटा। अन्ततः भारत भवन की 'राजनीति' ही इसका कारण बनी । नामवर सिंह के भारत भवन से सम्बन्धों पर समय-समय पर सवाल उठते रहे हैं। सारिका के दिसंबर 1988 में उदय प्रकाश और सुधीश पचौरी के साथ एक विस्तृत बातचीत में इस सम्बन्ध में नामवर जी ने अपना पक्ष स्पष्ट किया–"भारत भवन की स्थापना से पहले मध्य प्रदेश कला परिषद् के तत्त्वावधान में जो सांस्कृतिक कार्यक्रम चल रहे थे उनकी प्रकृति काफी भिन्न थी। सम्प्रदायवादी शक्तियाँ सस्ते गीतकारों के साथ मिलकर 'कला परिषद', 'पूर्वग्रह' और अशोक वाजपेयी पर उन दिनों जिस तरह हमले कर रही थीं, उससे 'पूर्वग्रह' की साहित्यिक-सांस्कृतिक दृष्टि का अन्दाजा सहज ही लगाया जा सकता है। वह समय था जब 'पूर्वग्रह' मुक्तिबोध का झंडा उठाये फिरता था और धर्मवीर भारती के 'धर्मयुग' का कोपभाजन था। अज्ञेय की ओर न उसने रुख किया, न अज्ञेय ने उसकी ओर। हरिशंकर परसाई, ज्ञानरंजन तथा मध्य प्रदेश के अन्य प्रगतिशील लेखक इस दौर में कुछ मुद्दों पर मतभेद के बावजूद सामान्य रूप से अशोक

वाजपेयी के उस सांस्कृतिक अभियान में सहयोग कर रहे थे। स्वभावतः इस दौर के अन्य प्रगतिशील और जनवादी लेखकों की तरह हमने भी अपना सहयोग दिया और इसके लिए हमें आज कोई पछतावा भी नहीं है। आगे चलकर जब पूर्वग्रह की दृष्टि बदली तो हमें भी स्वभावतः अपना रुख बदलना पड़ा। स्पष्ट हो गया कि अब संवाद सम्भव नहीं। संवाद तब सम्भव था क्योंकि असहमति के साथ सहमति का भी एक आधार था।" संवाद टूटने के पूर्व तक की गतिविधियों पर नजर डालें तो यह स्पष्ट हो जाता है कि नामवर जी की वाचिक आलोचना को प्रतिष्ठित करने में 'भारत भवन' और 'पूर्वग्रह' की महत्वपूर्ण भूमिका है। यह ध्यान में रखा जाना ज़रूरी है कि इसके बावजूद आठवें और नवें दशक की नामवर जी की आलोचना का प्रतिवाद बिंदु मुख्यतः अतिवाम की वैचारिकी और भारत भवन का पिटा हुआ कलावाद है। व्याख्यानों और लिखित निबन्धों दोनों में यह प्रतिवाद स्पष्ट विवादी भंगिमाओं के साथ व्यक्त हुआ है।

इन दोनों संस्थाओं ने भी नामवर जी को वाचिक आलोचक के रूप में ही ज्यादा आमन्त्रित किया। विविध विषयों पर उनके व्याख्यान और साक्षात्कार इन संस्थाओं की पत्रिकाओं 'कलावार्ता' और 'पूर्वग्रह' में नियमित रूप से प्रकाशित हुए। यह कहने में संकोच नहीं होना चाहिए कि व्याख्यानों के प्रकाशित रूप भी सुन्दर व्यवस्थित निबन्ध जैसा काम कर सकते हैं। यह बात इन व्याख्यानों के प्रकाशन से ही स्पष्ट हुई। व्याख्यान को 'लिखित रूप' देने में एक पेशेवर दक्षता और प्रतिबद्धता आवश्यक होती है। इन प्रकाशनों में ये गुण साफ देखे जा सकते हैं। यह कम महत्वपूर्ण नहीं है कि उस दौर के बेहद महत्वपूर्ण व्याख्यान, जो अन्य केन्द्रों पर दिए गए– आयोजकीय लापरवाही के कारण न तो सुरक्षित रखे जा सके और न ही लिखित रूप में प्रस्तुत हो सके। दस्तावेजीकरण में दिलचस्पी न लेना ही इसका एकमात्र कारण नहीं हो सकता। 'लिखित' के मुकाबले 'वाचिक' को कम महत्वपूर्ण मानने की हजारों साल पुरानी गाँठ भी इसके लिए जवाबदेह है। संवाद की अनिवार्यता के चलते भले ही 'मौखिक' का सहारा लेना पड़े परन्तु लिखित ही मूल्यवान है, यह धारणा अन्तर्विरोध के रूप में निरन्तर बनी हुई है। जन-शिक्षण को ज़रूरी मानने वाले प्रतिबद्ध जनों तक के मन में यह भावना ताकतवर ढंग से बैठी हुई है। 'वाचिक आलोचना और विचारशीलता' की अवमानना इसका ही प्रकटन है।

इसी दौर में हिन्दी पत्रकरिता में समाजवादी और मार्क्सवादी रुझान रखने वाले पत्रकारों का बड़ी संख्या में आगमन हुआ। सातवें और आठवें दशक के सामाजिक राजनीतिक आन्दोलनों ने बुद्धिजीवियों, लेखकों और पत्रकारों के बीच आन्तरिक संवाद विकसित करने का अवसर दिया। ये पत्रकार सामाजिक, राजनीतिक और आर्थिक मुद्दों पर हिन्दी के लेखकों के विचारों को प्रमुखता से छापने में दिलचस्पी ले

रहे थे। ऐसे में विभिन्न केन्द्रों की गतिविधियों में भाग लेने वाले लेखकों के लिए सामाजिक और राजनीतिक प्रश्नों पर राय प्रकट करना अनिवार्य हो गया। 'हिन्दी के आलोचक' नामवर सिंह इस प्रक्रिया में 'हिन्दी के शीर्ष बुद्धिजीवी-कार्यकर्ता' होकर उभरे। प्रगतिशील लेखकों के समूह, भारत-भवन और विश्वविद्यालय जैसे संस्थान उन्हें जिन विषयों पर विचार के लिए आमन्त्रित कर रहे थे, पत्रकार उनसे भिन्न विषयों पर उनके विचार जानना चाहते थे। ये विषय ज्यादातर साहित्येतर थे। राजनीति, अर्थ-व्यवस्था, समाज, आन्दोलन और ऐसे ही हजारों विषय चर्चा-परिचर्चा में आए। इन विषयों पर मूलतः पत्रकारों द्वारा लिए गए नामवर जी के साक्षात्कार स्थानीय से लेकर राष्ट्रीय पत्र-पत्रिकाओं में छपने लगे। विविध सामाजिक प्रश्नों पर मत के लिए साहित्यकारों की ओर से नामवर जी पत्रकारों की पहली पसन्द बनकर उभरे। नामवर जी की पुस्तकों 'कहना न होगा,' 'बात बात में बात' और 'सम्मुख' में पत्रकारों के इस हस्तक्षेप को स्पष्ट रूप से पहचाना जा सकता है। 'राष्ट्रीय सहारा' के 'हस्तक्षेप' का संयोजन करने वाले अरूण पाण्डेय का अनुभव इस मायने में महत्पूर्ण है। 'सहारा समय' में आते हुए उनके मन में था कि कुछ ऐसा हो ताकि अंग्रेजी वालों के सामने सिर उठाकर बात की जा सके। वे लिखते हैं—"सोच के मुताबिक काम मिला और पिछले करीब ग्यारह वर्षों में एक टीम के साथ हमने हर सप्ताह एक ही विषय पर भरी-पूरी सामग्री के साथ 'हस्तक्षेप' के लगभग 600 अंक निकाले हैं। कुछेक अपवादों को छोड़ दिया जाय तो आम तौर पर 'हस्तक्षेप' के इन अंकों को प्रशंसा ही मिली। ये चीजें सिर्फ बताने के लिए नहीं लिख रहा बल्कि इसका नामवर जी के होने से सीधा सम्बन्ध है। इसको कहने में हमें तनिक संकोच नहीं है कि इसको सफलतापूर्वक अंजाम देने में हिन्दी के जिन चन्द लोगों की उपस्थिति निर्णायक थी उनमें से एक नामवर जी भी हैं।...यह काम आसान हुआ तो इसलिए कि साहित्येतर विमर्श के दायरे से बाहर हिन्दी में नामवर जी जैसे कुछ पुरोधा थे।...अंग्रेजी के दिग्गजों के बीच हमने नामवर सिंह को चौड़े से छापा। उनका कहा हुआ किसी के लिखे हुए से हल्का नहीं होता था। नामवर जी से एक-दो घंटे बात करने के बाद बड़ी से बड़ी वैचारिक उलझनों की गुत्थी सुलझाने में मदद मिलती थी।"

ऐसे माहौल में नामवर सिंह की संवादधर्मिता को खिलने के हजारों अवसर सामने थे। इसी दौर में लिखित की तुलना में वाचिक संवाद बढ़ गया। 'वाचिक संवाद' 'लिखित रूप' में आने से वंचित रहने लगा। ऐसा अक्सर होने लगा। धीरे-धीरे आदत का हिस्सा हो गया। यह उनके मन के अनुकूल ही था। परन्तु इसी बीच अपनी संवाद-प्रवीणता के कारण वे हिन्दी के सार्वजनिक व्यक्तित्व बन कर उभरे।

संवादी नामवर सिंह आठवें और नवें दशक में अपने वाचिक रुझानों के बावजूद निरन्तर लिखते रहे। 'वाद विवाद संवाद', 'कविता की जमीन और जमीन की कविता'

तथा 'हिन्दी का गद्य पर्व' के निबन्ध इस बात का प्रमाण हैं। इनमें से अनेक निबन्ध संगोष्ठियों में उभरे विवादों का प्रत्युत्तर देने के लिए लिखे गए। व्याख्यानों के पुनर्लिखित रूप भी इन पुस्तकों में शामिल हैं। नवें दशक के अन्तिम वर्षों में नामवर जी का लेखन अचानक कम हो जाता है। इसके अनेक कारण हो सकते हैं। एक प्रमुख कारण तो 'आलोचना' पत्रिका का बन्द होना है। 'आलोचना' के सम्पादक के रूप में वे निरन्तर लिखते रहे हैं। तत्कालीन वाद-विवाद के सन्दर्भ में साहित्यिक परिदृश्य में हस्तक्षेप करते हुए उनके निबन्ध नियमित रूप से प्रकाशित होते रहे। 'आलोचना' के प्रकाशक के स्थगन ने इस क्रम को तोड़ा। प्रगतिशील आन्दोलन के लोकव्यापीकरण के इस दौर में बेहद सक्रिय रहने और उसके शिक्षक की भूमिका निभाने के बावजूद वे प्रगतिशील और जनवादी लेखकों की पत्रिकाओं में लिखने की ओर उत्सुक नहीं हुए। पहल, वसुधा, समकालीन सृजन, कथन, उत्तरार्द्ध, साम्य, सापेक्ष, ओर, नया पथ और हंस जैसी महत्वपूर्ण पत्रिकाओं में उनके लेख प्रायः नहीं छपे। इस पूरे दौर में 'आलोचना' में ही उनका अधिकांश लेखन प्रकाशित होता रहा। 'आलोचना' की उस कड़ी का आखिरी अंक अप्रैल-जून 1990 में प्रकाशित हुआ। ठीक एक दशक बाद अप्रैल-जून 2000 में नये दौर की 'सहस्राब्दी आलोचना' का पहला अंक प्रकाशित हुआ। इस अंक से ही नामवर जी के नये निबन्ध प्रकाशित होने शुरु हुए। इनकी संख्या अत्यन्त कम है। परतु उनके लिखित का प्रकाशन यहीं हुआ। स्पष्ट है कि 'आलोचना' ही फिर उन्हें लेखन की ओर ले गई। यह विचित्र विडम्बना है कि जब तक मार्क्सवाद विरोधी खेमों से संघर्ष करना था, नामवर जी लगातार और ताकतवर ढंग से लिखते रहे। सामना करते रहे। मुठभेड़ करते रहे। स्वयं मार्क्सवादी खेमे की अतिवादी आलोचना से भी टकराते रहे। प्रतिशील आन्दोलन के पुनर्उभार और जनता से बने जीवन्त सम्पर्क के दौर में नामवर जी का लिखना कम होता गया। बीसवीं सदी के अन्तिम दशक में प्रकाशित उनके निबन्धों की संख्या बेहद कम है। यहाँ यह भी सहज ही ध्यान में आता है कि इन्हीं वर्षों में 'प्रतिवादी' भारत भवन की सक्रियता कम होती है और नामवर जी का उससे सम्बन्ध टूटता है। 'संवाद' में 'विवाद' का अभाव भी इसका एक कारण है। आन्दोलन के विस्तार और विवादी बिन्दुओं के अभाव ने लेखन का दबाव कम कर दिया।

इन्हीं वर्षों में 'हंस' ने दलित और स्त्री के प्रश्न को मजबूती से उठाया। 'वर्ग और वर्ण' तथा 'वर्ग और जेण्डर' के सवाल मार्क्सवाद की अब तक की समझ को चुनौती दे रहे थे। प्रारम्भिक स्वीकार के बाद भी नामवर जी इन दोनों के प्रति तटस्थ बने रहे। इन दोनों सवालों के सैद्धान्तिक आधारों पर तो कभी-कभी उन्होंने अपनी आपत्तियाँ दर्ज कीं परन्तु रचनात्मक साहित्य से उनका कोई संवाद विकसित न हो सका। हिन्दी के मार्क्सवादियों में आम तौर पर इन सवालों पर एक असमंजस दिखायी

देता है। यह देखना दिलचस्प है कि आजादी के पहले दशक में विभिन्न वंचित सामाजिक समूहों के मध्य प्रारम्भ संवाद की इस विकसित अवस्था के प्रति संवादोन्मुख विचारकों के रवैये में भी एक हिचक साफ देखी जा सकती है। अनेक विचारक स्वीकार और अस्वीकार, सहमत और असहमत के विरुद्ध युगल से बाहर किसी तीसरे कोण की खोज भी करते रहे। हिन्दी के परिदृश्य में उभरे ये नये विवादी स्वर नामवर जी को बहस के लिए उकसाने में नाकाम रहे। इसी दौर में भारतीय समाज भूमंडलीकरण और फासीवाद के आक्रमण के सम्मुख खड़ा था। ये चुनौतियाँ उनके मार्क्सवादी मन के ज्यादा अनुकूल थीं। इसकी समझ विकसित करने में पूँजीवाद, साम्राज्यवाद, सामन्तवाद और फासीवाद जैसी स्वीकृत अवधारणायें काम आती थीं। इससे संघर्ष करने में पुरानी मार्क्सवादी प्रतिबद्धता की झलक देखी जा सकती थी। नामवर जी अपने व्याख्यानों में इन्हें ही केन्द्रीय चिन्ता माना। विस्तृत हिन्दी क्षेत्र में इन प्रश्नों पर सही समझ विकसित करने में उनकी भूमिका असन्दिग्ध है। 'जमाने से दो दो हाथ' में संकलित उनके व्याख्यान इसका प्रमाण हैं। स्पष्ट है कि नामवर जी की चिन्ताएँ 'साहित्य' की सीमा से बाहर जा रही थीं और वे 'आलोचक' की सीमा से बाहर एक विचारक और चिन्तक के रूप में, नये नवजागरण के अगुआ के रूप में उभर रहे थे। न लिखने का एक स्पष्ट कारण यह भी है। नवजागरण के लिए, भारत जैसे समाज में, लिखित की तुलना में वाचिक उपकरणों का उपयोग अनिवार्य था।

नामवर जी के धीरे-धीरे कम होते गए लेखन के पीछे आलोचना के रूप को लेकर उनके अवचेतन में मौजूद अवधारणाओं और रुचि की भी भूमिका हो सकती है। वे 'प्रगीत' की तरह की संचरना के पक्षधर मालूम होते हैं। प्रगीत के एक भाव-केन्द्र की ही तरह आलोचना में एक विचार-केन्द्र के आग्रही। 'सखि बसंत आया' और 'तुमुल कोलाहल कलह में मैं हृदय की बात रे मन' जैसे प्रगीत से काम न चलने पर आलोचना में 'राम की शक्ति पूजा' की तरह का दीर्घ-प्रगीत या 'कामायानी' की तरह प्रगीत-शृंखला रचने की इच्छा उनके अवचेतन में प्रभावी रूप से मौजूद रही है। 'छायावाद' इसका स्पष्ट उदाहरण है। 'आधुनिक साहित्य की प्रवृत्तियाँ', 'कविता के नये प्रतिमान' और 'दूसरी परम्परा की खोज' भी इस संरचना के अत्यन्त निकट हैं। यहाँ वे 'गजल' की संरचना की खोज करते देखे जा सकते हैं। फुटकर लिखे गए निबन्धों का संग्रह बनाते समय भी वे अपने इस 'आदर्श' के करीब रहने की कोशिश करते हैं। जब उन्हें अपने फुटकर निबन्धों में ग़ज़ल के अशआर सी तारम्यता नहीं मिलती तो वे कबीर आदि निर्गुणी कवियों की संग्रथन-शैली की ओर बढ़ते हैं। निर्गुणी कवियों की साखियों को जोड़ने की शैली अंग के रूप में विकसित हुई—गुरू कौ अंग, विरह कौ अंग, सूरा कौ अंग। नामवर जी 'इतिहास और आलोचना', 'कहानी नयी

कहानी' तथा 'वाद विवाद संवाद' में इसी ग्रंथन-शैली का उपयोग करते हैं। 'अंग शैली' में अलग-अलग समय में लिखी या कही गई रचनाओं को एक भाव या विचार के केन्द्र के इर्द-गिर्द गँठियाया जाता है। अलग-अलग प्रगीतों को एक साथ रखने की यह ग्रंथनकला अद्वितीय है। कहना न होगा कि नामवर जी की पुस्तकें और निबन्ध-संकलन प्रगीतात्मक संरचना के अत्यन्त निकट हैं।

वे पुस्तकों ही नहीं निबन्धों के लेखन में 'एक केन्द्र' की तलाश करते दीख पड़ते हैं। यह मूलतः 'प्रगीतात्मकता' के प्रति उनके शुरुआती लगाव का स्वाभाविक परिणाम है। वे प्रगीत की ही तरह बँधी हुई, कसी हुई, नुक्तों और संकेतों पर गहराई से टिकी हुई आलोचना लिखना चाहते हैं। इसका गहरा परिणाम नामवर जी के निबन्ध लेखन, उनकी कला, यहाँ तक कि पैराग्राफ रचना और वाक्य रचना पर भी पड़ा है। छोटे-छोटे वाक्य। संकेतक की तरह। नुकीले। सपाट और एकरेखीय नहीं। इस संरचना का एक बेहतर उदाहरण 'शमशेर की शमशेरियत' शीर्षक निबन्ध है। यहाँ वे आलोचना में प्रगीत की कला का उच्चतम आदर्श प्रस्तुत करते हैं–

- यह पवित्रता किसी मन्दिर की नहीं है। यह कोई और भवन नहीं, आत्मा की अभिव्यक्ति का भवन है। कवि की कार्यशाला। अपना घर। बड़े जतन से बनाया हुआ। अपनी हड्डियाँ गलाकर। अपना ख़ून जलाकर। 'ओ मेरे घर' शीर्षक कविता का घर। जिसने 'इंसान के अँखौटे में डालकर मुझे/सबकुछ तो दे दिया/जब मुझे मेरे कवि का बीज दिया कटु-तिक्त।' कितना अलग है यह घर शमशेर का! सबसे।
- यह कोई चिर-परिचित गीत नहीं। गद्य है। बोलचाल की लय का गद्य। रुक-रुक कर आगे बढ़ता हुआ। विलंबित। विपर्यस्त। फिर भी कविता। 'टूटी हुई बिखरी हुई' नहीं, जैसा कि कुछ लोग समझ बैठे हैं। अत्यधिक सुगठित। हर तरह के झोल को हटाकर, फालतू शब्दों को निकालकर जतन से रचा हुआ। साबित करते हुए कि कविता को गद्य की तरह ही सुलिखित होना चाहिए। एकदम ठोस। लेकिन ठस नहीं। कहीं-कहीं शोखी भी। शमशेरियत लिए हुए। स्वर में दर्द है। निस्सन्देह। आह-ओह भी कम नहीं। लेकिन मैथिलीशरण गुप्त की 'हाय-हाय' नहीं। अजीब है यह दर्द । प्रेम की पीड़ा, लेकिन वही नहीं। अकेलेपन का अवसाद, लेकिन कुछ और भी। जीवन की विडम्बना। जगत की विषमता। और भी बहुत कुछ। रोमांटिक विषाद से अलग। रुलाता नहीं, सोच में डाल देता है। 'सोच लें और उदास हो जाएँ।'...अब गिरा अब गिरा वह अटका हुआ आँसू/ सांध्य तारक-सा/अतल में।' खास बात यही है कि वह आँसू अन्त तक अटका ही रहता है। 'पतझड़ का जरा अटका हुआ पत्ता। 'जब आँसू छलक न जाकर/ आकाश का फूल

बन गया हो।' आर्षवाणी में कहें तो 'शोक' श्लोक बन गया हो। वस्तुतः यह करुणा है-मानवीय करुणा। जीवन का गहरा 'ट्रैजिक' बोध।

प्रगीतात्मक संरचना के प्रति इस गहरे आकर्षण के कारण ही नामवर जी अपने फुटकर निबन्धों को संकलित करने के प्रति उत्सुक नहीं हुए। सम्भवतः।

प्रगीतात्मक लेखन के लिए एक तात्कालिक रचनात्मक उत्तेजना पर्याप्त होती है। भावनात्मक और वैचारिक आवेश इस ओर ढकेलता है। ऐसा लेखन एक साँस में होता है। नामवर सिंह अपने लेखन में प्रायः इसी के अभ्यस्त रहे हैं–"मैनें जितनी भी किताबें लिखी हैं, एक हफ्ते या दस दिन में लिखी हैं।...'छायावाद' पुस्तक मैंने कुल दस दिन में लिखी। 'कविता के नए प्रतिमान' इक्कीस दिन में लिखी हुई किताब है। 'दूसरी परम्परा की खोज' दस दिन में लिखी हुई किताब है।...मैं इसी तरह एक साँस में लिखता हूँ।" इस प्रविधि से दीर्घाकार और विस्तृत परियोजना वाला लेखन नहीं लिखा जा सकता। उसके लिए बड़ी बैठकी चाहिए। तात्कालिक परिस्थितियाँ इसे तोड़ दें, तब भी अन्तराल के बाद काम पुनः शुरू करने की आन्तरिक इच्छा और विशृंखलित को शृंखलाबद्ध बना सकने का रचनात्मक साहस। पहाड़ी नदी की तरह नहीं, मैदानी नदी सा शान्त अन्तर्प्रवाह। चौड़ा और फैला हुआ पाट। दूसरी छोटी नदियों को समो लेने का धैर्य। विस्तार अपार। स्वाभाविक है कि नामवर सिंह लेखन के लिए जिस तरह की बाहरी और भीतरी पारिस्थितिकी को अनिवार्य मानते हैं, वह प्रगीतात्मक संरचना के लिए ही उपयुक्त है।

नामवर जी जब बोलते हैं तो वक्तव्य की पूर्व तैयारी का भी ड्राफ्ट भी बुनियादी रूप से प्रगीत-मुखी आर्कीटेक्चर पर टिका होता है। जहाँ बोलते हुए वे इसे साध लेते हैं वहाँ भाषण इसी तरह से होता है–बँधा हुआ। प्रगीत की तरह। परन्तु जहाँ बोलते-बोलते वे तत्कालीन प्रश्नों अर्थात उस गोष्ठी में उठे सन्दर्भों से संवाद करते हैं, इस संरचना में एक शिथिलता आती है और भाषण ज्यादा फैल जाता है। विस्तृत। विषम। अनेक केन्द्रों या बिना केन्द्र वाला। व्याख्यान कर्ता के रूप में नामवर सिंह अनेक प्रविधियों का प्रयोग करते रहे हैं। उनके व्याख्यानों की संरचना पर्याप्त भिन्नता लिए हुए होती है। अल्प शिक्षितों, सुशिक्षितों, छात्रों, अध्यापकों, विद्वानों, रचनाकारों, पत्रकारों, अधिकारियों और कार्यकर्ताओं की भिन्न श्रेणियों को सम्बोधित करते हुए उनके व्याख्यान की संरचना ज़रूरत के अनुसार बदलती रहती है। एकान्त में लिखते हुए अनुपस्थित पाठक की एक अमूर्त उपस्थिति आलोचक की आन्तरिकता में एक सीमा से ज्यादा प्रभाव नहीं डाल पाती, परन्तु सम्मुख मौजूद श्रोताओं की पृष्ठभूमि और तात्कालिक प्रतिक्रिया व्याख्यान की संरचना को निर्धारित करने में प्रभावी भूमिका निभाते हैं। ऐसे में किसी भी व्याख्यानकर्ता का 'शुद्ध आलोचक' बने रह जाना सम्भव नहीं रहता। सम्भवतः इसी कारण नामवर जी इस

क्षेत्र में अपने 'शिक्षक' की मदद लेते हैं। यह अकारण नहीं है कि नामवर जी के व्याख्यानों की संरचना में अध्यापन की प्रविधियों का व्यापक प्रयोग दिखायी देता है। यह समझना ज़रूरी है कि सामान्य रचनाकार, आलोचक या विचारक के लिए सिर्फ बात कहना ही महत्वपूर्ण है, जबकि एक अध्यापक के लिए कहने के साथ-साथ उसे समझाना भी ज़रूरी होता है।

साहित्य के शिक्षण की रचनात्मकता और उसकी रचना-प्रक्रिया के बारे में हिन्दी में अब तक प्रायः बात नहीं हुई है। साहित्य का प्रकृति, जीवन और समाज से जो घनीभूत सम्बन्ध है, अध्यापन के क्रम में हम उसे जीते हैं और प्रकृति, परिवेश और समाज की उन वस्तुओं और प्रक्रियाओं में प्रवेश करते है। एक अध्यापक ऐसा करते हुए असम्भव और कुछ-कुछ चमत्कारिक लगने वाली विधि से जीवन का साक्षात्कार करता है। सार्थक अध्यापन वह है जो विद्यार्थियों को इस यात्रा में बराबर का भागीदार और सहयोगी बना ले।

अध्यापन की प्रक्रिया एक हद तक ऐसी है, जैसे कि किसी गायक की गायन-प्रक्रिया या किसी अभिनेता की अभिनय प्रक्रिया। कुछ-कुछ अव्याख्यायित सी। अभिनय-प्रक्रिया और संगीत-सृजन-प्रक्रिया की ही तरह यह एक गम्भीर रचनात्मक प्रक्रिया है। कलाओं की ही तरह अध्यापन दो छोरों के नाजुक सन्तुलन पर टिका है, जिसे सामान्यतः प्रेषक-छोर (शिक्षक का छोर) और प्रेष्य-छोर (विद्यार्थियों का छोर) कहा जा सकता है। कहना न होगा कि प्रेष्य-छोर यहाँ एक निर्णायक शक्ति है। यह ही प्रेषक-छोर की सृजनात्मकता का रूप एक हद तक निर्धारित करता है। यह सही है कि अध्यापन संगीत की तरह मुक्त और प्रेषक-छोर को सृजनात्मक स्पेश देने वाली प्रक्रिया नहीं है, बल्कि वह दोनों छोरों के बीच एक तरह की द्वन्द्वात्मक प्रक्रिया से निर्धारित होता है, परन्तु इतने मात्र से ही वह पूरी तरह एक तकनीकी प्रक्रिया नहीं हो जाती। अध्यापक एक हद तक इस तकनीक और पद्धति से स्वतन्त्र होकर अपनी ऊँचाई तक पहुँचते हैं।

साहित्य के अध्यापन को कलाओं के अध्यापन के क्रम में देखना होगा, जहाँ कृति के कलात्मक आस्वाद की रक्षा किए बिना उसके सामाजिक प्रभाव को ठीक से समझा नहीं जा सकता। कलात्मक आस्वाद तक पहुँचने और पहुँचाने के लिए अन्ततः अध्यापक प्रत्येक कृति के लिए एक अलग रास्ता रचता है। यह वह रास्ता है, जिसे उसे उसी कृति में दुबारा प्रवेश के लिए दुबारा रचना पड़ता है। एक शास्त्रीय गायक की तरह। इसलिए वह उसे चाहकर भी ठीक वैसा का वैसा बना नहीं सकता। इस विशिष्टता या विलक्षणता के चलते साहित्य का अध्यापन रचनात्मकता के लिए प्रत्येक बार संघर्ष करता है और नयी रचनात्मकता सम्भव होती है। काशीनाथ सिंह ने नामवर सिंह की अध्यापन शैली और वक्तृत्व कला पर लिखते हुए काशी की आधुनिक

आचार्य परम्परा से उभरी दो समानान्तर अध्यापन-प्रविधियों की चर्चा बड़े रचनात्मक रूप से की है। विश्वनाथ प्रसाद मिश्र की रीतिकाव्य मर्मज्ञता का जिक्र करने के बाद वे लिखते हैं–'वे एक कुशल गोताखोर की तरह छन्द में डुबकी लगाते थे और एक एक शब्द का मरम और अनर्थ का भरम भेदते हुए रस, अलंकार, लक्षणा, व्यंजना को लिए दिए बाहर निकल आते थे। यही परम्परागत शैली थी अध्यापन की, लाला भगवानदीन के जमाने से।' अध्यापन की इस शैली को उन्होंने गोताखोर शैली कहा है। 'दूसरे थे द्विवेदी जी, द्विवेदी जी गोताखोर नहीं, उड़ाका थे। उड़ानें और उड़ान भरने वाले। टेक्स्ट पर केवल विश्राम के लिए उतरते थे, फिर क्षण भर ठहरकर उड़ान पर निकल जाते थे साहित्य के अनन्त आकाश में, जहाँ अनदेखी दुनिया का विस्तार था। टेक्स्ट में अँट नहीं पाते थे वे। वे परीक्षार्थियों के नहीं विद्यार्थियों के काम के थे। जिनकी साहित्य में रुचि थी, उन्हें द्विवेदी जी को सुन कर एहसास होता था कि जैसे उनके भी डैने उग आए हैं, कि जैसे वे भी अपनी आँखें फड़फड़ा सकते हैं, कि जैसे वे भी आकाश में उड़ सकते हैं...लेकिन कभी-कभी ऐसा भी होता था कि द्विवेदी जी आकाश में। उड़ते हुए, अन्तरिक्ष और फिर अन्तरिक्ष से शून्य में चले जाते थे और अन्त में रह जाता था–अनहद नाद। और वही अमूर्त अनहदनाद गूंजता रह जाता था सुनने वालों के भीतर एक श्रद्धेय आनन्द की अनुभूति के साथ।' हजारीप्रसाद द्विवेदी की अध्यापन शैली की रचनात्मक ऊँचाई और उसके भटकावों के प्रति यह गम्भीर टीप है। नामवर सिंह ने इन दोनों अध्यापकों के अत्यन्त प्रशंसक होते हुए भी उनसे भिन्न अध्यापन-मार्ग अपनाया। काशीनाथ सिंह लिखते हैं, 'नामवर न डूबते थे, न उड़ते थे। उन्होंने पानी को चीरते हुए तैरने का एक ऐसा रास्ता निकाला, जिसमें सिर आकाश में रहे और धड़ पानी में। वे बीच-बीच में लहरों से खेलते भी थे और छपाके के साथ किल्लोल भी करते थे।' रचनात्मक भाषा में यह हिन्दी के तीन महान अध्यापकों की अध्यापन शैली की विशिष्टता का प्रतिपादन है। नामवर जी अपने व्याख्यानों में टेक्स्ट को खोलने के लिए इसी शैली का प्रयोग करते हैं। पर ज़रूरतों के अनुसार वे अन्य प्रविधियों का भी आविष्कार करते हैं। कभी वे विषय में अन्तर्व्याप्त जटिलता को नारियल के गुँझने की तरह छीलते नजर आते हैं, कभी विषय के मूल तक पहुँचने के लिए मौजूद फ्रेम को नारियल के खोल की तरह ताकत लगाकर कठोरता से तोड़ते हैं। झटके से। कभी वे रचना को नदी की तरह बरतते उसके प्रवाह, व्यापक गतिशीलता और दीर्घ यात्रा को स्पष्ट करने के लिए, उसके साथ-साथ चलते बस उसकी एक झाँकी देते जाते हैं। इस झाँकी में वे कभी क्लोज़ अप का प्रयोग करते हैं, कभी मिड शॉट का, कभी लांग शॉट का। समकालीन साहित्यिक परिदृश्य के बारे में बात करने के लिए वे भीड़ में किसी विशिष्ट तक पहुँचने की तकनीक का प्रयोग करते हैं। भीड़ को चीरते हुए वे धीरे-धीरे लगभग पैदल चलते हुए हमें उस

तक पहुँचाते हैं, तो हम सहसा चकित होते हैं। कभी वे रचना को सिक्के की तरह बजाकर दिखाते हैं। बस। उनके पास समय हो तो वे एक कुम्हार की तरह माटी तैयार करते, चाक चलाते, बर्तन गढ़ते नज़र आते हैं। रागदारी से।

अपने व्याख्यानों में वे ज़्यादातर एक गम्भीर अध्यापक की ही तरह गरिमामय नज़र आते हैं। दूसरों को ध्यान से सुनते। उत्सुक। बोलते वक्त गम्भीर को इस तरह साधते कि वह बोझिल न हो। बेहद विशिष्ट और जटिल को भी प्रायः सहजता से प्रस्तुत करने की कोशिश करते। अपने व्यापक सहजबोध का एक रचनात्मक उपयोग करते। कुशल बढ़ई की तरह अनावश्यक को छीलते। 'अवांछित अतिरिक्त' के प्रति सतर्क। ज़रूरी होने पर कुम्हार की तरह 'अन्दर हाथ सहार दै बाहर मारत चोट।' सचेत। 'अंधै अंधा ठेलिया दोनों कूप परंत'—के खतरे से बाखबर। दूसरे वक्ताओं या आयोजकों द्वारा रचे गए घटाटोप और अतिरिक्त माहात्म्य को तोड़ने में अपने ख़ास बनारसी काट के लहजे और व्यंग्य का प्रभावी इस्तेमाल करते। इसमें आवेश प्रायः नहीं होता। होती है शान्त चुभती हुई लापरवाही। उपेक्षा भरी। आक्रामक विप्लवी भाषिक गड़गड़ाहट और गढ़ी गई नकली भव्यता को इसी तरह चुटकियों में भेदती। किसानी गँवई पृष्ठभूमि की भाषिक भंगिमाओं से औजारों की तरह काम लेते। संस्कृत के कथनों, उर्दू के अशआर, देशी मुहावरों को ज़रूरी स्थलों पर लकड़ी की कील की तरह इस्तेमाल करते। वाग्मिता के ऊपर सदैव कथ्य को तरजीह देते। लोकप्रिय लटकों-झटकों, भाषाई फुँदनों, मदारियों की मजमेबाजी से प्रायः दूर। कबीर की तरह सटीक और सीधा कहने की कोशिश करते।

नामवर जी का आलोचक समाज में बातचीत करते हुए, वाद-विवाद-संवाद करते, प्रश्न-प्रतिप्रश्न करते सक्रिय रहता है और विचार, तर्क और संवाद की उस प्रक्रिया से गुजरता है जो आलोचना की बुनियादी भूमि है। आलोचना लिखित हो या वाचिक-उसके पीछे बुनियादी प्रक्रिया है—पढ़ना, विवेचना, विचारना। तर्क और संवाद। नामवर जी के व्याख्यानों और उनकी वाचिक टिप्पणियों में इसका व्यापक समावेश है। नामवर जी के व्याख्यानों से गुजरते हुए हम महसूस करते हैं कि वह किसी रचना को हमेशा नई और अपनी तरह से पढ़ने की कोशिश करते हैं और इस तरह 'पढ़ते' हुए वे लगातार नई तरह से 'सोचते' और 'विचारते' हुए सामने आते हैं। उनकी वाचिक आलोचना मूल्यांकन की ऊपरी सीढ़ी तक पहुँचती है। निकष बनाती है। प्रतिमानों पर बहस करती है। उसमें 'लिखित' की तरह की 'कौंध' मौजूद होती है। नहीं होता तो बस पूरापन।

'साहित्य की पहचान' मुख्यतः कविता और कहानी केन्द्रित व्याख्यानों और वाचिक टीपों का संग्रह है। व्याख्यान ज्यादा हैं, वाचिक टीपें कम। इनमें भी कविता से जुड़े व्याख्यान संख्या की दृष्टि से अधिक हैं। यह अकारण नहीं है। पिछले दो

दशकों में कहानी के केन्द्रीय विधा माने जाने के बावजूद संगोष्ठियाँ कविता केन्द्रित ज्यादा होती हैं। परिणाम यह कि कविता पर ज्यादा व्याख्यान होते हैं।

पहले खंड में कविता केन्द्रित व्याख्यान हैं। ज्यादातर व्याख्यान आधुनिक कवियों पर केन्द्रित हैं। निराला पर तीन स्वतन्त्र व्याख्यान इस पुस्तक की उपलब्धि कहे जा सकते हैं। तीनों ही निराला की उत्तरवर्ती कविताओं पर केन्द्रित हैं और प्रायः इन पर एक नये कोण से विचार करते हैं। तीनों व्याख्यानों में एक आन्तरिक एकता है सुमित्रानन्दन पन्त और महादेवी पर केन्द्रित व्याख्यानों से भी इनकी एक संगति बैठती है। 'स्वच्छन्दतावाद और छायावाद' तथा 'रोमाण्टिक बनाम आधुनिक' शीर्षक व्याख्यान इन पाँच व्याख्यानों की वैचारिक भूमि स्पष्ट करते हैं। हरिवंश राय बच्चन, दिनकर, भारतभूषण अग्रवाल पर केन्द्रित छोटे व्याख्यान यहाँ संकलित हैं। समकालीन कविता की अनेक महत्त्वपूर्ण पक्षों को 'इधर की कविता' व्याख्यान में वे पहचानते और व्याख्यायित करते हैं। इस कविता के मूल्यांकन के सिलसिले में आधुनिक आलोचना की विविध सरणियों की अपर्याप्तता का भी संकेत करते हैं।

दूसरे खंड में उपन्यास और कहानी पर केन्द्रित अनेक व्याख्यान और वाचिक टिप्पणियाँ हैं। हिन्दी में कहानी के विश्लेषण की प्रविधियों का पहला महत्वपूर्ण अविष्कार करने वाली पुस्तक 'कहानी नयी कहानी' के लेखक नामवर सिंह की समकालीन कहानी से सम्बन्धित अनेक चिन्तायें यहाँ मुखरित हैं। यह कहना उचित ही है कि इसमें पूरापन नहीं है, परन्तु ताकतवर संकेत मौजूद हैं।

नामवर जी के बारे में यह मान्यता रही है कि वे इतना सुगठित ओर सुनियोजित वक्तव्य देते हैं कि उसे ज्यों का त्यों लिख देने से एक निबन्ध की तरह पढ़ा जा सकता है। यह बात एक हद तक ही ठीक है। उनके वक्तव्य की मूल अभिकल्पना (डिजाइन) में एक निबन्ध सी सुसम्बद्धता होती है। वह काफी हद तक सुगठित भी होता है। परन्तु विचार निरूपण के क्रम में तात्कालिक दबाव मनः स्थिति और आवेग की मात्रा के अन्तर से भाषा टूटती-दरकती रहती है। खासतौर पर वाक्य रचना में यह टूटन-दरकन स्पष्ट देखी जा सकती है। आधे अधूरे वाक्य कई बार इस तरह विन्यस्त होते हैं कि उन्हें साफ कर पूरे वाक्यों में बदलना या ज़रूरी न होने पर छोड़ देना ज़रूरी हो जाता है। ऐसे अधूरे वाक्यों से निपटने के लिए एक स्पष्ट दृष्टि सतर्कता और साहस की ज़रूरत पड़ती है। इसलिए बोले गए के प्रति निष्ठा रखते हुए भी उसमें ज़रूरी काट-छाँट अनिवार्य होती है। कहना न होगा कि प्रस्तुत व्याख्यानों में यह अधिकार प्रयोग में लाया गया हैं। यह प्रक्रिया बड़ी उबाऊ और धीरज की माँग करने वाली रही है। इसके बावजूद प्राप्त सभी व्याख्यानों को कम से कम तीन बार समय अन्तरालों के बाद पुनः पुनः सम्पादित किया गया है। अन्तिम प्रकाशन के पहले तक यह कार्य जारी रहा है। नामवर जी के उपलब्ध व्याख्यानों को एक पुस्तक के रूप

में परिकल्पित करने के बाद भी लगातार मेरे मन में एक ऊहा-पोह बनी रही है। इसलिए अन्तिम प्रकाशन के पूर्व तक व्याख्यान जुड़ते या निकलते रहे हैं। साथ ही उनके क्रमों में बदलाव होता रहा है। राजकमल प्रकाशन समूह से जुड़े साथियों ने इस पूरी प्रक्रिया में पूरा साथ दिया है और धीरज बनाये रखा है, इसके लिए उनके प्रति सम्मान व्यक्त करना मात्र पेशेवर औपचारिकता नहीं है।

पुस्तक में संकलित सभी व्याख्यान पूर्व प्रकाशित हैं। हमने अपनी दृष्टि से उन्हें पुनः पुनः सम्पादित कर के ही और पुस्तक में विन्यस्त किया है। व्याख्यानों के आयोजकों और तिथियों के साथ ही प्रथम प्रकाशन की, जहाँ तक सम्भव हो सका है, जानकारी प्रत्येक व्याख्यान के अन्त में दी गई है। अनेक व्याख्यानों के प्रथम प्रकाशन में प्रस्तोता द्वारा दिए गए शीर्षक भी बदल दिए गए हैं। व्याख्यानों के प्रथम प्रकाशित प्रारूपों में मौजूद असम्बद्धताओं को सम्भव सीमा तक दूर करने की कोशिश की गई है। व्याख्यान में आधे-अधूरे वाक्यों और एक वाक्य में गुँथे अनेक अधूरे उपवाक्यों से पैदा होने वाली प्रवाह-बाधा को खत्म किया गया है। प्रसंग के अनुसार नए पैराग्राफ बनाए गए हैं। भाषा को कसकर व्याख्यानों को प्रायः निबन्ध के नजदीक ले जाने की कोशिश की गई है। इस पूरी प्रक्रिया मे नामवर जी के वाक्यों और उनके क्रम को प्रायः ज्यों का त्यों रखने की कोशिश रही है। हमारी कोशिश सिर्फ सुसंबद्ध-सुसंगठित व्याख्यान को उसके मूल रचना रूप में प्रस्तुत करने की रही है, ताकि पढ़ते समय एक प्रवाह में उसे पढ़ा जा सके। इन व्याख्यानों के टेप अनुपलब्ध हैं। पुस्तक में व्याख्यानों के प्रथम प्रकाशित प्रारूपों के प्रस्तोता और सम्पादक ही इनकी प्रामाणिकता के लिए उत्तरदायी हैं। पुस्तक में प्रकाशित इनके प्रारूपों में भी नामवर सिंह का कोई लिखित अवदान नहीं है।

यह पुस्तक नामवर जी की आठ पुस्तकों की शृंखला में प्रकाशित है। इन पुस्तकों में प्रकाशित हो रही सामग्री पिछले 60 वर्षों की दीर्घ अवधि में लिखित एवं प्रकाशित परन्तु असंकलित रही है। खोज का यह काम 2005 में प्रारम्भ हआ। निरन्तर पत्र-पत्रिकाओं-पुस्तकों, पुस्तकालयों, इंटरनेट एवं खासतौर पर निजी संग्रहों को खंगालने पर यह सामग्री प्राप्त हुई—लगभग 2000 पृष्ठ। उसमें नामवर जी के आलेख, व्याख्यानों के लिप्यन्तरित पाठ, वाचिक टिप्पणियाँ, व्यक्तिगत साक्षात्कार एवं सामूहिक परिसंवाद शामिल हैं। इसके बावजूद अभी अनेक आलेख और व्याख्यानों के मुद्रित पाठ खोजे जाने बाकी हैं। नामवर जी ने जब स्वयं यह संग्रह देखा तो उन्हें आश्चर्य हुआ। अनेक आलेख और व्याख्यान उनकी स्मृति में नहीं थे। इस सामग्री को पुस्तकों में बाँटने की प्रमुखतः दो योजनाएँ विकल्प के रूप में सामने थीं—विषयवार पुस्तकें और लिखित-वाचिक की अलग-अलग पुस्तकें। हमने बीच का रास्ता अपनाया। सामयिक विषयों पर एक स्वतन्त्र पुस्तक 'जमाने से दो दो हाथ' के साथ

प्रेमचन्द पर केन्द्रित पुस्तक 'प्रेमचन्द और भारतीय समाज' में-आलेख, भाषण एवं वाचिक टिप्पणियाँ एक साथ मौजूद हैं। इसके अतिरिक्त वाचिक की दो पुस्तकें 'आलोचना और विचारधारा' तथा 'साहित्य की पहचान', लिखित की दो पुस्तकें 'कविता की ज़मीन और ज़मीन की कविता' तथा 'हिन्दी का गद्य पर्व' और साक्षात्कार-संवाद की दो पुस्तकें 'साथ साथ' तथा 'सम्मुख'। यह पुस्तकें आपके सामने हैं। इन पुस्तकों से गुजरते हुए आप नामवर जी की प्रतिभा के विविध आयामों से संवाद कर सकेंगे।

सम्पूर्ण खोज-यात्रा में प्रो. कमला प्रसाद जी के साथ ही हिन्दी के वरिष्ठ कथाकार प्रो. काशीनाथ सिंह का प्रोत्साहन मेरी शक्ति रहा है। अनेक आदरणीय वरिष्ठों एवं मित्रों ने इस कार्य में निरन्तर दिलचस्पी ली है और बहुविध सहयोग किया है। गोमती प्रसाद विकल, कुमार पंकज, विजय बहादुर सिंह, रवि श्रीवास्तव, रमाकांत शर्मा, सदानंद शाही, विनोद दास, विवेक मिश्र, विनोद तिवारी, क्षितिज विवेक, प्रवेश तिवारी, पल्लव, संज्ञा उपाध्याय, सूर्यनारायण, व्योमेश शुक्ल, तेजभान राम और नीलेश कुमार ने सामग्री संग्रह के कार्य में उत्साहपूर्वक सहयोग किया है। युवा साथियों चन्द्रशेखर सिंह, वीरेन्द्र गौतम और विशाल विक्रम सिंह ने अन्य कार्यों में मेरा हाथ बँटाया है। सभी के प्रति आभार व्यक्त करना सिर्फ औपचारिकता नहीं है।

इस सम्पूर्ण यात्रा में एक बात मैं निरन्तर महसूस करता रहा कि इसके संग्रहण एवं प्रकाशन के प्रति नामवर जी में गहरी असम्पृक्ति रही है। सम्भवतः यही कारण है कि इतनी ढेर सारी सामग्री अब तक पुस्तक रूप मे संकलित-प्रकाशित नहीं हो सकी है। अनेक व्याख्यान तो उन्होंने प्रकाशित रूप में देखे भी न थे। आज के समय में, जबकि लोग आत्म-प्रदर्शन की प्रवृत्ति के शिकार हैं, नामवर जी में एक किसान का-सा संकोच है। अपने लिखे और बोले हुए के प्रति नामवर जी की यह असम्पृक्ति और उसके व्यवस्थित प्रस्तुतिकरण के प्रति उनका यह संकोच, मुझे अनेक तरह से अपरिग्रह के पुराने मूल्य का ही एक नया रूपान्तर लगता रहा है। उनके समकालीनों, हमउम्रों और उन्हें ज्यादा जानने का दावा करने वाले लोगों के विचारों के समानान्तर मुझे नामवर जी में एक 'सूफियाना विराग' मिलता है। एक बार मेरे पूछने पर उन्होंने स्पष्ट रूप से कहा था कि 'चाहे निबन्ध हों या पुस्तक, मुझे उसका प्रकाशन तभी ज़रूरी लगता रहा है, जबकि वह मौजूदा परिदृश्य में हस्तक्षेप करे, उसके ठहराव को तोड़े और वाद-विवाद-संवाद की प्रक्रिया को आगे बढ़ाए। मेरी ज्यादातर पुस्तकें अपने समय की बहसों में भागीदार होकर लिखी गई हैं। इसीलिए संग्रह के लिए संग्रह निकालना मेरी प्राथमिकता नहीं रहा है।' इसी विचार के कारण पर्याप्त सामग्री के बावजूद उनके संग्रह सामने नहीं आ सके। मैने देखा था कि 'वाद विवाद संवाद' के साथ ही आलोचना में उनकी एक अन्य पुस्तक का विज्ञापन छपा था–'जब हिन्दी

नई चाल में ढली'। वह पुस्तक नहीं आ सकी। शुरूआती दिनों में मैंने भी उनके आलोचनात्मक निबन्धों के पुस्तक रूप में प्रकाशन की जब भी बात की, उन्होंने ज्यादा रुचि नहीं ली। प्रकाशकों और मित्रों के आग्रह के बावजूद उनकी पुस्तक 'बकलम खुद' का दूसरा संस्करण प्रकाशित नहीं हो सका। कविताओं का तो पहला ही संग्रह अब तक नहीं निकल सका है।

इसके बावजूद यदि इन पुस्तकों का प्रकाशन हो रहा है, तो इसका आशय यह नहीं है कि नामवर जी का विचार बदला है। वस्तुतः अनेक मित्रों के निरन्तर दबाव और निरन्तर आग्रह के कारण उन्होंने इनके प्रकाशन की अनुमति दी है। संकोच के साथ। मैं इसके लिए उनका आभारी हूँ। उम्मीद है कि इनके प्रकाशन से गत साठ वर्षों से अधिक में फैली उनकी रचनात्मकता अपने ज्यादा आयामों में उभर सकेगी। छः दशकों में प्रगतिशील आलोचना की प्रभावशाली एवं निर्णायक भूमिका का खुलासा भी उनसे हो सकेगा तथा नामवर जी की अपनी वैचारिक स्थिति अधिक स्पष्ट हो सकेगी।

इन पुस्तकों के संकलन-संपादन के पीछे प्रो. कमला प्रसाद की प्रेरणा रही है। इस शृंखला की पहली चार पुस्तकें देखकर वे खुश हुए थे। दूसरी चार पुस्तकों का यह सेट आने के पूर्व ही वे हमें छोड़कर चले गए हैं। उनकी अनुपस्थिति में उनकी उपस्थिति का महत्व ज़्यादा खुलकर प्रकट हुआ है। उनके साथ सक्रिय गतिशीलता का जो समय मैंने गुज़ारा है, वह मेरे भीतर सदैव जीवित रखेगा। इस अवसर पर उन्हें याद करना, ऐसे ही है जैसे अपने भीतर झाँकना। बाहर वे नहीं हैं। भीतर एक स्मृति–फ़िल्म में वे मौजूद हैं–बोलते,चलते और कुछ करने के लिए उकसाते, आलस करने पर नाराज़गी जताते। इस अवसर पर उन्हें याद करता हूँ। नये काम में जुटता हूँ।

–आशीष त्रिपाठी

अनुक्रम

खंड-1

खंड-2

खंड-1

कविता का आस्वाद

आशंसा 'एप्रीसिएशन' का हिन्दी प्रतिशब्द है और उसके बारे में भी मेरे मन में सन्देह है। कमला प्रसाद जी की जबान से 'काव्यास्वादन' शब्द फिसल पड़ा था और यह 'आस्वाद' शब्द ज़्यादा पुराना है। इसमें पुरानेपन की बू आती है। इसलिए मैंने अंग्रेज़ी शब्द 'एप्रीसिएशन' की बात की। कविता का आस्वाद लेना एक बात है और उसके आस्वाद की सामूहिक रूप से लोगों के बीच चर्चा करना बिल्कुल दूसरी बात है।

नाटक का तो समूह विलम्बन होता है और सामूहिक रूप से नाटक के देखने की सिफारिश भरतमुनि ने नाट्यशास्त्र में की है, लेकिन कविता के बारे में कहीं उन्होंने ऐसा कहा है, मुझे याद नहीं आता। अलग-अलग अपने एकान्त में कविता पढ़कर के हम लोग मजा लेते हैं, रस लेते हैं। सामूहिक रूप से मुशायरे की नकल पर जब से कवि-सम्मेलन वगैरह चले हैं, तो उसमें 'वाह-वाह' की ऐसी धूम रहती है कि मेरे खयाल से वह आस्वादन का तत्व लुप्त ही रहता है। सामूहिक रूप से कविता सुनना एक अनुभव तो हो सकता है, लेकिन प्रीतिकर मेरे लिए तो नहीं रहा है।

कवि रचता भी है और आस्वाद भी करता है, और कभी-कभी उस पर लिख भी लेता है। एक आलोचक कवियों के बीच बैठ करके उसकी रचना के आस्वाद की चर्चा करे, यह बात विडम्बना का बोध कराती है। और एक बार आलोचक हो जाने के बाद फिर वह इतना आत्मसजग हो जाता है कि वह सुख लगभग उससे छूट जाता है, जो अपने लिए कविताओं को पढ़कर किया करता है। इसलिए जब से साहित्य में आलोचक नाम की एक प्रजाति या संस्था के रूप में आलोचना विकसित हुई तब से अधिकांश लोग समीक्षा जब करनी होती है, तब किसी संग्रह को उठाते हैं और समीक्षा के लिए पढ़ने लगते हैं। मैंने कम लोगों को पाया है कि समीक्षा लिखने की शर्त न होने के बावजूद चुपचाप कविताएँ पढ़ते रहें, आनन्द लेते रहें। ऐसा लगता है कि एक युग रहा होगा कभी। लेकिन छापेखाने के बाद और जब से पुस्तक समीक्षाएँ होने लगीं, तब से दुर्लभ ही माना जाना चाहिए। हिन्दी में आलोचना का सूत्रपात ही पुस्तक समीक्षा से हुआ है और बाद में वह शास्त्र भी बनी, फिर यह हुआ कि आलोचक का काम केवल आस्वाद नहीं है, बल्कि उसका काम मूल्यांकन करना

है। उसे निर्णय भी देना है। और मूल्यांकन और निर्णय नाम की यह चीज़ जो है, वह आस्वाद के साथ कितना मेल खाती है? बल्कि होता यह है कि आमतौर से जिन चीज़ों का आप आस्वाद लेते हैं, जैसे ही मूल्यांकन करने बैठते हैं, आलोचक की भूमिका में, तो वह भूमिका बहुत कुछ बदल देती है, भुला देती है। ऐसा थोड़ा अनुभव से जानता हूँ और दूसरों को आँखों से देखता भी हूँ।

इसलिए ऐसे प्रसंग में मेरी स्थिति लगभग 'अभिज्ञानशाकुन्तलम' के दुष्यन्त की-सी है, जब आश्रम में ओट-विक्षेप करके वह शकुन्तला को देख रहा था। वह प्रसिद्ध श्लोक आप लोगों ने देखा होगा जिसके अन्त में आता है–'वयन्तत्वान्वेषनंधुकरहता स्तुमखलुकृति'। वह इतनी सुन्दर स्त्री और भौंरा उसके चारों ओर मँडरा रहा था। वह श्लोक आप लोगों को याद होगा :

'चलापागांदृष्टिमृप्रशासिबहुषोवेपथोमतीः रहस्याख्याएवस्वनसिमृद्धकरणन्तिकचरः करोव्याधुनगत्याः विवसिरतिसर्वस्ववधुरमृवयं तत्वान्वेषान्मधुकरवायंहताः त्वमखालुकृति।'

क्यों दुष्यन्त ने यह कहा? क्योंकि राजा था। आश्रम में एक कन्या दिखाई पड़ रही थी, इतनी सुन्दर, रूपवती, उस पर भौरा मँडरा रहा है, रस ले रहा है। लक्ष्मण सिंह ने इसको खोल के अनुवाद किया हिन्दी में–'हम खोजत जातहिं पाँति मरे, धनि रे भौंर कहावत तू।' राजा यह सोच रहा था कि मैं क्षत्रिय राजा, यह ब्राह्मण का आश्रम है। यह किस जाति की है। 'हम खोजत जातिहिं पाँति मरे, धनि रे भौंर कहावत तू।' इसलिए 'वयमुहताः मधुकर त्वमृखलुकृति।' हमारे सामने बैठे हुए लोग जो हैं, वो मधुकर दिखाई पड़ रहे हैं। ये 'खलुकृति' हैं। हम तो आलोचक हैं और इस मामले में हतभागे हैं कि हम सोच-विचार कर रहे हैं। यह लम्बी कविता है, कि गीत है, कि प्रगीत है, यह छन्द वाली कविता है, या मुक्त छन्दवाली कविता है; तो हम जाति-पाँति के विचार में लगे हुए हैं क्योंकि हमको मूल्यांकन भी करना है, निर्णय भी करना है। इसलिए आस्वाद जो है, इसके मामले में अभिशप्त है।

मुझे याद आता है कि अपने देश में एक ज़माना था शास्त्र में कम से कम जहाँ यह समझा जाता था कि 'सरस्वत्यास्तत्वमकविसहृदयाख्यमृविजयते'। सरस्वती के दोनों तत्व हैं–कवि और सहृदय। दोनों शब्दों का इस्तेमाल किया जाता था। दोनों की एक साथ वन्दना की थी। प्राख्या-उपाख्या के साथ। अभिनवगुप्त पादाचार्य ने ध्वन्यालोक की जो 'लोचन' नाम की टीका लिखी उसका मंगलश्लोक है–'सरस्वत्यास्तत्वम्-कविसहृदयाख्यमृविजयते'। इसलिए सहृदय और कवि नाम के लोग हुआ करते थे और वे दोनों एक लहर-मान पर-भाव-बोध और संवेदना की भूमि पर रहते थे। यह जो वेवलेंथ जिसको कहते हैं, उस लहरमान पर दोनों रहते थे, इसलिए दोनों को

एक-दूसरे का सहकर्मी माना गया था। इसलिए आस्वाद का अधिकार सहृदय को था। यह बहुत अच्छा शब्द था संस्कृत में। यद्यपि ग्रन्थ का नाम तो 'लोचन' अवश्य है, लेकिन 'लोचन 'से' लोचक' नहीं बनाया, आलोचक-समालोचक नहीं बनाया, 'सहृदय' बनाया। 'सहृदय' शब्द था और उस समय आस्वाद नाम की चीज़ थी और रस आस्वाद की वस्तु मानी जाती थी, जिसको आजकल हम लोग 'एप्रीसिएशन' कहते हैं।

इस तरह की धारणा अकेले अभिनवगुप्त पादाचार्य की या आनन्दवर्धन की नहीं थी, बल्कि राजशेखर की भी थी—'एक हि सूते...।' उन्होंने कहा पत्थर से दोनों पैदा होते हैं (और हाड़-माँस के शरीर को पत्थर आप कह लीजिए)—एक से तो सोना पैदा होता है और दूसरा पत्थर है जिससे कसौटी पैदा होती है। वह काली होती है, यह पीला होता है, लेकिन कसौटी पर सोना कसा जाता है—'एकःसूते कनकमुपलः तत्परीक्षाक्षमोन्यः।' दो पत्थर उन्होंने अलग-अलग कर दिए। अभिनवगुप्त पादाचार्य एक ही सरस्वती के तत्व से उत्पन्न मानते थे, राजशेखर दोनों पत्थर अलग-अलग मानते थे और उन पत्थरों के बारे में सबसे बड़ी विडम्बना है कि रीतिकाल के कवि का कहना है कि 'सोने का रंग कसौटी लगे, कसौटी को रंग लगै नहिं सोना'। यह भी ध्यान देने की बात है कि सोना कसौटी पर कसा जाता है। सोने का रंग कसौटी पर तो लग जाता है, पीली लकीर बन जाती है, लेकिन कसौटी के कालेपन से सोने पर कोई दाग नहीं लगता, वह काला नहीं होता। अर्थात् कविता पढ़ने वाला आदमी कविता के उस रस से, स्पर्श से रेखांकित होता है। कसौटी पर कविता का तो असर पड़ता है लेकिन भला हो कि कसौटी का रंग सोने पर नहीं चढ़ता। फिर भी राजशेखर ने इतना ध्यान रखा और उन्होंने कहा कि प्रतिभा दोनों जगह होती है। प्रतिभा के दोनों भेद हैं। एक कार्ययित्री होती है और दूसरी भावयित्री होती है। इसलिए प्रतिभा से ही दोनों पैदा होते हैं। एक कार्ययित्री है दूसरी भावयित्री होती है। इसलिए भावयित्री प्रतिभा से सम्पन्न जो होता है उसको भावक कहते हैं।

'भावक' बहुत अच्छा शब्द लिया है। मैं बनारस में जहाँ रहता था लोलार्ककुंड में तो मुझसे बहुत पहले वहाँ शान्तिप्रिय जी द्विवेदी रहते थे। और छायावादी कविता की, पंत जी की खासतौर से, जैसी उन्होंने व्याख्या की है, उसके आधार पर मैं कह सकता हूँ कि वे छायावाद के पहले रसज्ञ पाठक थे। उन्होंने कविता पुस्तकों के, आलोचना ग्रन्थों के 'संचारिणी' जैसे नाम रखे थे। पटना से 'पाटलि' नाम की एक पत्रिका निकलती थी। उनका बहुत आग्रह था मुझसे कि शान्तिप्रिय जी पर कुछ लिख के दो। शान्तिप्रिय द्विवेदी पर लिखते समय जो शब्द पहली बार मुझे मिला, कहीं पढ़ा होगा तो ध्यान में था, मैंने लिखा कि ये छायावाद के भावक हैं। पत्रिका के सम्पादक

ने समझा कि 'उ' की मात्रा छूट गई है मुझसे। तो उन्होंने अपनी प्रूफ रीडिंग में 'भावक' को 'भावुक' लिख दिया। बहुत नाराज हुए शान्तिप्रिय द्विवेदी। बोले–तुम, तुमने मुझको भावुक कहा है। मैंने उनको लिखा हुआ दिखा दिया कि मैंने 'भावक' लिखा था आपको। उन्होंने शुद्ध करके भावुक कर दिया है। मैंने नहीं लिखा है ये। तो कविता के भावक होते थे। इसलिए भावक और भाव शब्द बहुत अर्थगर्भित हैं। जो भाव और रस में भी आता है। आयुर्वेद में लोग जो रस तैयार करते हैं उसकी भावना करते हैं वो, भावन करते हैं। इसलिए भाव केवल इमोशन का अनुवाद नहीं है, सेन्टीमेंट का अनुवाद नहीं है, बल्कि जो भावन व्यापार है उसी से विभावन व्यापार बनता है। भाव, भावन, विभावन और रस की निष्पत्ति होती है उसमें। इसलिए कविता के आस्वाद को या जिसे कमला प्रसाद जी ने आशंसा कहा है, वह एक प्रकार का कविता का भावन व्यापार होता है और उसका पाठक 'भावक' होता है। यह हमारी पुरानी परम्परा रही है।

धीरे-धीरे कवियों के बीच में काव्यशास्त्र से निकलकर के आस्वाद वाली बात आई। आप लोगों ने भी सुना होगा–बड़ा पुराना श्लोक है :

'कविकरोतिकाव्यानिस्वादजानन्तिपंडिताः सौन्दर्यापिलावण्यमूपतिर्जानाति नीपिता।'

तो कवि को तो उन्होंने कविता का पिता बता दिया, जो कर्ता है और जो भावक है, वह पति हो गया। सोचिए, कहाँ वह कवि का मित्र हुआ करता था, सहृदय होता था, भावक होता था, आगे चलकर के कवियों ने स्वयं को तो पिता मान लिया कविता का और कविता पढ़ने वाला जो है, सहृदय है, उसको उन्होंने अपना दामाद बना लिया। तो इसलिए, हे कविगण, भले ही उम्र में, आप यहाँ बहुत-से लोग छोटे बैठे हों, ध्रुव शुक्ल हैं, राजेश जोशी हैं, उसके अनुसार मैं आप लोगों का दामाद हुआ। क्योंकि दामाद पति है उसका, और वही भोगता है। मेरा खयाल है कि यह रचना जब लिखी गई होगी तो संस्कृत काव्य उस दौर से गुजर चुका होगा, जिस दौर की तरह बाद में चलकर के हिन्दी में रीतिकाल विकसित हुआ और जहाँ कविता स्वाद से ज़्यादा भोग की वस्तु हो गई। इसको याद दिलाना इसलिए जरूरी है कि आज हम लोग उपभोक्ता युग से गुजर रहे हैं। इसलिए स्वाद अलग चीज़ है और भोग अलग चीज़ है। कुछ सोच के ही अभिनव गुप्त पादाचार्य ने भट्टनायक के उस भोजकत्व तत्व को छोड़ दिया था। अपनी बोलियों में भोगना जो है, वह इस रूप में भी है कि रोगी भी अपने रोग को भोगता है। इसलिए यह भोग व्यापार जो है (उपभोक्ता दौर में) उसका अर्थ हुआ बाद में, जैसा दौर आया और उस दौर में वह बेचारा पाठक कहाँ कवि का मित्र हुआ करता था, वह दामाद हो गया। और यह माना गया कि वह कविता का भोग करता है। धर्मवालों के यहाँ तो बात समझ में आती है। लोग कृष्णजी को भोग लगाते हैं, वह राजभोग होता है और महाभोग होता है।

अब तो भगवान का ही भोग लगा रहे हैं और भोग जाते हैं भगवान को, निगल जाते हैं लोग।

सुना है कि चाय के व्यापार में कुछ बहुत टॉप के लोग चुने जाते हैं, जो 'टी टेस्टर' होते हैं। चाय की पत्तियों को बिना दूध मिलाए एक खास तापमान में पानी से गर्म किया जाता है और उनका काम ही यही है कि उसका टेस्ट करके उसे चखकर के वे बताते हैं, क्वालिटी निर्धारित करते हैं और उसी के अनुसार उनका मूल्य रखा जाता है। और ऐसे लोगों को इस कार्य के लिए रखा जाता है जो बहुत सिगरेट पीने वाले न हों, पाइप-वाइप पीने वाले न हों, हमारे जैसे पान खाने वाले लोग न हों। जिनकी जीभ भोथरी हो जाती है, वे ठीक-ठीक उस स्वाद की बारीकी की पहचान नहीं कर पाएँगे। इसलिए ऐसे लोग विशेषज्ञ चुने जाते हैं जो चाय पीते नहीं, चखते हैं। हम लोग चाय का निरन्तर भोग किया करते हैं। इसलिए हम लोग लगभग भोथरी जीभ से कविता का आस्वाद करते हैं। तो कुल मिला करके आज के इस उपभोक्ता दौर में पाठक या कहना चाहिए आलोचक लगभग वही भूमिका अदा करेंगे जो उपभोक्ता माल को बेचने के तरीके बताएँगे, यानी चख के। और इस तरह से आलोचना लगभग वही भूमिका अदा करेगी जो विज्ञापन करता है।

आज के ज़माने में लगभग वे लोग बाजार की उन शर्तों के अनुकूल जा रहे हैं, जैसे कि एक ज़माने में दरबार के माहौल में कुछ उसके खास आस्वादक हुआ करते थे। वे आस्वादक वही नहीं थे जो कालिदास के ज़माने में होते थे या आनन्दवर्धन के ज़माने में होते थे। अर्थात् युग परिवर्तन के साथ आस्वाद का अर्थ बदलता गया, रूप बदलता गया और आस्वादकर्ता का नाम भी बदलता गया, उपाधियाँ बदलती गईं और उसका कर्म भी बदलता गया। इस प्रक्रिया को अर्थात् पूरी अवधारणा को एक ऐतिहासिक प्रक्रिया के रूप में देखें। यह एहसास आज कविता पढ़ने वाले आदमी को यदि नहीं है तो वह कविता के इतिहास को भी ध्यान में नहीं रखता है, स्वयं अपने क्रिया-व्यापार के इतिहास को भी ध्यान में नहीं रखता है। इस पूरी प्रक्रिया के अन्तर्गत जो एक विशेष बात दिखाई पड़ती है वह यह कि आस्वाद की पुराने ज़माने में जो विधियाँ हुआ करती थीं वह ये कि पेय पदार्थ का तो हम आस्वाद केवल जिह्वा से करते हैं लेकिन कविता का आस्वाद समस्त इन्द्रियों से करते हैं। प्रायः यह समझा जाता है कि आलोचक नाम का आदमी शास्त्र वगैरह पढ़ ले, कुछ अलंकार का ज्ञान हो उसको, काव्यशास्त्र का कुछ ज्ञान हो और आलोचना के उन मानदंडों को लेकर के लोग कविता को जाँचने के लिए चलते हैं। जैसे कबाड़ी वाला आदमी घर पहुँचे तो कई तरह के बटखरे लेकर पहुँचता है और सारा माल आपका तौल करके खरीद के रख देता है, उसी तरह से। इन मानदंडों और सिद्धान्तों से-थीअरि से आस्वाद का क्या सम्बन्ध है?

यद्यपि विचारों की दृष्टि से, ऑइडियोलॉजी में प्रतिपक्षी थे धर्मकीर्ति। लेकिन धर्मकीर्ति के एक श्लोक में ये ब्याजस्तुति है या प्रतिवस्तु उपमा है...और उस काव्य को लेकर के उन्होंने कहा कि मैं अनुभव से जानता हूँ कि इसमें वो सुन्दरी जो है...। स्वयं धर्मकीर्ति अपनी कविता के बारे में कह रहे हैं। जितनी बारीकी से जाकर के विचार किया रसध्वनि वालों ने, उस परम्परा को आप देखें तो शास्त्र आस्वाद पर हावी नहीं होता। हमारे यहाँ आधुनिक काल में विश्वविद्यालयों में आलोचना का जो पर्चा होता है, काव्यशास्त्र का भी रखा जाता है, और पश्चिमी आलोचना का भी रखा जाता है। सिद्धान्त से लोग इतने आक्रान्त हैं कि साहित्य को आस्वाद लेकर, रस लेकर पढ़ना बिल्कुल दूर की चीज़ हो गई। सौन्दर्यशास्त्र के बारे में तो अक्सर, जैसा कि कलिंगवुड ने एक जगह लिखा है कि विचित्र विडम्बना है कि जो एस्थेटिक्स के आचार्य हैं अर्तात् जो सौन्दर्य और कला पर बड़ी गम्भीर बातें कह सकते हैं, वे जीवन में किसी आर्ट गैलरी में गए ही नहीं और जो आर्ट गैलरी में गए, देखा, उन्होंने कोई सिद्धान्तशास्त्र की किताब नहीं लिखी। सिद्धान्त में और व्यवहार में इतना ज़्यादा फर्क हो गया। संस्कृत काव्यशास्त्र को एक तरफ देखें। उस शास्त्र में कहीं-कहीं जो कविताएँ आती हैं, चूक होती है उसमें। मम्मट जैसे आदमी से हुई है। आज की स्थिति में भी देखता हूँ। उसी संस्कृत काव्यशास्त्र को पढ़कर के आप नगेन्द्र जी को देखें, 'रस सिद्धान्त' नाम के विशाल ग्रन्थ में अज्ञेय जी की एक कविता थी 'सोन मछली'। उसमें वे रस सिद्धान्त से आक्रान्त थे। वो सिद्धान्तशास्त्री थे। सहृदयता उनकी पंत जी पर आलोचना लिखते समय शायद कुछ रही हो क्योंकि सिद्धान्त वहाँ सहारा दे ही नहीं सकता। यह अन्यत्र भी देखा जा रहा है। आप कविता रस लेकर के, मजे लेकर के पढ़ते रहे हों, उसके गुण-दोष का, अच्छे-बुरे का विवेचन करने की स्थिति तो बाद में पैदा होती है और फिर ज़रूरत पड़ी तो सिद्धान्त भी बनते हैं। व्यवहार से सिद्धान्त निकलता है, प्रैक्टिस से थीअरि। यानी जिसको विनोबा जी कहा करते थे कि फल में फल नहीं लगता। आम का एक फल हो गया तो उस फल में दूसरा फल नहीं लगेगा। लगेगा, जब उस फल को खा जाओ फिर गुठली जो निकले उसको मिट्टी में गाड़ो और फिर उस मिट्टी से एक नया पेड़ पैदा होगा बौर लगेंगे और फिर उसमें फल लगेगा। इसलिए सच्चाई यह है कि उस काव्यास्वाद के अनुभव से आगे चलकर के सिद्धान्त निकलते हैं, बनते हैं।

हमारे यहाँ तो लगभग विचारधारा के अन्त के साथ साहित्य में सिद्धान्तों का अन्त हो चुका है। किसी के पास कोई सिद्धान्त वगैरह अब नहीं है। कोई सिद्धान्त नहीं, न मार्क्सवादी न गैर-मार्क्सवादी। एक ज़माने में मार्क्सवादी बहुत सिद्धान्त की बात किया करते थे। मार्क्सवादी सौन्दर्यशास्त्र, मार्क्सवादी आलोचना और उसके अनुसार व्याख्या भी कर देते थे। और गैर-मार्क्सवादी हैं उनके यहाँ पोस्ट मॉडर्न

थीअरि भी आ गई। इस पोस्ट मॉडर्न थीअरि में विशेषण लगाने की भी ज़रूरत नहीं है। बल्कि अमेरिका, इंग्लैंड की शिक्षा संस्थाओं में इस सिद्धान्त का इतना आतंक हुआ कि लोगों ने स्वयं शेक्सपियर को न पढ़ के लोगों ने पॉलिटिकल शेक्सपियर पढ़ना शुरू कर दिया। स्त्री लेखिकाओं की कविताओं और उपन्यासों को न पढ़कर के स्त्री-विमर्श करने लगे। हिन्दी में अब विमर्श हो रहा है। सिद्धान्त से जान बची तो अब विमर्श कर रहे हैं। सच्चे साहित्य के जो पाठक थे, त्राहि-त्राहि बोल उठे। वहाँ आमतौर से लोगों के एपाइन्टमेन्ट होते हैं तो ये कि थीअरि जानता है कि नहीं। इसलिए थीअरि की उनकी परीक्षा होती है। और डिपार्टमेन्ट का नाम–डिपार्टमेन्ट ऑव् थीअरि। कोई विशेषण नहीं–कौन थीअरि, क्या थीअरि-थीअरि ऐज सच। और उसका मतलब हुआ मॉडर्न थीअरि। चाहे वह पॉलिटिकल हो, चाहे सोशियोलॉजिकल हो, चाहे एन्थ्रोपोलॉजिकल हो, इकोनॉमिक हो–थीअरि इज थीअरि। त्राहि-त्राहि लोगों ने कहा और नारा लगा–'रजिस्टेन्स टू थीअरि'। और ये किताब पॉल डे मान ने लिखी और वह भी हार्वर्ड में। उनकी सारी किताब जो है, वह रीडिंग्स पर है, व्याख्या पर। अर्थात् फिर पश्चिम का शास्त्र जो है वह भारतीय परम्परा में लौट रहा है, हमारे यहाँ टीका परम्परा थी, भाष्य परम्परा थी। अंग्रेज़ी में उसी को 'रीडिंग' कहते हैं। रीडिंग माने खाली पढ़ना नहीं है। रीडिंग माने व्याख्या-इन्टरप्रेटीशन। आप यदि कोई नया सिद्धान्त स्थापित करना चाहते हैं तो किसी को पढ़िए, व्याख्या कर दीजिए। वही सिद्धान्त है। शंकराचार्य ने नया क्या किया था? भाष्य ही तो लिखे उन्होंने और वेदान्त की अद्वैत की स्थापना कर दी उन्होंने। गीता की टीका लिखी। उपनिषदों की व्याख्या की और ब्रह्मसूत्र की व्याख्या की। सबकी व्याख्या करके उन्होंने एक नया दर्शन स्थापित कर दिया। अर्थात काव्य के रूप में, छन्द के रूप में बाकी लिखी हुई अनेक कृतियों की उन्होंने व्याख्या करने का काम किया था। सिद्धान्त निकला व्याख्या से ही। इसलिए वर्षों जिन लोगों ने इन्टरप्रेटीशन किया रीडिंग से और कहा कि थीअरि का प्रतिरोध होना चाहिए। कमला प्रसाद जी ने इसलिए आस्वाद के साथ यह जो एक तरह का यज्ञ शुरू किया है, इस यज्ञ की सार्थकता इस बात में होगी कि हमारे यहाँ भी सिद्धान्त चर्चा की अपेक्षा हम लोग कृतियों की व्याख्या को पढ़ें, पढ़कर के उनकी बारीकी में जाएँ और जा करके उस पर विचार करें।

[मध्य प्रदेश कला परिषद्, भोपाल द्वारा आयोजित कला आशंसा शिविर के उद्घाटन के अवसर पर दिसम्बर, 1998 को व्यक्त विचार। भोपाल में 'नामवर के निमित्त' के अवसर पर प्रकाशित स्मारिका में प्रकाशित]

प्रतिमानों का प्रश्न

प्लेटो ने अपने 'डायलॉग्ज़' में लिखा है–'The unexamine life is not worth living'–अनपरीक्षित जीवन जीने लायक नहीं होता। हम लोग जो कुछ पढ़ते, लिखते और सीखते हैं, उसके लिए भी परीक्षा ज़रूरी है। ज़िन्दगी में भी हम तमाम चीज़ों में संग्रह और त्याग का महत्व जानते हैं। क्या संग्रह करना है और क्या छोड़ना है, साहित्य पढ़ते समय भी हम बराबर इसका ध्यान रखते हैं। बहुत-सी किताबें पढ़ते हैं, लेकिन सबको ढो के तो नहीं ले जा सकते। इसी बात को तरह-तरह से कई लोगों ने कहा है।

रवीन्द्रनाथ ठाकुर की एक प्रसिद्ध कविता है–'सोनार तरी' (सोने की नैया)। उस कविता में रवीन्द्रनाथ ने यही कहा है कि सोने की नौका बही जा रही है और लोग घाट पर खड़े हैं। जहाँ-जहाँ से नौका गुज़रती है; लोग इशारा करते हैं कि 'हमें भी लिये चलो। हमारा यह सामान रखा है, इसको भी रख लो और हमें भी ले चलो। मुझे भी ले लो, मेरे गधे और घोड़े को भी ले लो।' रवीन्द्रनाथ ने लिखा 'ठाईं नाहीं-ठाईं नाहीं' अर्थात् जगह नहीं है, जगह नहीं है। हमारी नाव बहुत छोटी-सी है और यह सोने के धान से भरी है। अब इसमें कूड़ा-करकट नहीं भरूँगा। तो यह हर आदमी की या हर साहित्यिक विद्यार्थी की समस्या है कि वह क्या चुने और क्या न चुने। इस चुनने में पसन्द और नापसन्द का सवाल भी है जिसे रुचि या अभिरुचि कहते हैं।

अभिरुचि ऐसी चीज़ है जो निहायत ही आत्मनिष्ठ और 'सब्जेक्टिव' हो सकती है। नितान्त वैयक्तिक हो सकती है। पसन्द-नापसन्द पर बहस नहीं हो सकती। अंग्रेज़ी में इसे कहते हैं कि 'we like some one inspite of' किसी आदमी को हम पसन्द करते हैं तो तमाम चीज़ों के बावजूद पसन्द करते हैं। उसमें बहुत-सी कमज़ोरियाँ हो सकती हैं। इसको जानते हैं फिर भी कहते हैं कि भाई इसे हम पसन्द करते हैं। लेकिन आप चाहें कि दूसरा भी उसे अच्छा कहे तो उसके लिए आपको कारण देना पड़ेगा। बताना पड़ेगा। ...so you prefer some one because of...not inspite of...because of... कारण जब भी आप बताएँगे तो उम्मीद की जा सकती

है कि वह वस्तुनिष्ठ हो। आप किसी कविता को पसन्द करते हैं और चाहते हैं कि दूसरे की साझेदारी हो, दूसरा भी उसे पसन्द करे, उसे प्रिय लगे तो प्रिय लगने के लिए आपको कुछ कारण बताना पड़ेगा और दिखाना पड़ेगा कि उसमें यह गुण है, जिसके कारण आप उसे चाहते हैं और दो या तीन में से आप किसी एक को वरीयता देते हैं। अब कविता के मामले में यह काम कैसे किया जाए! दो तरीके हैं–अंग्रेज़ी में एक शब्द इस्तेमाल किया जाता है, हिन्दी में उसके लिए दो शब्द हैं। अंग्रेज़ी में शब्द है–'canon'। 'केनन' को हिन्दी में हम 'निकष' कहते हैं, 'कसौटी' कहते हैं, लेकिन अंग्रेज़ी में 'केनन' को केवल 'निकष' 'प्रतिमान' या 'कसौटी' ही नहीं कहते। 'केनन' से मतलब होता है–परम्परा (ट्रेडिशन), जैसे अंग्रेज़ी कविता का ज़िक्र किया जाता है तो श्रेष्ठ कवियों की वरीयता के क्रम से एक परम्परा होती है–चॉसर, शेक्सपियर, मिल्टन। मेटाफिज़िकल कवियों में जॉन डन, हरबर्ट मारकूज, मार्शल; रोमेंटिक्स में ब्लैक, वर्ड्सवर्थ, शेली, कीट्स, बायरन, टेनिसन, इलियट, येट्स, ऑडेन, डेलन टॉमस और भी दूसरे कवि। जब किसी भी भाषा की कविता की चर्चा हम कर रहे होते हैं तब उस कविता के हज़ारों कवियों में से श्रेष्ठ कवि चुनते हैं। उनकी एक सूची बनती है। आमतौर से जब भी हम किसी कवि को पसन्द करते हैं तो हमारे सामने मानदंड के रूप में पूरी परम्परा होती है। हिन्दी कविता में, इतिहास-ग्रन्थों के माध्यम से, हज़ारों कवियों में से हम लोगों ने भक्तिकाल के कुछ कवि, आधा दर्जन चुन रखे हैं। रीतिकाल के हज़ारों कवियों में से हमने एक दर्जन कवि चुन रखे हैं। आधुनिक काल के कवियों में से हमने कुछ छायावाद के चार कवियों, उससे पहले मैथिलीशरण गुप्त को, माखनलाल चतुर्वेदी को और फिर छायावाद के बाद के कवियों में से कुछ कवि, कुल मिलाकर श्रेष्ठ कवियों की एक सूची हमारे सामने होती है–पचास-साठ। और यह केनन का काम करता है। मानदंड का काम करता है। किसी को आप जाँचते हैं तो आपके सामने वह परम्परा होती है।

त्रिलोचन ने लिखा है–'आँखों में रहे निराला।' आधुनिक कविता में, इधर बीसवीं शताब्दी में निराला हमारे लिए एक मानदंड होते हैं। निराला से कोई कितना नीचे है या निराला से कोई कितना ऊपर है या श्रेष्ठ कवियों में हम तुलसी को या कबीर को रखते हैं। तो जाँचने का तरीक़ा हमारे सामने है कि हम विरासत में अपनी भाषा की, कविता की एक परम्परा प्राप्त करते हैं। इस परम्परा का नाम 'केनन' है। और यह एक दिन में नहीं बना। इसे एक आदमी ने नहीं बनाया, बल्कि इस परम्परा का निर्माण शताब्दियों में आम सहमति से अथवा एक लोकमत कह लीजिए, इससे निर्मित होता है। हम मानकर चलते हैं कि हमारी जातीय परम्परा ने जो श्रेष्ठ कवियों का 'केनन' तैयार किया है, वह मानदंड हो सकता है। दूसरी ओर जब 'केनन' कहते हैं, 'निकष' कहते हैं, तब काव्य के कुछ सिद्धान्त होते हैं। उन सिद्धान्तों के आधार पर

जाँचते हैं। संस्कृत काव्य परम्परा में काव्यशास्त्र के अनेक सम्पद्राय कहे जाते हैं, जिसे आप जानते हैं। अलंकार, रीति, वक्रोक्ति, रस, ध्वनि आदि। और लगभग हज़ार-डेढ़ हज़ार वर्षों की बहस के बाद कुछ ऐसा प्रतीत हुआ कि अन्ततः रसध्वनि का सिद्धान्त ही श्रेष्ठ है।

काव्य की आत्मा ध्वनि है। रस वाच्य नहीं होता है, कथित नहीं होता है, वह केवल व्यंजित ही हो सकता है। इसलिए काव्य की आत्मा रस है जो ध्वनित होती है। जिस काव्य में वह है, वह श्रेष्ठ है। संस्कृत के कवियों का भी एक 'केनन' बना हुआ है और उस 'केनन' के अनुसार हम उन कवियों को जाँचते हैं। आनन्दवर्धन ने जब अपना ग्रन्थ 'ध्वन्यालोक' लिखा, तब अपने सिद्धान्त की सार्थकता बताते हुए उन्होंने कहा कि विशाल काव्य संसार में दो-तीन महाकवि हुए—वाल्मीकि, कालिदास जैसे। उनकी कविता के महत्व को समझने के लिए एक सिद्धान्त की आवश्यकता है। इसी प्रतिज्ञा के साथ उन्होंने ध्वनि-सिद्धान्त की स्थापना की। यह और बात है कि वाल्मीकि और कालिदास के नाम पर उन्होंने ध्वनि-सिद्धान्त की स्थापना की; लेकिन स्वयं 'ध्वन्यालोक' में जो उदाहरण दिए, ध्वनि को समझने के लिए, उनमें वाल्मीकि या कालिदास को सम्मिलित नहीं किया। आरम्भिक उदाहरण उन्होंने 'गाथा सतसई' के दिए, आगे चलकर 'अमरूक शतक' के शृंगार के ज़्यादा दिए। यह सही है कि ध्वनि की व्याख्या करते हुए उन्होंने वाल्मीकि के 'कौंचवध' प्रसंग और कालिदास के उदाहरण दिए लेकिन सिद्धान्त-स्थापन में इनके उदाहरण नहीं दिए। बहरहाल। इसलिए मैंने कहा कि कविता को जाँचने के लिए दो रास्ते हैं। एक तो कोई काव्य-सिद्धान्त हो और दूसरा 'केनन', परम्परा।

थोड़ी देर के लिए हम मान लें कि हमारे सामने हिन्दी में एक काव्य-सिद्धान्त भी है, आधुनिक साहित्य के सन्दर्भ में और एक काव्य-परम्परा भी है। काव्य-सिद्धान्त के रूप में सबसे प्रतिष्ठित है हमारी हिन्दी आलोचना की आधारशिला आचार्य रामचन्द्र शुक्ल द्वारा स्थापित 'कविता क्या है?' और 'रसमीमांसा' में उसकी चर्चा है। शुक्ल जी ने प्राचीन रस की नई व्याख्या करने के साथ एक मानदंड स्थापित किया। दूसरा 'हिन्दी साहित्य का इतिहास' लिखते हुए उन्होंने कवियों का एक तारतम्य 'केनन' भी बनाया है। इसलिए 'हिन्दी साहित्य का इतिहास' और उनका काव्य सिद्धान्त, दोनों चीज़ें आधारशिला के रूप में हैं। प्रश्न यह है कि क्या वे दोनों चीज़ें आधुनिक कविता के मूल्यांकन, जाँचने-परखने के लिए पर्याप्त हैं? उन्हें ज्यों का त्यों स्वीकार कर लिया जाए? यह मुख्य प्रश्न है या उसमें कुछ फेरबदल करें? जैसे शुक्ल जी ने पुराने रस-सिद्धान्त में अपने समय की कविता के अनुसार कुछ फेर-बदल किया, जो इतिहास-परम्परा मिली थी, उसमें भी फेर-बदल किया और यह करके उन्होंने आप लोगों के लिए यह रास्ता दिखाया है कि ज़रूरत पड़ने पर तुम भी यही कर सकते हो और करोगे तो कोई गुनाह

नहीं है। हमने किया है और कहीं तुम्हें लगे कि इसमें फेर-बदल करना है तो तुम भी कर सकते हो। यह उसमें अन्तर्निहित है। अब इस आधार पर कोई आदमी प्रतिष्ठा का विषय बनाए कि शुक्ल जी के सामने तुम प्रश्नचिह्न लगा रहे हो तो क्या कहा जाए। उनसे पूछा जाए कि आनन्दवर्धन के सामने लगाया गया तब तो आपने नहीं कहा। तो ये बातें एक तरह के जड़सूत्र (डॉग्मा) की पुष्टि करती हैं और यह 'केनन' शब्द जो है, काव्य में जिस तरह है, धर्म में भी यही चीज़ है।

सच पूछिए तो अंग्रेज़ी का जो 'केनन' शब्द आया है, उसका मूल सन्दर्भ धार्मिक है। धर्म के क्षेत्र में 'केनन' धर्मग्रन्थ हुआ करते थे। किसी-किसी धर्म में एक ही ग्रन्थ होता है और आपको उसी को मानना पड़ेगा। बाइबिल है। कुरानशरीफ है। इस मामले में भारत का जो सनातन धर्म है, जिसे लोग हिन्दू धर्म कहते हैं, जिसे पुराने लोगों ने हिन्दू नहीं कहा था, धर्म ही कहा था, सनातन धर्म कहा था, में कोई निश्चित ग्रन्थ नहीं थे। बाद में चलकर जब शंकराचार्य को टीका लिखनी हुई तो उन्होंने तीन ग्रन्थों को 'केनन' माना, जिसे उन्होंने प्रस्थानत्रयी कहा। इस प्रस्थानत्रयी में तीन ग्रन्थ शामिल हैं—'ब्रह्मसूत्र', 'गीता' और 'उपनिषद्'।

यही बात काव्य के बारे में लागू होती है। इसलिए कुछ ग्रन्थ 'केनन' बन जाते हैं और 'केनन' में कुछ डॉग्मा की गुंजाइश रहती है। फेर-बदल होने पर काफ़ी लोग हल्ला-गुल्ला मचाते हैं। धर्म में भी होता है, काव्य में भी होता है। इसलिए हम लोग देखेंगे कि हमारा सम्बन्ध इस आधुनिक कविता से कितना है। आधुनिक कविता को जाँचने और उसकी चर्चा करने से पहले उदाहरण लेकर हम देखेंगे।

ऐसा मालूम होता है कि सिद्धान्त का 'केनन' बनाने में, 'निकष' बनाने में कुछ कठिनाइयाँ दिखाई पड़ीं। मैं उदाहरण देना चाहता हूँ कि सबसे पहले रसध्वनि और आनन्दवर्धन और उनके आधार पर अभिनवगुप्त, जिस परम्परा में आगे चलकर, मम्मट आए। तो उससे मालूम हुआ कि आनन्दवर्धन की परम्परा में बहुत स्पष्ट विभाजन नहीं है। मम्मट आदि ने उसकी व्याख्या करके कहा है—इसलिए मैं आनन्दवर्धन को दोषी नहीं मानूँगा। लेकिन आप लोगों ने तो सुना होगा कि उत्तम काव्य तो ध्वनि है, जहाँ ध्वनि की प्रधानता होती है। उन्होंने कहा है कि सहृदय श्लाध्य अर्थ ही काव्य की आत्मा है और उसके दो रूप होते हैं—एक वाच्य होता है और दूसरा प्रतीयमान होता है। यह प्रतीयमान ध्वनि है। इसके अनेक भेद उन्होंने बताए हैं। वाच्य तो अभिधा है। जब वाच्य से प्रतीयमान अर्थ श्रेष्ठ हो तब वह ध्वनिकाव्य होगा और उत्तम भी। लेकिन जहाँ ध्वनि श्रेष्ठ न हो और वाच्य प्रधान हो जाए उसको उन्होंने एक शब्द दिया है—गुणीभूत व्यंग्य। व्यंग्य जहाँ गुणीभूत हो गया हो, गौण हो गया हो और वाच्य प्रधान हो गया हो तो काव्य मध्यम। और तीसरी श्रेणी उन्होंने बताई है, वह है—चित्रकाव्य। उसको उन्होंने कहा कि यह अधम है जहाँ

अलंकार प्रधान हो जाता है। अब लेकर देखें तो विचित्र स्थिति दिखाई पड़ती है और मैं मम्मट से उदाहरण ले रहा हूँ। 'कुमार सम्भव' का एक प्रसिद्ध श्लोक है। शिव तपस्या कर रहे थे और कामदेव ने उन पर आक्रमण किया उनके मन को मृदु बनाने हेतु ताकि वे पार्वती से विवाह कर सकें। सारी तैयारी करके कामदेव ने आक्रमण किया। यह श्लोक कालिदास के 'कुमार सम्भव' का है। मम्मट ने इस श्लोक का उदाहरण गुणीभूत के रूप में दिया है और इसे मध्यम कोटि का कहा है। तर्क यह दिया है कि मध्यम कोटि का इसलिए है कि यहाँ अर्थ गौण हो गया है और वाच्य अर्थ प्रधान हो गया है। स्पष्ट नहीं कर सके व्यंग्य प्रधान है या नहीं, दबा रह गया है। इसलिए मध्यम कोटि का काव्य है। अब आप स्वयं ही निर्णय करें। साधारण आचार्य नहीं, मम्मट जैसा आचार्य, जिसे लगभग स्टैंडर्ड मान लिया गया है।

श्लोक है—"हरसुत किंचित...विलोचन"। जैसे चन्द्रमा के उदय होते ही समुद्र चंचल हो उठता है वैसे ही काम के प्रभाव से हर अर्थात् शिव, उनका धैर्य किंचित परिवर्तित हुआ। शब्द 'किंचित' पर ध्यान दीजिए। और जब चंचल हुआ, उनका चित्त जैसे चन्द्रोदय के समय समुद्र का। सामने पार्वती खड़ी थीं। जब तैयारी के साथ कामदेव ने आक्रमण किया था तब पार्वती को सामने खड़ा रखकर किया था। पार्वती सामने खड़ी हैं और काम के प्रभाव से शंकर का चित्त किंचित परिवर्तित हुआ और उन्होंने फिर क्या किया—उमा के मुख पर, पूरे मुख पर नहीं, बिम्बाफल के समान अधरों पर उन्होंने दृष्टि टिकाई नहीं, बस थोड़ी देर के लिए दृष्टि घुमा दी। मम्मट की शिकायत यह है कि व्यंग्य यही न है कि उनका मन पार्वती के होठों को चूमने का हुआ। लेकिन कालिदास जो कह रहे हैं, इससे स्पष्ट व्यंजना निकलती नहीं कि चूमना चाहते हैं। कालिदास ने इतना ही कहा कि दृष्टि उन्होंने उनके होठों पर टिका दी। इसमें व्यंग्य है कि वे चूमना चाहते हैं। व्यंग्य दब गया है। इसलिए यह काव्य मध्यम कोटि का हो गया है।

अब आप बताइए कि कविता कितनी फूहड़ हो गई होती। यह शिव के बारे में है, जिन्होंने ठीक बाद कामदेव को भस्म किया था। जो महायोगी हैं। काम के प्रभाव से शिव का मन इतना विक्षुब्ध हो जाए कि होठों को चूमने के लिए तड़प उठे। यह मर्यादा भंग होगी। इसलिए कालिदास की व्यंजना देखिए। यहाँ तो इसकी दाद देनी चाहिए कि वे इतने सावधान थे कि कहा—हल्का-सा धैर्य विचलित हुआ उनका। सारी ध्वनि इस शब्द 'किंचित' में है। आँखें ही होठों तक गईं। यह तो लुच्चे-लफंगे और शोहदे होंगे जो उससे एक कदम और आगे बढ़ने की कोशिश करेंगे। अब आप देखें कि इतना बड़ा आचार्य मम्मट यह कह रहा है कि ध्वनिकाव्य श्रेष्ठ होता है और व्यंग्य अर्थ को स्पष्ट होना चाहिए। इस मत के चलते इतने उच्च कोटि के काव्य को उत्तम न कह कर के मध्यम कह रहा है।

इससे यह भी निष्कर्ष हम लोग निकालें कि काव्य के आस्वाद में कभी-कभी मताग्रह, सिद्धान्त बाधक हो जाया करता है और अति सिद्धान्तवादिता काव्य के आस्वाद में, मूल्यांकन में हमेशा सहायक नहीं होती बल्कि घातक हुआ करती है। मम्मट सिद्धान्त के आग्रह के कारण ही इसे मध्यम कोटि का काव्य कहने को विवश हुए। वरना कायदे से, हम जैसे अज्ञ लोग भी कह रहे हैं कि इसमें सौन्दर्य है। यह मध्यम कोटि का नहीं है। वहाँ मम्मट चूकते हैं तो इसका कारण है–मताग्रह। सिद्धान्त का आग्रह जब प्रबल होता है तो बड़े-बड़े आचार्य चूकते हैं। आचार्य रामचन्द्र शुक्ल से भी ऐसी ही चूक हुई। डॉ. रामविलास शर्मा से भी हुई। और हम लोगों की गिनती तो कहीं है ही नहीं। इसलिए अपना नाम लेना तो एक तरह से धृष्टता होगी। अक्सर मार्क्सवादी लोगों से कभी राजनीतिक मत या यथार्थवाद के नाम पर अनेक कवियों-साहित्यकारों के साथ इस तरह की चूक हुई, जिसे अपराध कहा जा सकता है। जैसे मम्मट से हुई।

इस व्यंग्यार्थ को लागू करने में मम्मट से एक ही नहीं, दूसरी गलती भी हुई। दूसरा उदाहरण है महाभारत के भूरिश्रवा का। भूरिश्रवा का कटा हुआ सिर और हाथ सामने आया और लगा कि पति मर गया। भूरिश्रवा की पत्नी विलाप कर रही है। प्रसिद्ध श्लोक है : 'अयम...मर्दनः।' पत्नी विलाप करती हुई कह रही है कि यह वो हाथ है जो रसणोत्कर्षी करधनी खींचा करता था, पीन स्तनों का विमर्दन करता था। नाभि जघन को स्पर्श करने वाला, नीवी की गाँठ खोलने वाला यह हाथ सामने पड़ा है। पति मर चुका है, कटा हुआ हाथ सामने है, स्त्री विलाप करती है। शोक का कायदे से सन्दर्भ है। मनःस्थिति है। जो रस है वह करुण है। मम्मट कहते हैं कि यहाँ श्रृंगार रस करुण का अंग हो गया है। अंगीरस करुण है और अंग श्रृंगार है और यह दोष है। इस कारण जिस रस को व्यंग्य होना चाहिए था यानि श्रृंगार को व्यंग्य होना चाहिए था और करुण को यहाँ वाच्य होना चाहिए था। लेकिन उलट गया है मामला। इसलिए यह मध्यम कोटि का काव्य हुआ। गुणीभूत व्यंग्य का उदाहरण देते हुए मम्मट ने इस श्लोक को रखा है। अब कोई आदमी पूछे कि करुण के प्रसंग में श्रृंगार को अंग ही होना चाहिए। अगर श्रृंगार अंगी हो जाता–पति का कटा हुआ हाथ है और शोक की दशा में प्रधान श्रृंगार कैसे होगा? श्रृंगार की स्थिति अधिक से अधिक अंग के ही रूप में होगी, जिससे करुण पुष्ट होगा। शोक में स्त्रियाँ विलाप करते हुए उन घड़ियों को, उन क्षणों को याद करती हैं और वह सारी स्मृतियाँ जो सुखद हैं, श्रृंगार की हैं वह श्रृंगार उद्‌बुद्ध नहीं करती हैं, करुण को पुष्ट करती हैं। मुख्य रस तो करुण ही होता है। वह सचमुच दुखी है, विलाप कर रही है और अतीत के उस सुखद अनुभव को कह रही है। सारे के सारे इस कन्ट्रास्ट में कहना चाहिए कवि पुष्ट करते हैं करुण को। इसलिए यह सर्वथा उचित है कि श्रृंगार गौण

हो और करुण प्रधान। मम्मट इसको गुणीभूत व्यंग्य कहते हैं। एक साधारण पाठक के नाते हमें लगता है कि फिर यहाँ वाग्देवता चूक गए हैं। और चूक का वही कारण है–सिद्धान्त।

प्राकृत की एक गाथा है। लोगों ने ज़रूर पढ़ी होगी। निश्चल-निस्पद सरोवर है, कमल खिले हैं। कमल के चौड़े-चौड़े पत्ते हैं। एक पत्ते पर श्वेत वलाका बैठी हुई है, जैसे निर्मल मरकत के थाल में शंखशुक्ति रखी हो। क्या सुन्दर बिम्ब है–यही कहेंगे न हम, लेकिन पुराना सहृदय इससे सन्तुष्ट होने वाला नहीं है। पुराने सहृदय की दृष्टि कहीं और है कि व्यंग्य अर्थ कुछ और है। वलाका निश्चल-निस्पंद बैठी है इसलिए कि इस जगह किसी बहेलिये का डर नहीं है। स्थान ऐसा है कि जहाँ न आदम न आदमजात के होने की सम्भावना हो। नायक-नायिका बैठे हुए हैं। इसलिए नायिका नायक से कह रही है कि वो देखो वलाका निश्चल-निस्पन्द है। अर्थ यह कि किसी का ख़तरा नहीं है। कोई आने वाला नहीं है। एकदम निर्जन एकान्त है। और जब निर्जन एकान्त हो तो नायक-नायिका को ऐसे समय में क्या करना चाहिए? यह है व्यंग्य। यही रस है। इसलिए व्यंग्यार्थ होने के कारण और रस के कारण यह कविता श्रेष्ठ है। छायावादी कविताओं के पाठक यह कहेंगे कि क्या दो कौड़ी की बात ढूँढ निकाली है। कविता का सौन्दर्य तो इस इमेजरी में है–निर्मल मरकत के आसन पर शंख शुक्ति रखी हुई है। क्या चित्र खड़ा कर दिया है और इस चित्र को हम व्यंग्य वाले अर्थ से ज़्यादा सुन्दर समझेंगे। पुराना सहृदय व्यंग्य को श्रेष्ठ कहेगा, जबकि आज का आदमी कहेगा कि–वाच्य ज़्यादा अच्छा है। सिद्धान्त फिर बाधक हुआ।

इसलिए मैंने कहा कि कविता का सिद्धान्त कविता को जाँचने में, चाहे वह पुराना सिद्धान्त हो चाहे आज का सिद्धान्त, कई बार बाधक बनता है। किसी सिद्धान्त का सहारा लेकर यदि कविता को जाँचेंगे तो ख़तरे हैं। चूक हो सकती है। गलतियाँ हो सकती हैं। आई.ए. रिचर्ड्स जैसा आदमी, जिसने व्यावहारिक आलोचना लिखी नहीं, सिद्धान्त बघारे और वे बड़े प्रभावशाली थे। उनका एक कोटेशन पढ़ते हुए मेरी नज़र पड़ी, जहाँ वो कहते हैं–"critical formulas. even the best are responsible for move bad judgement then good" –यह जो आलोचनात्मक नुस्खे हैं–फार्मूले होते हैं, बहुत ख़राब निर्णयों के लिए ज़िम्मेदार हुआ करते हैं। यह रिचर्ड्स कह रहे हैं, हालाँकि जिन्होंने फार्मूले ही बनाए जीवन में।

मैथ्यू ऑर्नाल्ड जो 'Tonch stone' के लिए प्रसिद्ध हैं, उन्होंने दस से बारह 'Tonch stone' बना रखे थे। उन्होंने कहा है कि systematic judgement is the worthiest of all. हम सिद्धान्त इसीलिए तो बनाते हैं कि व्यवस्थित तरीके से मूल्यांकन कर सकें। पसन्द और नापसन्द यादृच्छिक होती है। इक्के-दुक्के होती है। लेकिन आलोचक लोग तो संकल्प करके चलते हैं कि इनके काव्य का मूल्यांकन करेंगे

और उसके लिए गज लेकर के चलते हैं। थान को काट रहे हैं और काट के बेच रहे हैं। यानी उस दुकानदार की तरह हैं जिसका काम गल्ला तौलना है, दूसरे लोग हैं जो अनाज पैदा करते हैं। लेकिन यह दुकानदार की तरह बैठे हुए हैं तराजू लेकर, धर्मकाँटा लगाए बैठे हैं और गल्ला तौल रहे हैं। आलोचक लोग यही काम करते हैं। हम लोगों का दूसरा धन्धा क्या है! अनाज थोड़े ही पैदा करते हैं–न कविता लिखें, न कहानी लिखें–उनका काम है तौलना। तौलने का काम सिस्टेमेटिक तरीके से करना होता है। इसलिए मैथ्यू ऑर्नाल्ड जैसा आलोचक, जिसने व्यावहारिक आलोचना काफी लिखी है, 'टच स्टोन' भी बनाए। लोगों ने उनकी भूरी-भूरी निन्दा की है क्योंकि उनके 'टच स्टोन' काफ़ी ख़राब हैं। लेकिन जो व्यावहारिक आलोचनाएँ की हैं, वहाँ परस्पर विरोध भी मिलेगा। इसलिए ऐसा आदमी जो अत्यन्त सुसंगत हो, उसको संगत ढंग से मूल्यांकन करने के लिए सिद्धान्त चाहिए। जैसे ध्वनि सम्प्रदाय जब बना तो ध्वनि के उन्होंने पचास भेद किए और खाता बनाकर उत्तम, मध्यम, अधम का विभाजन किया। बड़ा सिस्टेमेटिक किया और इस सिस्टेमेटिक होने के कारण यह विनाश संस्कृत काव्य के मूल्यांकन में हुआ। मैं कभी-कभी सोचता हूँ कि संस्कृत के काव्य नष्ट हो गए होते और केवल काव्यशास्त्र के ग्रन्थ बचे होते और उनके आधार पर हम अन्दाज़ा लगाते कि उस समय कविता कैसी थी? तो वह बड़ी ख़राब राय बनती। पं. किशोरीदास वाजपेयी जैसे संस्कृत के पंडित-वैयाकरण, उन्होंने एक छोटी-सी किताब लिखी–'काव्य और काव्यशास्त्र' और उसमें नब्बे फीसदी घोर शृंगार की, उद्दाम शृंगार की रचनाएँ उदाहरण के रूप में दी गई हैं। उसे देखकर संस्कृत के बारे में हमारी धारणा बड़ी ख़राब बनती है। अगर काव्यशास्त्र के ग्रन्थों को कोई आदमी पढ़े तो नहीं लगेगा कि कालिदास नाम का एक महान कवि हो चुका है संस्कृत में। कालिदास के उदाहरण दोष के लिए दिए हैं। काव्यशास्त्र के ग्रन्थों में वाल्मीकि, महाभारत, कालिदास या भवभूति उदाहरणस्वरूप कम हैं और आर्यासप्तशती, गाथा सप्तशती, अमरुक और न मालूम किस-किस के उदाहरण ज़्यादा दिए गए हैं। यह सारा का सारा हुआ है सिद्धान्त रचना के चक्कर में!

आप कह सकते हैं कि हे तात्! यदि आप इस ख़तरे को जानते थे तो आपने 'कविता के नए प्रतिमान' क्यों लिखी! 'कविता के नए प्रतिमान' शीर्षक से लोगों के मन में यह धारणा बनी है कि इन तमाम चीज़ों के होते हुए मैं भी एक नया प्रतिमान बना कर वही विनाशलीला घटित करने जा रहा हूँ, जो पहले के लोग कर चुके हैं। उनसे मैंने कुछ नहीं सीखा। लेकिन ध्यान से आप देखिए, यदि किताब न भी पढ़ें तो जो 'जैकेट' है, जिसमें ग्रन्थ के बारे में कहा गया है, उसकी प्रतिज्ञा ही यही है कि कविता का कोई प्रतिमान स्थापित नहीं करना है। बल्कि कविता को जाँचने के लिए जो प्रतिमान तथाकथित रखे गए हैं, पेश किए जाते हैं, उनकी जाँच करना,

परीक्षा करना, परीक्षा करके रिजेक्ट करना और यह कहना कि सारे के सारे जो भी प्रतिमान इस तरह के बनाए जाते हैं वो घातक होते हैं। यह ग्रन्थ की फलश्रुति है। अब यह चीज़ वाच्य न होकर व्यंग्य रह गई हो और लोगों तक न पहुँची हो तो इसे आप गुणीभूत व्यंग्य समझकर कमज़ोरी मान लीजिए, लेकिन 'भूमिका' से लेकर अन्त तक मैंने उसमें यही कहना चाहा है कि कविता और उसमें नई कविता को जाँचने के लिए जो-जो मानदंड प्रस्तावित किए जाते हैं, वे मानदंड अंशतः ठीक बैठते हैं। लेकिन किसी कविता को श्रेष्ठ साबित करने के लिए पर्याप्त नहीं हो सकते। दूसरे शब्दों में मानदंडों को, तथाकथित उन निकषों को जो अंग्रेज़ी की नई आलोचना द्वारा प्रस्तावित थे–तनाव, जटिलता वगैरह-वगैरह को प्रश्नांकित करना था। कोशिश यही की गई है कि स्पष्ट हो। यदि स्पष्ट नहीं हुआ है तो उसके विवेचन की पद्धति में दोष है। पाठकों को मैं दोष नहीं देता हूँ। लेकिन यह धारणा मेरे मन में तब भी थी, अब भी है। स्पष्ट है, सिद्धान्त बहुत बाधक होते हैं। अब दूसरी चीज़ यह कि जो 'केनन' है–परम्परा के अर्थ में। श्रेष्ठ कवियों की एक परम्परा हम निरूपित करते हैं। कभी किसी सिद्धान्त के तहत करते हैं, कभी किसी सिद्धान्त से निकलता है–जैसे और लोग उसको उस परम्परा में उलट-फेर भी करते हैं। बराबर होता था। कभी-कभी चीज़ें स्थिर हो जाती हैं। उदाहरण के लिए मैं संस्कृत का पहले उदाहरण लेता हूँ।

अक्सर किसी भाषा के दो श्रेष्ठ कवियों में महत्व को लेकर विवाद हो जाता है–यह बड़े कि वह बड़े। संस्कृत में इस तरह का एक विवाद है। और वह विवाद है कालिदास और भवभूति को लेकर। सामान्यतः कालिदास को कवि कुलगुरु कहते हैं लेकिन भवभूति...! नाटक दोनों ने लिखे। यदि एक ओर 'अभिज्ञान-शाकुन्तलम्' है तो दूसरी ओर 'उत्तर रामचरित'। तीन नाटक इनके भी हैं, तीन नाटक उनके भी हैं। इसके अतिरिक्त 'मेघदूत' है, 'रघुवंश' है, 'ऋतुसंहार' है, 'कुमारसंभव' है। भवभूति ने नाटक ही लिखे और उनका काव्य नाटकों में ही है, अलग से उनका कोई खंडकाव्य या प्रबन्धकाव्य नहीं है। तो यह पक्ष तो नहीं है। लेकिन जिस कोटि की कविता है, संस्कृत में भी विवाद रहा है, आधुनिक काल में भी रहा है। हर भाषा में दो कवि ऐसे मिल जाएँगे जिन पर बहस है। संस्कृत में भवभूति और कालिदास के बीच है। पुराने ज़माने के हिन्दी के कवियों में सूर और तुलसी को लेकर बहुत विवाद हुआ था। रीतिकाल में देव और बिहारी को लेकर यह विवाद बहुत दिनों तक चला। आधुनिक काल के छायावादियों में कभी निराला और पंत को लेकर या निराला और प्रसाद को लेकर। उसके बाद भी यह परम्परा मिलेगी। बात पसन्द या नापसन्द की नहीं है बल्कि कविता के बारे में दो भिन्न दृष्टियों के कारण ऐसा होता है।

मेरे गुरु आचार्य केशवप्रसाद मिश्र, जो संस्कृत के बड़े सहृदय पंडित थे, उन्होंने लिखा नहीं बहुत इसलिए बाहर के लोग उन्हें कम जानते हैं। मेरे पहले गुरु वही थे।

उन्होंने निराला की स्वर्णजयन्ती पर काशी में भाषण देते हुए निराला की तुलना भवभूति से की। वे जयशंकर प्रसाद के घनिष्ठ मित्र थे। प्रसाद जी 'कामायनी' लिखते थे और उन्हें सुनाते थे। उन केशव जी ने कहा कि निराला आधुनिक कविता के भवभूति हैं। कालिदास व्यंग्यार्थ के कवि हैं, भवभूति वाच्यार्थ के कवि हैं। यह बात मुझे इसलिए याद रह गई कि जब मैं बी.ए. में पढ़ता था तब आचार्य बलदेव प्रसाद मिश्र हमारे गुरु थे और 'उत्तर रामचरित' पढ़ाते थे। हमारे कोर्स में 'उत्तर रामचरित' था। बलदेव जी इतना अच्छा और गा के पढ़ाते थे कि भवभूति मेरा प्रिय कवि हो गया था, बावजूद कि कालिदास के प्रति मेरी श्रद्धा थी। आज भी है।

भवभूति जैसी गहराई, जो 'एकौ रसः करुण एव' कहने वाला कवि हो, दुर्लभ है। इसलिए गम्भीर दर्शन और जीवन की गहराइयों में उतरने वाला कवि भवभूति था और इस नाते वह वाल्मीकि की परम्परा का कवि था। तो वाल्मीकि की साक्षात् परम्परा में भवभूति आते हैं। हमारे दूसरे मित्र, अब नहीं हैं, दिवंगत हो गए, बड़े प्रतिभाशाली कवि थे। वो कहा करते थे कि कालिदास तो चूमा-चाटी वाले कवि हैं—शृंगार-उंगार लिखने वाले कवि हैं। वो क्या जाने जीवन की गहराइयाँ क्या होती हैं? राम के चरित की गहराई को थाहने वाला आदमी या तो वाल्मीकि हो सकता है या भवभूति जो उस व्यथा को, राम की वेदना को समझ सकते थे। यहाँ तक कि प्रेम का मर्म भी जो भवभूति ने समझा, जो प्रेम की परिभाषा दी है। भवभूति को एक ओर रखें और कालिदास की चूमा-चाटी वाले प्रेम को देखें तब आपको पता चलेगा। जो गहराई भवभूति में मिलती है वो गहराई और करुणा, वाल्मीकि की परम्परा कालिदास में नहीं मिलती।

यह सही है कि कालिदास व्यंजना के कवि हैं। जिस बात को भवभूति चार चरणों के छन्द में कहेंगे कालिदास उसको एक छोटे-से पद में व्यंजित कर देते हैं। इशारे में बड़ी से बड़ी बात कह देने की जो क्षमता कालिदास में है, वह किसी कवि में नहीं। भवभूति के पास वह नहीं है, लेकिन वही तो गुण नहीं है। जैसा मैंने कहा कि ध्वनि ही उत्तम काव्य हो, यह कोई जरूरी नहीं है। वक्रता जहाँ हो वही श्रेष्ठ कविता हो, यह आवश्यक नहीं। सीधी-सरल कविता श्रेष्ठ कविता नहीं हो सकती? उस हिसाब से देखें तो वाल्मीकि की सरलता के सामने बाद की सारी वक्रता से भरी संस्कृत कविता को रख दें तब भी भारी पड़ेगी वाल्मीकि की सरलता।

तो मानदंडों का सवाल है। इसलिए मैंने कहा कि जो परम्परा हम निर्मित करते हैं, उस परम्परा में भी 'तत्सम' के निरूपण में भी मतभेद होता है। अलग-अलग मानदंड होते हैं और जीवन में विविधता बहुलता के चलते इकहरापन सही नहीं है। इसलिए हर आदमी की अपनी लिस्ट रहा करती है। इलियट ने लिखा है—हर बड़ा आलोचक अपनी परम्परा की Re-ordering करता है। लेकिन यह ऑर्डर एक नहीं

है। प्राध्यापक अपने विद्यार्थियों की परीक्षा करते होंगे कि पाँच श्रेष्ठ विद्यार्थी कौन हैं? ज़रूरी नहीं है कि यह ऑर्डर, ब्रह्मा की लकीर हो। वह बदल सकती है। इसलिए परम्परा हमेशा निर्विवाद रूप से गाइड नहीं हो सकती है। अब आप देखें–हिन्दी की परम्परा में बहुत प्राचीन परम्परा में आचार्य शुक्ल जैसा सहृदय मर्मज्ञ आलोचक है। उनकी सहृदयता अचूक रही है। सिद्धान्तों से मतभेद तो हो सकता है लेकिन कबीर, सूर, तुलसी, जायसी इन चार कवियों की ऑर्डरिंग करते हुए आमतौर से लोग तुलसी नम्बर एक, सूर नम्बर दो, जायसी नम्बर तीन और कबीर तो कहीं गिनती में नहीं। शुक्लजी ने तो लिखा है–प्रतिभा बड़ी प्रखर थी, लेकिन कविताई करते थे–ऐसा कुछ नहीं कहा उन्होंने। प्रतिभा प्रखर थी लेकिन प्रखरता किस क्षेत्र में थी, किस काम की थी? छोटी जातियों में आत्म सम्मान और गौरव का भाव उन्होंने भरा। यह ठीक है, लेकिन कविता थी या नहीं, शुक्ल जी ने कहीं नहीं कहा। थोड़ी देर के लिए मान लें कि चलो कबीर का नाम उन्होंने चौथे नम्बर पर रखा। अब यह ज़रूरी नहीं कि हम यह मान लें।

हिन्दी के दूसरे क्षेत्रों में आप देखें, कभी-कभी कठिनाई भी होती है कि दूसरे ऐसे कई लोग मिलेंगे जिन्होंने कबीर को महत्व दिया है। रवीन्द्रनाथ ठाकुर की दृष्टि में कबीर सबसे बड़े कवि हैं। अन्य भारतीय भाषाओं में कबीर का महत्व जिस रूप में है, दूसरे कवि का नहीं है। मतभेद हो सकता है। मैं यह कह रहा था कि 'देव बिहारी' वाले विवाद में भी यह मतभेद देखा जा सकता है। शुक्ल जी ने जहाँ जिस आधार पर 'सूर-तुलसी' के निर्णय में कहा कि एक क्षेत्र को सूर ने चुना और इतनी दूर तक, गहराई तक उसमें गए कि दूसरा कवि वहाँ तक पहुँच ही नहीं सका। शृंगार का क्षेत्र लिया और उसमें भी वात्सल्य और रति के विविध रूपों को। तुलसी इनके सामने नहीं थे। तुलसी में बड़ी व्यापकता है। अब यह अपने आप में बहस है। एक छोटा-सा लेख मैंने लिखा है, शायद आपकी नज़र से भी कभी गुज़रा हो–जिसमें सवाल उठाया है कि सबसे बड़ा मूल्य क्या है–व्यापकता या गहराई। या इन दोनों में कोई सम्बन्ध है। सूर में अगर गहराई बहुत ज़्यादा है तो जीवन में हम आमतौर से देखें कि एक गहरा कुआँ और फैला सरोवर, दोनों में कौन श्रेष्ठ है? आप कहेंगे कि विवाद बड़ा ही बेवकूफी से भरा है। तर्क दोनों के बारे में दिए जा सकते हैं। कुएँ की अथाह गहराई, जिसमें अक्षय जल है; समाप्त नहीं हो सकता है, सरोवर का जल तो सूख सकता है; क्षीण हो सकता है। लेकिन सरोवर के पक्ष में दूसरे तर्क भी दिए जा सकते हैं। चिड़िया-चुरंग, दुनिया भर के लोग वहाँ पानी पीते हैं, विहारन करते हैं। कुएँ में कौन चोंच मारने जाएगा। कौन जाएगा पानी पीने के लिए। किसकी शामत आई है। बहुत से कहेंगे–वातावरण को शीतल रखता है सरोवर, आसपास को भी। इत्यादि-इत्यादि। तो तर्क दोनों ओर से दिए जा सकते हैं और यह विवाद का विषय है।

मैं उदाहरण देकर कहना चाहता हूँ कि ऐसे मूल्यों में टकराव होता है, जिनमें मैंने कहा कि जीवन की व्यापकता हो या जीवन की गहराई हो। कभी-कभी काव्य-कला को अधिक महत्व देने लगते हैं लोग और ऊबड़-खाबड़ अटपटी भाषा जहाँ मिलती है जैसे कबीर के तो साथ दिक्कत यही है न कि उनकी साफ़-सुथरी भाषा नहीं है। कबीर अनगढ़ है। शुक्ल जी का शब्द लें तो सधुक्खड़ी हिन्दी लिखी है उन्होंने। खंडन-मंडन भी बहुत हैं।

तुलसीदास जैसी सधी साफ़-सुथरी भाषा तो सूर की भी नहीं है। सूर में कच्चाई ज़्यादा है, बोलचाल की भाषा है और मौखिक परम्परा के निकट है। उसमें वह मँजाव नहीं है। लेकिन यदि इस मँजाव को आप लेकर चलें तो बिहारी का एक दोहा लें और तुलसी का दोहा लें और देखें कि दोहे में जो कसाव है, जो नपा-तुला शब्दों का संयोग है, एक छोटे दोहे में जितनी बात बिहारी कह गए उतनी बात बाबा तुलसीदास एक दोहे में नहीं कह सकते। लेकिन तुलसीदास के दोहे में जो तन्मयता है, जो घनत्व है (दोहावली के ही दोहे ले लें चातक वाले), वो तन्मयता दूर-दूर तक बिहारी में नहीं मिलेगी। और बिहारी के चमत्कार को एक ओर रखें और देव के गाम्भीर्य को देखें, उदात्तता को देखें। बड़ा विवाद लोगों ने इस पर किया है। तो कभी-कभी लगेगा आपको कि देव ज़्यादा आकृष्ट करते हैं। एक उदाहरण दे रहा हूँ—पढ़ा होगा आपने—कृष्ण के जन्म का वर्णन किया है देव ने—

सूनो कै परम पद ऊनो कै अनन्तमद,
नूनो कै नदीस नद इन्दिरा झुरै परी।
महिमा मुनीस की, सम्पत्ति दिगीसन की,
ईसन की सिद्धि ब्रज बीथी बिथुरै परी॥
भादों की अँधेरी आधिरात मथुरा के पथ,
पाय के संयोग 'देव' देवकी छुरै परी।
पारावार पूरन अपार परब्रह्म-रासि
जसुदा के कौरे एक बारही कुरै परी॥

उतनी ऊँचाई से आने वाली चीज़ अन्त में यशोदा की गोद में...यह जो उदात्तता है, दूर-दूर तक आपको बिहारी में ढूँढ़े नहीं मिलेगी। काव्य में उदात्तता ढूँढ़ने निकलें आप उस आधार पर एक कवि श्रेष्ठ मालूम होगा, एक कविता श्रेष्ठ मालूम होगी। और दूसरी ओर आप जहाँ पच्चीकारी देखेंगे, नग की जड़ाई तो कमाल की हासिल है बिहारी को। अब कविता का कौन-सा मूल्य ज़्यादा श्रेष्ठ है—पच्चीकारी या उदात्तता?

इसी आधार पर मैं आधुनिक कविता के सन्दर्भ में कहना चाहता हूँ कि आधुनिक कविता में छायावाद से लेकर नई कविता के बीच में आप आएँ और देखें—आरम्भिक दिनों में छायावाद का मतलब ही था सुमित्रानन्दन पंत। जब तक

'कामायनी' नहीं छपी थी तब तक कवि के रूप में पंत की ही महिमा थी और लोग कहते थे कि पंत श्रेष्ठ कवि हैं। स्वयं आचार्य शुक्ल का इतिहास आप पढ़ें तो स्पष्ट होगा कि आचार्य शुक्ल की दृष्टि में सुमित्रानन्दन पंत श्रेष्ठ कवि थे और जयशंकर प्रसाद का नम्बर उसके बाद आता है। प्रसाद की 'कामायनी' के बारे में तो उन्होंने स्पष्ट कहा कि अगर समग्रता में न देखें तो अलग-अलग भावचित्र इसमें सुन्दर हैं। समग्रता में इनकी यह जो योजना है वह शुक्ल जी को पसन्द नहीं आई, रहस्यवाद के कारण। बुद्धिविरोधी और श्रद्धासमर्थक जो दर्शन है, जो सामरस्य या सामंजस्य है उस पूरे दर्शन के गढ़ को शुक्लजी ने 'कामायनी' के विवेचन में अपने इतिहास में लगभग रिजेक्ट कर दिया है और कहा कि वह बन ही नहीं सकती। असंगतियाँ हैं। लेकिन टुकड़े-टुकड़े में अच्छी हैं। निराला के जीवन-काल में शुक्ल जी का इतिहास छपा था, उसमें तो निराला का कहीं ज़िक्र भी नहीं है। प्रसंगवश उन्होंने कहा लेकिन विस्तार से निराला पर लिखा ही नहीं उन्होंने। यह तो उनके मरणोपरान्त जो संस्करण निकला है, पंजाब संस्करण से लेकर निराला पर छोटा-सा टुकड़ा दिया है जिसमें कविता को संगीत के निकट ले आना और संगीत को कविता के निकट न जाने के लिए प्रशंसा उन्होंने की है। लेकिन निराला पर कम लिखा है और बहुत रस के साथ, रुचि के साथ नहीं लिखा है। महादेवी के गीतों की अतिशय प्रशंसा उन्होंने की है, जबकि कम लिखा। यह 'केनन' है रामचन्द्र शुक्ल का।

विचित्र बात है कि बाद की नई कविता के आते ही छायावाद का वह 'केनन' बदल गया और निर्विवाद रूप से निराला छायावाद के सर्वश्रेष्ठ कवि माने गए, जयशंकर प्रसाद की 'कामायनी' के बावजूद। विश्वविद्यालयों में, खासकर दिल्ली विश्वविद्यालय में 'कामायनी' की बड़ी महिमा रहती है। उसके ऐतिहासिक कारण हैं। लेकिन अन्यत्र निराला छायावाद के सर्वश्रेष्ठ कवि हैं। इसके बारे में लगभग हिन्दी में धारणा स्थिर हो गई है। और दूसरे कवियों का यानी पंत का तो बुरा हाल है, बहुत नीचे हैं जबकि एक ज़माने में पंत सर्वश्रेष्ठ कवि थे। बाद के कवियों में आप देखें। नई कविता में एक ज़माने में सर्वश्रेष्ठ कवि अज्ञेय समझे जाते थे। यह माना जाता था 1964-65 तक, अब यह स्थिति नहीं है। शिक्षा-संस्थाओं में ही नहीं बल्कि स्वयं कवियों की दुनिया में अज्ञेय के योगदान को स्वीकार किया जाता है लेकिन मुक्तिबोध की कविता जितनी ज्वलन्त, सार्थक और उद्वेलित करने वाली और आज के मानस के लिए जितनी रेलिवेंट लगती है, उतनी अज्ञेय की कविता लोगों को नहीं लगती। लगता है कि अज्ञेय भद्र यानी कि शिष्टजन के संक्षिप्त लोगों की, जिसको मुक्तिबोध कहते थे, जड़ीभूत सौन्दर्याभिरुचि के कवि हैं। जिसमें दुनिया को अगर देखा जाए, दोनों के संसारों की तुलना करें तो अज्ञेय की कविता बड़े सुरक्षित जीवन की कविता है, जैसा कि रामविलासजी ने कहा है और उसमें कुछ ख़ास फूलों का ज़िक्र है। कुछ

ख़ास अनुभूतियों का ज़िक्र है। प्रणय ही प्रणय है, प्रकृति ही प्रकृति है। इसके बाहर जीवन में और भी कुछ होता है, यह देखने से नहीं मालूम होता। इसलिए जीवन के अन्य दूसरे पक्ष अज्ञेय के यहाँ नहीं दिखते। अज्ञेय की प्रेमिका को ऐसा लगता है कभी भूख-प्यास लगती ही नहीं। वह चन्द्रमा की किरणों से, समुद्र के फेन खाने वाली कोई अप्सरा या परी रही होगी, जिसको सामान्य जीवन के कष्ट कभी सताते नहीं थे। जिसके काव्यनायक को भी कभी ऐसी वेदना नहीं होती थी। मुक्तिबोध ने 'अँधेरे में' के नायक को कहा है–रक्तालोकस्नात पुरुष, जो आता है, उसको खाना कौन देता था वगैरह-वगैरह। इन चिन्ताओं का अज्ञेय में कहीं ज़िक्र दिखाई नहीं पड़ता। अब आप कहेंगे कि यह जो मानदंड हैं वे क्या होंगे? इसमें रस कितनी दूर तक सहायक होगा? कुल मिलाकर इसीलिए कहना पड़ता है कि पुराना रसविवेचन जिस रूप में मिलता है या अलंकार अपने वर्तमान रूप में आजकल अच्छी-बुरी, गलत-सही या भली-बुरी कविता के निर्णय में बहुत दूर तक मदद नहीं कर सकता। इस मामले में हमारे मानदंड आधुनिक मनुष्य की जो अपनी चिन्ताएँ हैं, जो द्वन्द्व हैं, उनके आधार पर ही अन्तिम निर्णय होगा। उस रूप में वे यहाँ तक कि रोमेंटिक कविता के लिए लागू नहीं हो सकते। इसलिए इधर के कवियों का फिर से नए सिरे से मूल्यांकन करने की ज़रूरत है।

उदाहरण के लिए, एक समय था जब समझा जाता था कि संवेदना और शिल्प दो शब्द हैं–थीसिस यही लिखी जाती है–संवेदना और शिल्प। भाव-बोध एक अच्छा शब्द है और हिन्दी का अपना शब्द है। अंग्रेज़ी या किसी का अनुवाद नहीं है। भाव और बोध। भाव अपना बड़ा पुराना शब्द है, बोध भी बड़ा पुराना शब्द है और भाव-बोध में दोनों समास हो सकते हैं। भाव-बोध द्वन्द्व हो सकता है, भाव और बोध, और दूसरा हो सकता है–भाव का बोध। संवेदन या संवेदना को आमतौर से संस्कृत में तन्मात्रा कहते हैं और आचार्य शुक्ल लिख चुके हैं कि संवेदन तो 'सेंस ऑफ पर्सेप्शन' को कहते हैं। संवेदन शब्द का प्रयोग तो Sence of Perception के लिए होता है। आपको ठंडा लगता है या गरम, स्वाद चरपरा लगता है या मीठा, इसको संवेदन कहते हैं। इसी अर्थ में जयशंकर प्रसाद ने 'कामायनी' में प्रयोग किया है–शुक्लजी ने जिस पर टिप्पणी की है कि संवेदन का प्रयोग बराबर तन्मात्रा के लिए किया जाता है। विश्वविद्यालयों के जो लोग संस्कृत नहीं जानते हैं–वहाँ संस्कृत शब्दों को लेकर इसी प्रकार अनाचार हुआ है–संवेदना और शिल्प को लेकर।

कविता में 'शिल्प' तो बड़ी छोटी-सी चीज़ है। यह रीति से भी दो दर्ज़े नीचे है। इससे व्यापक तो रीति है। 'शिल्प' के अन्तर्गत तो पूरा अलंकार भी नहीं आता है। इससे कहीं ज़्यादा व्यापक है 'अलंकार' शब्द। यह शोभाकरक धर्म है। सौन्दर्य मात्र को अलंकार कहते हैं। यही विकास हम लोगों ने हिन्दी की लिखाई-पढ़ाई में किया

है कि अच्छे पुराने शब्दों को छोड़कर नए शब्द लिए, जो अपर्याप्त हैं, अधूरे हैं। उनमें से एक है 'शिल्प' और दूसरा है 'संवेदना'। 'शिल्प' यानि 'क्रेफ्टमेनशिप' अधिक से अधिक इस्तेमाल किया जाए तो चित्रकाव्य को जन्म देता है। वह रस काव्य को जन्म नहीं दे सकता और 'संवेदना' पूरे 'भाव-बोध' को नहीं बल्कि 'संवेदना' शब्द तो केवल इन्द्रियबोध को डेस्क्राइव करता है। बड़ी सतही चीज़ है। पुरानी भाषा में अगर लोग कहेंगे तो जिसमें भाव का वर्णन हो वह संवेदना है। अब भी कविता का निर्णय भाव-बोध के ही आधार पर होगा। इस भाव-बोध का निर्णय करते हुए मुक्तिबोध के शब्द लें तो देखना पड़ेगा कि किस कवि के अन्तःकरण का आयतन संक्षिप्त है या अन्तःकरण का आयतन व्यापक है। मुक्तिबोध की शब्दावली में यह भी कहा जाएगा कि अज्ञेय की कविता के अन्तःकरण का आयतन संक्षिप्त है। आपका अन्तःकरण यदि संकुचित है जिसमें कुछ ही अनुभूतियाँ हैं। भाव-बोध जो मनुष्य के हो सकते हैं उसमें अधिक से अधिक चीज़ों की गुंजाइश हो। यदि नहीं है वहाँ तो कविता की दुनिया बहुत छोटी होगी। दरिद्र होगी। विपन्न होगी। इस दृष्टि से कभी-कभी संवेदना और शिल्प अपर्याप्त हैं। यह भाव-बोध के आधार पर ही तय होगा और उस भाव-बोध को व्यक्त करने के लिए, जैसे पुराने लोग कहा करते थे, मेरे गुरुदेव हजारीप्रसाद द्विवेदी कहा करते थे कि जैसे कबीर भाषा को सीधे बने तो सीधे, नहीं तो दरेरा देकर लिखते थे। उस भाषा को झुकाकर के, मोड़ कर के लिखते थे। हर बड़ा कवि करता है। तुलसीदास ने किया, कबीर ने किया, निराला ने किया, मुक्तिबोध ने किया और इस दौर के दूसरे कवियों में भी लगेगा कि उस भाव-बोध के अनुकूल पूरे वाक्य विन्यास को, शब्दों को झुकाकर अपनी बात को उतने ही फोर्सफुली कह सके।

निष्कर्ष के रूप में मैं यही कहूँगा कि कुल मिलाकर मैंने आपको कोई निष्कर्ष नहीं दिया है। आपको कोई 'केनन' नहीं दिया है। मैंने सिर्फ यह कहना चाहा है कि कविता के बारे में निर्णय लेते वक्त इन बातों को आप याद रखिए। मैंने अपनी इसी किताब में लिखा है कि कविता की परख का जो निकष है, वह चाबी नहीं है कि हम आपको दे दें कि ताला खोल लीजिएगा। यह हस्तान्तरित नहीं किया जाता, अर्जित किया जाता है। हर पाठक अर्जित करता है। यह टिकिट 'नॉन ट्रान्सफरेबल' है। फिर भी हम लोग ट्रान्सफर कर दिया करते हैं। कविता का निकष 'नॉन ट्रांसफरेबल' होता है। हर पाठक, हर सहृदय पाठक स्वयं अर्जित करता है और वह निर्णय उसका अपना हुआ करता है। दूसरों की दी हुई चाबी से खोले जाने वाले कमरे और होते हैं और ताले भी और हुआ करते हैं। कविता वह ताला है जिस ताले में हर आदमी किसी दूसरे की दी हुई चाबी नहीं लगाता है, बल्कि खुद अपने आप खोलता है। अर्थ, रस, भाव-बोध प्राप्त करके और अपना जजमेंट देता है। मुझे ऐसा

लगता है कि हर जजमेंट इस मामले में निहायत व्यक्तिगत होता है। आपके उस जजमेंट में, अपनी साधना में जितनी ताकत होगी, उतनी ही उसको सामाजिक स्वीकृति प्राप्त होगी।

जब मैंने मुक्तिबोध को अज्ञेय से बड़ा कवि कहा तो दाव पर लगा कर कहा और यदि वह स्वीकार हो सका तो उसके कुछ कारण होंगे। उनमें जाना चाहिए। आचार्य रामचन्द्र शुक्ल ने जो हिन्दी आलोचना की परम्परा बनाई है और अपनी मोहर लगाकर बनाई है। जब उन्होंने कहा कि कोई नहीं जानता था कि घनानन्द साक्षात् रस की मूर्ति थे तो समूचे रीतिकाल में घनानन्द को स्थापित करने में यह उनकी अपनी खोज थी। बड़े आलोचकों से सहमत होना आसान है, उसमें कोई ख़तरा नहीं है और गाँठ का कुछ जाता भी नहीं है। जहाँ गाँठ का कुछ भी जाता नहीं है, वहाँ आपकी गाँठ में कुछ आता भी नहीं है।

ज़रूरत इस बात की है कि आपको जहाँ लगे, खटके कि ठीक नहीं है, कुछ और होना चाहिए, भिन्न होना चाहिए, उसे डिस्कवर करें। बहुत गुंजाइश है। आज के कवियों में, पुराने कवियों में से ऐसी अनेक कविताएँ हैं, जिसके अर्थ पर लोगों की नज़र नहीं पड़ी है। आप खोज के निकाल सकते हैं। इसलिए कविता को जाँचना-परखना ज़रूरी है लेकिन प्रदत्त मानदंडों से, निकषों से, परम्पराओं से नहीं, बल्कि अपने आप स्वअर्जित चीज़ों से।

[जवाहरलाल नेहरू विश्वविद्यालय, नई दिल्ली के एकेडेमिक स्टाफ कॉलेज द्वारा आयोजित हिन्दी के 'प्रथम पुनर्नवा पाठ्यक्रम' में दिनांक 14 अक्टूबर, 1993 को दिया गया भाषण। पुस्तक 'प्रतिमानों की प्रासंगिकता', सं. डॉ. रमाकान्त शर्मा, कवि प्रकाशन, बीकानेर में 'नए प्रतिमानों की ज़रूरत' शीर्षक से प्रकाशित]

कालिदास और आधुनिक भाव-बोध

कवि की अध्यक्षता में आलोचना का व्यक्ति काव्य पर कुछ कहे, इसमें मुझे कोई असंगति दिखाई नहीं पड़ती है। यह सुसंगत ही है, क्योंकि काव्य-चर्चा की अन्तिम परीक्षा वस्तुतः कवि के द्वारा ही सम्भव है और उचित भी। वैसे हमारे यहाँ कवि व सहृदय, दोनों को एक साथ स्मरण किया गया है और यह भी कहा गया है कि एक ही उपल से उत्पन्न होने पर भी एक परीक्षित होता है और दूसरा परीक्षा करता है। एक कसौटी है और दूसरा सुवर्ण है। तो कवि का काव्य तो सुवर्ण ही है, मूल तत्व वही है। स्वयम् कालिदास के सन्दर्भ में यह बात और भी संगत दिखाई पड़ती है जब शाकुन्तल में भ्रमर निश्चिन्त भाव से और बिना कोई विचार किए हुए शकुन्तला के मुख मंडल के चारों ओर मँडराता है और रस लेता है और छिपे हुए दुष्यन्त देख रहे हैं तो स्वयम् कालिदास वहाँ भी लगभग इसी दिशा में संकेत करते हैं–'वयं तत्वान्वेषान्मधुकर हतास्त्वं खलु कृती'। वहाँ तत्वान्वेषी और मधुकर, दोनों के भेद और दोनों के भाग्य के अन्तर की ओर संकेत किया गया है। इसका राजा लक्ष्मण सिंह ने बड़ा अच्छा अनुवाद किया है 'हम जातिहिं पाँति विचारि मरे, धनिरे धनि भौंर कहावत तू'। शकुन्तला के बारे में दुष्यन्त तो यह सोच रहे हैं कि यह किस जाति की कन्या है, कौन है, इससे प्रेम करना कहाँ तक ठीक है, यह अपनी हो सकेगी कि नहीं, यह जाति-पाँति का विचार तत्वान्वेषण है, 'वयं तत्वान्वेषानूहताः मधुकर त्वं खलु कृती' तो वह मधुकर तो कवि स्वयम् ही है और कृती वो है। आलोचक के नाते हम लोग इस दृष्टि से कहा जाए कि अभागे हैं, हतभागे हैं। कर्म ही कुछ ऐसा है कि इसमें तत्वान्वेषण न सही जाति-पाँति का विचार करना ही पड़ता है। इसीलिए काव्य चर्चा में आमतौर से इस तरह की कुछ दुविधा की स्थिति दिखाई पड़ेगी।

जो रसज्ञ हैं, सहृदय हैं वे आमतौर से ऐसा समझते हैं कि चाहे बहुत प्राचीन काव्य हो, सीधे हमारे पास तक आ रहा है और हम उसे ग्रहण कर रहे हैं और इसमें दुनिया भर का तात्विक विवेचन और विभिन्न प्रत्ययों के द्वारा उसको परिभाषित-व्याख्यायित करने आदि का काम निरर्थक प्रयास है और व्यर्थ का श्रम है। लेकिन स्थिति यह है कि काव्य के बारे में जब तक हम उसे आस्वाद के धरातल

पर रखते हैं तब तक तो ठीक है उसे आप सारी दूरी को मिटा कर ग्रहण कीजिए। लेकिन एक और पक्ष है और वह बोधपक्ष है, व्याख्या का पक्ष। आप कविता को कविता की ही भाषा में समझने की कोशिश करें, तो फिर वह व्याख्या नहीं हुई। एक प्रत्यय को, एक संकल्पना को, एक बिम्ब को, जहाँ से उत्पन्न हुआ है, जो उसका सन्दर्भ है, उस सन्दर्भ तक जोड़ने की ज़रूरत पड़ती है। और आमतौर से काव्य अपने समस्त सन्दर्भों को, ऐतिहासिक सन्दर्भों को छोड़कर के हमारे पास आता है। अभागे आलोचक का काम यह है कि वह कविता को यदि कविता की भाषा में कहे, जैसा कुछ आलोचक आजकल करते हैं और कुछ पत्रिकाओं में इस प्रकार की काव्यात्मक आलोचनाएँ छपती हैं, जो किस काम की होती हैं, आप स्वयम् सोच सकते हैं। लेकिन इसके अतिरिक्त जब भी इसकी व्याख्या की और एक्सप्लेनेशन की ओर आप बढ़ेंगे, अंडरस्टेंडिंग से आगे बढ़ेंगे तो हमें उसकी ओर जाना होगा।

क्लासिकल संस्कृत काव्य और उसमें कालिदास की चर्चा हम कर रहे थे। शकुन्तला के सौन्दर्य को देखकर जिस प्रकार दुष्यन्त चकित हुए थे, संस्कृत काव्य के सौन्दर्य को देखकर आज का पाठक भी वैसे ही चकित होता है। "मानुषीषु कथं वा स्यात् अस्य रूपस्य सम्भवः? न प्रभातरलं ज्योतिः उदेति बसुधातलात्।" उस सौन्दर्य को देखकर चकित हुए दुष्यन्त कि मानुषी नहीं मालूम होती है, वहाँ तो उत्पन्न हो ही नहीं सकती। ऐसा रूप सम्भव नहीं है, क्योंकि जो प्रभातरल ज्योति है, वह वसुधा से थोड़े पैदा होती है, आकाश से होती है। इसी तरह उस अलौकिक काव्य सौन्दर्य को, क्लासिकी संस्कृत काव्य को देखकर आज यदि हम लोगों को विस्मय हो कि यह कैसे सम्भव हुआ है? वसुधातल से उत्पन्न प्रतीत नहीं होती है। लगता है, कहीं आकाश से आई है। लेकिन सच्चाई यह है और यही है कि शकुन्तला आकाश से पैदा नहीं हुई है, अप्सरा और ऋषि दोनों के संयोग से पैदा हुई थी। इसलिए प्राचीन संस्कृत काव्य, क्लासिकल संस्कृत काव्य, चाहे जितना अलौकिक प्रतीत हो, जितना अमानुषी मालूम हो, सच्चाई यही है कि कहीं न कहीं वसुधा का योगदान है। वहाँ से वह पैदा हुई और उस वसुधा को भूलकर के यदि हम उस काव्य की अलौकिकता या उसके अरूप, अतीन्द्रिय सौन्दर्य से चकित-विस्मित हो गए तो विस्मय की दशा में ही हम होंगे, ठीक-ठीक उसका अर्थ बोध हम नहीं कर पाएँगे।

इसलिए कालिदास के जिस काव्य की चर्चा मैं कर रहा था, जो अलौकिक-सा प्रतीत होता है, अमानुषी प्रतीत होता है, ध्यान से देखें तो उस पर गहरी छाप एक युग की है, उसके समाज की है। ऐसा नहीं है कि उसमें सौन्दर्य का लोप हो। वह प्रेम का संसार इन्हीं चीज़ों से भरा हुआ है। हम आप अच्छी तरह से जानते हैं कि उसमें पण्य स्त्रियाँ भी हैं, वेश्याएँ भी हैं, अभिसारिकाएँ भी हैं और भोग-विलास का

वह गर्हित रूप भी है। कालिदास की सौन्दर्य श्रृंगार की चर्चा में देखें तो आमतौर से वो शब्द तो उन्होंने बड़ा वैसे इस्तेमाल किया था, जिसे रसिक कह लीजिए, रसिया कवि कह लीजिए। उन्होंने शब्द दूसरा इस्तेमाल किया वह समाज व्यवस्था नागर सभ्यता थी, भद्र-कुल की थी। उस पर भद्रकुल की रुचि, संस्कृति, व्यवहार-आचार की बहुत गहरी छाप थी। कहना चाहिए कि उसके दाग लगे हुए हैं। यही वजह है कि कुछ लोगों ने उनको सामन्ती पतन के साथ जोड़कर देखने का प्रयास किया। यह आकस्मिक नहीं है। कभी-कभी ये चीज़ें सहज बोध के धरातल पर उतर आती हैं, जिसकी ओर हम लोगों का ध्यान भी नहीं जाता। उदाहरण के लिए, इस देश में प्राचीन कवि कहा करते थे कि पृथ्वी माता है और हम उसके पुत्र हैं, लेकिन कालिदास के यहाँ यह मिलेगा कि अज को रघु ने पृथ्वी का राज्य वैसे ही सौंपा जैसे दूसरी इन्दुमति को दे रहे हों। पृथ्वी को भोग के लिए सौंपा, अब बात सहज सामान्य लगती है। लेकिन जिस देश में परम्परा थी–पृथ्वी माता है व हम उसके पुत्र हैं, कालिदास के अनुसार यह पृथ्वी एक राजा दूसरे राजा को भोग की सामग्री के रूप में अर्पित करता है। इसमें निश्चित एक दृष्टिकोण है और वह एक सामन्ती दृष्टिकोण है। कालिदास जैसा समर्थ कवि भी ठीक अपनी इस पुरानी परम्परा से हटकर के एक नई व्यवस्था में निर्मित उस सामान्य सहज ज्ञान से प्रभावित है और उसके प्रभाव में इस प्रकार के वर्णन कर रहा है, उपमाएँ भी ऐसी दे रहा है। इसलिए मैंने कहा कि संस्कृति और सामन्ती व्यवस्था जो पराकाष्ठा पर थी, चरम शिखर पर थी। उस समय और उस संस्कृति की गहरी छाप और उसका दाग कहीं न कहीं (जिसे मैं दाग कहूँगा) उस क्लासिकी संस्कृत काव्य पर जगह-जगह है। यह सही है कि उस समय उतना गहरा नहीं था दाग, जितना आगे चलकर के दूसरे कवियों में इसकी छाप दिखाई पड़ती है। माघ पंडित पर दिखाई पड़ती है, श्रीहर्ष पर दिखाई पड़ती है, पंडितराज जगन्नाथ पर और गहरी होती है। इन लोगों की तुलना में कालिदास पर इसकी छाप कम थी, लेकिन थी।

कालिदास का महत्व इस बात में नहीं है कि वे इससे प्रभावित हुए, महत्व इस बात का है कि उन्होंने उस व्यवस्था से मुक्त होने का प्रयास किया था और यह सतत् प्रयत्न अनेक रूपों में दिखाई पड़ता है। कालिदास ने एक व्यवस्था की सीमा में रहते हुए उससे मुक्त होने का प्रयास किया। मुक्ति के उनके प्रयास अनेक रूपों में दिखाई पड़ते हैं, जिनमें से कुछ रूपों को हम देखेंगे। इसी अर्थ में मैंने कहा कि उनका काव्य एक प्रकार से रोमांटिक विद्रोह का काव्य है। इन चीज़ों की स्थापना तब की जाती है, जब वह आमतौर से बीते हुए युग की स्मृति दोहराने के प्रयत्न में 'रघुवंश' लिखते हैं। कुछ लोगों ने, इतिहासकारों ने कहा है कि चन्द्रगुप्त, विक्रमादित्य अथवा समुद्रगुप्त

जैसे राजाओं की जयगाथाओं की छाप उसमें दिखाई पड़ती है। मुझे काव्य का यह विवेचन बहुत संगत नहीं दिखाई पड़ता। यह इतिहासकारों के उपयुक्त भले ही हो, लेकिन 'रघुवंश' काव्य है, इतिहास नहीं है। फिर भी जिन मूल्यों की वे प्रतिष्ठा करते हैं, उन मूल्यों में दिलीप व रघु की उन मर्यादाओं का स्मरण है, जिनकी परिणति आगे चलकर होती है। इसलिए विरोधाभास भी दिखाई पड़ेगा। बार-बार वो याद दिलाते हैं और उनके काव्य को पढ़ने से भी लगता है कि 'व्यास' और 'वाल्मीकि' का युग समाप्त हो चुका है। एक महान अतीत था पीछे, उस अतीत की अब केवल याद रह गई है और उसकी याद ही की जा सकती है। कुछ उदाहरण देना चाहूँगा : इतिहास जानता है कि गुप्त साम्राज्य तपोवनों से भरा हुआ नहीं था। लेकिन कालिदास सामन्ती व्यवस्था के प्रतीक नगर राजधानी के वातावरण के विपरीत जिस मूल्य की बार-बार प्रतिष्ठा करते हैं और जिसकी याद की जाती है और रवीन्द्रनाथ ने बड़ा गुणगान किया है कि कालिदास का काव्य तपोवन का सन्देश है। गुप्त साम्राज्य तपोवनों से भरा हुआ नहीं था, किन्तु बार-बार देखें, कम से कम दो प्रसंगों में तपोवन आते हैं।

'रघुवंश' का आरम्भ ही दिलीप की महिमा से होता है। दिलीप सन्तान की इच्छा लेकर जिस तपोवन में जाते हैं और उस तपोवन के वातावरण का वर्णन जहाँ गोचारण करते हैं, यह पूरी की पूरी संस्कृति ऐतिहासिक दृष्टि से उस अतीत युग की है, जिसे आमतौर से तपोवन की संस्कृति कहा जाता है। 'अभिज्ञान शाकुन्तल' कायदे से देखा जाए तो तपोवन और नगर के बीच दो मूल्यों, दो जीवन-पद्धतियों के द्वन्द्व और संघर्ष की कहानी के रूप में सामने आता है। जिस तपोवन में एक निसर्ग कन्या शकुन्तला पशुओं, पक्षियों, पौधों के बीच घुली-मिली, उसी के बीच जैसे लता के रूप में ('उद्यानलता' शब्द ही का प्रयोग उसके लिए किया गया है) विकसित होती है। तपोवन के पवित्र वातावरण में मनुष्य और प्रकृति के बीच भेद नहीं हुआ है। कालिदास का समूचा काव्य उस युग की स्थापना करता हुआ, कहना चाहिए उस युग का स्वप्न देखता है, उस स्वप्न को चरितार्थ करता है, जब मनुष्य और प्रकृति के बीच भेद नहीं हुआ था। सम्भव है, यह वैदिक युग रहा हो, प्रागैतिहासिक युग रहा हो जहाँ मनुष्य और प्रकृति अभिन्न रूप से जुड़े हुए थे, जिनके बीच अलगाव नहीं हुआ था। जिनके बीच विद्वेष नहीं था। स्नेह व राग का एक ऐसा सम्बन्ध था जहाँ मनुष्य उस निसर्ग से प्राप्त होने वाले गुणों से युक्त था। मैं कहूँगा कि यह रोमांटिक कवि का अपने युग से पीछे, अतीत में जाकर उसका स्वप्न देखकर, पुनः वर्तमान में उसे प्रतिष्ठित करने का प्रयास है। इसलिए अतीत के रूप में तपोवन आता है।

'रघुवंश' में राम की कथा या राम का आख्यान वाल्मीकि से कई चीज़ों में भिन्न है। मूल कथा में कोई परिवर्तन नहीं किया है। सीधे-सीधे कथा कहते हुए लंका तक

पहुँच जाते हैं, युद्ध हो जाता है, लंका विजय के बाद पुनः सीता को स्वीकार करते हुए पुष्पक विमान से लौटते हैं। जिन स्थानों को लंका की ओर जाते हुए देखते या छोड़ देते हैं, कालिदास उस धरती को, उसी जंगल को पुनः आकाश से पुष्पक विमान से देखते हैं। ज़ाहिर है, धरती से चलते हुए वही जंगल, पहाड़, नदी-नाले जिस रूप में देखे जाते हैं, आकाश से देखने पर उसका रूप कुछ और ही होगा। यह जो कल्पना की उड़ान है, ऊपर जाकर के उन्हीं चीज़ों को फिर देखना, उसका विशिष्ट अर्थ है। त्रिवेणी पार करते हुए त्रिवेणी उसी रूप में नहीं दिखाई पड़ सकती थी, नहीं देखी जा सकती थी, जिस रूप में आकाश से दिखाई पड़ सकती थी। 'कवचित खगानां प्रियमानसानां' जैसे चार छन्द त्रिवेणी के बारे में जो दिए हैं, सम्भव ही नहीं था कि उस त्रिवेणी को धरती पर स्वयं चलते हुए आप उसी रूप में देखें। आकाश से देखने पर उसकी शोभा कुछ और ही होती है। यह रोमांटिक कल्पना की उड़ान है–आकाश से अपनी धरती को देखना। इस धरती को कालिदास 'मेघदूत' में भी मेघ की दृष्टि से फिर से ऊपर से देखते हैं।

इसलिए इस यथार्थ को, यानी जिसे मैंने कहा कि व्यवस्था से मुक्त होने का प्रयास, वर्तमान की तिक्तता से हटकर अतीत की स्मृतियों को पुनर्जाग्रत करना, धरती को ऊपर से देखना और कल्पना की दृष्टि से, उड़ान से पुनः इन तमाम चीज़ों को देखकर के नए रूप-रंग में उसको निखारने का प्रयास करना है। यही नहीं, उसका एक और प्रतीक दिखाई पड़ता है, जिसकी ओर विद्वानों ने अक्सर ध्यान आकृष्ट किया है। भले ही वे पण्य स्त्रियों का, वार-वनिताओं का, अभिसारिकाओं का, वेश्याओं का वर्णन करें या गुफाओं से निकलने वाली गन्ध की भभक, जो एक तरह का यौन बिम्ब है, का वर्णन करें वे वितृष्णा व विरक्ति से उसका वर्णन करते हैं। इसके विपरीत कृषक वधुओं का, मालिनियों का, यही नहीं बल्कि सबसे अधिक बार-बार उठने वाला जो बिम्ब उनके यहाँ दिखाई पड़ता है, वर्षा के बाद धरती की सोंधी गन्ध और उस धरती की सोंधी गन्ध को पीने वाले लोगों का उल्लेख तन्मयता से करते हैं। ये सारी चीज़ें सूचित करती हैं कि नगर में रहते हुए भी वह कवि नगर की अपेक्षा, उस वातावरण की अपेक्षा, गन्ध से भरे हुए उत्तेजक वातावरण की अपेक्षा करता है और ताज़गी से युक्त धरती की गन्ध को अधिक महत्वपूर्ण-मूल्यवान समझने वाला था। मैं फिर कहूँगा कि वह उस घिरे हुए दमघोंटू वातावरण से निकल करके मुक्त होकर के, जहाँ से ताज़ा हवा मिलती हो, उस ताज़गी का एहसास कराने का प्रयास करता है। यह भी कालिदास के एक रोमांटिक विद्रोह का प्रतीक है। वह स्पष्ट रूप से देखते हैं कि नई उभरने वाली यह जो राजन्य संस्कृति है (जो विलास व भोग की नींव पर टिकी हुई है) वह कहीं उस प्राचीन को नष्ट कर रही है। इसकी गहरी पीड़ा व्यक्त होनी चाहिए।

'अभिज्ञान शाकुन्तल' की शुरुआत ही यहाँ से होती है–'भो...भो...तपस्वियो! रक्षा करो तपोवन की। तपोवन के प्राणियों की रक्षा करो, क्योंकि राजा दुष्यन्त आ रहा है।' और शुरू होता है–'न खलु न खलु...' यह मृदु जो मृगशरीर है, जैसे कि रुई के ढेर में कोई आग डाल दे, उस तरह से, इसे बाण से मारो मत, मारो मत–'न खलु न खलु'। दूसरी उपमा फिर देते हैं कि 'राजा के सैनिकों ने ऐसा उत्पात मचाया, मानो धर्मारण्य में गज प्रवेश कर रहा हो।' इस संकेत के साथ शुरू होता है, जैसे कि एक शान्त, नीरव वातावरण को–उस पूरे जीवन को, एक नई व्यवस्था आकर वैसे ही छिन्न-भिन्न कर रही है, जैसे गज तपोवन को छिन्न-भिन्न करता है, जैसे उस मृदुल शरीर वाले मृग को बाण का अभी-अभी आघात होने वाला है। यह ख़तरे की घंटी है। कवि और कुछ नहीं कर सकता है। यह सही है कि तमाम चेतावनियों के बावजूद वह मृग बचाया नहीं जा सका। यह सही है कि नाटक में मारा तो नहीं गया, लेकिन होता यही है कि शकुन्तला विरुद्ध होती है। कवि संकेत करता है कि वह जो पहले से चली आ रही व्यवस्था है, वह विरुद्ध होती है, आधुनिक युग के अधिकांश रोमांटिक काव्य में पहले चली आती हुई जो एक आइडियलिस्टिक जीवन-व्यवस्था थी, कैसे वो टूटती है। अनेक लोगों ने लिखा है उस पर। जब औद्योगीकरण शुरू हुआ था, तो धुएँ की चिमनियाँ, कोयले का भंडार किस तरह से आकर के प्रकृति का विनाश करता है–'हाऊ ग्रीन वाज़ माइ बेली', एक बहुत मशहूर उपन्यास लिखा गया था। नई औद्योगिक सभ्यता कैसे प्राचीन शान्त सुखद जीवन को नष्ट करती है। अनेक उपन्यास लिखे गए हैं, काव्य लिखे गए हैं और स्वयं हमारे यहाँ अधिकांश काव्य पहले से चली आती हुई जीवन व्यवस्था और प्रणाली कैसे घायल होती है, उसकी पीड़ा और वेदना को व्यक्त करते हैं। यह विद्रोह है एक प्रकार का, यह असन्तोष है उस नए के प्रति जो अभिशाप के रूप में आता है, त्रास के रूप में आता है, उस त्रास और पीड़ा को वे व्यक्त करते हैं।

आज विशेष रूप से जिसकी मैं चर्चा करूँगा इन तमाम चीज़ों की मूल्यों के रूप में। इसीलिए सामाजिक धरातल पर इसको स्थापित करने के साथ कालिदास जिस सौन्दर्य लोक की सृष्टि करते हैं, वह आकस्मिक नहीं है। यद्यपि वह सामन्ती व्यवस्था जब पैदा हुई थी, प्रौढ़ावस्था की ओर पहुँची हुई थी। उसे सौन्दर्य का यह गायक उसमें सौन्दर्य भी देखे तो यह आश्चर्यजनक नहीं है। कालिदास यौवन के सौन्दर्य के कवि हैं। यद्यपि वे कम से कम शब्दों का प्रयोग करते हैं लेकिन व्यथा का वह स्वर वहाँ भी गूँजता रहता है। सौन्दर्य के गायक होते हुए भी कालिदास कहीं न कहीं उस वेदना, व्यथा और पीड़ा को व्यक्त करते हैं, जो उन्हें अधिक आधुनिक बोध के निकट ले जाती है। इस ट्रेजिक सेन्स के कारण कालिदास अपेक्षाकृत आज के लोगों के अधिक निकट दिखाई पड़ते हैं और उनमें आधुनिक बोध की गूँज सुनाई पड़ती है।

इसलिए मुझे कभी-कभी लगता है कि प्रसाद जी ने समूची परम्परा को ही दो भागों में बाँट दिया था—एक आनन्द की परम्परा थी, जिसे उन्होंने नाटकों की परम्परा कहा। दूसरा उन्होंने कहा कि जो महावाक्यों की परम्परा है वह बुद्धि की, विवेक की, दुःखवाद की परम्परा है। एक हृदय की, दूसरी बुद्धि की परम्परा है। दोनों का विभाजन है। मुझे बार-बार दिखाई पड़ता है, कदाचित् उस एक विशेष युग के कारण कालिदास को अपनी पूरी परम्परा विभाजित, विभक्त दिखाई पड़ी हो। मुख्यधारा हमारी ऐसी है कि ये दोनों कहीं न कहीं घुल-मिल जाती हैं। क्लासिकी परम्परा में आनन्द और दुःख विभक्त नहीं है, हृदय और बुद्धि विभक्त नहीं है। क्लासिकी परम्परा उस एलियेनेशन की परम्परा नहीं है, 'डिसोसियेशन ऑफ सेन्सिबिलिटी' की परम्परा नहीं है, बल्कि हृदय और बुद्धि के संघर्ष के साथ दोनों के समन्वित विकास की अभिव्यक्ति की परम्परा है। इसलिए अक्सर लोग इसे ट्रेजिक कॉमेडी कहते हैं। विचित्र है! किसी एक कोटि में नहीं बँधती है। इसीलिए आधुनिक भाव-बोध को आधुनिक संवेदन की दृष्टि से देखें, तो हमारी क्लासिकी परम्परा यूरोप की क्लासिकी परम्परा से इस रूप में भिन्न है, विशिष्ट है, क्योंकि वहाँ हृदय और बुद्धि विभक्त नहीं है, बल्कि एक ही कवि में ये दोनों चीज़ें मिलती हैं। इसीलिए मैंने क्लासिकी परम्परा के शीर्षस्थ कवि कालिदास को चुना, क्योंकि उस कवि की दृष्टि में हिमालय पृथ्वी का मानदंड है। हमारी परम्परा का—'पृथिव्या एव मानदंडः'—हिमालय ही नहीं है, बल्कि वे भारतीय काव्य परम्परा का मानदंड है, युवक होते हुए भी। इस परम्परा में विन्ध्याचल तो कई हैं, अरावली भी हों, लेकिन अपेक्षाकृत युवा कवि, उस ज़माने का कालिदास युवा होते हुए भी, चिरयुवा होते हुए भी मानदंड है। इस मानदंड में हम हिमाच्छादित शिखर भी देख सकते हैं, निर्झर भी देख सकते हैं और व्यथा की करुणा भी प्रवाहित होते हुए देख सकते हैं, जो गंगा के रूप में आज हम तक पहुँचती है। मेरा खयाल है कि आधुनिक भाव-बोध के समर्थक इसीलिए उस कवि के भाव-बोध को अपना समझते हैं।

[कालिदास समारोह, उज्जैन 1984 में दिया गया अलिखित व्याख्यान, 'पूर्वग्रह' के अंक 70-71, सितम्बर-दिसम्बर, 1985 में प्रकाशित]

विलक्षण अग्निपक्षी का गान : कबीर की कविता

'गुरु ग्रन्थ साहब' केवल अमृतसर तक और हरमंदर साहब के अन्दर का ग्रन्थ नहीं है, बल्कि सारा भारत उसमें स्थान रखता है। यह भी कि यह केवल धर्मग्रन्थ नहीं है, काव्य भी है। इसलिए काव्य के रूप में, बल्कि मुख्य रूप से काव्य के रूप में इसकी चर्चा होनी चाहिए। 'गुरु ग्रन्थ साहब' पढ़ते हुए मुझे आश्चर्य हुआ कि उसमें सूरदास का भी एक पद है। सबसे पहले इस बात की ओर मेरा ध्यान अमेरिका में सूर के विशेषज्ञ प्रो. जॉन स्टीफन हार्लिक ने दिलाया। हिन्दी में इस ओर लोगों का ध्यान गया है। वे सूरदास जो कृष्णलीला का गान करने वाले, निर्गुण के विरोध में भँवरगीत लिखने वाले हैं। वे सूर जिनकी गोपियाँ ऊधव के निर्गुण का विरोध करती हैं, उनका भी एक पद गुरु ग्रन्थ साहब में है। मैं सिर्फ़ उसकी विशेषता की ओर ध्यान दिलाना चाहता हूँ, सूर के पद से जिसकी ओर इशारा मिलता है :

अपने जान मैं बहुत करी,
कौन भाँति हरि भक्ति तुम्हारी, सुकहु न स्वामी समुझि परी ॥
गए दूप दर्शन कै कारन, व्यापक की विभुता विपरी
मनसा-वाचा कर्म अगोचर, सो मूरति नहिं ध्यानि धरी ॥
बिनु गुन गुन बिनु रूप रूप, बिनु नाम नाम कह राम हरी
कृपा सिंधु अपराध अपरिमित हिम्हु सूर पै सब बिसरी ॥

सूर में यह जो 'बिनु गुन गुन, बिनु रूप रूप, बिनु नाम नाम' उसमें भी 'कहे राम हरी' का भाव है। सूरदास भी जिस किताब में स्थान पाते हों। विशाल भक्ति आन्दोलन का ऐतिहासिक दस्तावेज है—गुरु ग्रन्थ साहब, जहाँ सन्त और भक्त सब एक साथ हैं।

यह भी उल्लेखनीय है कि कबीर का पहला प्रामाणिक संकलन 'गुरु ग्रन्थ साहब' में मिलता है। राजस्थान की दादू परम्परा, जिसमें उनके ग्रंथों का उल्लेख हुआ है, वह उसके बाद की है। 'बीजक' की पूरब की परम्परा उसके भी बाद की है। यह ऐतिहासिक महत्व रखता है। कहाँ काशी कहाँ तलवंडी अमृतसर। कहाँ सतारा कहाँ अमृतसर। इतनी व्यापक दृष्टि! जबकि सम्भवतः शेरशाह सूरी का मार्ग बना भी था

कि नहीं ठीक-ठीक। इस वाणी में कौन-सी चीज़ थी जो जोड़ रही थी सन्तों को, बल्कि सूफियों की परम्परा भी है वहाँ, बाबा फरीद भी वहाँ हैं। इस तरह सूफी, सन्त, निर्गुण, सगुण–सारी धाराएँ दिखाई पड़ती हैं वहाँ। यह बड़प्पन है गुरु ग्रन्थ साहब का कि पहली बार अपने समय की भारत भर की चिन्तन परम्परा उसके माध्यम से व्यक्त होती है। उसकी रोशनी में हम कबीर की चर्चा करेंगे। जिसने कबीर को संग्रहित किया है, उसमें उसकी छाप है। दादूपंथियों ने खास तरह की छाप छोड़ी है, 'बीजक' में विशेष छाप है। मौखिक परम्परा में तो जहाँ-जहाँ गाए हैं, गानेवाले अपनी चीजें जोड़कर के कबीर के नाम पर अभिव्यक्त करते हैं। इस तरह यह सम्पादन की दृष्टि से कठिन है। लिपिबद्ध होने के कारण उसका अलग महत्व है, इसलिए गुरु ग्रन्थ साहब के आलोक में हम कबीर की चर्चा करेंगे। ऐसा नहीं है कि रविदास कम महत्वपूर्ण हैं, परन्तु अपने को केन्द्रित रखने की दृष्टि से हम कबीर की चर्चा करेंगे।

जब हम पंजाब की रोशनी में कबीर को देख रहे हैं तो पंजाब से ही एक दूसरी रोशनी मिली, पंजाबी के प्रसिद्ध उपन्यासकार और हमारे मित्र गुरुदयाल सिंह से। उनको ज्ञानपीठ पुरस्कार भी मिला है और अखिल भारतीय ख्याति के लेखक हैं। उनका उपन्यास 'परसा' पढ़ते हुए मुझे एक नई चिंगारी मिली कबीर को देखने की। 'परसा' में एक कहानी का ज़िक्र आता है। अचानक एक पंछी दिखाई पड़ता है जिसकी आँखें काली, सिर सुनहरा, चोंच और पंख सुर्ख, उड़ता है तो लगता है जैसे अग्निदेव का अवतार बन जाता है। खासतौर पर सिंहलदीप, जो कि लंका नहीं है, एक कल्पना लोक है; जिसका कई जगहों पर, जैसे कि 'पद्मावत' में वर्णन आता है, इस सिंघलदीप की महारानी जब एक दिन नहा-धोकर छत पर बाल सुखा रही थी, यही पक्षी उड़कर गुज़रा। लगा, जैसे आग की एक लपट महल के ऊपर से गई है। महारानी को वह इतना सुन्दर लगा कि महाराज से उन्होंने कहा कि यह पक्षी अगर नहीं मिलेगा तो प्राण त्याग दूँगी। महाराज ने बहेलियों को बुलाकर कहा कि पता लगाओ वह उड़कर कहाँ चला गया है। महारानी की जान का सवाल है। कितना ही पैसा खर्च हो, करो। नहीं ला सकोगे तो तुम्हें मरना पड़ेगा। बहेलिया डर के गया। तीन दिन चलने के बाद वह दिखा। सूरज की पहली किरण के साथ वह पक्षी अपने पंखों की जलन मिटाने के लिए नदी में डुबकी लगाता है और सारी नदी दहकने लगती है जैसे पानी जलता हुआ हो। लाल-लाल लपटें उस नदी से उठने लगती हैं। पक्षी नदी में डुबकी लगाता है और उसमें से उसी तरह का दूसरा अगिनपाखी निकलता है। नर-मादा रहे होंगे। थोड़ी देर तक कुलेलें करते हैं, चोंच से चोंच मिलाते हैं। आखिर में वे पंछी अलग हो जाते हैं। पहला आसमान में चला जाता है, दूसरा नदी में डुबकी लगा जाता है। बहेलिए ने उस पक्षी को देख तो लिया, पर इस पक्षी से फिर मिले कैसे? ढूँढकर उसने पक्षी से अपनी अरदास की, सारी स्थिति बताई–

ऐसा-ऐसा है और मुझे अपनी प्राण रक्षा करनी है। उस पक्षी ने कहा कि इसमें मेरा कुछ नहीं है, आकाश का जो परम देवता है जो सारी दुनिया को प्रकाश, ताप देता है उसी में उड़ने के कारण मुझमें यह शक्ति आ गई है। मेरा अपना इसमें कुछ नहीं है। तुम्हारे सामने दो ही विकल्प हैं। या तो तुम अन्धकार में लौट जाओ या अगर तुम मेरी ही तरह प्रकाश और आग देना चाहते हो तो मेरे साथ आओ। बहेलिया भी उसके साथ हो लिया, बजाय राजा के पास जाने के, अन्धकार में जाने के, उस पक्षी के साथ मिलकर उड़ने लगा। कहते हैं, वही दो उड़ते हुए पक्षी आज भी दिखाई देते हैं। गुरुदयाल सिंह ने 'परसा' में यह कहानी लिखी। इसे पढ़ते हुए मुझे लगा, कबीर भी एक अगिनपाखी हैं।

कबीर की एक साखी है, कई लोगों ने उसे पढ़ा है और आमतौर पर केवल दूसरे अर्थ में प्रयोग किया है। इस अगिनपाखी का उसमें ज़िक्र है :

अनिल अकासाँ घर किया, मधी निरन्तर वास।
बसुधा व्योम बिगता रहै, बिनु ठाहर विश्वास॥

एक और दोहे में फिर वह आता है–

मन दीयाँ मन पाइए मन बिनु मन नहिं होइ।
मन उन्मन उस अंड ज्यूँ, अनल अकासाँ जोइ॥

मैं खोजने लगा कि इस अनलपाखी की किंवदंती कहाँ से आई है, तो ध्यान आया कि सूफियों में जायसी ने इसका इस्तेमाल किया है। उन्होंने इस्तेमाल किया है 'कुकनूँ' नाम से। रानी पद्‌मिनी के न मिलने पर राजा रतनसेन जब विक्षिप्त होकर तप करते हैं, जायसी कहते हैं :

ककनू पंखि जइस सरसा जाप
तत्सर बैठि जरा चहँ राजा

राजा सरसैया पर कुकनू पक्षी की तरह बैठा है। 'कुकनूस' नाम का यह शब्द अरबी का है और ग्रीक माइथोलॉजी में आया है। अरब माइथोलॉजी में ऐसे कुकनूँ अगिनपक्षी या अनलपाखी का ज़िक्र होता है। जैसे ही वह आग निकलती है, जिस घोंसले पर वह बैठा है धीरे-धीरे वह जलता है, सब कुछ जल जाता है, राख हो जाता है। फिर उसी राख से वही पक्षी जन्म लेता है, फीनिक्स जिसको कहते हैं। यह सब सोचते हुए लगा कि कबीर तो स्वयं ही अनलपाखी हैं। कहा गया है 'बसुधा ब्योम विगता रहै, विनु ठाहर विश्वास'। कहते हैं, वह पेड़ पर घोंसला नहीं बनाता। वो आसमान में रहता है। किसी का शे'र है–'मुर्गदिल ने है बनाया आसमाँ पे जा के झोंझ'। निवास किसी दरख़्त ऊपर नहीं है, आसमाँ और दरख़्त के मध्य की जगह पर घोंसला बनाता है। जब वह गाने लगता है तो घोंसला जल जाता है, फिर उस राख से फिर पैदा होता है, फिर गाता है, फिर जलता है। यह एक कवि ही कर सकता

है। कबीर बार-बार एक मरजीवा का ज़िक्र करते हैं। यह मरजीवा जी-जी कर मरता है, मर-मर कर जीता है। बार-बार जीना, बार-बार मरना। हर कविता के साथ कवि मरता है और एक नई कविता के साथ जीता है। कबीर का वह कवि हृदय है। सन्त हृदय भी आप कह सकते हैं। यह रोशनी मुझे मेरे मित्र गुरुदयाल सिंह से मिली। उनके उपन्यासों में जगह-जगह सबद और इस तरह गुरु ग्रन्थ साहब समाया हुआ है और रचनात्मक रूप में वह पैदा होता है। पाठ करने वाले रागी कई जगह मिलेंगे परन्तु एक रचनाकार उसे किस तरह अपनाता है, वह यहाँ मिलेगा।

अनलपक्षी कबीर का प्रिय शब्द है : आग। आग कबीर का सबसे प्रिय रूपक है। कबीर वाणी में सम्भवतः सबसे अधिक रूपक आग के ही हैं। कबीर की सबसे अधिक लोक प्रचलित साखी में भी आग है :

हम घर जारा आपना, लिए मुराड़ा हाथि

लोक में कबीर की प्रचलित छवि भी यही है। हाथ में जलता हुआ लुकाड़ा लेकर बाज़ार में खड़े होकर आवाज़ देने वाला कवि–

अब घर जारौं तास का, जो चलै हमारे साथ

अपना घर तो फूँका ही, औरों के घर फूँक डालने का हौसला। किंवदंतियों के अनलपक्षी से भी एक कदम आगे विलक्षण अनल। कबीर को इसी बात का दुख है कि ऐसा कोई न मिला–'अपना घर देइ जराइ'। वैसे वास्तविकता तो यही है–'सब जग जलता देखिया, अपनी-अपनी आगि'। लेकिन वह आग और है जिसमें सारा संसार जल रहा है तथा कबीर जो आग लगाना चाहते हैं, वह और ही है। वह कबीर का अपना सच है। वह सच है–सबद। गुरु ग्रन्थ साहब का बीज शब्द है 'सबद'। कबीर का बीज शब्द है–'सबद'। गुरु ग्रन्थ साहब में आया है–सबद सलोक। यह सच है–सबद। इसी का दूसरा नाम है–अनहद नाद। विलक्षण अग्निपक्षी का गान, कवि कबीर की कविता। ऐसी कविता, जिससे स्वयं कवि का तन-मन जल उठता है। वो गान जिससे अग्निगर्भ कवि जल मरता है, जल कर फिर जी भी उठता है एक नई ऊर्जा के साथ। स्वयं कबीर के शब्दों में मरजीवा।

आप ध्यान रखें, गुरु ग्रन्थ साहब में इन पदों का, सलोक और सबद का जो संकलन हुआ है, वह रागों में है। मूल तत्व है–राग। इसीलिए कबीर को छपे हुए शब्दों में पढ़ना एक बात है, जो आमतौर पर हम विश्वविद्यालय में करते हैं और कबीर की बानी और सबद को रागियों द्वारा गाए जाते देखना एक और बात है। वहाँ आपको उस नाद का पता चलेगा, जिसे अनहद नाद कहते हैं। इस सच को कबीर तरह-तरह के नामों से पुकारते हैं–यह ज्ञान है, साथ भी अनभय भी है जिसमें जीवन अनुभव भी शामिल है। वेद या कुरान जैसी किसी किताब से लिया गया ज्ञान नहीं है यह। यह खुद कबीर का आँखों देखा सच है। कबीर कहते हैं–'मैं कहता आखिन

की देखी'। अपनी आँखों देखा, किसी और का देखा हुआ नहीं। यह सच अनुभव का है, इसीलिए इसमें भाव का वह रस भी निहित है जिसे भक्ति कहते हैं। ज्ञान और भक्ति परस्पर विरोधी होंगे किसी और के लिए, कबीर के लिए भक्ति ही ज्ञान है और ज्ञान ही भक्ति। इसी ज्ञान-भक्ति समन्वित सच को वे 'राम' नाम पुकारते हैं। लेकिन एक चेतावनी के साथ–

राम नाम कै मरम है आना

अन्य मर्म यह कि यहाँ वह सिर्फ एक नाम है–निर्गुण। निर्गुण इसलिए कि उसे किसी एक गुण से विशेषित नहीं किया जा सकता है। कबीर का राम न ब्राह्मण है न शूद्र। न हिन्दू न मुसलमान या तुर्क। न हिन्दू का ईश्वर न मुसलमान का अल्लाह। गरज एक वीर का राम, वह सच है जो धर्म के भेद को भी जलाकर भस्म कर देता है और जात-पाँत के भेद को भी। यह सच पहचानता है तो केवल उस मनुष्य को, मनुष्यत्व को, उस सामान्य धारणा को जो छोटी बड़ी सभी जातियों और विभिन्न धर्मावलम्बियों के अन्दर अवस्थित है। वह मनुष्य जिसका न कोई रंग है न रूप है न कुल है न जाति है, न मज़हब है न कोई सम्प्रदाय। इसीलिए कबीर उसे निर्गुण कहते हैं। लेकिन यह वह निर्गुण नहीं जो सगुण का विलोम है। कबीर का निर्गुण कथित निर्गुण और सगुण, दोनों से परे है। फिर भी उसे यदि निर्गुण ही कहा जाता है, तो सिर्फ इसलिए कि और तरह से बताना असम्भव है या भाषा की सीमा है और कवि की विवशता भी। शायद इसीलिए इस विलक्षण सच को कबीर सभी सम्भाव्य अर्थों से मुक्त कर केवल सबद कहते हैं। कवि की भूमिका में जो शब्द है, गायक की भूमिका में वही नाद है–अनहद नाद है। साधना की भूमि में वह नाम मात्र रह जाता है न्याय के लिए। इसलिए जाप का महत्व है। बार-बार जाप करने से जो मन में उठता है वह भाव मात्र है। कबीर इस सच को निरपख कहते हैं। अनल का रूपक 'निरपख मधि कौ अंग' में आता है। अग्निपक्षी सर्वथा निष्पक्ष है (ध्यान दीजिए, पक्ष माने पाँखें भी होता है), वसुधा और व्योम दोनों से विगत, वास है तो वसुधा और व्योम के बीच कहीं आकाश में। लोक व्यवहार में न वह हिन्दू के पक्ष में है न ही मुसलमान के पक्ष में। यदि उसका अपना कोई पक्ष है तो सामान्य मनुष्य का, जो या तो दोनों पक्षों के बीच में कहीं है या फिर दोनों से परे है।

विडम्बना यह है कि ऐसे निष्पक्ष सच के भी विपक्षी निकल आते हैं। दो सौ साल भी नहीं बीतने पाए कि कबीर के निरपख सच के विरोध में तुलसीदास को खड़ा होना पड़ा। कायदे से तो उन्हें प्रसन्न होना चाहिए था कि एक जुलाहा मुसलमान होकर भी उनके आराध्य राम की भक्ति का अलख जगा गया है। लेकिन बाबा की सूक्ष्म दृष्टि से यह सच ओझल न हो सका कि कबीर का राम कोई और है 'तुम जो कहा राम कोई आना'। पार्वती ने वही पूछा जो कबीर ने कहा। शब्द ज्यों के त्यों

वही हैं, अक्षरशः 'राम नाम का मरम है आना'। राम का नाम लेने से क्या हुआ, है तो 'आना' यानी अन्य। यह अन्य तुलसी को कैसे बर्दाश्त होता? आवेश में कबीर पर बरस पड़े, शब्दों की मूसलाधार बारिश। शबद भी ऐसे कि अपशब्द शरमाएँ– पाखंडी, लपय, कुटिल, अज्ञ, अकोविद, अंध। इन शब्दों को दुहराने में तुलसी के परम श्रद्धालु भी सम्भवतः आज हकलाएँगे। मुद्दा दरअसल दशरथ सुत 'राम' और निर्गुण 'राम' का नहीं है। असल मुद्दा है वह 'रामराज्य', जिसकी स्थापना के लिए तुलसी के राम दशरथ सुत के रूप में अवतार लेते हैं। कबीर के सच से सबसे बड़ा ख़तरा तुलसी के इस रामराज्य को है। आज के सन्दर्भ में भी देखिएगा। इस रामराज्य में 'वर्णाश्रम निज निज धरम निरत वेद पथ लोग' की पक्की व्यवस्था है। उधर कबीर कह चुके हैं 'हम वासी उस देश के जहाँ जाति वरन कुल नाई'। विरोध स्पष्ट है। एक पक्ष है तो दूसरा विपक्ष। ज़ाहिर है कि कभी-कभी निष्पक्ष भी एक पक्ष मान लिया जाता है। जो हो, तुलसीदास के अपशब्दों की मूसलाधार बारिश से कबीर के सबद की आग का अन्दाज़ा लगाया जा सकता है। तुलसी की नज़र में तो कबीर उन लोगों में हैं जो 'जानहिं झूठ न साँच।' क्योंकि कबीर के लिए जो सच है, तुलसीदास के लिए वही झूठ है। बहरहाल अनल, कुकनूँ, अग्निपक्षी जो भी कहें, वह अब नापैर है। होगा भी तो आकाश में कहीं। खोजी उसे खोजते रहेंगे। गनीमत है कि उस अग्निपक्षी के सबद बचे रह गए हैं किसी न किसी रूप में। हमें तो आग से मतलब है, और कहना न होगा कि आग तो उस पक्षी की आवाज़ से ही पैदा होती है। हमारा बिरसा वही सबद है, साखी है। सवाल है, उसे सँभालकर रखने का और रखें भी तो कैसे और कहाँ? कबीर के ही शब्दों में कहें तो 'कहु धौं केहि विधि राखिये रुई लपेटी आगि'। इसलिए वह रुई लपेटी हुई आग है। उसमें रुई की कोमलता भी है। कबीर ही थे जो आग को रुई में लपेट कर पेश कर सकते थे। और यह कार्य कवि करता है। लगे हाथों कबीर कवि कर्म की दिशा में भी संकेत कर गए हैं।

[हिन्दी विभाग, काशी हिन्दू विश्वविद्यालय द्वारा आयोजित राष्ट्रीय संगोष्ठी 'आदिग्रन्थ और कबीर' के उद्घाटन के अवसर पर अप्रैल, 2005 में दिया गया वक्तव्य। इसी शीर्षक से प्रकाशित पुस्तक में संग्रहीत]

रीतिकाव्य : पुनर्विचार

आज हिन्दी अध्ययन-अध्यापन और आलोचना में रीतिकाव्य पर बातचीत धीरे-धीरे बन्द-सी होती जा रही है। मुझे लग रहा है कि रीतिकाव्य कहीं संग्रहालय की वस्तु बन कर न रह जाए। शिक्षण संस्थानों में साहित्य को पढ़ाने की जो एक ऐतिहासिक दृष्टि विकसित हो गई है, वह भी इसके लिए ज़िम्मेदार है। पढ़ाते समय यह एहसास कराया जाता है कि आप आदिकाल पढ़ रहे हैं, मध्यकाल पढ़ रहे हैं और आधुनिक काल पढ़ रहे हैं। खासतौर से इस दौर में मुनासिब तो लोग यह समझते हैं कि भूमंडलीकरण के लायक कोई नया विषय चुनते तो अच्छा होता। मुझे याद है कि हिन्दी साहित्य में एक दौर में, सन् 60 के आसपास आधुनिकता, आधुनिकतावाद आदि की चर्चाएँ खूब होती थीं। 80 के बाद देखिए तो उत्तर आधुनिकता की चर्चाएँ खूब चलीं, गोकि जिन्हें खबर नहीं कि पश्चिम में भी उत्तर आधुनिकता का दौर 1991 ई. के बाद से खत्म हो गया है। अब वहाँ भी 'पोस्ट मॉडर्निज़्म' का नाम नहीं लिया जाता। इसलिए हम लोग उत्तर आधुनिक नहीं, उत्तरोत्तर आधुनिक दौर में हैं। ऐसे में मुझे लगता है कि अतीत की ओर लौटकर क्यों न हम पूरा साहित्य समकालीन (कंटेम्परेरी) मानकर पढ़ें। हम लोग इतने नितान्त समसामयिक हो गए हैं कि यह भूल ही गए हैं कि साहित्य की हमारी पूरी विरासत समकालीन है। ज़रूरत है, समकालीनता-बोध पैदा करने की। अगर अब भी हम नहीं सँभले तो सम्भव है कि यह विरासत हमसे छूट जाए। यहाँ पर मुझे बालकृष्ण शर्मा 'नवीन' की वह कविता याद आ रही है, जो ब्रजभाषा में है–

मुरि देख्यौ निज पथ मिल्यौ, दुइ पद चिह्न अनेक।
पै वा पथ पै ना मिले चारि चरन के लेख॥

इस नितान्त समसामयिक समय में मुड़कर देखता हूँ तो डर लगता है कि कहीं ऐसा न हो कि साहित्य की परम्परा से चार चरन का लेख ही गायब हो जाए, बची रहे केवल दो चरन की रेखा। इसलिए मैंने जान-बूझकर रीतिकाव्य को बातचीत के लिए चुना है।

रीतिकाव्य अब हमारा समसामयिक नहीं लगता। उसे बीती हुई वस्तु के रूप में या तो दयापूर्वक हम याद करते हैं या पाठ्यक्रम में हिकारत से रखते हुए एहसान

जताते हैं। मुझे कहते हुए गर्व हो रहा है कि यहीं इलाहाबाद विश्वविद्यालय में रामशंकर शुक्ल 'रसाल' जैसा रीतिकाव्य का मर्मज्ञ विद्वान था; उमाशंकर शुक्ल जैसा अध्येता था, जिन्होंने सेनापति के 'कवित्त-रत्नाकर' का सम्पादन किया था। यहाँ जगदीश गुप्त जैसा विशेषज्ञ था, जिन्होंने बहुत ही विवेक सम्पन्न संकलन रीतिकाव्य का सम्पादित किया। सत्यप्रकाश मिश्र इसकी बची हुई अन्तिम कड़ी थे। ऐसे विश्वविद्यालय में सम्भव हो कि रीतिकाव्य पढ़ाने वाला अध्यापक भी नहीं मिले और विशेष काव्य-खंड के रूप में इसे लेकर पढ़ने वाला तो अब कोई मिलेगा ही नहीं कि इसकी क्या उपयोगिता है। इसलिए, इसी जगह (इलाहाबाद) से, जब वो लोग नहीं हैं तो मुझे उचित प्रतीत होता है कि रीतिकाव्य पर पुनर्विचार करना चाहिए।

एक दौर था, जब मेरे गुरु आचार्य हजारी प्रसाद द्विवेदी शान्ति निकेतन में थे तब उन्होंने एक कविता लिखी थी। वह कविता रवीन्द्रनाथ ठाकुर की एक कविता से प्रेरित थी। रवीन्द्रनाथ की वह कविता थी–'शेइ काले' (वह समय)–

जदि आमार जनम होती कालिदासेर काले
दैबे होतो दशम् रत्न नव रत्न माझे

सौभाग्य से यदि मेरा जन्म कालिदास के समय में हुआ होता तो नवरत्नों के बीच मैं भी दसवाँ रत्न होता। द्विवेदी जी ने उसी से प्रेरित होकर कविता लिखी–

यदि मैं होता रसिक बिहारी कवि के युग में
हाय! हुआ मैं नहीं बिहारी कवि के युग में
रस रसिक तमाल साल/थे जब सोन जुही मालती क्रियाल थे
आँसू बहाते अपने ही गुलाब के युग में
अमल लहलही बेलि नवेली/सुरभित करनी बिपिन अकेली
रसिक पवन करता रणरेली
सघन कुंज छाया सुखद शीतल मलय समीर।
मन ह्वौ जात अजहुँ वहै या यमुना के तीर॥

'हाय! हुआ मैं नहीं बिहारी कवि के युग में' ऐसी भावना एक दौर में थी। मैं उस युग में पैदा क्यों नहीं हुआ, उस अतीत को लोग याद करते थे। उस अतीत को हम लोगों ने जैसा बीता हुआ मानकर, इतिहास की आधुनिक/औपनिवेशिक दृष्टि से प्रभावित होकर जो धारणा विकसित की, वह धारणा ही गलत थी। साहित्य वालों ने इसे तीन कालों में बाँट रखा है–आदिकाल, मध्यकाल और आधुनिक काल। इतिहास के लोगों ने इसे दूसरे ढंग से बाँट रखा है–एंशिएंट एज, मेडिवल एज और मॉडर्न एज। हिन्दी और इतिहास के विभागों में यह पूरा पैटर्न आज तक दुहराया जा रहा है। एडवर्ड सईद ने अपनी 'ओरिएंटलिज़्म' की अवधारणा में इसी को उद्घाटित

किया है कि पश्चिम वालों ने जो इतिहास हमें दिया उसी साँचे में ढालकर हम अपने इतिहास को देखने के आदी हो गए हैं।

मैं यहाँ 'मेडिवल एजेज' की अवधारणा पर विचार करूँगा। यह 'मध्यकाल' शब्द यूरोप में जो अर्थ रखता है, कभी इस पर हमारे इतिहासकारों को भी सोचना चाहिए कि वह हमारे देश पर लागू होता है कि नहीं लागू होता है। यूरोप में रोमन एम्पायर के पतन के बाद, लगभग पाँचवीं शताब्दी से पन्द्रहवीं शताब्दी तक का काल, पतन का काल माना जाता है। हम उसे अन्धकार युग (डार्क एज) भी कहते हैं, जो क्रिश्चिएनिटी से जुड़ा है। सोलहवीं शताब्दी से जब एक नया विज्ञान आता है, रेनेसाँ शुरू होता है और आधुनिक भाषाओं में कविता लिखी जाती है। इसके पूर्व का पूरा का पूरा दौर लैटिन भाषा का है। आधुनिक योरोपीय भाषाएँ उस समय वर्चस्व में नहीं आई थीं। इसीलिए पाँचवीं से पन्द्रहवीं शताब्दी तक के काल को मेडिवल एजेज, डार्क एजेज या मेडिवल पीरियड आमतौर से कहा जाता है। अब इसके बरक्स अगर आप देखें तो इसी रूप में भारतीय इतिहास पर यह कैसे लागू होगा। पाँचवीं शताब्दी के काल को याद करें तो यह काल चन्द्रगुप्त विक्रमादित्य और कालिदास का काल है। यहाँ से लेकर जब आप 1600 के आसपास तक देखते हैं तो 'अकबर महान' जैसा सम्राट है। खुद अंग्रेज इसे 'ग्रेट मुगल पीरियड' कहते हैं। हाँ, यह जरूर है कि आठवीं से दसवीं शताब्दी तक का काल क्षीण काल है, पर यह भी उत्तर भारत के सम्बन्ध में ही सच हो सकता है, पूरे देश के सम्बन्ध में नहीं। उन दो-तीन सौ वर्षों में महाराष्ट्र को याद करें, गुजरात को याद करें तो राष्ट्रकूटों का काल बहुत ही गौरवशाली काल रहा है। इसलिए यह बात कहते समय हम केवल हिन्दी साहित्य को ध्यान में न रखें। महान प्राकृत और अपभ्रंश साहित्य इसी काल में लिखा गया। दक्षिण में देखें तो लगभग नौवीं शताब्दी के आसपास महान संगम हुआ है जो हमारे यहाँ के रीतिकाव्य से मिलता-जुलता है। ठीक इसी के लगभग, आलवार भक्तों का आन्दोलन शुरू होता है। उड़ीसा में यही हाल है। इसलिए इस विशाल देश में सच पूछिए तो यूरोप जैसी अन्धकार युग (डार्क एज) वाली स्थिति कभी थी ही नहीं। यह पूरा का पूरा काल विकसित काल रहा है। इसी काल में महान दार्शनिक शंकराचार्य, रामानुजाचार्य हुए हैं। नव्य न्याय का पूरा का पूरा विकास इसी काल में हुआ। आनन्दवर्द्धन का, मम्मट का, अभिनव गुप्त पादाचार्य का, जगन्नाथ का यही काल है। इसलिए यह अद्‌भुत समृद्धि और विकास का काल रहा है, फिर भी हम लोग उसको मध्यकाल की पतनोन्मुख प्रवृत्ति के तहत समझते और परखते रहे हैं।

सबसे खराब तो हिन्दी साहित्य के इतिहास का सन्दर्भ है। हमने मध्यकाल को पूर्व मध्यकाल और उत्तर मध्यकाल में बाँट लिया। ऐसा हमने अपनी सुविधा के लिए किया

कि भक्ति काव्य अलग हो जाए तो रीतिकाव्य को ही हम खासतौर पर पतन का काव्य कह सकें, दिखा सकें। जबकि हम भूल जाते हैं कि इसी काल में (जिसे पूर्व मध्यकाल कहा जाता है) विद्यापति और अमीर खुसरो जैसे कवि हुए हैं। फारसी की परम्परा की दृष्टि से यह दौर अत्यन्त गौरवशाली है। संगीत को लें तो खुसरो के साथ खयाल गायकी शुरू होती है। स्थापत्य को लें तो इस काल में स्थापत्य कितनी ऊँचाइयों तक पहुँचता है। दक्षिण के मदुरै का मीनाक्षी मन्दिर, उड़ीसा का कोणार्क मन्दिर विशाल स्थापत्य की निशानी हैं। इस समय मूर्तिकला पूरी समृद्धि पर रही है। अतः जिसे हम तथाकथित मध्यकाल कहते हैं और जिसके प्रति हमारी दृष्टि 'ओरिएंटल दृष्टि' है, वह बदलनी चाहिए। इतिहासकार इसे बदलें या न बदलें, वे जानें, पर साहित्य व संस्कृति का इतिहास लिखते समय हम यूरोप के उस मॉडल को छोड़ दें और रीतिकाव्य को भारतीय दृष्टि से मध्यकाल का हिस्सा मानकर अपनी दृष्टि बदलें।

इस पूरे काल को देखते हुए पं. हजारी प्रसाद द्विवेदी ने स्वयं इस 'मध्ययुग' शब्द पर विचार किया है, परन्तु देर से। 1970 ईस्वी में उन्होंने चंडीगढ़ में 'मध्यकालीन बोध का स्वरूप' नामक व्याख्यान दिया था, जो किताब के रूप में प्रकाशित है। उन्होंने मध्यकाल को कालवाचक न मानकर 'जबदी हुई मनोवृत्ति' कहा है। नाक में जब जुकाम हो जाता है तो नाक जबद जाती है, यह भोजपुरिया शब्द है। यह मनोवृत्ति पतन का या अन्धकार युग का अर्थ देती हो, ऐसा नहीं है, इसीलिए इसे प्रवृत्ति के रूप में लेना चाहिए न कि कालवाचक रूप में। द्विवेदी जी ने स्वयं गुप्तकाल को स्वर्णयुग कहा है। अकबर का काल उसके बाद दूसरा स्वर्णयुग है।

रीतिकाव्य के बारे में हमारे साहित्यकारों की क्या धारणा रही है, इसे भी देखा जाना चाहिए। इस बारे में मिली-जुली प्रतिक्रिया रही है। सबसे पहले यदि हम छायावादी कवियों की बात करें, तो ये कवि रोमांटिक भावधारा से अनुप्रेरित थे। अंग्रेज़ी की रोमांटिक कविता का असर इन पर पड़ा था। रोमांटिक कवियों ने सबसे पहले अपने पूर्ववर्ती काल के विरुद्ध यह प्रतिक्रिया की कि न हम उस भाषा में लिखेंगे और न उन विषयों पर लिखेंगे। पंत जी ने 'पल्लव' की भूमिका में रीतिकालीन कवियों का बहुत मजाक उड़ाया है। परन्तु इस मजाक के बावजूद पंतजी की कविताएँ देखें तो 'पल्लव' में वे 'रति श्रांता बृज वनिता सी छाया' की उपमा देते हैं। छाया कैसी है तो 'रति श्रांता बृज वनिता सी'। बादल पर लिखते हुए पंत जी बिल्कुल ही रीतिकालीन लगते हैं। यह पंक्ति देखें–

धूम धुँआरे काजर कारे हमहीं बिकरारे बादर
मदनराज के बीर बहादुर पावस के उड़ते फणिधर

यह भाषा पूरी की पूरी रीतिकाव्य से ली हुई प्रतीत होती है। 'यमुना के प्रति' निराला की कविता है। निराला लिखते हैं–

कहाँ छलकते अब वैसे ही ब्रज नागरियों के गागर।
कहाँ भींगते अब वैसे ही बाहु उरोज अधर अम्बर॥

निराला की एक अन्य कविता है—'नयनों के डोरे लाल गुलाल भरे खेली होली', एकदम सवैया का खड़ी बोली में प्रयोग :

नयनों के डोरे लाल गुलाल-भरे, खेली होली।
जागी रात सेज प्रिय पति संग रति सनेह संग होली,
खुले अलक, मुँद गए पलकदल, श्रम-सुख की हद होली
बनी रति की छवि भोली

ये निराला हैं। निराला की 'गीतिका' के गीतों में जगह-जगह रीतिकाव्य की शब्दावली दिखाई देगी, अनुभव दिखाई देगा। प्रसाद जी तो काफी दिनों तक ब्रजभाषा में लिखते रहे—'हिल उठे हिय जहाँ आसन तिहारो, तौ तुम ना हिलत ऐसो अचल न होइए।' जैसे कि जगन्नाथ दास रत्नाकर लिख रहे हों। 'हिल उठे हिय जहाँ आसन तिहारे', जिस हृदय पर तुम्हारा आसान है वह तो हिल रहा है, काँप रहा है पर 'तौ तुम ना हिलत ऐसो अचल न होइए', तुम नहीं हिल रहे हो परन्तु जिस आसन पर बैठे हो, जिस कुर्सी पर बैठे हो वह कुर्सी हिल रही है। यह विरोधाभास पैदा करना है। प्रसाद जी 'आँसू' में लिख रहे हैं, जो रोमांटिक कविता की किताब मानी जाती है :

परिरम्भ कुम्भ की मदिरा निःश्वास मलय के झोंके
मुख चन्द्र चाँदनी जल से मैं उठता था मुँह धो के

रीतिकालीन कवि भी परिरम्भ का ऐसा प्रयोग नहीं कर सकते थे। इसलिए निराला, पंत, प्रसाद तक लाख विरोध के बावजूद रीतिकालीन काव्यभाषा और अनुभव आते हैं। फर्क इतना था कि ये लोग ब्रजभाषा की जगह खड़ी बोली में लिख रहे थे। पर खड़ी बोली में वही लालित्य, शृंगार के प्रीत्यर्थ वर्णनों में दूर-दूर तक वही झलक दिखाई पड़ती है। इसलिए कविता के स्तर पर बहुत कुछ भाव-अनुभव तो हमें स्वीकार है किन्तु आलोचना के स्तर पर उनका विरोध करना अनिवार्य है। वही बात कि आलोचना में जो ठीक पूर्ववर्ती है यदि उनको उखाड़ेंगे नहीं तो हम जमेंगे कैसे? मैं इसे शान्त विरोध धर्म मानता हूँ।

आलोचकों की नजर से देखें तो अजीब भ्रम है। आचार्य रामचन्द्र शुक्ल, पं. हजारी प्रसाद द्विवेदी और डॉ. रामविलास शर्मा—इन तीनों आलोचकों को लें तो रीतिकाल के प्रति इनकी जो भावना है, उसके बारे में भ्रम है। आमतौर पर लोग यह समझते हैं कि ये रीतिकाव्य के विरोधी आलोचक हैं। मैं इन आलोचकों की कुछ सम्मतियाँ आप सबके सामने पेश करना चाहता हूँ। शुक्ल जी ने अपने इतिहास में लिखा है—'रीतिग्रन्थों के रचयिता भावुक, सहृदय और मृदुल कवि थे। उनका उद्देश्य कविता करना था न कि काव्यांगों का शास्त्रीय निरूपण करना। अतः उनके द्वारा बड़ा

भारी कार्य यह हुआ कि रसों, विशेषतः शृंगार रस और अलंकारों के बहुत ही सरस और हृदयग्राही उदाहरण अत्यन्त ही प्रचुर परिमाण में प्रस्तुत हुए।' आचार्य शुक्ल दाद देने में बड़े कंजूस थे, लेकिन खुलकर यहाँ रीतिकालीन कवियों के बारे में उनकी धारणा प्रस्तुत है। एक-एक कवि के बारे में जो उन्होंने लिखा है, उसमें तो उन्होंने बिहारी की, देव की, मतिराम की, घनानन्द की मुक्त कंठ से प्रशंसा की है। पर, शुक्ल जी के यहाँ किन्तु भी है और यह किन्तु इस प्रकार शुरू होता है–'इस परम्परा द्वारा साहित्य के विस्तृत विकास में कुछ बाधा भी पड़ी। कवियों की दृष्टि एक प्रकार से बँधी हुई और सीमित हो गई। क्षेत्र संकुचित हो गया। कवियों की व्यक्तिगत विशेषता की अभिव्यक्ति का अवसर बहुत ही कम रहा गया।' अगर इस दृष्टि से देखा जाए तो मुझे दो बातें कहनी हैं। पहली तो यह कि कालिदास का हम क्या करें क्योंकि उन्होंने तो एक ही रस में बँधकर लिखा। क्या इससे उनकी दृष्टि सीमित मान ली जाएगी? दूसरी बात यह कि प्रत्येक रीतिकालीन कवि की अपनी व्यक्तिगत पहचान है। बिहारी को पढ़कर कभी भी आपको यह भ्रम नहीं होगा कि यह किसी और का दोहा है। घनानन्द और मतिराम में आपको साफ फर्क मालूम होगा, देव और घनानन्द में फर्क मालूम होगा। हर कवि की अपनी निजी विशिष्टता है।

पं. हजारी प्रसाद द्विवेदी लगभग इसी तरह से, थोड़ी बँधी हुई शब्दावली में लिखते हैं–'इससे अधिक सरस, स्फूर्तिदायक और लोक जीवन को समझने में सहायक साहित्य मेरी जानकारी में दूसरा नहीं मिलता।' द्विवेदी जी ने यहाँ पर लोकजीवन पर जोर दिया है। वे आगे लिखते हैं–"लोक भाषा में यह राग, जो बहुत दिनों तक भीतर ही भीतर पक रहा था, शास्त्र की उँगली पकड़कर अपने चरम उत्कर्ष पर पहुँचा।" द्विवेदी जी का बार-बार जोर 'लोक' पर है। यह सच है, रीतिकाल में नागर का जो पुराना अर्थ था, वह घिस-घिसकर साधारण गृहस्थी के अर्थ में परिणत हो गया। सम्पूर्ण रीतिकालीन कविता के प्रेम को, नायक-नायिका वर्णन को, महलों से जोड़कर देखना उचित नहीं। क्योंकि यह छोटे-से आँगन में, घर-गृहस्थी में, खेत-खलिहान के बीच होने वाला प्रेम है जो बार-बार बिहारी आदि में मिलता है। किन्तु परन्तु, द्विवेदी जी के यहाँ भी है। वे लिखते हैं–"नायिका भेद की संकीर्ण सीमा में जितना लोक चित्र आ सका, वह विशिष्ट और मनोरम है लेकिन इतना दोष जरूर है कि वह असम्पूर्ण और विच्छिन्न है।" अतः 'किन्तु' अथवा 'लेकिन' लगाकर इन आलोचकों ने रीतिकाव्य का विरोध किया है।

परिवर्तन शुरू होता है प्रगतिशील आलोचक डॉ. रामविलास शर्मा की ओर से। वे तीसरे बड़े आलोचक व रीतिकाव्य के मर्मज्ञ हैं। उन्होंने 1943 में, जब तरक्की पसन्द तहरीक़ शुरू हो चुकी थी, सम्भवतः वे उसके सदस्य भी हो गए थे, 'काव्य भाषा और युग बोध' नामक लेख लिखा। इसमें वे लिखते हैं–"भाषा में अत्यधिक

मिठास की खोज स्वाभाविक ह्रास का चिह्न है। वाक्‌पटुता जबान का चटकारापन, अत्यधिक परिष्कार, बनाव-शृंगार आदि गुण तो पतनशील साहित्य में भी मिलते हैं। यह सही है कि हिन्दी के पुराने कवियों में बिहारी और देव के अलावा भाषा को किसने सँवारा है, परन्तु साहित्यिक और सामाजिक प्रगति में उनका क्या स्थान है। अंग्रेज़ी साहित्य में पोप से अधिक भाषा को सभ्य और परिष्कृत किसने बनाया है। पर हम जानते हैं कि पोप और उसके साथियों ने रोमांटिक कवियों के विद्रोह को अनिवार्य कर दिया।'' ये वाक्य पढ़ते हुए मुझे अनायास फ्रेडरिक जेम्सन के एक लेख 'दि पॉलिटिक्स ऑफ प्लेजर' की याद आ रही है। उसने कहा कि, ''साहित्य के मूल्यांकन में मार्क्सवादी लोग क्यों इतने 'प्यूरिटन' होते हैं। आनन्द की वस्तु से क्यों इनको इतना परहेज रहता है।'' यही कारण है कि मार्क्स बनाम फ्रायड लिखते हुए फ्रायड का घोर विरोध इन लोगों ने किया था। यानी इनका बस चले तो सबको बन्दी कर दिया जाए। इसलिए रीतिकाव्य के विरुद्ध दो प्रकार की चीज़ें खड़ी होती हैं। एक तो जो पोंगापन्थी लोग हैं, जिनको संस्कृत कविता में अश्लीलता दिखाई नहीं पड़ती, रीतिकाव्य का विरोध अश्लीलता, नैतिकता जैसे सवालों के आधार पर करते हैं। दुःख की बात तो यह है कि अपने को प्रगतिशील कहने समझने वाले लोग भी ऐसे सिद्धान्त के आधार पर उन्हीं की पाँत में जा खड़े होते हैं। यानी, शेख-बरहमन दोनों–एक। इसलिए रीतिकाव्य दोनों ओर से मारा गया। इस पृष्ठभूमि को ध्यान में रखते हुए रीतिकाव्य पर नए सिरे से पुनर्विचार किया जाना चाहिए।

अब हमें रीतिकाव्य के सम्बन्ध में उस पूरे ऐतिहासिक परिप्रेक्ष्य को, उसकी विडम्बनाओं को ध्यान में रखते हुए बात शुरू करनी चाहिए। यह ऐतिहासिक घटना है कि भारत में जहाँ पहले संस्कृत, प्राकृत और पालि जैसी प्राचीन भाषाएँ चली आ रही थीं, उनका वर्चस्व था। ऐसे समय में जो आधुनिक भारतीय भाषाएँ हैं–हिन्दी है, मराठी है, गुजराती है, बांग्ला है, मलयालम, कन्नड़, तेलुगु, पंजाबी आदि हैं, इन सबका उदय पहली शताब्दी के बाद हुआ है। और उत्तर भारत में, मैं आमतौर से कहा करता हूँ कि यहाँ की भाषाओं को साहित्यिक रूप देने में अहम भूमिका सूफियों ने निभाई है। पंजाबी का पहला कवि शेख फरीद तेरहवीं शताब्दी के आसपास होता है। हिन्दी में तो अब साबित हो चुका है कि पहला हिन्दी का कवि अवधी भाषा में लिखने वाला मुल्ला दाउद है, जिसकी रचना 'चन्दायन' है। हिन्दी में 'चन्दायन' पहली डेटेड किताब है–1370 के आसपास की। अवधी में 1370 तक और कोई पुस्तक नहीं आई। यह बात दूसरी भाषाओं के बारे में भी लागू होती है, पंजाबी और अवधी में तो है ही। मराठी पहली बार नामदेव के द्वारा साहित्य की भाषा बनती है। इन आधुनिक भाषाओं का साहित्यिक भाषा बनना एक ऐतिहासिक घटना है, वैसे ही जैसे यूरोप में रेनेसाँ के बाद लैटिन से आधुनिक इटैलियन भाषा का जन्म, जिसमें दाँते

जैसा महान कवि हुआ। रेनेसाँ के बाद ही लैटिन से फ्रेंच, जर्मन आदि भाषाओं का जिस प्रकार उदय हुआ, उसी तरह सबसे बड़ी घटना है—आधुनिक भारतीय भाषाओं का साहित्यिक भाषा बनना। इसके अतिरिक्त एक जो सबसे ऐतिहासिक बात हुई, वह है—इस्लाम के साथ भारत का मेल-जोल। भले ही वे लोग आक्रमण के लिए भारत आए हों पर धीरे-धीरे दो मज़हबों, दो संस्कृतियों का मेल-जोल बढ़ा। नतीजा यह हुआ कि इस मेल-जोल के साथ फारसी और संस्कृत का भी मेल हुआ जिससे कि उर्दू भाषा विकसित हुई। फारसी और संस्कृत में आपस में संवाद था। इसके सबसे बड़े प्रमाण रीतिकाल के कवि हैं जो अपने ढंग से ग़ज़ल लिख रहे थे, रुबाई लिख रहे थे, दोहा जवाब था ग़ज़ल के शे'र का। जिसे हमारे इतिहासकारों ने उत्तर मध्यकाल कहा है, गदर के पहले तक का काल, वो उर्दू शायरी में नज़ीर अकबराबादी, मीर और ग़ालिब का काल है, गोल्डेन पीरियड है। ठीक उसके समानान्तर हिन्दी में जो कविता लिखी जा रही है, उसे कायदे से स्वर्ण युग कहने के बजाय पतन का काव्य कहा जाता है।

एक अन्य महत्वपूर्ण प्रवृत्ति की ओर मैं आप सबका ध्यान खींचना चाहता हूँ जिसके चलते रीतिकाव्य के प्रति यह धारणा विकसित हुई है। रीतिकालीन कविता को 'कोर्ट पोएट्री' कहा गया है और इस कथन के द्वारा हमें गुमराह करने का कार्य उसी इतिहास-दृष्टि ने किया है जो अंग्रेजों द्वारा बनाई गई है। इस सम्बन्ध में पहला काम किया है जॉर्ज ग्रियर्सन ने। ग्रियर्सन का इतिहास आमतौर से बिना जाने हुए आचार्य शुक्ल दोहराते हैं तथा और दूसरे लोग दोहराते हैं। ग्रियर्सन के बाद स्टुअर्ट मैक्ग्रेगर का नाम आता है। इन दोनों को आप पढ़ें तो मालूम होगा कि इन लोगों ने बकायदा उर्दू का इतिहास अलग लिखा है और हिन्दी का इतिहास अलग। रीतिकाव्य के बारे में इन दोनों ने जो टिप्पणियाँ की हैं, वे देखने लायक हैं। ग्रियर्सन लिखते हैं कि—"हिन्दुस्तान की सोलहवीं-सत्रहवीं शताब्दी की आधुनिक भारतीय भाषाओं के साहित्य का स्वरूप 'ऑगस्टन एज' के साहित्य के समान है।" जाहिर है कि अंग्रेज़ी साहित्य में ऑगस्टन एज शेक्सपियर व एजिलाबेथन पीरियड के बाद का है और पतन का युग है, जबकि शेक्सपियर एज 'स्वर्ण युग' है। जो पोप का काल है वही है ऑगस्टन एज। अतः ऑगस्टन एज कहकर, रीतिकाल से उसका साम्य बताकर उसे पतन का काव्य कहा गया और हम लोगों ने उसे मान लिया और उसी साम्यता में इसे 'कोर्ट पोएट्री' भी मान लिया। कोर्ट के बारे में एक अजीब धारणा है हम लोगों की, जो कोर्ट में गया वह दरबारी हो गया। सच पूछिए तो आज दरबार ज़्यादा हैं, कोर्ट ज़्यादा हैं। मिनिस्टर, एम.पी., एम.एल.ए.—सबके दरबार लगते हैं। बीसवीं सदी में भी दरबार थे, इक्कीसवीं सदी में और अधिक हो गए हैं। उस समय का कोर्ट ऐसा नहीं था। चुने हुए लोग जो साहित्य, कला, संगीत के प्रेमी थे, रसिया थे वे लोग एक जगह

इकट्ठा होते थे। उस समय के राजा भी पढ़े-लिखे हुआ करते थे। आज के हमारे जो आधुनिक राजा हैं, कम से कम उनके पास भाषा और साहित्य की समझ इनसे अधिक थी। वे कलाओं की समझ रखते थे। क्लासिकल संगीत, खयाल गायकी में रस ले सकते थे। इसलिए कोर्ट के बारे में हम लोगों की धारणा ठीक नहीं है। उसे दुरुस्त करना चाहिए। हम लोगों ने अंग्रेज़ी राज के राजाओं को देखा है, इसलिए समझते हैं कि अंग्रेज जब नहीं आए थे तब भी राजा ऐसे ही थे। कोर्ट के बारे में पूरी धारणा बदलने की ज़रूरत है क्योंकि इसमें किसिम-किसिम के कवि थे। बहुत से कवि तो ऐसे थे जो कोर्ट गए ही नहीं। देव किसी दरबार में नहीं थे, दरबार उन्हें मिला ही नहीं। अतः कोर्ट पोएट्री के बारे में हम अनजाने ही एक भोंडी और कठोर क्लास कान्सेशनेस बना लेते हैं कि यह उच्च वर्ग की कविता है।

यह अजीब बात है कि हम 'फ्यूडल आर्ट' को, 'फ्यूडलिज़्म' को खराब समझते हैं और आधुनिक बुर्जुआजी को अच्छा मानकर चलते हैं। यह भूल जाते हैं कि कभी-कभी इस पूरी लड़ाई में मामला उलट भी सकता है। हम लोगों ने साहित्य, कला और काव्य को जाँचने-परखने के जो आधार विकसित कर लिए हैं, वे नितान्त गैर-साहित्यिक और क्रूड सोशल व पॉलिटिकल समझ पर आधारित हैं। इसका नतीजा यह हुआ और होगा कि जो धारणा हमने परम्परा और पुराने साहित्य के बारे में बनाई है, तय मानिए कि उसका शिकार आज की कविता, आज की कहानी, आज का उपन्यास भी हो सकता है। इसलिए रीतिकाल का पुनर्मूल्यांकन या उस पर पुनर्विचार केवल रीतिकाल से नहीं, हमारी साहित्यिक समझ से ताल्लुक रखता है और जब तक हम उस समझ को विकसित नहीं करते तब तक हम अपने इतिहास को विदेशियों की नजर से पढ़ने-लिखने के लिए अभिशप्त हैं।

ज़रूरत है कि हम अब इस इतिहास-दृष्टि को बदलें। ग्रियर्सन और स्टुअर्ट मैक्ग्रेगर हमें यह नहीं बताएँगे कि तुम्हारा इतिहास यह है। हमें अपनी हकीकत को देखकर इस धारणा को बदलना होगा, मुक्त होना होगा। एडवर्ड सईद उसे ही बार-बार कहता है कि "बिना 'ओरिएंटलिज़्म' से मुक्त हुए इतिहास की उक्त धारणा से मुक्ति सम्भव नहीं है।" और यदि इतिहास की उस दृष्टि से प्रभावित होकर हमारे पूर्ववर्ती आलोचकों ने कुछ ऐसी धारणाएँ विकसित की हैं तो उनके चंगुल से भी मुक्त होने की ज़रूरत है। इन पूर्व धारणाओं से मुक्ति के बिना नए सिरे से रीतिकाल पर विचार नहीं हो सकता।

यह एक विचित्र विडम्बना है कि भक्ति और रीति एक साथ गुँथे हुए हैं। फिर भी हम लोग उसे अलग-अलग बाँटकर एक को महान और दूसरे को पतन का साहित्य मान बैठे हैं। हम क्यों भूल जाते हैं कि तुलसीदास और केशवदास समकालीन थे। यह किस्सा प्रचलित है कि प्रेत के वन में कुएँ से पानी निकालते हुए प्रेत ने उनका लोटा

पकड़ लिया था। वह भले ही केशवदास का ही प्रेत रहा हो लेकिन तुलसीदास में अलंकार प्रियता कम नहीं है, बल्कि बढ़ी हुई है। इसलिए काव्यशास्त्र को ध्यान में रखकर रामचरित मानस, विनय पत्रिका, कवितावली आदि का पुनर्पाठ किया जाना चाहिए।

रीतिकाव्य के कवियों की सबसे महत्वपूर्ण देन है—भाषा। इनकी भाषा इतनी साफ-सुथरी है कि उर्दू के साथ प्रतिस्पर्द्धा करती है। जिस तरह से 'दूसरे, तीसरे, पाँचवें, सातवें, आठवें को जरा अइबो'—वाली मुहावरेदार भाषा में ये कवि लिख रहे थे, उसे देखकर लगता है कि जैसे ग़ज़ल का शे'र लिखा जा रहा हो, चलती हुई भाषा में। ब्रज, जो कि एक बोली थी, उसको साफ माँजकर इन कवियों ने इतनी मेहनत से जबान पर चढ़ने वाली भाषा का निर्माण किया कि क्या कहने। रीतिकाल की कविता एक बार पढ़िए तो याद हो जाए, छायावादी कविता इतनी जल्दी याद नहीं होती, नई कविता तो बिल्कुल ही याद नहीं होती। जनता की भाषा में लिखी जाने वाली कविता, जनता की तो बात ही जाने दीजिए, हम लोगों की जबान पर नहीं चढ़ती। इसलिए रीतिकालीन कविता में जो भाषा की रवानी है, स्फूर्ति है, वह महत्वपूर्ण है। मैं कहना चाहता हूँ कि अगर उस दौर की कविता को आज की कविता से मिलाकर देखें तो फारसी, अरबी के शब्द वहाँ ज़्यादा मिलेंगे, हिन्दी की कविता में आज लिखने वालों के यहाँ तो ये हैं ही नहीं। हम लोगों ने अपनी परम्परा से यह भी सीखा है। इन भाषाओं का जो आदान-प्रदान था और भाषाओं के साथ संस्कृतियों का था। दिल मिलते थे इसलिए वे एक जगह इकट्ठा होकर पढ़ते थे, सुनाते थे। उनमें सम्मिलित की एक गूँज सुनाई पड़ती है। गूँज-अनुगूँज से भरी हैं वो कविताएँ। उनको समझने के लिए इन चीजों की ज़रूरत पड़ेगी। बिहारी को आप समझ ही नहीं सकते अगर आप फारसी की कविता से वाकिफ नहीं हैं। आज तो उर्दू की पढ़ाई ही उत्तर प्रदेश में बन्द हो गई, हम लोगों के ज़माने में स्कूलों में पढ़ाई जाती थी। वह एक ज़माना था, उस दौर को देखते हुए यह जरूरी भी था। होना तो यह चाहिए कि जो खूबसूरत चीज़ आपको परम्परा में मिली रही हो अपनी कविता में ले आएँ, नए भाव ले आएँ, नए इमेजेज ले आएँ। जिसे गंगा-जमुनी तहजीब कहते हैं उसे विकसित करें।

[इलाहाबाद संग्रहालय, इलाहाबाद में 'सत्यप्रकाश मिश्र स्मृति न्यास' की ओर से मार्च, 2008 में आयोजित 'सत्य प्रकाश मिश्र स्मृति व्याख्यानमाला' का पहला व्याख्यान, 'पक्षधर वार्ता' के अंक (संकलन) 4, जनवरी-अप्रैल, 2008 में प्रकाशित]

स्वच्छन्दतावाद और छायावाद

सबसे पहले हम लोग देखेंगे कि हिन्दी में जो रोमेंटिक उत्थान है, जिसे आचार्य रामचन्द्र शुक्ल ने स्वच्छन्दतावाद कहा है, इस स्वच्छन्दतावाद का स्वरूप क्या है और कहाँ इसके बीज मिलते हैं। उदाहरण के लिए, मैं केवल दो कवियों की कुछ रचनाओं का संकेत करूँगा और फिर हम देखेंगे कि स्वच्छन्दतावाद और छायावाद में अन्तर क्या है और इसे कैसे देखना चाहिए।

मैं सबसे पहले ठाकुर जगमोहन सिंह का ज़िक्र करना चाहूँगा। जगमोहन सिंह के बारे में आचार्य शुक्ल का मत आप लोगों को मालूम होगा। केवल इतिहास को ध्यान से पढ़ लें। यह उल्लेखनीय है कि एक तो 'श्यामा स्वप्न' नाम की रचना गद्य और पद्य दोनों में मिली-जुली है। इसके अलावा यह आश्चर्यजनक है कि उन्होंने बायरन की एक प्रसिद्ध कविता 'प्रिज़नर ऑफ शिलन' का 'शिलन का बन्दी' नाम से अनुवाद किया था। अब आप देखें कि रोमेंटिक कवियों में से इस कवि ने क्या चुना अनुवाद करने के लिए। बायरन में दिलचस्पी लोगों ने नहीं ली है। छायावाद के कवियों में भी इस पर विचार किया जाना चाहिए कि किस रोमेंटिक कवि का अनुवाद हुआ या उससे भारतीय कवियों ने ज़्यादा प्रेरणा ली। सुमित्रानन्दन पंत ने शेली से प्रेरणा ली है। कीट्स से कितना परिचय लोगों का था, इसका पूरा आभास नहीं मिलता। वर्ड्सवर्थ का ज़रूर असर था। वर्ड्सवर्थ वैसे भी राजकवि के रूप में थे। सम्मानित थे। बड़ी प्रतिष्ठा थी वर्ड्सवर्थ की। तो सबसे लोकप्रिय वर्ड्सवर्थ थे। कभी कोई लेख लिखा जाना चाहिए, 'भारतीय कविता के विकास में 'गोल्डन ट्रेजरी' का योगदान।' पाठ्यक्रम में 'गोल्डन ट्रेजरी' अब तो शायद कहीं कोर्स में नहीं है।

लेकिन यदि अपनी छात्रावस्था के दिनों की मैं याद करूँ तो हम लोगों के समय हाईस्कूल, इन्टरमीडिएट में 'गोल्डन ट्रेजरी' की दस-बारह चुनी हुई कविताएँ रहा करती थीं। हमारे ज़माने में शेक्सपियर का एक सॉनेट होता था, एक मिल्टन का सॉनेट होता था—ऑन हिज ब्लाइंडनेस। तो शेक्सपियर और मिल्टन दो होते थे। तो जितने कवि थे, जिन्होंने स्कूल की शिक्षा प्राप्त की थी, सबने 'गोल्डन ट्रेजरी' पढ़ी थी। और एक विचित्र बात है—रवीन्द्रनाथ टैगोर पर कुछ लोगों ने विचार करते हुए

कहा है कि टेनिसन का बहुत ज़्यादा असर था। तो जिन कवियों से सभी ने प्रेरणा ली, उसमें सबसे आश्चर्यजनक मालूम होता है कि जगमोहन सिंह ने अनुवाद के लिए वर्ड्सवर्थ को नहीं चुना, शेली को नहीं चुना जो ज़्यादा लोकप्रिय थे। चुना बायरन को, जो बहुत लोकप्रिय नहीं था। बायरन के बारे में सिर्फ इतना ही था कि 'बेड, मेड एंड सेड' तीन विशेषण लगाए जाते थे। लॉर्ड घराने का था लॉर्ड बायरन। स्वाधीनता संग्राम में वह ग्रीस में लड़ते हुए मारा गया। बायरन ने बीहड़ कविताएँ लिखीं। बायरन को पढ़ते हुए अब कहीं समानता मिली होगी। जगमोहन सिंह ने अनुवाद किया था, इसलिए देखना होगा कि जगमोहन सिंह के बारे में लिखते हुए आचार्य शुक्ल ने किन बातों पर बल दिया। शुक्लजी लिखते हैं–'वे संस्कृत और अंग्रेज़ी साहित्य के अच्छे जानकार थे तथा हिन्दी के एक प्रेमपथिक कवि और माधुर्यपूर्ण गद्य के लेखक थे। विविध भावमयी प्रकृति के रूपमाधुर्य की जैसी सच्ची परख और जैसी सच्ची अनुभूति उनमें थी, वैसी उस काल के किसी हिन्दी कवि या लेखक में नहीं पाई जाती। प्राचीन संस्कृत साहित्य के रुचि-संस्कार के साथ-साथ भारतभूमि की प्यारी रूपरेखा को मन में बसाने वाले वे पहले हिन्दी लेखक थे। कवियों के पुरानी प्यार की बोली में देश की दृश्यावली को सामने रखने का मूक समर्थन तो उन्होंने किया ही है, साथ ही, भाव प्रबलता से प्रेरित कल्पना के विप्लव और विक्षेप को अंकित करने वाली एक प्रकार की प्रलाप शैली भी उन्होंने निकाली, जिसमें रूप-विधान का वैलक्षण्य प्रधान था।'

आप शब्दावली को देखिए, जिसमें एक वाक्य पर पढ़ते हुए मेरा ध्यान छात्रावस्था में ही गया था। और अभी तक तो हिन्दी में कोई मुझे दिखाई नहीं पड़ा जिसका ध्यान इस ओर गया हो। जैसे मैंने यह वाक्य पढ़ा कि 'भाव प्रबलता से प्रेरित कल्पना के विप्लव और विक्षेप को अंकित करने वाली'–यह टुकड़ा आचार्य शुक्ल ने ज्यों का त्यों 'हिस्ट्री ऑफ इंग्लिश लिटरेचर : बॉयलेंगुएन कज़ामिया' से ले लिया है। किसी ज़माने में यह बहुत पढ़ा जाता था। पता नहीं अब लोग पढ़ते हैं या नहीं, हमने तो पढ़ा था। 'भाव प्रबलता से प्रेरित कल्पना के विप्लव और विक्षेप'–इसमें ध्यान देने की बात है कि रोमेंटिसिज़्म का गुण बताया जाता था कि रोमेंटिसिज़्म में दो चीजें होती हैं–एक तो भाव की प्रबलता होती है। समझा जाता है कि रोमेंटिक कविता में भावुकता होती है। सेंटिमेंटल होती है। कविता इमोशनल होती है यानि कि भाव की प्रबलता होती है। और दूसरी विशेषता रोमेंटिक कविता की, छायावाद की या स्वच्छन्दतावाद की विशेषता मानी जाती है–'कल्पनाशीलता'। कल्पना और भावुकता : सेंटिमेंटलिज़्म और इमोशनलिज़्म : दो विशेषताएँ मानी जाती हैं। लोग भूल जाते हैं कि यह दोनों चीज़ें अलग-अलग नहीं हैं। दोनों में गहरा सम्बन्ध है। भाव प्रबलता से प्रेरित कल्पना का विक्षेप होता है। अलग कल्पना भी मिल जाएगी और

अलग भावुकता भी मिल जाएगी लेकिन वह कल्पना जो भाव प्रबलता से प्रेरित होती है, वह कल्पनाशीलता रोमेंटिसिज़्म की विशेषता है।

कल्पना के कई कर्म होते हैं। उसमें से एक होता है–अलंकार विधान : अप्रस्तुत विधान। इसलिए जहाँ उपमा दिखाई पड़ेगी, समझ लीजिए कि कल्पना का योगदान है। बिना कल्पनाशीलता के औपम्यविधान नहीं हो सकता। प्रस्तुत को देखकर अप्रस्तुत तक मन छलाँग लगाए। मुख को देखकर कमल की ओर जाए। चन्द्रमा की ओर जाना कल्पना की उड़ान है। कुछ और ऊँची कल्पना जाएगी तो नए अप्रस्तुत विधान दिखाई पड़ेंगे। यह कल्पनाशीलता आती है भाव प्रबलता से प्रेरित होकर। भाव जब प्रबल होंगे तो कल्पनाशीलता उतनी ही उग्र होगी। इन दोनों के रिश्ते की ओर लोगों का ध्यान नहीं जाता। शुक्ल जी ने यहाँ जो कहा है कि 'भाव प्रबलता से प्रेरित कल्पना के विप्लव और विक्षेप' यह टुकड़ा यहीं मुझे कज़ामिया को पढ़ते हुए मिला। रोमेंटिसिज़्म पर लिखा है–

"Exchange situated pri-dominers of imotional life provoked of directed by imasinative vision."

यह कज़ामिया है। फर्क इतना ही हुआ है कि भाव प्रबलता है लेकिन शुक्ल जी कहते हैं कि भाव प्रबलता से प्रेरित कल्पना का विप्लव और विक्षेप। कज़ामिया कहता है कि कल्पना द्वारा प्रेरित; इसलिए 'भावुकता कल्पना द्वारा प्रेरित' है। यह कज़ामिया कहता है। शुक्ल जी कहते हैं 'भावुकता से प्रेरित कल्पना'। यह फर्क है। लेकिन दोनों परस्पर सम्बद्ध हैं और रोमेंटिसिज़्म में यह विशेषता पाई जाती है। कज़ामिया का यह वाक्य, ऐसा लगता है, शुक्ल जी ने भी पढ़ा होगा। यह प्रकृति-चित्रण जगमोहन सिंह में मिलता है। प्रकृति-चित्रण के बारे में खास बात जो उन्होंने बताई कि वे विंद्यावटी के रहने वाले थे, तो विंध्याचल की प्रकृति को देखकर उससे प्रेरित हुए थे। उन्होंने संस्कृत काव्य पढ़ा था, इसलिए रूप माधुरी के साथ ही रूप विधान का एक वैलक्षण्य उनमें मिलता है।

रोमेंटिक काव्य की सारी विशेषताएँ जगमोहन सिंह के बारे में लिखते हुए शुक्ल जी ने निचोड़कर रख दी हैं। उनमें देशप्रेम का एक तत्व मिलता है। यह प्रकृति सामान्य प्रकृति नहीं है बल्कि, यह प्रकृति स्थानिक है। विशेष स्थान की प्रकृति। प्रकृति का चित्रण तो पहले भी चन्द्रमा, उषा, सन्ध्या, रात्रि, नदी, पहाड़, झरने के रूप में पुराने कवियों में भी मिलेगा आपको। तुलसीदास में भी आपको मिलेगा।

बुंद अघात सहहिं गिरि कैसे
खल के बचन सन्त सह जैसे।

तो पहाड़ पर वर्षा हो रही है। वर्षा-वर्णन और शरद-वर्णन तुलसी बाबा के यहाँ भी है लेकिन यह पहाड़ कहीं का भी हो सकता है। नदी कहीं की भी हो सकती है।

पेड़-पौधे कहीं के भी हो सकते हैं। 'श्यामा-स्वप्न' पढ़ने पर मालूम होता है कि यह एक विशेष स्थान का पहाड़ है। विशेष स्थान का जंगल है। विशेष स्थान की नदी है। यह 'पर्टिकुलेरिटी' है, जो विशेषतः रोमेंटिसिज़्म में पाई गई, पहले प्रकृति 'जनरल' थी। 'श्यामा-स्वप्न' के केवल दो चित्र मैं देखता हूँ, जिससे पता चलेगा कि यह कड़ी है जो तथाकथित छायावाद से जुड़ती है। पहले गद्य और उसके बाद पद्य।

"पर्वत के शिखर पर चाँदनी बिखर गई। पत्ते पर एक अपूर्व शोभा दिखने लगी। मन्द वायु से कम्पित होकर पत्र भी यत्र-तत्र अपनी परछाईं फेंकने लगे। नदी की लहरों में मिलकर सौ चन्द्रमा पैठे से जान पड़ते थे। झरनों का झरना कैसा मनोहर लगता था मानो मोती के गुच्छे पर्वत के ऊपर से छूट कर गिरते हों। उधर, चाँदनी का स्वच्छ वितान, नीचे जल की चमक, उधर बालू की सुपेदी (सफेदी नहीं, सुपेदी) नीर में यह सुपेदी मिलती है। यहाँ के सियाह-सुपेद में फर्क है, जो इतना है कि उधर क्षितिज तक उसका फैलाव ऐसा जान पड़ता है मानो पृथ्वी और अम्बर एक-सा हो गया हो।" इसमें परछाईं फेंकना, जैसे हम किसी चीज़ को पढ़कर अलगाते हैं, विच्छेद करते हैं। परछाईं, क्षितिज, ज़मीन-आसमान का मिलना, यह चीज़ है, जिस पर प्रकृति के इन रूपों पर रोमेंटिकों का ध्यान ज़्यादा गया। रोमेंटिक लोगों की प्रकाश में दिलचस्पी इसलिए होती थी कि उससे छाया पड़ती है। इसलिए शुक्ल जी ने व्यंग्य करते हुए कहा है कि छायावाद के जवाब में कायदे से प्रकाशवाद का प्रचार करना चाहिए। और शुक्ल जी को बहुत निराश नहीं होना पड़ा। प्रगतिवाद तो प्रकाशवाद ही था। इसमें ज़्यादा ही प्रकाश दिखाई पड़ता था। छाया तो बहुत धुँधली हुआ करती है। छाया दूसरी थी। क्षितिज, जहाँ जमीन-आसमान मिले दिखाई पड़ते हों। विचित्र बात है कि आकाश में भी दिलचस्पी थी। पृथ्वी में नहीं थी। लेकिन पृथ्वी-आकाश जहाँ मिले दिखाई पड़े, उसमें थी। मैं समझता हूँ कि छायावादी कविता में इतनी बार क्षितिज आया है। 'क्षितिज' का इतना वर्णन आपको हिन्दी कविता में रोमेंटिक लोगों के पहले नहीं मिलेगा। छाया का इतना ज़्यादा वर्णन नहीं मिलेगा। नदियों में दूसरे लोग दिलचस्पी लेते थे लेकिन नदी से पहले जो झरना होता है, बाद में नदी का रूप लेता है, छायावादियों की दिलचस्पी नदी में उतनी नहीं थी जितनी नदी से पहले झरने में दिलचस्पी थी। ये सारे लक्षण आपको दिखाई पड़ेंगे 'श्यामा-स्वप्न' के गद्य में।

कविता में उस समय, जैसी कि खड़ी बोली थी—एक उदाहरण देखिए :

"श्याम जलद नव सुन्दर हरिधनु
सुखद सरस मधि सोहे
श्याम शरीर श्यामता हर मनु
विविध मनिल दुति मोहे

वारिवृंद बीजु बिजुरी बलि
चंचल चाह सुहानी
छिनहु करत छिपिजात छिनकछिन
छटा सुखदानी
नव तमाल सावन तरु तरलित
धीर समीरहि मानों।''

स्पष्ट लगता है कि इस आदमी ने 'धीर समीरे जमुना तीरे बसत बने बनमाली' 'गीत-गोविन्द' पढ़ा था।

नव तमाल सावन तरु तरलित धीर समीरहि मानो।
विटपन छिपी-छिपी जात मंजरी, छिनछिन अभरत जानो॥

इस कोमलकान्त पदावली का निर्माण जो भारतेन्दु काल के लोगों ने किया था, स्वयं भारतेन्दु ने भी किया था, उसमें कहीं न कहीं कालिदास से महत्वपूर्ण भूमिका जयदेव के 'गीत-गोविन्द' की रही है। भारतेन्दु ने 'गीत-गोविन्द' का अनुवाद किया था और वह अनुवाद अपने आप में दिलचस्प है। जब आप देखें–'मेघ से मेदुर भूमि भई, बनभूमि तमालन सौं भई कारी।' हरिश्चन्द्र ने अनुवाद किया। उस पदावली को और आगे चलकर के इन्होंने 'नवतमाल, सावनतरुतरलित, धीर-समीरहि मानों ज्यों की त्यों इस पदावली को लेकर के रचना का रूप विकसित किया, जिस कोमलकान्त पदावली के लिए हम छायावाद को बार-बार स्मरण करते हैं। कहते हैं कि पंत जी को श्रेय है यानि लगभग ठेठ खाने-पीने की भाषा में कहा जाए तो गोश्त के टुकड़े की हड्डियाँ निकाल के (शाकाहारी लोग क्षमा करें) बिल्कुल कीमा और कबाब बना दिया उन्होंने। खड़ी बोली की खड़खड़ाहट तो हड्डियों के कारण ही है। लगभग खड़ी बोली में छायावादी रोमेंटिक कवियों ने यही तो किया कि हड्डियाँ निकाल कर गोश्त का कीमा बनाया और वह इतना कोमल हो गया जैसे 'तरलित नवतमाल सावन तरू'। हम लोग सामाजिक और दुनिया भर की बहुत बात करते हैं। लेकिन आख़िर बनती कैसे है कविता? कविता तो शब्दों से लिखी जाती है। वही चीज़ मैथिलीशरण गुप्त के यहाँ एक रूप लेती है और वही उनसे बहुत पहले जगमोहन सिंह ने इस गद्य का और इस खड़ी बोली का निर्माण किया, जिसके मूल में भाव प्रबलता से प्रेरित कल्पनाशीलता है जो स्वच्छन्दतावाद का लक्षण है।

शुक्ल जी ने लिखा है कि वे हिन्दी के 'प्रेमपथिक' कवि थे। प्रेमपथिक शब्द बहुत महत्वपूर्ण है। कविता को आप विचारों से समझने की कोशिश मत कीजिए। कविता में कुछ जो बीज शब्द होते हैं और बीज बिम्ब होते हैं उनके द्वारा ही किसी दौर की कविता की सारी मानसिकता, अनुभूति और भाव-बोध को पकड़ने की कोशिश की जानी चाहिए। और की जाती है।

आगे चलकर हम छायावाद के सिलसिले में देखते हैं कि यह 'पथिक' का जो बिम्ब है, वह अनेक बार आता है। जयशंकर प्रसाद ने 'प्रेमपथिक' लिखा, रामनरेश त्रिपाठी ने 'पथिक' नाम की एक पुस्तक लिखी। 'एकान्तवास योगी' का जो नायक है, वह 'पथिक' है। रवीन्द्रनाथ टैगोर की 'निरुद्देश्य यात्रा' नाम की एक प्रसिद्ध कविता है। बराबर चलते रहना-चलते रहना 'गतिशीलता'। एक पूरा दौर है जो स्थिर नहीं है। बल्कि हमेशा गतिशील है। चल रहा है। इसलिए यह गतिशील दौर का प्रतीक 'पथिक' ही हो सकता है, 'ट्रेवलर'। इसलिए लगातार चलते रहना-चलते रहना और चलते रहने वालों में वह प्रेम का विशेषण–प्रेम का पथिक। पथिक प्रेम-मार्ग का होना चाहिए। प्रेम का मारा हुआ, घर छोड़कर निकला और निकल पड़ा परदेस। इसलिए यह 'प्रेमपथिक' एक बिम्ब है। यह केवल एक शब्द नहीं है, 'रोमेंटिसिज़्म' का 'की वर्ड' है।

यह वह यात्रा नहीं है कि टिकिट लेकर एक जगह से चले और दूसरी जगह उतर गए। छायावादी कविता का जो पथिक है, वह प्रेमपथिक है। निरुद्देश्य यात्रा करता है। इसका कोई निश्चित ठिकाना नहीं है कि वह कहाँ किस स्टेशन पर उतरेगा। उस दौर के रोमेंटिकों में जितने नायक हैं; बस इतना ही है कि घर से निकले और किसी ट्रेन में चढ़ गए और चढ़ने के बाद कहीं उतर गए। शरत्चन्द्र का नायक श्रीकान्त कहीं भी उतर जाता है और अचानक राजलखी मिल जाती है वहाँ। ढूँढ़ लेती है उसे। इस तरह प्रेमपथिक प्रतीक बनता है एक ऐसे दौर का, जो स्थिर नहीं है। गतिशील है। यह चीज़ रीतिकाल में सम्भव नहीं थी क्योंकि उस दौर का प्रतीक आमतौर पर हाथी नाम का जानवर होता था, जो बहुत मन्द गति से चलता था। पुरानी नायिकाएँ बड़ी आदर्शवादी मानी जाती थीं–जो मन्द चलती हो, हंसगामिनी हो, गजगामिनी हो। तो गजगामिनी और हंसगामिनी हुआ करे। रीतिकाल के कवियों ने उसकी तारीफ की है।

...कि मंद चले वह भोरी भटु...अँखियाँ अटकीं।

रीतिकाल के कवि को बड़ी निराशा होती आज की नायिकाओं को तेज़ चलते देखकर, दौड़कर...लपककर बस पर चढ़ते हुए देखकर और बेचारा धराशायी हो जाता। खैर!

मैं कहना चाहता हूँ कि उन्नीसवीं शताब्दी की कविता में आप अगर स्वच्छन्दतावाद ढूँढ़ेंगे तो कम मिलेगा। गद्य में मिलेगा। चूँकि खड़ी बोली पहले गद्य में सँवरी। अच्छा गद्य जब तक बनता नहीं, तब तक अच्छी कविता सम्भव नहीं हो पाती। एजरा पाउंड ने दूसरे सन्दर्भ में कहा है कि कविता को गद्य के समान सुलिखित (Well-written) होना चाहिए। लोग समझते हैं कि कविता तो उच्छवास के रूप में फूट पड़ी। जी नहीं। इसलिए उन्नीसवीं शताब्दी के गद्य में रोमेंटिक भावनाओं की अभिव्यक्ति हिन्दी में खासतौर से ज़्यादा हुई है। कविता में देर से हुई है। इसीलिए 'श्यामा-स्वप्न' कविता में ब्रजभाषा का सहारा कवि को लेना पड़ा है उसे ललित और

कोमल बनाने के लिए। खड़ी बोली में वह बात तब तक पैदा नहीं हो सकी थी और उसका सहारा, यहाँ तक कि आरम्भ के दिनों में सुमित्रनन्दन पंत तक ने लिया है। जयशंकर प्रसाद की 'कानन-कुसुम' की कविताओं को यदि आप देखें तो आपको घनानन्द के बोल सुनाई पड़ेंगे। कई कविताएँ हैं जिनमें ब्रज भाषा की शब्दावली ले ली गईं। ब्रज में ही लिखी गईं। खड़ी बोली में चूँकि यह बात नहीं आ सकती थी।

दूसरे कवि हैं–श्रीधर पाठक। मैं जब पढ़ता था तब श्रीधर पाठक की 'एकान्तवासी योगी' की पंक्तियाँ कोर्स में रहा करती थीं। आज हिन्दी का विद्यार्थी 'एकान्तवासी योगी' से अपरिचित है। हमने पाँचवीं कक्षा में पढ़ा था–

सुनिए झारखंड बनवासी
दयाशील है बैरागी!
करके कृपा बता दो मुझको
कहाँ जले है वह आगी।

'जले है वह आगी'–यह खड़ी बोली है उस ज़माने की। उर्दू के शायरों में आपको 'जले है' जैसी चीज़ें मिलेंगी। 'जले है' माने 'जलती है।'

प्राण पियारे की गुण गाथा
साधु कहाँ तक मैं गाऊँ।
गाते-गाते चुकै नहीं वह
चाहे मैं ही चुक जाऊँ।

यह 'एकान्तवासी योगी' है।

स्वच्छन्दतावाद को समझने के लिए श्रीधर पाठक के अनुवाद बहुत महत्वपूर्ण हैं। वे अनुवाद नहीं है, बल्कि 'ट्रांसक्रिएशन' हैं। हाई-स्कूल में आने पर मैंने फिर मूल 'हरमिट' नाम की पुस्तक पढ़ी। देखा कि श्रीधर पाठक ने तो काया बदल दी। दूसरी उनकी कविता 'गुणवंत हेमंत' उस ज़माने में बड़ी लोकप्रिय हुई। 'गुणवंत हेमंत' पुराने ऋतुवर्णन से भिन्न है। यह शुक्ल जी ने पहचाना है। 'गुणवंत हेमंत' में ऐसा लगता है–परम्परा से सुनी हुई वस्तुओं का वर्णन नहीं है, बल्कि अपनी-अपनी आँखों से देखा हुआ है। मूली, मटर, ज्वार, बाजरा, रहट, खलिहान–सब आँखों से देखा हुआ है। इम्पीरिकल है। अनुभव सम्मत है। आपको याद होगा–आचार्य शुक्ल ने केशवदास के बारे में कहा था कि 'कवि हृदय नहीं मिला था।' प्रकृति को देखने के लिए आँखें उनके पास नहीं थीं। मुँह देखने में तो दिलचस्पी थी, कमल देखने में दिलचस्पी नहीं थी। अवसर-अवसर की बात है–किसी समय कमल ही देखना ज़्यादा अच्छा लगता है, मुँह देखने के बजाय। छायावादी कवियों में यह द्वन्द्व बना रहा है :

छोड़ द्रुमों की मृदु छाया
तोड़ प्रकृति से भी माया

बाले तेरे बाल-जाल में
कैसे उलझा हूँ लोचन।

यानि द्वन्द्व सुमित्रानन्दन पंत तक में मौजूद था। यह द्वन्द्व तुलसीदास को नहीं हो सका था। रीतिकालीन कवियों को भी नहीं हो सका था। इसी बीच यह द्वन्द्व था और यह विकल्प की अवस्था थी।

कुछ लोगों का अनुमान है कि छायावाद-यथार्थवाद में कोई शाश्वत शत्रुता है। छायावादी कवि यथार्थवाद से दूर हुआ करता है। यह भारतीय साहित्य की विशेषता है। यूरोप में भले ही यथार्थवाद रोमेंटिसिज़्म के बाद आया हो लेकिन भारत में यथार्थवाद और रोमेंटिक धारा, दोनों साथ-साथ प्रवाहित हुईं। इसीलिए प्रेमचन्द-निराला दोनों साथ-साथ हुए। यहाँ ऐसा नहीं है कि रोमेंटिक धारा पहले आई हो और उसकी प्रतिक्रिया में यथार्थवाद आया हो। श्रीधर पाठक में प्रयोगशीलता भी दिखलाई पड़ती है–मात्रात्मक छन्दों की। जिसका विकास आगे चलकर मुक्त छन्द के रूप में हुआ।

कुछ शब्द ऐसे थे जो छायावादियों के यहाँ ज़्यादा लोकप्रिय हुए। उसमें एक शब्द है–'विजन'। श्रीधर पाठक की एक कविता है और निराला की एक कविता है। दोनों 'विजन' शब्द से शुरू होती हैं। श्रीधर पाठक की कविता है :

विजन वन प्रान्त था, प्रकृति-मुख शान्त था
अटन का समय था, रजनी का उदय था।

'विजन' अर्थात् एकान्त। रोमेंटिक समाज के बीच, भीड़-भाड़ के बीच रहने की बजाय 'एकान्तवासी' था। एकान्तप्रेमी था। रोमेंटिक कविता का मूल विषय 'जन' नहीं, 'विजन' था। प्रगतिशील लोग बड़े कुपित होंगे और जनवादी लोग और भी कि सचमुच ही पलायनवादी थे कि 'जन' को छोड़कर 'विजन' की बात कर रहे हैं। निर्जन की बात कर रहे हैं। इलाचन्द्र जोशी का एक कविता-संग्रह है–'विजनवती'। यह 'विजन' शब्द बहुत प्रचलित था। निराला ने लिखा :

विजन वन वल्लरी पर
सोती थी सुहाग भरी
स्नेह-स्वप्न मग्न-अमल-कोमल-तरु तरुणि
जूही की कली।

वन जब तक विजन न हो तब तक रोमेंटिक कवि का ध्यान वह आकृष्ट नहीं करता। 'लहर' में जयशंकर प्रसाद लिखते हैं :

जिस निर्जन में सागर लहरी
अम्बर के कानों में गहरी

निश्छल प्रेमकथा कहती हो
तज कोलाहल की अवनी रे।

इसी विजन का नतीजा है कि रोमेंटिक कविता में आप देखेंगे कि अच्छे-खासे सुन्दर बने-बनाए भवन की अपेक्षा उनको खंडहर ज़्यादा पसन्द हैं। उजाड़ खंडहर। रोमेंटिकों का सबसे प्रिय स्थल। खंडहर पर निराला की लिखी एक कविता है—'खंडहर खड़े हो तुम आज भी।' क्यों खंडहर पसन्द किए जाते थे? क्योंकि वह निर्जन होता है। खंडहरों में एक उदासी का भाव होता है। विषाद का। टूटे-फूटे अवशेष। स्मृतियाँ। इसलिए खंडहर, रोमेंटिक होता है। इसीलिए खंडहर के आसपास एक स्वप्न बुना हुआ-सा दिखाई पड़ता है। कोई स्वप्न बुन सकता है। श्रीधर पाठक ने उस विशेषता का भी समावेश किया जिसे आप छायावाद कहते हैं। रहस्यवाद कहते हैं। "कहीं पर स्वर्गीय कोई बाला सुअंगी वीणा बजा रही थी।" स्वर्गीय वीणा। छायावाद में बाँसुरी और वीणा भरी हुई हैं। कविता उनके लिए गान थी। श्रीधर पाठक यदि स्वच्छन्दतावादी थे तो स्वच्छन्दतावाद के अन्तिम चरण तक आते-आते रहस्य का पुट और संकेत आ गया था।

[जवाहरलाल नेहरू विश्वविद्यालय, नई दिल्ली के एकेडेमिक स्टाफ कॉलेज द्वारा आयोजित हिन्दी के 'प्रथम पुनर्नवा पाठ्यक्रम' में दिनांक 01 अक्टूबर, 1993 को दिया गया भाषण। 'प्रतिमानों की प्रासंगिकता', सं. डॉ. रमाकान्त शर्मा, कवि प्रकाशन, बीकानेर, प्र.सं. 2005 में प्रकाशित]

रोमांटिक बनाम आधुनिक
(छायावाद और डॉ. रामविलास शर्मा)

20 नवम्बर, 1967 को नई दिल्ली में 'आलोचना' पत्रिका द्वारा आयोजित संगोष्ठी में भाग लेते हुए दिया गया वक्तव्य। रामविलास शर्मा, शमशेर बहादुर सिंह, श्रीकान्त वर्मा, भारतभूषण अग्रवाल, अजित कुमार, नरेश सक्सेना और प्रेम प्रकाश डोभाल के वक्तव्यों के उपरान्त प्रमुखतः रामविलास जी के वक्तव्य को ध्यान में रखकर नामवर जी ने विशेष रूप से छायावाद के प्रसंग में ये बातें कहीं। सम्पूर्ण बातचीत 'वसुधा' के रामविलास शर्मा के कृतित्व पर केन्द्रित अंक-51, जुलाई-सितम्बर, 2001 में प्रकाशित है। **—सम्पादक**

सवाल दरअसल छायावादी काव्य के स्वीकार-अस्वीकार का नहीं, बल्कि छायावादी दृष्टि को स्वीकार-अस्वीकार करने का है। छायावादी दृष्टि और छायावादी काव्य एक नहीं हैं। छायावादी दृष्टि के बावजूद छायावादी कवियों ने हिन्दी साहित्य को अनेक कालजयी कृतियाँ दी हैं। उन कृतियों के लिए आज के कवियों में भी सम्मान का भाव है। डॉ. रामविलास शर्मा की तरह ही आज के कवि भी निराला को अपना मानते हैं और उनसे प्रेरणा लेते हैं। इसलिए छायावाद की पूर्ण अस्वीकृति की बात एकदम बेबुनियाद है। दरअसल यह एक प्रवाद है, जिसका प्रचार जान-बूझकर आज के लेखन के विरोधियों ने कर रखा है। छायावाद की पूर्ण अस्वीकृति उतनी ही गलत है जितनी पूर्ण स्वीकृति। डॉ. शर्मा के आज के वक्तव्य तथा दूसरे लेखों से स्पष्ट है कि वे भी छायावाद को पूर्णतः स्वीकार नहीं करते। फिर बहस का मुद्दा क्या है? क्या ऐसा है कि छायावाद के जिन तत्वों को डॉ. शर्मा स्वीकार करते हैं उनको आज के कवि अस्वीकार करते हैं?

डॉ. रामविलास शर्मा भी यह मानते हैं कि आज के लेखक में एक 'नया यथार्थवादी रुझान' है। जाहिर है कि इस 'नए यथार्थवादी रुझान' के अनुसार ही आज के लेखक छायावाद को भी स्वीकार-अस्वीकार करते हैं। छायावादी कविता में जहाँ यथार्थ है, वह स्वीकार्य है; बाकी यदि अस्वीकार्य समझा जाता है तो इस पर डॉ. शर्मा को भी एतराज नहीं होना चाहिए। आज के कवियों ने निराला से समझौताहीन-विद्रोह

की भावना ली है और इसी विद्रोही भावना के साथ वे आज अपने परिवेश से जूझ रहे हैं। यह सही है कि वे निराला जैसा नहीं लिखते–यही नहीं कि लिख नहीं सकते, बल्कि लिखना भी नहीं चाहते। फिर भी आज के लेखन में जिस यथार्थ भाषा और प्रतीक योजना की दाद डॉ. शर्मा ने दी है, वह कहीं न कहीं निराला से प्रेरित है। छायावाद से भिन्न रचना करने का अर्थ छायावाद की अस्वीकृति नहीं है। सृजन का यह अद्‌भुत विरोधाभास है कि किसी कवि को स्वीकार करके भी उससे भिन्न रचना की जाती है। इस दृष्टि से सृजनशीलता के बुनियाद में ही अस्वीकृति है।

वस्तुतः आज के कवियों का विरोध मुख्यतः छायावादी दृष्टि से है। इसका प्रमुख कारण सामाजिक-राजनीतिक है। छायावादी युग का सम्बन्ध राजनीति में गांधी और नेहरू की विचारधारा से है, जिसका दुष्परिणाम आज के लेखकों के सामने है। उनके मन में इस राजनीति के विरुद्ध तीव्र विद्रोह है। इसीलिए वे इस राजनीति से सम्बद्ध छायावादी दृष्टि के भी खिलाफ़ हैं। यथार्थ का दबाव इतना तीखा है और उसे हू-ब-हू देखने का आग्रह इतना प्रबल है कि छायावादी इन्द्रजाल को तोड़ना जरूरी मालूम होता है। यदि पूर्ववर्ती लेखकों ने इस छायावादी जाल को पूरी तरह तोड़ने में तत्परता दिखाई होती तो इस बारे में आज के कवियों का क्षोभ काफी कम होता।

इस पृष्ठभूमि से स्पष्ट है कि आज के कवियों का छायावाद-विरोध टी.एस. इलियट का असर नहीं, बल्कि अपनी ही तीस वर्षों की परम्परा की विरासत है। छायावाद-विरोध के मामले में आज के कवि प्रगतिवाद और नई कविता ही नहीं, बल्कि स्वयं निराला-पंत के भी अनुगामी हैं जिन्होंने सन् 36-37 तक आते-आते छायावाद को अस्वीकार कर दिया था।

छायावाद-विरोध की इस लम्बी शृंखला में सबसे रोचक बात यह है कि बाद में आने वाली हर पीढ़ी ने अपने पूर्ववर्ती दौर को, उसके छायावाद-विरोध के बावजूद रोमांटिक कहा–प्रयोगवादियों ने प्रगतिवाद को, नए कवियों ने प्रयोगवाद को, आज के युवा कवियों ने नई कविता को; और इन्हें भी कुछ लोग मूलतः रोमांटिक कहने लगे हैं। कितना प्रबल है छायावादी संस्कार कि हिन्दी कविता इतने संघर्ष के बाद भी उससे मुक्त नहीं हो सकी। क्या आज की यह बहस भी इस बात का प्रमाण नहीं है?

इलियट के असर की बात यदि छायावाद-विरोध के इतिहास में कहीं उठ सकती है तो प्रयोगवाद में। प्रमाण है अज्ञेय के 'त्रिशंकु' में संकलित 'रूढ़ि और मौलिकता' शीर्षक निबन्ध, जो इलियट के 'ट्रेडिशन एंड इंडिविजुअल टैलेंट' का छायानुवाद है, 'तार सप्तक' का प्रकाशन भी लगभग इसी समय हुआ था और डॉ. रामविलास शर्मा 'तार सप्तक' के एक कवि हैं। उन्हें इलियट की असंगतियों का बोध है। वे स्वयं इलियट के असर में नहीं हैं लेकिन उनके दिमाग में इलियट के व्यापक असर की

याद ताजा है। शायद इसीलिए वे आज के कवियों को प्रबोधित करने के लिए इलियट की असंगतियों का हवाला दे रहे हैं। इलियट ने रोमांटिसिज़्म का विरोध भी किया और कुछ रोमांटिक कवियों तथा कविताओं की सराहना भी की। विरोध प्रतिक्रियावादी था, सराहना प्रगतिशील थी। निष्कर्ष यह कि इलियट से प्रभावित कवियों को छायावाद-विरोध छोड़कर छायावादी कविता को सराहना चाहिए। डॉ. शर्मा स्वयं भी आज छायावाद के सकारात्मक पक्ष पर ज़्यादा बल दे रहे हैं। 'तार सप्तक' के पहले वक्तव्य में जहाँ वे छायावाद के बारे में एकदम खामोश हैं, दूसरे संस्करण के नए वक्तव्य की शुरुआत ही इस वाक्य से होती है कि ''मेरी कविताओं का घनिष्ठ सम्बन्ध छायावादी कविता—और उससे भी अधिक छायावादी कवियों से है।'' आखिर छायावादी कविता से अपने 'घनिष्ठ सम्बन्ध' की घोषणा करने की आवश्यकता सहसा क्यों आ पड़ी?

इलियट की असंगतियों का एक पहलू और है, जिसका जिक्र नहीं किया गया। इलियट ने एक ओर मिल्टन की मूर्ति तोड़ी तो दूसरी ओर मिल्टन पर श्रद्धा के फूल भी चढ़ाए—यह तो कहा गया, लेकिन यह नहीं कहा गया कि इन दोनों कार्यों के बीच लगभग ग्यारह साल का अन्तर है। यह कालगत अन्तर एकदम महत्वहीन नहीं। शुरू का विद्रोही मूर्तिभंजक इलियट धीरे-धीरे प्रतिष्ठित होकर अन्ततः प्रतिष्ठानों के साथ हो गया। आज छायावाद के सकारात्मक पक्षों पर बल देकर डॉ. रामविलास शर्मा भी कहीं इलियट का अनुसरण तो नहीं कर रहे? इतना पता तो उन्हें भी होगा कि कुछ क्षेत्रों में आज नई कविता के विरुद्ध छायावाद तथा उत्तर छायावाद को खड़ा करने की कोशिशें हो रही हैं—कभी सीधे और कभी रस-सिद्धान्त की वैशाखी के सहारे! क्या डॉ. शर्मा भी उसी पक्ष में खड़े होना चाहते हैं? क्या विडम्बना है! 'अन्याय जिधर है उधर शक्ति!'

आकस्मिक नहीं कि डॉ. रामविलास शर्मा अब साहित्य में भावधारा या अनुभूति को सर्वोपरि स्थान दे रहे हैं। कल तक वे विचारधारा को सर्वोपरि मानते थे। आधुनिक भाव-बोध के दूसरे विरोधी भी काव्य में 'अनुभूति' और 'रागात्मकता' का ही मंत्र जपते रहते हैं फिर अन्तर कहाँ रहा? विचार और अनुभूति का यह द्वैत तो दूसरों की कमजोरी थी। हृदय और बुद्धि के झगड़े तो छायावाद युग के हैं। 'डिस्सोसिएशन ऑफ़ सेंसिबिलिटी' का मिथ तो इलियट ने खड़ा किया था। डॉ. शर्मा तो उस मार्क्सवाद के विश्वासी हैं जिसमें इन्द्रियबोध, भाव और विचार को यान्त्रिक रूप में न देखकर इनके पारस्परिक घात-प्रतिघात से निर्मित एक समग्र चेतना को स्वीकार किया जाता है। आज की काव्य चर्चा में व्यवहृत 'भाव-बोध' उस समग्र चेतना की अवधारणा के अधिक निकट है या छायावादी युग का अनुभूति और विचार वाला द्वैत? आधुनिक भाव-बोध का विरोध किधर ले जा रहा है डॉ. शर्मा को?

सवाल आधुनिक भाव-बोध वाले साहित्य को 'सहानुभूति' देने का नहीं, बल्कि ठीक-ठीक समझने का है। बिना समझ के सहानुभूति का कोई अर्थ नहीं। जिस तरह छायावाद एक नहीं था, उसी तरह 'आधुनिक भाव-बोध' भी एक नहीं है—इसमें भी कई रंग हैं। इसलिए आज के कवियों के छायावाद-विरोध के भी कई रंग हैं। छायावाद का विरोध करते हुए कुछ कवि एक-दूसरे ढंग की रूमानियत में जा फँसे हैं तो बहुत से ऐसे भी हैं जो यथार्थ के और भी गहरे स्तरों की खोज की ओर अग्रसर हो रहे हैं। इसलिए महत्वपूर्ण प्रश्न छायावाद के विरोध या समर्थन का नहीं बल्कि आज के यथार्थ को अधिक से अधिक उसकी यथार्थता में देखने के माध्यमों और औजारों को बनाने का है। रचनाकार की समस्या सृजन की है और सृजन के लिए खामखाह परम्परा-भक्ति प्रदर्शित करना जरूरी नहीं है। यदि छायावाद के सकारात्मक पक्ष को स्वीकार करके भी कोई कवि आज की परिस्थिति के उपयुक्त सृजन नहीं करता तो उसकी छायावाद-स्वीकृति की कोई सार्थकता नहीं।

यदि जो सामन्त-विरोधी साम्राज्यवाद-विरोधी परिस्थिति छायावाद युग में थी वही आज भी है तो इसका मतलब यही है कि आज भी छायावाद जैसी कविता लिखी जानी चाहिए अथवा वैसी कविता चल सकती है। लेकिन सवाल परिस्थिति की 'सामान्यता' का नहीं, बल्कि 'विशिष्टता' का है—सामान्य के अन्दर होने वाले विशिष्ट परिवर्तनों का है। यथार्थवादी दृष्टि ऐसे ब्योरों की बारीकी में जाती है और कहना न होगा कि सच्चा सृजन इसी दृष्टि से सम्भव होता है।

मरा हूँ हज़ार मरण

मेरे लिए निराला के काव्य का सामना करना हममें से हर एक का कठघरे में खड़े होना है। इतने पर कोई आदमी निराला का सामना करेगा तो घिसी-पिटी बातों को ही दुहराएगा। ठीक-ठीक निराला के काव्य की आत्मा का दर्शन नहीं कर पाएगा। यह तय है कि निराला खुद जिरह करने नहीं आएँगे लेकिन उनके काव्य के सम्मुख खड़े होने पर आप अपने आप से जिरह करने से बाज़ नहीं आ सकते और जो आदमी अपने आपसे जिरह न कर पाए, निराला की कविता की आत्मा उसके पास नहीं फटक सकती। भारतेन्दु को छोड़कर आधुनिक काल के अकेले कवि हैं निराला, जो जीते जी किंवदन्ती बन गए। कबीर, तुलसी के बाद आधुनिक काल में भारतेन्दु हरिश्चन्द्र या फिर निराला के साथ अधिक किंवदन्तियाँ रही हैं। इससे निराला का काव्य थोड़ा आच्छादित हुआ, किन्तु सच्चाई यह है कि अपनी रचनाओं के द्वारा निराला एक काव्य नायक रहे हैं। काव्य नायक तमाम चमत्कारपूर्ण किंवदन्तियों से बड़ा होता है।

मुझे ऐसा लगता है कि उनकी कविताओं का कोई और विषय नहीं है। अपनी कविताओं का विषय स्वयं निराला हैं। माउंतेन ने कहा था–'मेरे निबन्धों का विषय स्वयं मैं हूँ'। 'तुलसीदास' प्रबन्ध के नायक तुलसीदास नहीं हैं, स्वयं निराला हैं। चित्रकूट में तुलसीदास ने कहा 'सब दिन नीको चित्रकूट मोंहि लागत' और 'तुलसीदास' में निराला ने लिखा है कि 'मुक्त नभ पर निस्तरंग', मन्द्र निस्तरंग आकाश में निराला वह देखते हैं जो तुलसीदास नहीं देखते। शूद्र आदि पर जो अत्याचार अन्याय हुए उसे तुलसीदास ने नहीं देखा, उसे निराला ने देखा। इसलिए जिस काल के शर से बिंध कर नया काल पैदा होता है, उस पर निराला ने कहा–'और और छवि निरख, और और नूतन ही...'। तुलसीदास काव्य को पढ़ते हुए तुलसीदास नहीं निकलते हैं, उस समूचे काव्य से निराला जैसा नया, आधुनिक कवि निकलता हुआ दिखाई पड़ता है, जिसकी सामाजिक दृष्टि तुलसीदास से भिन्न है, छन्द भिन्न है, काव्य भिन्न है, अन्दाज भिन्न है। समानता ऊपरी है। स्वप्न में या

दिवा-स्वप्न में आकाश में तुलसीदास को रत्नावली दिखाई पड़ती है और बार-बार लगता है कि यह रत्नावली नहीं है, यह निखरी छोटी अलकों वाली मनोरमा देवी हैं। यह वह नायिका है जो 'जूही की कली' में प्रगट हुई थी। यह रत्नावली नहीं है। इसलिए हृदय ने कहा कि तुलसीदास प्रबन्धात्मक काव्य का नायक तुलसीदास नहीं हैं, निराला हैं।

निराला ने 'मैं' शैली को अपनाने का दावा बहुत पहले किया था, आरम्भिक समय में, लेकिन मैं शैली निराला छोड़ देते हैं, उन प्रसंगों में जहाँ कथात्मक होते हैं। रही 'राम की शक्ति पूजा' जो बहुत कुछ 'रामचरित मानस' की तरह लोकप्रिय लगती है क्योंकि इसमें राम हैं, मैं नहीं जानता कि राम के इस संघर्ष में कोई और दिखाई देता है। वहीं राम का जो पूरा का पूरा संघर्ष है उसकी राजनीतिक व्याख्या भी लोगों ने की है। लेकिन निराला का समूचा काव्य सन्दर्भ यदि आप ध्यान में रखें तो 'अन्याय जिधर है उधर शक्ति', रावण ने आराधना करके शक्ति अर्जित की थी और निराला को लगता था कि उनके समकालीन साहित्यकारों ने जोर-जबरदस्ती से अपना स्थान साहित्य में नहीं बनाया था बल्कि आराधना करके बनाया था। जब वे संकल्प करते हैं तो कोई युद्ध की तैयारी नहीं करते जैसे इराक ने अमेरिकी युद्ध का सामना करने के लिए हथियारों से की। 'आराधन का दृढ़ आराधन से दो उत्तर, तुम वरो विजय संयत प्राणों से प्राणों पर।' यह आराधना का उत्तर आराधना से देना कवि का काव्य-साधना द्वारा उत्तर देना है। पूरी 'राम की शक्ति पूजा' एक रूपक है। एक कवि के अपने मन की, अपनी साधना की, अपनी पराजय और निराशा की और उसके बीच वह एक मन जो सत्य के लिए थका नहीं-हारा नहीं, वह अपनी साधना के लिए चलता रहा, वह निराला की काव्य साधना है, निराला की काव्य पूजा है, सरस्वती पूजा है, वह पूजा बंगाल की दुर्गापूजा नहीं, जिसके लिए 'कृतिवास रामायण' आदि को ढूँढ़कर निकाला जाता है। यदि 'राम की शक्ति पूजा' को आप निराला की अपनी काव्य साधना के रूप में नहीं देखते तो फिर आप निराला के काव्य को नहीं देखते।

मैंने कहा कि निराला अपने काव्य के स्वयं नायक हैं। सिर्फ यही कहना काफी नहीं। हर बड़ा कवि कुछ न कुछ निराला होता है। क्या तुलसीदास निराले नहीं थे, क्या कबीरदास निराले नहीं थे? हर बड़ा कवि कुछ न कुछ निराला होता है। अगर निराला नहीं है तो उसे बड़ा कवि नहीं होना चाहिए। उसे भीड़ में शामिल हो जाना चाहिए। लेकिन निराला होने के साथ उसका निरालापन अपना होना चाहिए। वह अपने ढंग का निराला होता है। इसलिए निराला को 'निराला' कहना काफी नहीं है। निराला का अपना खास निरालापन था जो औरों से अलग था। जब तक आप उसे

रेखांकित नहीं करते, तब तक नहीं समझेंगे। हर बड़े कवि की तरह निराला 'निराले' थे और अपने ढंग के निराले थे। हर बड़ा कवि थोड़ा अटपटा जरूर होता है। शेक्सपियर और तुलसीदास में भी अटपटापन था और कबीर में तो बहुत ज़्यादा था। निराला के काव्य में भी अटपटापन बहुत अनगढ़ है, वह बहुत कुछ उस चित्रकार की तरह है जो बहुत बड़े चित्र को बनाने की तैयारी में कई बार चित्रों को तोड़ता है, बदलता है। इस तरह किसी बड़ी कृति की तैयारियों में कुछ न कुछ अटपटापन हो ही जाता है। इसलिए निराला में भी अटपटापन है। हमें निराला में उनके निरालेपन को ढूँढ़ना चाहिए।

'मेरे गीत और कला' नामक उनका जो निबन्ध है वह खुलता नहीं है। 'माधुरी' में मार्च, 1936 में उस लेख की पहली किश्त छपी थी और उस लेख के साथ 'माधुरी' में निराला का एक नंगा चित्र छपा था। शायद वह किसी किताब में संग्रहीत भी हो। रवीन्द्रनाथ निर्वसन रूप में समाज के सामने सार्वजनिक रूप से आ ही नहीं सकते थे। नग्न रूप में आने का साहस निराला ही कर सकते थे और यह मुझे प्रतीकात्मक लगता है। निराला की जो 'नेकेडनेस' है, वह जैसे माँ के सम्मुख बच्चा नग्न होता है; सरस्वती या कविता के सम्मुख कवि होता है। यह आकस्मिक नहीं होता, यह नग्नता मुझे प्रतीकात्मक लगती है। जैसे प्रकृति को, जीवन को नंगे बदन स्पर्श करना, देखना और जीना। इसलिए भू-स्पर्श जैसा साक्षात् अनुभव निराला की कविता में मिलता है, दूसरे किसी कवि में नहीं।

भाषा की सामाजिक-आर्थिक दीवार तोड़कर जो संघर्ष है, उसे देखें। यह जरूरी नहीं कि कवि युद्ध के मैदान में भी निष्कवच होकर सीने पर वार झेलने के लिए जाए। निराला के नंगेपन के बारे में मैं सोचता हूँ तो गालिब का वह शे'र याद आता है– 'ढाका क़फन ने दागे अयूबे मरनद, मैं वरना हर लिबास में नंगा वजूद था।' निराला को सिर्फ क़फन ढक सका। उससे पहले निराला का दिमाग, उनकी आत्मा, उस नग्न रूप में उनके साहित्य में थी। यह निराला का निरालापन नहीं है तो और क्या है? ऐसा ही आदमी पूरे समाज को नंगा कर सकता है। निराला खुद नंगे हुए तो जितने मुखौटे थे, सब उतार फेंके। नेहरू का मुखौटा उतारा–'यह जो विदेश जाकर समाजवाद का भाषण दे रहे हैं–मैं भी होता राजपुत्र तो विदेश जाकर शिक्षा लेकर भाषण देता, फोटो खिंचवाता–इस पोज और उस पोज में। और साम्यवाद कितना उदार है कि जब तक रहे प्रधानमन्त्री बने रहे।' ऐसी कविता निराला ही लिख सकते थे। कोई एक भी मुखौटा दिखाई देता तो निराला जी उसे उतार देते थे। यह बात उन्हें 'क़फन' के लेखक से जोड़ती है। जीते जी जिसको क़फन नहीं मिला, मरने पर उसे क़फन जरूर मिलना चाहिए। क्या उसूल है साहब! इसलिए यह जो नंगापन है,

मैं जब भी निराला के बारे में सोचता हूँ और उनकी रचनाओं को देखता हूँ, तो भूल नहीं पाता हूँ। जैसे कोई एक व्यक्ति युद्ध के मैदान में खड़ा है। पूरा समाज जैसे युद्ध का मैदान है वैसे ही काव्य रचना भी युद्ध का मैदान है। सुमन जी जब सुना रहे थे तब मैं साँस रोके हुए था कि काश वही पंक्तियाँ सुना देते जिसमें–'शरक्षेप वह रण कौशल/आते थे मुझे पर तुले तूल/सद्‌भाव भूल/और देखता रहा मैं खड़ा, अटल/वह शरक्षेप वह रण कौशल।'...इस स्वार्थ समर में युद्ध का ही रूप है कि मेरे ऊपर सद्‌भावपूर्ण तुले तूल आते थे–'देखता रहा शरक्षेप वह रण कौशल।' काव्य में, साहित्य में, समाज में और जीवन में वह संघर्ष कैसा था, किस तरह का था कि कुल्लीभाट के मरने के बाद अन्तिम संस्कार के समय स्वयं निराला ने कहा कोई मंत्र नहीं पढ़ेगा, इस कुजात ब्राह्मण के लिए तो मैं मंत्र पढ़ूँगा। तो उस गढ़कोला में भी वही रण कौशल और युद्ध था। वह जीवन भर संघर्ष करते रहे। जीवन उनके लिए युद्ध का मैदान था।

इसलिए आकस्मिक नहीं है कि निराला ने 'देवी सरस्वती' नामक कविता लिखी तो उसमें सरस्वती देवी के लिए कहा है 'चढ़ी हुई हो तुम, शायद चढ़ी हुई हो जनता का जी धरनी।' सरस्वती को कहना कि तुम चढ़ी हुई हो शायद बाण हो। किसका बाण हो, किस धनुष का बाण हो और धन्वी कौन है, धनुर्धर कौन है? निराला स्वयं कविता को चढ़ा हुआ बाण समझते थे। धनुर्धर जनता का जी था, प्राण था और जनता के हृदय से जिस आदमी का हृदय मिला हुआ हो, वह भी धनुर्धर होने का अधिकारी है। 'बन्दीगृह वरण किया, जनता के हृदय लिया।' जो जनता का हृदय छन्द है, जनता से मिला हुआ है। अतः जनता का हृदय धनु ही है और उससे निराला का मन मिला हुआ है। मेरे मन में निराला की सरस्वती इस रूप में दिखाई देती है। जो लोग मीठा-मीठा गप वाला निराला समझते हैं, वे इस देश में हर बात को हलुआ बना देते हैं। मुझे डर है कि जन्मशती में से हलुआ निकलेगा। बल्कि वो हलुआ साल के अन्त में लप्सी हो जाएगा और चाटेंगी संस्थाएँ और हम लोगों को भी थोड़ा-थोड़ा प्रसाद के रूप में मिलेगा। इससे बड़ा निराला का कोई अपमान नहीं हो सकता। इसलिए जो छवि निराला की मेरे मन में आती है, उस गीत का मैंने आधा हिस्सा पढ़ा है, जिसकी पहली पंक्ति है–'बन्दीगृह वरण किया, जनता के हृदय लिया, जीवन विष विषम किया'–यह बन्दीगृह क्या है, यह मैं अक्सर सोचता हूँ। यह एक कविता नहीं है। बन्दीगृह और कारागार निराला की कविताओं में बार-बार आता है। वे समाज को युद्ध के मैदान की तरह देखते हैं। बन्दीगृह वरण किया–किसी ने बन्दीगृह भेजा नहीं था, मैंने इसे वरण किया। समाज के आसपास के परिवेश को जब हम देखते हैं, पढ़ते हैं तो अपने देश की महिमा के अनेक गीत गाए गए हैं। यह बात नहीं थी कि निराला ने क्षितिज के

उस पार नहीं देखा था। इस समाज को उन्होंने इसलिए वरण किया कि लोगों ने उन्हें पागल करार देकर बाहर कर दिया था। यह समाज निराला को कुजात कह रहा था। हम इस्लाम की निन्दा करते हैं। कहते हैं 'एक दीन होता है, एक ईमान होता है, एक काफिर होता है, हमारे हिन्दू समाज में ऐसा नहीं होता है।' भैया गाँव में आप लोगों ने हुक्का-पानी बन्द होते नहीं देखा है। एक बार नन्ददुलारे वाजपेयी के यहाँ निराला गए थे, जहाँ उन्हें समाज में न बिठाकर वाजपेयी जी ने इनके लिए थाली बाहर भेज दी, इसलिए 'ब्राह्मण समाज में ज्यों अछूत' निराला ने लिखा था वह यों ही नहीं लिखा था। तुलसीदास ने लिखा है–'सबसे कठिन जाति अपमाना'। हम पढ़-लिख लें कोई हमें विद्वान न माने, प्रोफेसर न बनाए, इस दर्द को हम सह लेते हैं, लेकिन जहाँ जन्म को लेकर विवाद उठता है वह असह्य होता है। निराला ने इसीलिए समाज को बन्दीगृह कहा था। वे कहते थे मैं लड़ूँगा, समाज से संघर्ष करूँगा। इसलिए समाज की बुराइयों को बन्दीगृह माना–'बन्दीगृह वरण किया, जीवन विष विषम किया, विष पिया नहीं विषम किया।' इशारा सुकरात की ओर तो नहीं है जो जानता था कि जेल में जगह नहीं है और अपनी सफाई में चाहता तो वह नहीं कहता जो उसने कहा। यह जरूरी नहीं था कि वह जेल जाता। उसने अपनी इच्छा से जेल का वरण किया। जिस तरह विद्यार्थियों को प्रश्न-पत्र दिए जाते हैं और उन्हें अपने प्रश्न चुनने की छूट होती है, वैसे ही उसने विष का प्याला चुना। निराला ने भी विष वरण किया, विष पिया नहीं। वह विष–जो रोजमर्रा के जीवन का, जीने के संघर्ष और पीड़ा का दुःख। इसलिए उनकी कविताओं में वह बार-बार आया है।

रही परम्परा को तोड़ने की बात, तो क्या पंत जी ने नहीं तोड़ी थी? कौन छायावादी था जिसने परम्परा को नहीं तोड़ा, नहीं बदला–सबने तोड़ा है। छन्द द्वारा कविता की मुक्ति की चर्चा के कारण सबके कोपभाजन निराला ही बने। पंत पर वह कोप नहीं हुआ जो निराला पर हुआ। निराला के देहावसान के बाद गुरुदेव हजारी प्रसाद द्विवेदी ने एक भाषण दिया था–'निराला का छन्द', जिसमें कहा था 'निराला मूर्तिमान छन्द थे।' जो लोग द्विवेदी जी के लेखन से परिचित हैं, वे जानते हैं कि छन्द का बहुत व्यापक अर्थ हुआ करता है। कोई व्यक्ति आता दिखाई देता था तो दूर से ही द्विवेदी जी कहते थे कि मैं इसके छन्द को पहचानता हूँ। किसी आदमी का आचरण व्यवहार जान लेते थे तो कहते थे इसका 'छन्द' बहुत अच्छा है। क्योंकि छन्द के साथ छल छन्द भी होता है, जो मैं नहीं कहना चाहता था। छन्द शब्द बड़ा व्यापक अर्थ रखता है। इसलिए निराला की भाषा में विडम्बना और विरोधाभास है। जिक्र कर रहे थे कि जो व्यक्ति परम्परा को तोड़ने वाला था, रूढ़ियों को तोड़ने वाला था, वह सबसे बदनाम कवि था। यह विचित्र बात है। वह अपनी परम्पराओं से

अगाध प्रेम करने वाला था। जिस तरह निराला प्राचीन कवियों का नाम लेते हैं, किसी दूसरे छायावादी कवि को लेते हुए नहीं देखा। कुछ भी कहें, तुलसीदास उनको नहीं भूलते थे। तुलसीदास पूरी हिन्दी कविता की परम्परा के प्रतीक थे। तुलसीदास पर उन्होंने प्रबन्ध लिखा लेकिन प्राचीन कवियों में रविदास के बारे में कहा और लिखा कि चरण छूकर मैं आपको प्रणाम करता हूँ। इन्हीं छोटी-छोटी बातों से कवियों को पहचाना जाता है। वे कहाँ हैं, क्या हैं, उनकी जमीन क्या है? आज बाबा साहब की बड़ी धूम है। लेकिन बाबा साहब की स्मृति में सबसे बड़ी दुर्घटना रविदास हो गए। एक तरफ निराला उन रूढ़ियों का विद्रोह करने वाले थे और दूसरी तरफ परम्परा में रँगे हुए।

एक बन्दीगृह उनकी परम्परा थी, लेकिन उससे बड़ी परम्परा एक कवि के लिए अपनी रचना होती है। बहुत कम कवि हैं जो एक बार प्रारम्भ से एक बिम्ब, एक छन्द, एक भाषा, एक प्रतीक और एक भाव को अपनाते हों। वह दूर-दूर तक छिपता नहीं है। रघुवीर सहाय ने कहा कि मैं मूर्ति बनाता हूँ, तोड़ता हूँ, तुम कहते हो मैं कविता करता हूँ? इस तरह अपनी ही रचना बन्दीगृह हो जाती है और देखें पंत ने कितना तोड़ा, महादेवी वर्मा कितना तोड़ पाईं? मन्दिर की पूजा से मन्दिर का दीया जलने दो। क्षमा करें, एक बार महादेवी मन्दिर में घुसीं और मधुर-मधुर जलने लगीं तो 'दीप शिखा' तक अपने गीतों की भाषा, छन्द, प्रतीक, बिम्ब से मुक्त नहीं हो सकीं और जब नहीं निकल सकीं तो कविता बन्द कर दी। पंत जी समझते थे तोड़ेंगे, कोशिश की किन्तु हम और आप जानते हैं 'युगान्त' घोषित करने के बावजूद–'तुम नहीं तोड़ सके'। निश्चय ही निराला ने तोड़ा, अपने को तोड़ा, अपने विचारों को तोड़ा, अपनी रचनाओं को तोड़ा। निराला के बाद कितनों ने अपने को तोड़ा? बाद के अज्ञेय नहीं तोड़ सके, शमशेर नहीं तोड़ सके। इसलिए रोमांटिक दौर में रहते हुए भी निराला पूरी तरह छायावादी नहीं थे। अनेक कविताएँ छायावाद से बाहर हैं। विचित्र बात है छायावादी युग में रहते हुए भी व्यक्ति पूर्ण रूप से छायावादी नहीं है, यही सब निराला का निरालापन था। निराला जब प्रगतिवादी हुए तो वह दौर बहुत दिलचस्प दौर है निराला का; 1936 से 1946। 'बेला', 'कुकुरमुत्ता' आप देखें तो उस दौर की, जो मजदूरों को 'जागो-जागो' कहकर नींद हराम करने वाली रचनाएँ भाषण रूप में लिखी गई थीं। उस दौर में यथार्थ के चित्र अगर ढूँढ़ने आप निकलेंगे तो देखेंगे कि प्रगतिशील लेखक संघ की मोहर लगाए कवि थे जो मजदूरनी को रात को कोयले की खान के सदृश बता रहे थे अपनी कविताओं में, लेकिन कभी उन्होंने मजदूरनी को देखा ही नहीं था। वहाँ आप 'नए पत्ते' की कविताओं को देखें तो लगेगा कि किसानों के बारे में यह कवि कितना कुछ जानता है।

निराला की भाषा निराला के गद्य से आई है; 'कुल्लीभाट' से आई है, जो छोटे-छोटे वाक्यों में है। निराला गद्य तोड़ रहे थे और दूसरी ओर कविता को गद्य की नई भाषा दे रहे थे। जो कवि छायावादी दौर में छायावादी न था, प्रगतिवादी युग में प्रगतिवादी न था, वह जीवन के क्षेत्र में सबसे अलग था। वह पूरा का पूरा अपने को तोड़ता है। 'गीतिका' के गीत और 'अणिमा' के गीत को मिलाकर देखिए तो लगेगा कि निराला ने कितना लम्बा फासला–दस सालों में सौ साल के फासले के समान तय कर लिया था। सबसे बड़ा चमत्कार तो निराला ने 1947 के बाद किया। मुक्त छन्द के कवि ने इस दौर में आने के बाद, जिस मुक्त छन्द का निर्माण किया था, उसे छोड़ दिया। केवल गीत लिखे जिस तरह तुलसीदास ने आखिरी दिनों में 'विनयपत्रिका' लिखी। मुक्त छन्द बनाने वाले ने मुक्त छन्द छोड़कर गीत लिखा और जिन्होंने मुक्त छन्द बनाया नहीं, वे केवल मुक्त छन्द लिखते रहे और मान लिया कि मुक्त छन्द हमारी नियति है। एक कवि चालीस वर्षों के जीवन काल में लगभग हर दस-पन्द्रह सालों के बाद अपने बन्दीगृह से मुक्त होता है, अपने कारागार से मुक्त होता है। यह कवि कितना निराला है, कितना महाप्राण और सच्चा कवि है। क्रान्तिकारी कवि इसे कहते हैं। निराला इसकी मिसाल पेश करते हैं और स्वयं निराला को श्रद्धा से देखते हुए, चाहते हुए भी शमशेर, नागार्जुन या त्रिलोचन ऐसा नहीं करते हैं। अज्ञेय की तो बात ही छोड़िए।

मैं कहूँगा कि निराला को केन्द्र में रखकर हिन्दी कविता और भारतीय कविता पर एक नजर डालनी चाहिए। आधुनिकता के विकास पर एक नजर डालनी चाहिए कि किस तरह हमारे यहाँ आधुनिकता हमारे अर्थतन्त्र में परोपजीवी रूप में आई है और किस हद तक जिसे आधुनिक कविता कहते हैं, परोपजीवी है। (उस दौर में भी निराला ने इसकी परवाह न की। ऐसा नहीं कि उन्होंने पढ़ा नहीं था।) ऐसा लगता है, कहीं का रोड़ा कहीं का ईंट रखकर इमारत बनाई गई है। जो लोग उसके अनुयायी हैं, देखें कि निराला हिन्दी कला में आधुनिकता को अपनी परम्परा के अनुसार लेकर आ रहे थे और उनके अनुयायी, उनको श्रद्धा की दृष्टि से देखने वाले आधुनिकता को किस तरह से ला रहे थे? इस पर बहस होनी चाहिए। लोग निराला के गीतों को भक्ति गीत के खाते में रख छोड़ देते हैं और नहीं देखते हैं कि भक्त पूरे ख्वाब में आज की कविता लिख रहा है। यह वह भक्ति गीत नहीं है जो श्री अरविन्द के प्रभाव में सुमित्रानन्दन पंत लिख रहे थे। भक्ति फार्म है। लगभग वैसे ही जैसे विलियम ब्रेव की 'न्यू येरूशलम' के नाम पर लिखी कविताएँ रिलीजियस नहीं हैं बल्कि वह उनमें कहता था–'लन्दन इज सिटी लाइक हेल'। वह इस तरह के नरक को देखता था और नए येरूशलम की कल्पना करता था। भाषा, रूप, प्रतीक, बिम्ब व्यक्तिगत थे, लेकिन

अपने जीवन का, अपने युग का यथार्थ विलियम ब्रेव ने लिखा था। निराला का सार भक्ति का था, लेकिन निराला उस प्रवृत्ति के सार में क्या कह रहे थे, उस सार को समझना चाहिए।

दो चीजों की ओर संकेत करना चाहता हूँ। बन्दीगृह में रहते हुए निराला के दो शब्द–वही कविता 'बन्दीगृह वरण किया, जीवन विष विषम किया'। उनकी कविता में विष होता है। कई रूपों में विष आया है। सारी पंक्तियाँ उद्धृत नहीं करूँगा। विष, मरण और पागलपन या उन्माद–इन तीन चीजों पर विचार किए बगैर निराला की कविता पूरी नहीं होती है। एक ओर विष भर गया है। जहर से संसार जैसे हाड़ खाकर, देखते हैं लोगों को यहीं जन्म पाकर। एक ओर विष का यह रूप दूसरी ओर विष नशे की तरह आता है। प्रेमी के प्रणय सम्भोग के दुर्लभ क्षणों में; सम्भवतः 'गीतिका' का गीत है–'कंठ लगी उरगी', प्रिया उस चरम अनुभूति के क्षणों में जैसे नागिन की तरह गले लगती है। तीव्र अनुभूति निराला को विष के समान लगती है। प्रेम पर बहुत-सी कविताएँ लिखी गई हैं और अज्ञेय तो प्रेम के ही कवि माने जाते हैं। फिर भी वे प्रेम के विष का वह नशा नहीं देख पाए, जो निराला ने देखा है। कविता में प्रेम विष भी होता है और विष का नशा भी होता है, शराब का नहीं; उस विष का नशा निराला में उन्माद और प्रेम के रूप में एकत्र था। 'मत्त है जो प्राण'– इस कविता को पढ़िए। यह पागलपन की वार्ता है। अतः पागलपन के बिना निराला की कविता को नहीं समझा जा सकता। निराला को लोग पागल कहते हैं। उनका एक गीत है–छोटा-सा 'डमक डम डमक डमरू नाद है, नचे शिव तांडव प्रवाद है।' 'प्रवाद' शब्द ध्यान दीजिए। 'डमक डम डमक डम डमरू नाद है, नचे शिव तांडव प्रवाद है।' शिव सती के शव को लेकर नाच रहे हैं, तांडव कर रहे हैं, और लोग कह रहे हैं पागलपन है। निराला उस शव को लेकर, समाज के शव को लेकर नाच रहे हैं। यह केवल मनोहरा देवी का शव नहीं है।

भारतीय समाज के शव को लेकर यह आदमी गा रहा है, नाच रहा है। प्रवाद है लोकापवाद। लोग कहते हैं, ये पागल हो गए हैं। हर कवि अपनी चरम अनुभूति के अभिव्यक्ति-क्षणों में पागल माना जाता है। इस पागलपन के बिना बड़े कवियों को नहीं समझा जा सकता। निराला की उन्मदता के प्रसंग में रामविलास जी ने बहुत कुछ उल्लेख किया है, निराला जी के पागलपन के विषय में। मार्क्सवादी रामविलास जी ने प्रायः का सहारा लिया है, यह शायद कोशिश नहीं है। हजारी प्रसाद द्विवेदी ने छोटे-से लेख में लिखा है कि निराला पागल नहीं थे। वे एक छन्द थे। 'डमक डमक डमक' काव्यानुभूति के क्षणों में उन्मुक्त होकर कवि नाचता है, गाता है। द्विवेदी जी ने लिखा है कि बाह्य अर्थ से उनका कोई मेल नहीं था और पागलपन यही होता है, बाहरी यथार्थ से आपका मेल न होना और रिश्ता टूट जाए तो आदमी

पागल होता है। समाज के कायदे-कानून-नियम आप मानते हैं तो आप पागल नहीं हैं और इससे अलग यदि अपना अलग कानून बनाते हैं, नियम बनाते हैं तो बाह्य यथार्थ से विच्छेद हो पागलपन कहाता है। यह परिभाषा देते हुए द्विवेदी जी ने इस प्रसंग में कहा कि लोगों ने निराला जी की कविताओं का अर्थ समझना और उसे पकड़ना चाहा, जब पकड़ में नहीं आया तो लोग उन्हें पागल कहने लगे। उनका कहना था। निराला के छन्द को पकड़ो, यदि आप नहीं समझते हैं तो इसमें कविता का क्या दोष है? विष से पैदा होने वाला उन्माद निराला की रचनात्मक शक्ति था। जैसे साँप का विष उसकी शक्ति होता है। आपके लिए वह विष जरूर होगा, उसके लिए वह शक्ति है। विष का एक प्रभाव उन्माद है और दूसरा प्रभाव मरण है। इस मरण का, इस मृत्यु का साक्षात्कार निराला जी ने किया। यह इस बात का सूचक है कि जीवन को समझने के लिए जीवन का रस लेने के लिए मौत को सामने रखना जरूरी है।

कोई तो कारण होना चाहिए कि निराला की अधिकांश कविताओं में निराशा है। अन्त से ही नहीं आरम्भ से भी, एक लाल धागा निराशा का; आदि से लेकर अन्त तक है। एक समारोह में मैंने एक कविता सुनी थी, उसकी एक लाइन है–'और इस बीच इस ज़माने में, इस थोड़ी-सी निराशा को बचाए रखना।' जो लोग कलकत्ते में हैं और इस वामपंथी सरकार को देखकर समझते हैं कि हिन्दुस्तान में भी क्रान्ति या समाजवाद आया हुआ है तो मैं उनसे कहूँगा कि थोड़ी-सी निराश बचाए रखो। वह समझ देगी, विवेक देगी और ताकत देगी। घनघोर आशावाद तुम्हें धराशायी ही करेगा। कवि है जो सतर्क रहता है। आत्म प्रवंचना है आशावाद, इसलिए उस निराशावाद को बचाए रखें। तुलसीदास ने भी बचाए रखा था और निराला ने भी बचाए रखा। मरण वाली कविताएँ जीवन की परिभाषा देती हैं। इसलिए फिर कहूँ कि निराला ने बन्दीगृह वरण किया था अर्थात् उन्होंने मरण को वरण किया था। यह वह मरण था–'मरा हूँ हज़ार मरण'। कोई हज़ार मरण कहाँ मरता है? वह कौन-सा मरण है जिसे निराला 'हज़ार मरण' कहते हैं? 'हज़ार मरण' एक विशेषण है। यह रोज-रोज का जीना मरने से कम नहीं है। कुछ लोग एक दिन मरते हैं लेकिन कवि इस जीवन के रास्ते से रोजमर्रा की ज़िन्दगी के धक्के खाता हुआ चलता है और रोज मरता है। और धीरे-से मैं कहूँ कि कविता मरण ही है। सच्चा कवि हर कविता के साथ मरता है और नया जन्म लेता है। जिस कवि को यह अनुभूति नहीं होती, जो यह अनुभव नहीं करता वह घास काटता है, उसे फिल्मों में जाकर गीत लिखना चाहिए। कविता के सीरियस धन्धे में नहीं पड़ना चाहिए। 'मरा हूँ हज़ार मरण'। इसलिए उन्होंने कहा कि–मैं करूँ वरण जननी दुख हरण पद राग

रंजित मरण', मैं वरण करूँगा हे जननी, ये जो तुम्हारे दुख-हरण हैं। चरणों में मरण का महावर लगा दिया है। कवि खिले हुए पुष्प जैसी कविता लिख सकता है। घूमता हुआ शरद आए, मेघ छाए, उस सुन्दरता को लिख सकता है। इसलिए निराला की कविताओं में जो जीवन-रस है, रूप है, रंग है, गन्ध है—उसे समझना जरूरी है। यह वह कवि निराला है जिसने मरण का वरण किया था, इसलिए यह जीवन का चित्र उपस्थित कर सका था।

[भारतीय भाषा परिषद, कलकत्ता में, साहित्य अकादेमी दिल्ली के सहयोग से आयोजित निराला जन्म शतवार्षिकी आयोजन के बीज-भाषण का संक्षेप, 'वागर्थ' के फरवरी, 1997 अंक में प्रकाशित]

बन्दीगृह वरण किया

निराला के देहावसान के बाद सरस्वती में पंडित श्री नारायण चतुर्वेदी जी ने एक वाक्य लिखा था। वह सम्भवतः उनकी अपनी अकेली आवाज नहीं थी बल्कि समस्त हिन्दी भाषी जनता और भारतीय जनता की अन्तरात्मा की आवाज थी। उन्होंने कहा कि तुलसीदास के बाद निराला जैसी काव्य प्रतिभा का दूसरा कवि नहीं हुआ। अपने जीवन काल में निराला चाहे जितने विवादास्पद रहे हों, लेकिन धीरे-धीरे यह मान्यता, यह धारणा स्थिर हो चली है कि तुलसीदास के बाद निराला जैसी काव्यप्रतिभा का कोई दूसरा कवि नहीं हुआ। एक और बात डॉ. रामविलास शर्मा ने लिखी है–'निराला की साहित्य साधना' में और मुझे लगता है उसे भी स्थिर मान्यता के रूप में स्वीकार कर लिया जाना चाहिए। उन्होंने लिखा–'हिन्दी जाति ने जो स्नेह, जो आत्मीयता, जो प्यार भारतेन्दु हरिश्चन्द्र को दिया था, वैसा ही प्यार अगर किसी को दिया तो निराला को दिया।' भारतेन्दु को कितना प्यार मिला था, यह भारतेन्दु के जीवनकाल में लिखे हुए लेखों, टिप्पणियों, संस्मरणों से तो मालूम ही होता है, भारतेन्दु की मृत्यु के बाद हिन्दी जाति में जो कुछ लिखा गया है उससे अन्दाज़ा लगता है कि कितना प्यार करते थे लोग भारतेन्दु को। जब उन्होंने कहा था कि "प्यारे हरिश्चन्द की कहानी रह जाएगी" तो सचमुच प्यारे हरिश्चन्द्र की कहानी रह गई। निराला जी वैसे ही प्यारे थे। अपने जीवन काल में ही नहीं, मरने के बाद कुछ साहित्यकार एक तरह से 'लीजेन्ड' बन जाते हैं, किंवदन्ती बन जाते हैं। ये पुराने क्लासिकी कवियों के बारे में तो सुनते हैं लेकिन आधुनिक युग में अगर कोई कवि किंवदन्तियों का, दन्तकथाओं का, आख्यानों का नायक बन गया, तो वे निराला ही हैं। यह गौरव दूसरे को नहीं प्राप्त है। ऐसे महाकवि के लगभग आधी शती से कुछ कम की ही साहित्य साधना के बारे में संक्षेप में कहना, हिमाकत होगी।

निराला ने परम्परा की शृंखलाएँ सबसे ज़्यादा तोड़ीं, लेकिन उसके साथ ही परम्परा से जुड़ने और परम्परा को पुनजीर्वित करने का सबसे ज़्यादा श्रेय निराला को ही जाता है। छन्द में, काव्यकला में, और सामाजिक रूढ़ियों को तोड़ने में। अपने जीवन और

साहित्य में एक विद्रोही की-सी छवि निराला की रही है। निराला को पढ़ते हुए आप कालिदास की गूँज सुनेंगे, विद्यापति की गूँज सुनेंगे, तुलसी पर तो एक काव्य ही लिखा है, पद्‌माकर की भी ध्वनि सुनाई पड़ेगी। उनमें समूची हिन्दी कविता की ही नहीं बल्कि भारतीय कविता की परम्परा बोलती है। ऐसा विद्रोही कवि, जो परम्परा का रक्षक और विकासकर्ता है। परम्परा मुक्त निराला मुक्त छन्द के लिए जाने जाते हैं लेकिन निराला की अधिकांश कालजयी कृतियाँ छन्दोबद्ध हैं। 'राम की शक्ति पूजा' छन्दोबद्ध है, 'सरोज-स्मृति' छन्दोबद्ध है, 'तुलसीदास' छन्दोबद्ध है और अधिकांश उनकी कविताएँ गीतों में हैं। निराला अपने गीतों के लिए प्रसिद्ध हैं। छन्दों को तोड़ने वाला मुक्त छन्द का प्रर्वतक छन्दों में श्रेष्ठ कृतियाँ रचता है। निराला छायावाद के कवि थे, उसी रूप में उनका उदय हुआ, लेकिन छायावाद के युग में छायावाद की सीमा में रहते हुए भी निराला नितान्त छायावादी नहीं हैं, जैसे कि पंत थे। उनका काव्य छायावाद की चहार-दीवारियों को तोड़ता हुआ उससे निकल जाने वाला था। उसी युग में लिखी 'राम की शक्ति पूजा' छायावादी कविता नहीं है, 'सरोज-स्मृति' छायावादी कविता नहीं है। इसलिए छायावाद के युग में भी वह कवि छायावाद की सीमाओं को तोड़ता है, उसका अतिक्रमण करता है। निराला प्रगतिशील धारा से सम्बद्ध माने जाते हैं। अपने विचारों में, सामाजिक-राजनीतिक मान्यताओं में निराला प्रगतिशील विचार रखते हैं, लेकिन निराला प्रगतिवाद की सीमाओं को भी तोड़ते हैं अर्थात प्रगतिशील लेखक संघ का जो प्रगतिवाद है, निराला उस प्रगतिवाद के साथ रहते हुए भी अपना निरालापन स्पष्ट रखते हैं। निराला को प्रयोगवादी कभी नहीं माना गया। प्रयोगवाद का सम्बन्ध तो गलत या सही 'तार सप्तक' और बाद में सप्तकों के कवियों से माना जाता है। निराला उसमें कहीं नहीं आते। प्रयोगवादी न रहते हुए भी स्वयं प्रयोगशील कवियों द्वारा भी स्वीकार किया गया है कि सबसे ज़्यादा नए प्रयोग तो पहले निराला ने किए थे। ऐसा कवि छायावाद में रहते हुए भी छायावाद का अतिक्रमण करता है, प्रगतिशील धारा में रहते हुए भी प्रगतिवाद का अतिक्रमण करता है, नए प्रयोग करते हुए भी प्रयोगवाद का अतिक्रमण करता है। यह कवि, जो आनन्द और सौन्दर्य के गीत गाने को पैदा हुआ था, जीवन की विषमताओं से लड़ने के लिए एक दूसरे ढंग के कवि के रूप में विकसित हुआ। यह केवल सौन्दर्य और आनन्द का गायक न होकर 'जीवन विष विषम पिया' कहने वाला कवि बना। उसने नरक यात्रा के गीत लिखे। एक अनूठे ट्रैजिक कवि के रूप में उनका एक नया रूप सामने आया। आधुनिक काल में जब भक्ति कविता की सम्भावना नहीं है, इस दौर में उन्होंने भक्ति गीत लिखे। तुलसीदास के समान 'अर्चना', 'आराधना', 'गीतगुंज', 'सान्ध्यकाकली' में एक नई विनय पत्रिका रचता हुआ वह कवि आधुनिक युग में भक्तिपरक गीतों के द्वारा जैसे भक्ति को नई अर्थवत्ता देता है, नई संजीवनी

प्रदान करता है। ऐसे कवि के बारे में कुछ तथ्यों का उल्लेख करके मैंने केवल स्मृति को कुरेदने का प्रयास किया है। ये वे तथ्य हैं, जिनको सब जानते हैं, सब मानते हैं। निराला केवल बड़े कवि ही नहीं हैं, बल्कि आज के रचनाकारों के लिए प्रसंगानुकूल और एक सार्थक सन्दर्भ और प्रेरणा देने वाले कवि भी हैं। उनसे नए रचनाकार लगाव अनुभव करते हैं। अर्थात वे केवल पुस्तकालयों और पाठ्यक्रमों तक सीमित रहने वाले कवि नहीं हैं।

मोटे तौर से आजकल इतिहासकार यह मानते हैं कि लगभग 1936 के बाद विशेष तौर से 1938 के आसपास एक नए परिवर्तन का युग आरम्भ हुआ था। 1936-37 से 1947-48 तक जो संक्रमण काल है उसमें यह दशक बहुत ही महत्वपूर्ण है। राष्ट्रीय, राजनीतिक दृष्टि से भी है और साहित्यिक दृष्टि से भी। यह संक्रमण काल हमारे लिए इसलिए महत्वपूर्ण है कि इस संक्रमण के बाद का पिछला 50 वर्ष है जिसके सन्दर्भ में भी हमें निराला पर विचार करना है। उस संक्रमण काल में निराला की क्या भूमिका थी और निराला की उस भूमिका को केवल स्मरण करने के लिए मैं 'रूपाभ' की फाइलें देख रहा था। उस दौर में निराला ने जो पत्र लिखे हैं, जो निराला की 'साहित्य साधना' भाग तीन में रामविलास जी ने एकत्र किए हैं, मैं उन्हें देख रहा था। 'रूपाभ' के संभवतः ग्यारह अंक निकले थे, बारह पूरे नहीं हो सके थे। 'रूपाभ' पंत जी निकालते थे, कालाकाँकर से। नरेन्द्र शर्मा उसके सहयोगी सम्पादक थे। 'रूपाभ' की उन फाइलों में मैंने देखा कि 'रूपाभ' में उस काल में निराला का क्या छपा। पंत ने क्या कविताएँ प्रकाशित कीं। अज्ञेय की कविता छपी है, शमशेर की कविता छपी है और नरेन्द्र शर्मा की कविता छपी है। प्रगतिशील लेखक संघ की स्थापना 1936 में हो चुकी थी। उसकी ओर से इलाहाबाद में स्वदेशी प्रदर्शनी के अवसर पर भी कई संगोष्ठियाँ और सम्मेलन भी हुए थे। प्रगतिशील लेखकों के एक आयोजन में निराला ने भी भाग लिया था। पत्र में लिखा है और उसका जिक्र भी और जगह आया है। इस दौर में एक अंक में मध्यवर्ग, श्रमजीवी और कृषक पर तीन कविताएँ पंत जी की छपी हैं। 'पवित्र है वह जग के करदम से पोषित।' कृषक के बारे में लिखा है। 'युग-युग का वह भारवाह, आकटी नतमस्तक।' पंत जी अब उस वर्ग चेतना, जो नई अर्जित वर्ग चेतना थी, उसके आधार पर मध्यवर्ग, श्रमजीवी और कृषक पर यह कविताएँ लिख रहे थे। उस समय निराला ने लिखा था :

"सहज-सहज पगधर, आओ उतर देखें वे सभी तुम्हें पथ पर।"

पंत जी तब प्रगतिशील माने जा रहे थे क्योंकि वह स्पष्टतः वर्गबोध के साथ मध्यवर्ग, श्रमजीवी वर्ग, कृषक वर्ग के बारे में कविताएँ लिख रहे थे। निराला कहते थे कि

सहज-सहज पगधर आओ उतर। कविता उस समय आकाश से धरती पर उतर रही थी। निराला का इस पर जोर था कि सहज पग से उतरो और इस तरह उतरो की रास्ते पर और लोगों के साथ दिखाई पड़ो और तुम्हारे साथ लोगों का लगाव महसूस हो सके। पंत जी जिस ऊँचाई से बोल रहे थे, वो पग सहज नहीं था, न सहज पग से उतर ही रहे थे। जिस भाषा में श्रमजीवियों के बारे में लिखा है, सौ जन्म में श्रमजीवी नहीं समझेगा कि वो पवित्र है और आपने पूजा की वस्तु बना दिया उसे। 'करदम से पोषित' आदि कहने से दया की भावना तो जरूर पैदा होती है, पर वो लगाव नहीं है जिसकी बात निराला कर रहे हैं।

पंत की और निराला की उस समय की कविताओं को देखें तो दोनों के बीच अलगाव का पता चलेगा। उसी समय का दूसरा गीत छपा था–''और-और छवि रे यह और-और-छवि, नूतन भी कवि रे, यह नूतन भी कवि।'' यहाँ एक नया कवि अवतरित हो रहा था। 'रूपाभ' में पंत जी के दो गीत छपे थे, निराला से मिलाकर देखना चाहिए। उसी काल में निराला छायावाद की रोमांटिक, जिसको 'हाईसाउडिंग' कहते हैं, उदात्त और ललित-कलित कोमलकान्त पदावली को तोड़कर के एक नई भाषा गढ़ने की कोशिश कर रहे थे। पंत जी की भाषा वही पुरानी थी। छायावादी भाषा में मजदूरों पर कविताएँ लिखी जा रही थीं। जब तक वह भाषा नहीं टूटती है, तब तक आप में वह नया भाव-बोध नहीं प्रकट होगा। नई संवेदना-नई दृष्टि का गहरा सम्बन्ध नई भाषा से होता है। बुनियादी अन्तर था। उस काल में निराला का मुख्य आकर्षण 'यथार्थवाद' की ओर था। एक पत्र में उन्होंने लिखा था। रामविलास शर्मा को पत्र लिखते हुए लिखते हैं–'यथार्थवाद वाली बात तुमने बहुत अच्छी कही है और इसी की वृद्धि होनी चाहिए।' उन्होंने कुछ गीत उनके पास भेजे थे और कहा था कि कुछ देहाती लताएँ भी संलग्न हैं लेकिन थोड़ी निखरी हुई हैं। अब जिसका अर्थ था कि उस दौर में 'रूपाभ' के साथ एक नया यथार्थवाद, यथार्थ की एक नई भाषा शुरू हो रही थी। इसकी पहली झलक पंत जी से जुड़े हुए एक छायावादी कवि-नरेन्द्र शर्मा की 'आषाढ़' पर लिखी हुई कविता में मिलती है–''पकी जामुन के रंग की पाग, बाँधता आया लो आषाढ़।'' ये पकी जामुन के रंग की पाग बाँधता हुआ आषाढ़ आ रहा है यह बिम्ब ही नया नहीं था, उसके साथ नए यथार्थ का अहसास होता है। यह वही समय है जब 'रूपाभ' में केदारनाथ अग्रवाल की 'चन्द्र गहना से लौटती बेर' कविता छपी थी जिसमें वो कहते हैं–'ठिगना चना बाँधे मुरेठा सीस पर।' 'ठिगना चना बाँधे मुरेठा सीस पर' या 'जामुन के रंग की पाग बाँधता आया लो आषाढ़',–ये कविताएँ उस छायावाद से और छायावादी भाषा से अलग दिखाई पड़ती हैं, जिस छायावादी भाषा में पंत जी मजदूरों और किसानों पर कविता लिख रहे थे। देखना

चाहिए, उस समय अज्ञेय जी और शमशेर क्या कर रहे थे? अज्ञेय की कविता छपी है–'विश्वदूत'। आपकी सुविधा के लिए उसकी पाँच पंक्तियाँ :

चुप-हो जग के रव-रव-नाद?
बुझा प्रातः का गायन भैरव
अभी दूर सन्ध्या का कलरव
स्वर रवि से झुलसा अति नीरव
फैल रहा मध्यान निषाद,
चुप-चुप हो जग के रव-रव नाद।

कहने की आवश्यकता नहीं कि जो कविता कलरव-नीरव और छायावादी विषाद से बद्ध हो, वह नई भाषा की शुरुआत नहीं है, नई संवेदना की शुरुआत नहीं है। शमशेर की उसमें जो कविता छपी है, शीर्षक नहीं है। अन्यत्र उद्धृत की गई है :

फिर क्यों मुझको तुम अपने बादल में,
घेरे लेती हो, मैं निगाह बन गया स्वयं
जिसमें तुम आँज गई अपना सुरमई सांवलापन हो।

शमशेर उर्दू के विद्यार्थी थे इसलिए यह निगाह हिन्दी कविता में आ सकती थी। 'मैं निगाह बन गया और उसमें तुम अपना सुरमई साँवलापन आँज गई हो।' यह जो 'सुरमई साँवलापन' है, मेरा खयाल है, बादलों के साथ भी छायावादी नहीं इस्तेमाल करते थे। साँवलापन सुरमई हो और आँखों में अँज जाए–थोड़ी नई भाषा जरूर है, एकदम बहुत नई नहीं हो, लेकिन अपेक्षाकृत अज्ञेय जी के, शमशेर भाषा में थोड़ा नयापन लाते, नया भाव लाते हुए दिखाई पड़ते हैं। यह है 1938 के 'रूपाभ' की स्थिति, जो प्रगतिशील होने की कोशिश कर रहा था, घोषित रूप से प्रगतिशील था। उस दौर के इन कुछ कवियों को देखकर मैंने बताना चाहा कि निराला–इनसे अलग थे।

'रूपाभ' में निराला ने 'बिल्लेसुर बकरियाह' का गद्य लिखा था, उसी में 'कुल्ली भाट' छपा था, 'चमेली' छपा था। निराला के काव्य जीवन से मालूम होता है कि पहले वो भाषा को गद्य में बनाते हैं या तोड़ते हैं, फिर छन्दों को तोड़ते हैं और फिर उसके आधार पर वो छन्दोबद्ध रचनाएँ लिखते हैं। छायावाद के काल में भी यही किया था। 'परिमल' के मुक्त छन्दों में छन्द को तोड़कर, नई भाषा गढ़कर फिर 'गीतिका' के गीत लिखे, 'अनामिका' की कविताएँ लिखीं। यानी वे 'राम की शक्ति पूजा' व 'सरोज स्मृति' लिखने से पहले और 'गीतिका' के अनेक गीतों से पहले छन्दों को तोड़-तोड़कर एक नई भाषा खड़ी बोली में गढ़ रहे थे। उसी तरह निराला ने सन् 1938 के बाद सबसे महत्वपूर्ण कार्य किया कि पहली बार वह भाषा गढ़ी जिस भाषा में आज हिन्दी कविता बहुत कुछ लिखी जा रही है। वह भाषा गढ़ने का

श्रेय अगर किसी को है तो वह निराला को है। निराला साथ-साथ उर्दू-हिन्दी दोनों में प्रयोग करते थे। ग़ज़लें लिखीं, गीत भी लिखे, मुक्त छन्द भी लिखे। उस एक दशक में निराला का जो कृतित्व है, विशेष है। निराला सावधान थे जब गीत लिखते थे। उन्होंने कुँवर सुरेश सिंह को लिखते हुए भेजा कि गीत लिखे हैं, साधारण हैं। 'बेला' के गीतों के बारे में उनकी धारणा बहुत ऊँची न थी, गज़लों के बारे में उनकी धारणा ऊँची न थी–"लिखे हैं हाथ आजमाने के लिए। भाषा बनाने के लिए ये साधारण हैं।" यह शब्द स्वयं निराला जी का है। फिर इसी दौर में 'जूही की कली' के कवि ने 1940-41 में 'कुकुरमुत्ता' लिखा। दूधनाथ जी ने 'कुकुरमुत्ता' पर एक पूरी किताब लिखी है। 'कुकुरमुत्ता' को एक हँसी-मजाक की मनोविनोद की हल्की-फुल्की कविता मान कर छोड़ दिया गया है। स्वयं निराला जी ने कुँवर सुरेश सिंह को जो पत्र लिखा है, जो 1941 के आसपास का है, जिसमें उन्होंने लिखा है कि "मेरी यह रचना 'कुकुरमुत्ता' जो 450 पंक्तियों की कविता है, यह मेरी रचना 'तुलसीदास' की कोटि की रचना है।" कुछ लोगों को यह बात अतिशयोक्ति लगेगी। क्योंकि कवि का वक्तव्य या कवि की राय स्वयं अपनी कविता के बारे में प्रामाणिक नहीं मानी जाती है, किन्तु निराला वैसा कवि नहीं था, बल्कि बहुत सतर्क काव्य बोध का मर्मी भी था। वो 'कुकुरमुत्ता' को अहमियत देते थे तो किस वजह से देते थे, वह कौन-सी चीज़ थी–इस पर विचार किया जाना चाहिए। उस दौर के निराला के कामों पर विचार करते हुए, सम्पूर्ण भारतीय कविता और साथ ही अंग्रेज़ी कविता का भी ध्यान रखा जाना चाहिए। यह 'ऑडन' का ज़माना था। भारतीय भाषाओं में देखें तो इस समय बुद्धदेव घोष तथा हिन्दी में अज्ञेय का युग माना जाता है 'तार सप्तक' के कारण। इस दौर में कुल मिलाकर तथाकथित आधुनिक या आधुनिकतावादी कविता की शुरुआत होती है। इस आधुनिकतावाद के प्रभाव में कुछ लोग थे जो अंग्रेज़ी शिक्षा प्राप्त थे और अंग्रेज़ी की आधुनिक कविता पढ़कर एक नई भाषा गढ़ने की कोशिश कर रहे थे। इसमें 'तार सप्तक' के अधिकांश कवि, एक तरफ अज्ञेय भी शामिल हैं, दूसरा सप्तक के शमशेर भी शामिल हैं। उसके सामान्तर वे लोग हैं जिन्होंने आधुनिक अंग्रेज़ी कविता नहीं पढ़ी थी। 'कुकुरमुत्ता' में टी.एस. इलियट का मजाक उड़ाया गया है–'कहीं का ईंट कहीं का रोड़ा, दे मारा जैसे टी.एस. इलियट ने।' निराला टी.एस. इलियट के बहाने जो कविता गढ़ी जा रही थी उस पर टिप्पणी कर रहे हैं। वे लोग जो अपने को मार्क्सवादी कहते हों और चाहें गैर मार्क्सवादी हों, अंग्रेज़ी की कलम भारतीय भाषा में लगा रहे थे–निराला उनका मजाक उड़ा रहे हैं। उसके बरक्स निराला स्वयं अपनी परम्परा से अपनी भाषा कैसे गढ़ी जाती है, इसका उदाहरण प्रस्तुत करते हैं। भाषा जो आधुनिक हो, आधुनिक भाव-बोध के लिए उपयुक्त हो, लेकिन अपने मुहावरे में

अपने वाक्य विन्यास में अंग्रेजियत वाली न हो। 'तार सप्तक' को पढ़ते हुए स्पष्ट होता है कि वाक्य विन्यास और भाषा से अंग्रेजियत की गन्ध आती है। निराला ने 'नए पत्ते' में कहा है–'मैंने गीतों के साथ, नए गीतों के साथ आधुनिक कविताएँ भी लिखी हैं'। 'नए पत्ते' की आधुनिक कविताओं में अनेक फुटकर कविताओं को आप देखें। एक नए ढंग की, जिसे वो 'बैलेड' कहते थे, की तरह लिखी कविताएँ हैं। जो कविता कहानी कहती है और कहानी के माध्यम से या यात्रा-वृतान्तों के माध्यम से अपनी बात कहती है। 'महँगू महँगा रहा' जैसी कविता है। "जल्दी-जल्दी पैर बढ़ाओ आओ-आओ", "राजे ने अपनी रखवाली की", और "झींगुर डटकर बोला" और "डिप्टी साहब आए,"–यहाँ पूरा वर्णन होता है। एक जीवन का छोटा-सा चित्र, यथार्थ चित्र है जो छोटी-सी कहानी कहता है। आप उनकी भाषा देखें। मैं समझता हूँ कि इन मुक्त छन्दों में कहानी कहते हुए निराला जो भाषा दे रहे थे वो अंग्रेज़ी पढ़े-लिखे कवियों द्वारा बनाई जाने वाली भाषा से अलग भाषा थी। मैं इसे निराला का सबसे ज़्यादा योगदान मानता हूँ कि अंग्रेजियत के बिना भी हिन्दी कविता कैसे रोमैंटिक अवरोध को पार कर उस भाषा की ओर अग्रसर होती है, जिसमें सहजता है। मैं कहूँगा कि अंग्रेजियत भरी भाषा से मुक्त होने में नई कविता को कम से कम तीस-पैंतीस साल लगे। अब अरुण कमल या एकान्त श्रीवास्तव वगैरह की कविताएँ आप देखेंगे तो लगेगा कि वह सहजता आ गई है, जहाँ जरूरी नहीं है कि वो अंग्रेज़ी का अनुवाद मालूम हो। जो प्रयास निराला ने 40 के अन्तिम तथा 40 के आरम्भ के दशक में भाषा को तोड़ने में और बनाने के लिए किया था, उसका फल इतने दिनों के बाद अस्सी की दशक की लिखी हुई कविताओं में पहली बार दिखाई पड़ा। इन कविताओं के कवि उस हद तक नए-नए प्याज खाने वाले मुसलमान नहीं थे। नई-नई अंग्रेज़ी की मॉडर्निस्ट पोएट्री पढ़कर के उसको हिन्दी में उल्था करने वाले नहीं थे। यही नहीं, बल्कि अंग्रेज़ी में गैर अंग्रेज़ी कविता इतनी आ चुकी थी–स्पेनिश, पोलिस, चेक, रूसी, या अफ्रीकी कविताएँ शायद उनके कारण हों, मैं कह नहीं सकता, लेकिन भाषा में यह देशीपन आया। यह निराला का शुरू किया हुआ था, जिसको याद करने की ज़रूरत है। उस दौर की कविताएँ कैसे गढ़ी जाती हैं, अचानक पढ़ते हुए मुझे निराला की 'स्फटिक शिला' कविता याद आई और उसको मैंने नए सिरे से पढ़ा। उसको आप लोगों ने पढ़ा होगा। चित्रकूट यात्रा में स्फटिक शिला। ये 'कुकुरमुत्ता' संकलन में पहली कविता थी, बाद में सम्भवतः 'नए पत्ते' में आई है। यात्रा-वृतान्त है। उस पूरी कविता का ढाँचा आप देखें। वर्णन करना और कहानी कहना, दोनों अलग-अलग कलाएँ हैं। जरूरी नहीं कोई वर्णन करते हुए कहानी कह सकता हो। नैरेशन अलग चीज़ है और डिस्क्राइब करना बिलकुल अलग चीज़ है। निराला कहाँ ठहर कर वर्णन करना है और कहाँ नैरेट करना है–दोनों

कलाओं के साथ, सामंजस्य बिठा लेते थे। केवल एक अंश देखिए, जहाँ बीच में विनोद भी है :

पांडों का किला दिखा कर्बी में,
जैसे कुछ लिखा हुआ अर्बी में।

ऐसी कुछ पंक्तियाँ भी दिखाई पड़ेंगी आपको। दो अन्तिम अंश जहाँ–

खड़ा हुआ स्फटिक शिला
मैं देखता ही रहा,
आँख पड़ी युवती पर
आई थी जो नहाकर
गीली धोती सटी हुई
भरी देह में सुघर,
थे उठे पुष्ट तन,
दुष्ट मन को मरोड़कर,
आयत ध्रुवों का मुख,
खुला हुआ छोड़कर,
बदन कहीं से नहीं काँपता,
कुछ भी संकोच नहीं ढाँपता,
वर्तुल उठे हुए उरोजों पर
अड़ी थी निगाह चोंच जैसे जयन्त की,
नहीं जैसे कोई चाह, देखने की मुझे और
कैसे भरे दिव्य स्तन हैं
ये कितने कठोर
मेरा तन काँप उठा, याद आईं जानकी
कहा तुम राम की
कैसे दिये हैं दर्शन।

आजकल हुसैन के चित्रों पर बड़ी बहस हो रही है। इस सन्दर्भ में भी देखें। याद रखें, ये वही निराला हैं जो अपनी बेटी के यौवन का वर्णन कर चुके हैं। निराला स्फटिक शिला पर पहुँचे। नहा कर आई युवती का चित्र। 'नहीं जैसे कोई चाह, देखने की मुझे और', 'कैसे भरे दिव्य स्तन हैं/ये कितने कठोर', 'मेरा तन काँप उठा, याद आईं जानकी/कहा तुम राम की/कैसे दिये हैं दर्शन।' एक साधारण युवती में जानकी का दर्शन–कई लोग कहेंगे आदर्शवाद है। लेकिन यही वो निरालापन है। 'स्फटिक शिला' जैसी यथार्थ कविता में भी यह विद्रोही कवि कई रूढ़ियों, मान्यताओं को और सौन्दर्य सम्बन्धी धारणाओं को तोड़कर किस प्रकार उस परम्परा के अपने संस्कार की रक्षा

भी करता है। 'स्फटिक शिला' के अन्त से ठीक पहले जहाँ वह कुटिया के पास पहुँचे, वहाँ एक काली-सी औरत थी। निराला ने लिखा है कि एक बैलगाड़ी ने मार दिया, जिससे बनवासी महिला का चबूतरा टूट गया :

कहीं चबूतरे की, कुटिया से निकली
काली एक नारी गाली देती
मैंने देखा बड़ा मैला मन उसका?
समाज से
चोट खाई हुई वह रामजी के राज से
शूद्रों को मिला नहीं जिनसे कुछ भी कहीं।

प्रसंगवश वह जो काली औरत आई और कड़वाहट के साथ जिस तरह बोली तो सहानुभूति से कहा कि यह इसलिए मैला है कि चोट खाई हुई वह रामजी के राज से। राम जी वह पुराने नहीं, आज के राम जी हैं, 'शूद्रों को मिला नहीं जिनसे कुछ भी कहीं।'

'स्फटिक शिला' कविता मैंने पढ़ी। आप लोगों में से निश्चय ही कुछ मर्मज्ञ लोगों ने पढ़ी होगी। मैं कहूँगा, दुबारा पढ़िए। 'कुकुरमुत्ता' की बड़ी चर्चा हुई। 'स्फटिक शिला' की कम। मैंने देखा है कि उस दौर में निराला ने ऐसी कई कविताएँ लिखी हैं। प्रायः निराला का जो उत्कर्ष काल माना जाता है, 'अनामिका' तक की कविताओं की ज़्यादा चर्चा हुई है। स्वयं रामविलास जी ने भी उस दौर की कविताओं के बारे में लिखा है कि यह जैसे काव्य साधना की उस ऊँचाई तक न पहुँच करके नीचे रह जाने वाली कविताएँ हैं।' उन प्रयोगों की ओर ध्यान दिया जाना चाहिए। अन्त में जिस ओर मेरा ध्यान गया और मैं चाहता हूँ कि उस पर गहराई से विचार किया जाना चाहिए। सन् पचास से लेकर इकसठ तक निराला ने अधिकांशतः गीत लिखे। जिस दौर में इसी इलाहाबाद में नई कविता, प्रयोगशील कविता, प्रगतिशील कविता—ये सारी कविताएँ लिखी जा रही थीं। प्रायः छन्द मुक्त। मुक्त छन्दों वाला कवि उस दौर में केवल गीत लिख रहा था। उन गीतों को आमतौर से एक ज्येष्ठ कवि की परवर्ती रचनाएँ मान करके छोड़ दिया जाता है। सामान्य तौर से ये गीत भी विचारणीय हैं, क्योंकि निराला के लिखे हैं। लेकिन मैं चाहता हूँ एक साहित्य के पाठक के नाते, आलोचना कर्म करने के नाते, इस पर गहराई से विचार किया जाना चाहिए कि इस दशक की जो नई कविता लिखी गई है अज्ञेय की, शमशेर की, सप्तकों के कवियों की; उसके समानान्तर निराला की कविता का क्या महत्व है? अगर महत्व नहीं है तो सीधे कहना चाहिए कि नहीं है। कृपा करने की आवश्यकता नहीं है। लेकिन समानान्तर बहती हुई उस कविता पर विचार किया जाना चाहिए। उसके बारे में सिर्फ एक बात कहना चाहूँगा। वह नेहरू का युग है। आजादी के बाद राष्ट्र निर्माण की

नई उमंग और नए उत्साह का युग है। आज के ज़माने को देखते हुए वह स्वर्ण युग ही मालूम होता है। जैसा पतन, जैसी गरीबी, जैसा भ्रष्टाचार, लोकतंत्र की जो दुर्दशा नैतिक दृष्टि से, राजनीतिक दृष्टि से आज दिखाई दे रही है, तब न थी। राष्ट्रीय स्तर पर नया उभरता हुआ राष्ट्र विश्व में जो स्थान उस समय रखता था वह आज नहीं है। आवाज हमारी सुनी जाती थी। दुनिया में आज हम लोग 'बनाना रिपब्लिक' के रूप में कुख्यात हो गए हैं। हमारी बात कोई सुनने वाला नहीं। सिक्योरिटी कौंसिल में हम हार गए, जापान जीत गया। सब कुछ को देखते हुए योजनाबद्ध विकास का वह स्वर्ण युग मालूम होता है। हमें याद करके उन दिनों की, एक नास्टेल्जिया की अनुभूति होती है। उस दौर की कविताओं को पढ़ें तो लगेगा कि निराला के लिए यह नरक यात्रा का युग है। यह नरक यात्रा क्या निराला की नितान्त आत्मगत पीड़ा है या उस युग की नए राष्ट्र का स्वागत करती, अभिनन्दन करती हुई 'नई कविता' में दर्द है, लेकिन 'नई कविता' उस दौर की राजनीति की उन चीजों की मुखर आलोचक नहीं है कि समाज गिर गया। 'गहन है यह अन्धकारा स्वार्थ के अवगुंठनों से हुआ है लुंठन हमारा, प्रिय हमें वह चेतना दो देह की, याद जिससे रहे वंचित गेह की, खोजता फिरता न पाता हुआ मेरा हृदय, हारा, गहन है यह अन्धकारा।' निराला कहते हैं, ''बन्दीगृह वरण किया जनता के हृदय दिया, जीवन विष विषम पिया।'' यह कारा, बन्दीगृह–निराला की कविताओं में बार-बार आता है। निराला क्या यथार्थ से इतने दूर हैं कि जिस युग को हम स्वर्ण युग कह रहे हैं, वह निराला को अन्धकार नजर आ रहा है, कारागार नजर आ रहा है? लगेगा कि निराला पागल हो गए हैं, लेकिन उनको अपना नरक सारे देश का नरक नजर आ रहा है। इसका मतलब है कि तुलसीदास भी तब पागल थे। अकबर का युग स्वर्ण युग मानते हैं। मध्यकाल में समृद्धि की दृष्टि से, विकास की दृष्टि से, धार्मिक कट्टरता की दृष्टि से एकदम मुक्त अकबर का काल स्वर्ण युग माना जाता है। कहते हैं कि अशोक के काल और गुप्तकाल के बाद अकबर का काल था। अगर आप 'विनय पत्रिका' पढ़िए तो मालूम नहीं होता है कि यह स्वर्ण युग है। इसका मतलब है कि जो सच्ची युग चेतना का कवि होता है वह स्वर्ण युगों के नरक को, उसके अँधेरों को पहचान लेता है। मैं अंग्रेज़ी का विद्यार्थी नहीं हूँ लेकिन शेक्सपियर की ट्रेजिडी और लियर को पढ़ते हुए विश्वास नहीं होता कि यह एलिजाबेथ के युग का कवि है। इसका मतलब है सामाजिक और सार्वजनिक जीवन पर एक सच होता है। एक यथार्थ होता है लेकिन उसकी तह में कोई दूसरा एक नरक होता है, एक वैतरिणी होती है। बड़ा कवि–गहरा कवि जीवन के उस स्तर की ओर भी हमारा ध्यान आकर्षित करता है। नेहरू युग में भारतीय जीवन में वही नरक था, जो पहले कालीन के नीचे डाल दिया गया था अब फूट-फूट कर बह रहा है। यह विभाजन की ट्रैजिडी के समय भी हुआ, जब

आग और नरक और गन्दगी सतह पर आ गई थी। वो गटर के नीचे चली गई थी। जब शरीर कमजोर हुआ तो वह मलेरिया जैसे फिर शरीर पर चढ़ बैठा। फिर वही साम्प्रदायिक विद्वेष और बाकी चीजों में दिखाई पड़ रही हैं। क्या निराला इन गीतों के द्वारा देख रहे थे उसे और बहुत से संवेदनशील कवि नहीं देख पा रहे थे? निराला के भक्ति के ये गीत मध्ययुगीन भक्ति के नहीं हैं, बल्कि भक्ति के इन गीतों में वही आध्यात्मिकता है जो 'लन्दन' कविता लिखने वाले अंग्रेज़ी के विलियम ब्लेंक में थी। 'रिलिजियस सेसन्बिल्टी' विलियम ब्लेंक में गहरी थी, पर विलियम ब्लेंक अपने ज़माने के सामाजिक जीवन और मनुष्य की उस दशा का वर्णन कर रहा था, खासतौर से 'सांग ऑफ एक्सपीरियन्स' में, 'सांग ऑफ इनोसेंस' में नहीं। निराला के सहज प्रतीति होने वाले वन्दना गीत–देवी माँ ''नर को नरकत्रास से तारो''–ये कविताएँ केवल भक्ति नहीं हैं, प्रार्थना नहीं हैं। रूप में, ढाँचे में, शब्दावली में यह भक्ति और आध्यात्मिकता है, लेकिन तह में जो अन्तर्वस्तु है, यह वह अन्तर्वस्तु है, जो भक्तियुगीन कविता से भिन्न है, ईश्वरविहीन नई कविता है, क्योंकि उस समय लोग ईश्वर को बहुत सलीबों पर देख रहे थे। उस दौर में एक आदमी निराला के गीतों में भी ईश्वर पर और माँ शक्ति पर बहुत सन्देह है, तुम हो कि नहीं हो इस पर। 'हार गया मैं जब उस पार गया', तो उस पार जाना मेरी हार है। कैसी हुई हार? वे निराकार को चुनौती देते हैं। उन तमाम चीजों के माध्यम से मुझे लगता है कि निराला के भक्ति गीत एक भारतीय ढाँचे में, भारतीय मानस में उत्पन्न होने वाली उस आधुनिकता की, उस आधुनिक बोध की, उस आधुनिक कविता की सृष्टि कर रहे थे जहाँ पश्चिमी आधुनिकता से आक्रान्त लोग नहीं पहुँच पा रहे थे। निराला ने केवल नेहरू को ही नहीं तिरस्कृत किया था, ख़ारिज किया था। इस पर तमाम प्रगतिशील लोग विचार करेंगे कि निराला प्रगतिशील थे, लेकिन नेहरूवादी प्रगतिवादियों से अलग थे। 'महँगू महँगा रहा' गीत इसका उदाहरण है। उस दौर में ही निराला के गीतों ने उस नेहरूवाद के विकासवाद का, आधुनिकीकरण का निषेध करके मध्ययुग की भूमि पर शायद एक नए ढंग की आधुनिकता विकसित करने की कोशिश की थी।

[निराला जन्म शताब्दी के अवसर पर हिन्दुस्तानी अकादमी, इलाहाबाद में दिया गया व्याख्यान। 'हिन्दुस्तानी' के भाग-58, अंक-2, अप्रैल-जून, 1997 में 'निराला : नई अर्थवत्ता की तलाश' शीर्षक से प्रकाशित]

गहन है यह अन्धकारा

निराला की अन्तिम दस वर्षों की कविताएँ ही इस समय मेरे ध्यान में हैं। इसका अर्थ यह नहीं कि पहले की कविताओं की मैं उपेक्षा कर रहा हूँ। उन पर लिखा भी बहुत गया है और उनके महत्व के बारे में अलग से कहने की ज़रूरत नहीं है। लेकिन खासतौर से 1936 के बाद से, जब से प्रगतिशील, प्रयोगशील और नई कविता का दौर शुरू हुआ है, उस दौर में इन सारी प्रवृत्तियों के समानान्तर निराला क्या लिखते रहे हैं और जो लिखा है उसका सम्बन्ध इन कविताओं के साथ क्या बनता है—इस पर गहराई से विचार किया जाना चाहिए। यद्यपि इस दौर के अधिकांश प्रगतिशील, प्रयोगशील और नई कविता वाले कवियों ने निराला को ही अपना जनक माना है। शमशेर ने तो निराला पर प्रसिद्ध कविता लिखी है। त्रिलोचन ने भी लिखी है, नागार्जुन ने लिखी है, केदारनाथ अग्रवाल ने लिखी है। देर से ही सही लेकिन अज्ञेय ने भी निराला के ऋण को स्वीकार किया है। यद्यपि पहले उनका दृष्टिकोण बहुत आलोचनात्मक था। बाद के कवियों में रघुवीर सहाय, केदारनाथ सिंह आदि ने तो स्पष्ट रूप से निराला के प्रति अपना ऋण स्वीकार किया है लेकिन सवाल यह है कि परख होनी चाहिए। अगर देखें तो 1950 से लेकर 1961 तक निराला ने अधिकांशतः गीत ही लिखे हैं और जो कवि उनका नाम लेते हैं, उनमें से किसी ने भी उस तरह के गीत लिखने की कोशिश नहीं की।

निराला हिन्दी मुक्त छन्द के प्रवर्तक कहे जाते हैं। 'जूही की कली' में पहली बार उन्होंने बँधी-बँधाई तुकान्त कविता की जंजीरों को तोड़ करके हिन्दी कविता को मुक्त करने का प्रयास किया। निराला की उस विरासत में चलकर के इस दौर में कविता इतनी मुक्त हुई कि *मुक्त छन्द को छोड़ करके (वो इतनी मुक्त हुई कि) अब तो गद्य ही हो गई है। और अब भी पलटकर मुक्त छन्द की ओर लौटने की कोशिश नहीं हो रही है।* तो कुछ चीजों के बारे में मन में सवाल उठता है कि *आखिर निराला की परम्परा का अर्थ क्या है?* और यह कहते हुए मुझे लगता है स्वयं हिन्दी की कविता की पहले की परम्परा से निराला का क्या सम्बन्ध या उस परम्परा को निराला ने किस रूप में लिया? तुलसीदास पर निराला ने कविता लिखी है और वह

तुलसी से सबसे ज़्यादा जुड़े हुए थे। अवध के नाते भी और अवधी के नाते भी। फिर 'राम की शक्तिपूजा' लिखकर उन्होंने जैसे आधुनिक युग में एक नया 'रामचरितमानस' भी लिखा। लेकिन मुझे ऐसा लगता है कि निराला हिन्दी कविता की परम्परा में केवल तुलसीदास को ही लेकर आगे नहीं बढ़े हैं। अगर उनकी कविताओं को देखें तो उसमें विद्यापति भी हैं, कबीर भी हैं, सूर भी हैं। यही नहीं, बल्कि पद्माकर, मतिराम, बिहारी भी मिलेंगे—और कहीं न कहीं उसमें उन्नीसवीं शताब्दी के भारतेन्दु भी हैं। शायद कुछ लोगों को आश्चर्य हो लेकिन मुझे नहीं है, और इसके प्रमाण हैं कि मैथिलीशरण गुप्त भी वहाँ हैं। निराला विद्रोही और क्रान्तिकारी होते हुए भी अपने रचना कर्म में हिन्दी की एक हज़ार साल की पूरी परम्परा को अपनी हड्डियों, अपनी मज्जा में लेकर के लिखते हुए दिखाई पड़ते हैं। यह सही है कि उनकी कविता के रचाव में अलग-अलग इन कवियों को नहीं पहचाना जा सकता। लेकिन उस पूरी परम्परा का जो उत्तमांश है कि किससे क्या लेना है, कहाँ लेना है, लेना ही नहीं बल्कि उनके संस्कार में इतना सब कुछ रच-पच गया था कि ये अनुगूँजें आप यदि अपनी सूक्ष्म इन्द्रियों से पहचानें देखें, तो कहीं न कहीं गूँजती हुई-सी सुनाई पड़ेंगी। इस बात का मैं इसलिए जिक्र कर रहा हूँ कि विद्रोही और क्रान्तिकारी लोग निराला के विद्रोह और क्रान्ति के स्वर पर इतना जोर देने लगे हैं कि स्वयं आज के कवियों की परम्परा बहुत छोटी हो गई है और शायद इतनी छोटी हो गई है कि लगता है, इन्होंने परम्परा से न तो विद्रोह किया है और न कोई क्रान्ति की है, बल्कि एकदम उसकी उपेक्षा की है। परम्परा से इतनी टूटी और कटी कविता निराला की नहीं है, जितनी निराला के ठीक बाद की। ठीक बाद की नहीं बल्कि पिछले दस-बीस वर्षों की कविताओं में ऐसा ही लगता है जैसे इसकी कोई पहले की परम्परा नहीं है।

मुझे देख करके कभी-कभी आश्चर्य होता है कि निराला की जितनी सर्वोत्तम कविताएँ हैं वे छन्दोबद्ध हैं। यह भी एक विचित्र विडम्बना है कि जिस निराला को मुक्त छन्द का प्रवर्तक कहा जाता है उनका श्रेष्ठ काव्य मुक्त छन्दों वाला कम और छन्दोबद्ध ज़्यादा है। मुक्त छन्दों वाली कविताओं में सम्भवतः 'बादल राग' वाली शृंखला की एक दो कविताएँ होंगी। 'वह तोड़ती पत्थर' हो सकती है। इस तरह की कुछ और भी मिलेंगी—लेकिन अधिकांश कविताएँ जो प्रबन्धात्मक हैं, इनमें 'सरोज स्मृति' और 'राम की शक्तिपूजा' तो हैं ही उसके बाद ज़्यादातर निराला के गीत ही हैं। पर सवाल यह है कि निराला के साथ नई कविता का सम्बन्ध जोड़ते हुए मेरा ध्यान मुख्य रूप से निराला के गीतों पर जाता है। यह गीत 'परिमल' में भी हैं। 'गीतिका' गीतों का ही संकलन है। 'अनामिका' में भी हैं, और 'अणिमा से लेकर अर्चना', 'आराधना' और 'सांध्य काकली' की रचनाएँ ज़्यादातर गीतों की हैं। मुझे

ऐसा लगता है कि निराला अपने कविता कर्म में मुक्त छन्दों के द्वारा बार-बार कविता की बँधी हुई जंजीरों को तोड़कर के एक नया रास्ता बनाते हैं। जब वह नया रास्ता बना लेते हैं तो उस रास्ते को व्यवस्थित करके अपनी संवेदनाओं और अपनी काव्यानुभूतियों को छन्दों में बाँध करके एक नए ढंग की सृष्टि करते हैं। मैं इस बात को स्पष्ट करने के लिए कहूँ कि 'जूही की कली' और 'बादल राग' जैसी कविताओं में मुक्त छन्दों के द्वारा जो काम उन्होंने किया था उसी को आखिर में बाँध करके, कलात्मक कसाव के साथ उपस्थित करने का काम उन्होंने 'सरोज स्मृति', 'राम की शक्ति पूजा' और 'तुलसीदास' में किया। यही नहीं, बल्कि उन्होंने उस दौर में जो गीत लिखे, वे भी मुक्त छन्द के प्रयोग से तोड़ी हुई भूमि पर एक नई काव्य सृष्टि हैं। वे नए ढंग के गीत हैं। छायावादी दौर के गीत और इस दौर के निराला के गीतों को अगर हम देखें तो पाएँगे कि ये गीत पंत, प्रसाद और महादेवी के गीतों से अलग हैं। इसलिए कहने को वे गीत जरूर हैं लेकिन ठीक-ठीक परम्परित अर्थ में वे प्रगीत हैं–जिसे लिरिक कहते हैं। मैं यहाँ लिरिक शब्द का प्रयोग करना चाहता हूँ क्योंकि गीत कहने में भ्रम होता है। खासतौर से हिन्दी में, जहाँ सस्ते, चलताऊ, मंचीय गीतों और अब जबकि फिल्मी गीत भी लिखे जा रहे हैं। इसलिए सरल, सुगम, सुबोध संगीत के समान गाने के लिए जो गीत लिखे गए हैं। मैं कहना चाहता हूँ कि निराला ने छन्दों से जमीन तोड़कर हिन्दी में नए ढंग का 'लिरिक' उस दौर में लिखा था। इन गीतों और मुक्त छन्दों से जो भाषा और शब्द विन्यास बने, उनको फिर तोड़ने की ज़रूरत महसूस हुई। उस तोड़ने की दिशा में पहला प्रयास 'कुकुरमुत्ता' है। 'कुकुरमुत्ता' (1942) के द्वारा निराला ने छायावाद की मृदुल, मधुर व कोमलकान्त पदावली, भावुकतापूर्ण व कल्पनाशील काव्यानुभूति–सारी जमीन को तोड़ने की कोशिश की। इसलिए 'कुकुरमुत्ता' स्वयं अपने आप में भले ही उच्च कोटि का काव्य न हो लेकिन इस दृष्टि से यह हिन्दी कविता के इतिहास में बड़ी क्रान्तिकारी घटना है, जो एक नए उठान में सहायक हुई थी।

तुलना करके यदि हम देखें तो पंत ने छायावादी भूमि छोड़कर 'युगवाणी' और 'ग्राम्या' लिखी। पर उसमें कोई बहुत बुनियादी परिवर्तन नहीं मालूम होता–न भाषा के मामले में, न काव्यानुभूति के बारे में। वह बौद्धिकता और ग्राम जीवन के प्रति एक सहानुभूति, एक नए यथार्थ का आभास तो देती है, लेकिन वह उस तरह का क्रान्तिकारी कार्य नहीं है, जैसा 'कुकुरमुत्ता' के द्वारा निराला ने करना चाहा। 'कुकुरमुत्ता' के द्वारा जो जमीन तोड़ी उसका सबसे सफल काव्यात्मक रूप 'नए पत्ते' (1946) में दिखाई पड़ता है, जिसे मैं कहूँ कि एक नए ढंग के यथार्थवाद की ओर निराला आगे बढ़े। और जब नए ढंग का यथार्थवाद मैं कहता हूँ तो उसकी पहली पहचान तो यही है कि निराला प्रकृति को स्वयं कैसे देखते थे। यदि बादल सम्बन्धी

उनकी कविताएँ देखी जाएँ तो निराला में पहले भी फूल आते हैं जैसे शेफाली है, जूही है। उसके बाद जब प्रकृति का नाम लेते हैं तो प्रकृति में केवल वही ललित और कुछ परम्परागत फूलों के नाम नहीं रह गए हैं, बल्कि प्रकृति ज़्यादा ठोस, मूर्त और सामान्य से विशेष होती है। इसका उदाहरण मैं दूँ तो खासतौर से उनकी कविता याद आती है जो 'अणिमा' में है–'जलाशय के किनारे कुहरी थी'। छायावादी दौर में समुद्र है, नदी है, निर्झर है पर जलाशय नहीं मिलेगा। 'जलाशय के किनारे कुहरी थी' इसमें चीजों का सामान्य से विशेष किस तरह आता है। पहले तो केवल तरु आते थे लेकिन अब जो वृक्ष भी है तो वह आम का है, नारियल के गाछ हैं; यही नहीं आम की जो डाली है वह तालाब के पानी में झुकी हुई है, आसमान के तारे तालाब के पानी में प्रतिबिम्ब दिखाई पड़ते हैं। 'जलाशय के किनारे कुहरी थी' यह पहली ही पंक्ति बता रही है कि प्रकृति के बारे में यह वही दृष्टि नहीं जो 'बादल राग' कविता लिखते समय थी या 'झरती मेरी शेफाली' में दिखाई पड़ती है। यह अलग है। उषा और संध्या वही नहीं रह गई हैं, बल्कि जलाशय के किनारे जो कुहरी है उसकी उषा और है। उस संग्रह में एक और कविता है : 'सड़क के किनारे दुकान थी'। एक ओर जलाशय के किनारे कुहरी है तो दूसरी ओर शहर का वर्णन भी निराला करते हैं।

लगता है कि छायावादी कविता यदि धूमिल रंगों वाला एक वॉटर कलर हो या कहीं ऑयल कलर हो तो अब यह पेंसिल से रेखाचित्र बनाते हुए दिखाई पड़ते हैं। वह उनकी भाषा में भी हैं। किसी ज़माने में निराला ने भाषा, खासतौर से वेदों की भाषा में–उन्होंने कहा कि एक सहज, सरल, भाषा वहाँ है, जहाँ अलंकार न हो। श्लेषहीन भाषा हो। अनलंकृत भाषा और सहज भाषा की बात वह करते थे। लेकिन वह उतनी सहज नहीं थी। छायावादी दौर में अब सहज ही नहीं बल्कि सपाट, अनलंकृत, सरल, सीधी भाषा का प्रयोग करते हैं। यह भाषा सूचित करती है कि कवि की काव्यदृष्टि बदल चुकी है। अब आँखें चीजों को दूसरी तरह से देख रही हैं। जैसा देखती हैं, उसको हू-ब-हू, ज्यों का त्यों रख देने या उतार देने की कोशिश करती हैं। इसलिए में कह रहा था कि निराला में यह नई बात दिखाई पड़ेगी। बाद में तो हिन्दी कविता मैं कई लोग ऐसा करने लगे। लोगों को अलग-अलग नामों से पहचानना, पुकारना। जैसे 'महँगू महँगा रहा' और 'झींगुर डट कर बोला' में 'महँगू' और 'झींगुर' केवल नाम नहीं हैं; बल्कि इससे मालूम होता है कि पहले उनके सामने समाज या मनुष्य या जन सामान्य रूप से आता था; अब उनके सामने वही लोग एक व्यक्ति विशेष के रूप में आने लगे हैं। यही है उनकी नई यथार्थ दृष्टि इसलिए 'नए पत्ते' में 'महँगू महँगा रहा' या 'झींगुर डटकर बोला' या 'खजोहरा' जैसी कविताएँ हैं। इन कविताओं को अब 'तार सप्तक' से मिलाकर देखिए तो मालूम होगा कि 1936 से लेकर 1946 के काल में भी निराला की भाषा छन्दबद्ध और यथार्थ के प्रति उनकी

दृष्टि खासतौर पर राजनीतिक कविताओं को अगर देखें तो वे प्रगतिशील दौर की लिखी राजनीतिक कविताओं से भिन्न हैं, अलग हैं। 'महँगू महँगा रहा' में जवाहरलाल नेहरू भी आते हैं, उस दौर की पूरी राजनीति आती है। ये कविताएँ 'नए पत्ते' की 'वनवेला' के बाद के चलन की हैं। 'वनवेला' में बिना नाम लिए हुए भी राजनीति को लेकर कैसे वामपंथी नेता मंच पर खड़े होकर कभी इधर मुँह करते हैं, कभी उधर मुँह करते हैं। लेकिन वह पूरी कविता इतनी व्यक्ति विशिष्ट नहीं है जितनी कि 'महँगू महँगा रहा'।

उस दौर में निराला यथार्थ को देख रहे थे। उसी दौर की ये प्रगतिशील कविताएँ हैं। उन्हें देखें। उस दौर में प्रयोगशील लोग विद्रोह कर रहे थे। उदाहरण के लिए 'तार सप्तक' में अज्ञेय की कविता है :

'तीन टाँगों पर खड़ा नतग्रीव, धैर्यधन गधा'

जैसे बड़ी भारी क्रान्ति कर दी हो। या 'वंचना है चाँदनी सित।' तो उस दौर में भी छायावाद के विरुद्ध जो लोग प्रतिक्रिया कर रहे थे और निराला जिस तरह कर रहे थे, 'नए पत्ते' में; उनको साथ-साथ मिलाकर देखना चाहिए—मैं यह कह रहा हूँ। इस दौर में भी अगर देखें तो निराला ने जो गीत लिखे, वे इस दौर की उपलब्धियाँ हैं। इसी दौर में 'अणिमा' का वह प्रसिद्ध गीत है : 'मैं अकेला; देखता हूँ, आ रही/मेरे दिवस की सांध्य वेला'। या फिर 'स्नेह निर्झर बह गया है/रेत ज्यों तन रह गया है।' यह हिन्दी में एकदम नए ढंग का लिरिक है। छोटा होते हुए भी पूरी नाटकीयता के साथ यहाँ पूरे विन्यास को देखें। यही नहीं, इसमें छायावादी भावोच्छास का भी अभाव है। कल्पनाशीलता का भी अभाव है, बल्कि यह बहुत कुछ आत्मनिरपेक्ष कविता दिखाई देती है। पूरे छन्द विधान और नाटकीयता में। साथ ही, *'अरथ अमित अति आखर थोरे'* वाली उक्ति इन पर पूरी तरह चरितार्थ होती है। यहाँ छोटे-छोटे सहज शब्द हैं और उनके बीच यथास्थान संस्कृत के भी शब्द हैं। जैसे 'मैं अलक्षित हूँ, यही कवि कह गया है'। 'अलक्षित' शब्द का प्रयोग भी निराला करते हैं। इसलिए मुझे लगता है कि इस दौर में भी निराला नए ढंग से मुक्त छन्द के द्वारा जमीन तोड़ते हैं। उसी जमीन पर नए ढंग का लिरिक लिखते हैं और वहाँ सचमुच निराला अपने को व्यक्त करते हैं। 'नए पत्ते' की भूमि के बाद निराला ने अधिकांश लिरिक ही लिखे हैं—'अर्चना' से 'सांध्य काकली' तक। लगभग 'अणिमा' से जो धारा उन्होंने उठाई थी—उसी क्रम में आगे तक वह लिखते चले जाते हैं, जैसे यह निराला की अपनी 'विनय पत्रिका' हो। इस 'विनय पत्रिका' की जाँच की जानी चाहिए।

1950 से लेकर 1961 तक नई कविता का दौर है। जिन कविताओं की रचना इस दौर में हुई उनके समानान्तर रखकर निराला के लिरिक की जाँच होनी चाहिए। इनमें से कुछ गीतों के सहारे हम बात करें। यहाँ इसकी चर्चा करने से पहले मैं यह

कहना चाहता हूँ कि मेरी अपनी धारणा है कि हिन्दी कविता विशेष रूप से (यद्यपि उसमें प्रबन्ध काव्य लिखे गए–जिसमें 'पृथ्वीराज रासो' की रचना हुई हो, जिसमें 'पद्मावत' लिखा गया हो, 'रामचरितमानस' लिखा गया हो, 'कामयानी' की रचना हुई हो, 'साकेत' की हुई हो) लिरिकल ही है। ऐसा लगता है कि हिन्दी कविता की मुख्य धारा लिरिक प्रधान है। भले ही संस्कृत में 'रामायण', 'महाभारत' या 'रघुवंश' जैसे महाकाव्यों का महत्व रहा हो लेकिन हिन्दी कविता का इतिहास लिरिक का इतिहास है। इसमें सबसे अधिक लिरिक आधुनिक काल या बीसवीं शताब्दी में जो लिखे गए, उनमें जो 'मैं' है, अर्थात कवि के अन्तःकरण का आयतन; वह क्या है? उस 'मैं' का समाज से क्या रिश्ता है? 'मैं' कितना सामाजिक है? साथ ही, वह अन्तर्मुखी होते हुए आत्मविश्लेषण करने में कितना सक्षम है? और उसके जो अन्तर्द्वन्द्व, हैं उनमें कितनी गहराई तक वह जा सकता है तथा कितना निर्भय होकर के आत्म समीक्षा कर सकता है। इस 'मैं' की प्रकृति पर, इसके घनत्व पर और साथ ही इसके आत्म विस्तार पर हिन्दी में लिखे हुए लिरिक की ऊँचाई निर्भर करती है। छायावादी कविता के दौर में भी यदि निराला सबसे महत्वपूर्ण हैं तो वह इसीलिए कि निराला का 'स्व' सबसे प्रबल मुखर और अधिक समृद्ध है। जब उन्होंने यह कहा था कि ''मैंने 'मैं' शैली अपनाई'' तो खाली वह 'मैं' शैली नहीं थी–बल्कि पहली बार कविता में वह 'स्व' प्रकट हुआ था। अपनी पूरी शक्ति और समृद्धि के साथ। सारे अन्तर्दन्द्व, के साथ और कशमकश के साथ। जैसे उर्दू कविता में किसी ज़माने में गालिब और मीर में आया था। भक्तों में जैसे यह 'मैं' तुलसीदास में पहली बार 'विनय पत्रिका' में प्रकट हुआ था। बीसवीं शताब्दी में जब यह नया लिरिक छायावाद के साथ आया, उस दौर में भी निराला का जो 'मैं' था वह और लोगों के 'मैं' से स्पष्ट रूप से अलग था। महादेवी जी लिखती थीं–'मैं नीर भरी दुःख की बदली'। पंत जी का 'मैं' जो छायावादी दौर में बहुत कम प्रकट होता है, उसका आभास ही नहीं मिलता। यह 'मैं' प्रसाद जी के कुछ गीतों में है। लेकिन निराला के साथ अगर मिलाकर देखें तो उनके लिरिक उस दौर में इसलिए अलग पहचाने जाते हैं कि वह स्पष्ट रूप से अन्य कवियों के 'मैं' से भिन्न है–अपने आत्म साक्षात्कार में 'स्व' के साथ और इस जगत की समीक्षा को लेकर भी।

निराला अपने अकेलेपन की बात करते हैं। अपने रुग्ण होने की, अपने जर्जर तन होने की भी बात करते हैं। लेकिन जिस रूप में वह कहते हैं तो ऐसा लगता है कि वह 'मैं' केवल व्यक्ति का नहीं रह जाता, बल्कि आभास होता है जैसे वह बड़ी सच्चाई की बात कर रहे हैं। कभी-कभी देखकर आश्चर्य होता है कि 1950 से 1961 तक के निराला के ये लिरिक इस काल के भारतीय मानस की जितनी सही तस्वीर पेश करते हैं, उतनी सही तस्वीर सम्भव है कि इस दौर की, जिसमें दर्द ही दर्द भरा

पड़ा है, किसी कविता में नहीं मिले। अब आप इन गीतों में से कुछेक को लें। मैं एक गीत को इस सन्दर्भ में रखना चाहूँगा। 1943 के आसपास का यही गीत है :

गहन है यह अन्धकारा
स्वार्थ के अवगुंठनों से
हुआ है लुंठन हमारा
खड़ी है दीवार जड़ की घेर कर
बोलते हैं लोग ज्यों मुँह फेर कर
इस गगन में नहीं दिनकर
नहीं शशिधर, नहीं तारा।

इनकी अन्तिम पंक्तियाँ हैं :

प्रिय मुझे वह चेतना दो देह की
याद जिससे रहे वंचित गेह की
खोजता-फिरता न पाता हुआ,
मेरा हृदय हारा।

'प्रिय मुझे वह चेतना दो देह की'—केवल चेतना नहीं माँग रहे हैं बल्कि 'देह' की चेतना' माँग रहे हैं 'याद जिससे रहे वंचित गेह की'। यह जो घर है जिसमें विशेषण दिया है—'वंचित गेह' और 'खोजता फिरता, न पाता हुआ मेरा हृदय हारा। यह लिरिक है। यह केवल निराला की अपनी निजी व्यक्तिगत चिन्ता है? वह छटपटाहट, जिसमें वह कहते हैं : 'खोजता-फिरता न पाता हुआ मेरा हृदय हारा।' यह क्या चीज़ है जो खोज रहे हैं। जिसे न पाकर भी हारा हुआ हृदय लेकर यह आदमी बैठा है और बोल रहा है। तो ऐसा मालूम होता है कि 'गहन है यह अन्धकारा'—जिस कारा की यह बात कर रहे हैं, उस कारागृह में अन्धकार ही अन्धकार भरा हुआ है। यह गीत केवल 'मैं' या किसी एक व्यक्ति की वेदना का नहीं रहता। इस हद तक उनका अपना समय और उसकी समस्याएँ जुड़ी हुई हैं। इसलिए इसकी व्याख्या न करते हुए मैं यह कहना चाहूँगा कि लगभग यही भाव आगे चलकर 'अर्चना' और 'आराधना' के गीतों में हैं।

दुख और मृत्यु निराला के काव्य में आरम्भ से ही है। 'परिमल' में हैं। 'अनामिका' में भी है। फिर इस दौर में भी है। लेकिन उस दुख में और इस दुख की जाति में अन्तर है। बाद की कविताओं में लगभग यथार्थ की पृष्ठभूमि में आने वाले दुख और मृत्यु को जाँचना चाहिए। इस दुख और मृत्यु की जाति बिलकुल अलग है। यह सही है कि बाद की रचनाओं में ऐसा प्रतीत होता है कि दूसरे कवियों से इस मामले में निराला अलग नहीं हैं। 1950 से लेकर 1961 तक के स्वाधीन भारत के अन्त के इसी दौर के मुक्तिबोध में वही अन्धकार, वही मृत्यु, वही दुख की

प्रधानता दिखाई पड़ेगी। शायद कहीं न कहीं अस्तित्ववाद के प्रभाव के कारण नई कविता में भी उसकी छाप दिखाई पड़ेगी। लेकिन निराला में क्या है? निराला ज्यादातर अन्धकार के कवि कहे जाते हैं। संध्या पर कविताएँ लिखी हैं। लेकिन ऐसा लगता है कि इस दौर की कविताओं में रात ज़्यादा गहरी है :

शिशिर की शर्वरी/हिंस्र पशुओं भरी

तो शिशिर की शर्वरी है, और हिंस्र पशुओं से भरी हुई है। जीव-जन्तु चारों तरफ विचरते हुए दिखाई पड़ रहे हैं। एक तो यथार्थ का यह रूप, जिसको खुली आँखों से वे देखते हैं और जिसका चित्र उपस्थित करते हैं।

इस बीच यह देखने को आता है कि बाद के गीतों में छोटे छन्दों को लेते हैं। कम से कम शब्दों में अपनी बात कहते हैं, इसका एक उदाहरण–

भग्न तन रुग्ण मन
जीवन विषण्ण वन

अब 'तन', 'मन', 'वन' तो ठीक है लेकिन जो 'टंकार' सुनाई पड़ती है वह है 'भग्न' 'रुग्ण' और 'विषण्ण' आदि। कहते हैं लोग कि निराला बीमार पड़े थे, 'अर्द्धविक्षिप्त' हो गए थे। इसलिए अपनी बात कह रहे हैं। लेकिन भग्न, रुग्ण और विषण्ण–यह कहीं अपने से बाहर के यथार्थ और सच्चाई के बारे में संकेत दिखाई पड़ते हैं। विचित्र बात है कि जिस युग में उनको रुग्ण और अर्द्धविक्षिप्त कहा जाता रहा उसी युग में उनके सृजन मन से इतने अधिक गठे सुथरे गीत निकलते हैं। लिरिक निकलते हैं।

हार गया। जब मैं उस पार गया

यह बोध उनको बार-बार था। कुछ लोग कहते हैं, निराला आध्यात्मिक हो गए थे। ईश्वर की शरण में चले गए थे। जो लोग यह कहते हैं उन्हें इन पंक्तियों पर ध्यान देना चाहिए :

हार गया/जब मैं उस पार गया

उस पार जाना हार है हमारी। जो आदमी यह कहता हो वह पुराने सन्तों और भक्तों की तरह से निवृत्ति मार्ग की ओर नहीं जा रहा था। वह जानता था इस सीमा को। इन गीतों में भावुकता या आर्तवेदना के अलावा एक गहरी विडम्बना का बोध बराबर दिखाई पड़ता है, जिसके कारण ये गीत, खासतौर से छायावादी दौर के गीतों से अलग दिखाई पड़ते हैं। इनकी भाषा, इनकी शब्द योजना, इनका वाक्य विन्यास और इनका संगीत पूरा का पूरा अलग है।

यहाँ मैं इनके बारे में कहना चाहूँगा कि निराला लोकगीतों की छाया अपने गीतों पर लेते रहे हैं। 'अनामिका' के गीतों पर दिखाई पड़ती है। डॉ. रामविलास शर्मा ने बिलकुल ठीक कहा है कि निराला ने लोकगीतों के अनुकरण पर दूसरे लोकगीत लिखे हैं। बल्कि धुनें ली हैं। शब्द योजना ली है। भाव-बोध उनका अपना

है। जैसे वह कहते हैं–*'खेलूँगी कभी न होली उससे जो नहीं हमजोली।'* होली या चैता की धुनें लेते हैं। लेकिन जो लिखते हैं वह वही नहीं हैं। इसके द्वारा उनकी लोकोन्मुखता का ही नहीं बल्कि लोक से गहरे जुड़े होने का भाव प्रकट होता है। लगता है कि अन्तिम दिनों में उनका बैसवाड़ा मुखर हुआ। जो कुछ वहाँ सीखा-पढ़ा था उन्होंने, वह सब छायावादी ढाँचे में आ नहीं सकता था। इसलिए उन्होंने पहली बार खुलकर के लोक जीवन से मिले संस्कारों से जो गीत सुने थे, जो शब्द सुने थे, उन्हें इन गीतों में आने दिया। ऐसे शब्दों का प्रयोग करते हैं इस दौर में, जिनका प्रयोग कम होता था। यहाँ उनके ठेठ बैसवाड़ी के शब्द मिलेंगे। उन्होंने 'अरघान' फैलाव का प्रयोग किया है, 'आराधना' में एक गीत है–'अरघान की फैल मैली हुई मालिनी मृदुल शैल'। त्रिलोचन जी ने भी इस शब्द का प्रयोग किया है और बहुत अच्छा किया है। लेकिन 'अरघान' का प्रयोग इसी दौर में हो सकता था। क्रियापदों का प्रयोग तो अनूठा है–'अट न रही है आभा फागुन की तन। सट न रही है।' अब इसमें केवल 'अट' का 'सट' तुक नहीं है बल्कि बोलचाल में जो मुहावरे और शब्द काम आते हैं, निराला उनका प्रयोग करते हैं। इसीलिए इन गीतों की सहजता, सरलता केवल लोकगीतों का प्रभाव नहीं है, बल्कि कहना चाहिए कि लोक चेतना का सूचक है। इसका सम्बन्ध धुन, शब्द, गीत और शब्दावली तक ही से नहीं है। जिस व्यक्ति को या कवि को लोक चिन्ता होगी वही इस भाषा में बोलने की कोशिश करेगा। इसीलिए निराला के ये लिरिक नए ढंग के बन सके हैं।

यहाँ इस क्रम में एक और बात का जिक्र करना जरूरी समझता हूँ। वह यह है कि दुख और मृत्यु से आक्रान्त होते हुए भी निराला पहले की तरह इस दौर में भी सुख के क्षण या अनुभूतियाँ या नारी रूप और नारी सौन्दर्य जैसी चीजों को भूले नहीं। उनकी उपेक्षा नहीं की। इस दौर के गीतों में हर समय उनमें सुख-दुख का एक अजीब ताना-बाना दिखाई पड़ता है। उनका प्रसिद्ध गीत है : 'बाँधो न नाव इस ठाँव बन्धु। पूछेगा सारा गाँव बन्धु।' यह बताता है कि जो भी वह देखते थे; उसे लिखते थे, रचते थे। तो यह जो जीवन का राग-रंग है, रूप और सौन्दर्य है; चाहे वह ऋतुओं का हो, लोगों का हो, आसपास के जीवन का हो–वह सब इस दौर के गीतों में मिलेगा। भले ही इसकी मात्रा कम हो। लगता है जीवन का पूरा रस लेना, उसे जी भर के जीना निराला में बराबर रहा है। हाँ, पहले और गहरा था। 'गीतिका' में वह लिख सकते थे : 'नयनों के डोरे लाल गुलाल भरे' वैसे गीत तो निराला बाद में नहीं लिख सके। लेकिन होली के कई गीत इस दौर में भी लिखे उन्होंने। ऋतुचक्र से निराला का बराबर लगाव रहा है। बसन्त ऋतु के गीत भरे पड़े हैं 1950 से 61 के दौर में। पर यह वही पसन्द नहीं है, मैं कहूँगा जो पहले के गीतों में है। लेकिन बाद के गीतों में भी कुछ न कुछ ऐसा है। वसन्त और वर्षा दो ऋतुएँ

उन्हें बहुत प्रिय थीं। इसलिए यह समझना कि इस दौर के लिखे हुए गीतों में केवल अपना और पराए का दुख है या मृत्यु की चिन्ता है या बीमारी, रोग, व्याधि ही है– इन गीतों में, यह सही नहीं है बल्कि एक भरा-पूरा जीवन इन गीतों में दिखाई पड़ता है। इस दृष्टि से यदि हम देखें तो अपने काव्य विकास की पूरा यात्रा में अकेले निराला ने हिन्दी में, हर उठान में एक नए ढंग का लिरिक लिखा है।

यह सही है कि वह समझ गए थे कि इस दौर में उस तरह प्रबन्ध रचना सम्भव नहीं है जैसे कि 'सरोज स्मृति' या 'राम की शक्ति पूजा'। लेकिन इस दौर में इन छोटे-छोटे गीतों के द्वारा कसी हुई अनुभूतियों को वाणी देने की उन्होंने कोशिश की। इस तरह एक प्रचलित धारणा जो लिरिक के बारे में बनी हुई थी कि उसमें खास तरह की सीमित चीजें ही कही जा सकती हैं, निराला ने यह साबित करके दिखाया कि छोटे गीतों के द्वारा गहरी, घनी अनुभूतियाँ व्यक्त की जा सकती हैं। *खासतौर से इन गीतों के विन्यास में एक और बात जो मुझे लगती है कि निराला की वे कविताएँ श्रेष्ठ हैं जहाँ वह दो विरोधी भावों या अनुभूतियों के द्वन्द्व को दिखाने के साथ ही उनके बीच एक सन्तुलन स्थापित करते हैं।* आचार्य शुक्ल के शब्दों में जो 'विरुद्धों का सामंजस्य है'। गीतों की सीमा में जो बहुत कम सम्भव हो पाता है। क्योंकि दो विरोधी भावों के आने पर सम्भव है कि गीत का घनत्व और समग्र प्रभाव खंडित हो जाए। इसके एकदम अपवाद हैं निराला। अपनी लम्बी कविताओं में भी तो अनेक प्रकार के अन्तर्विरोधी भावों की टकराहट दिखाते हैं। साथ ही उनमें सामंजस्य स्थापित करते हैं। यही बात उनके गीतों में दिखाई पड़ती है। अचानक कोई गीत शुरू होगा, जैसे 'अर्चना' में उनका एक गीत है–'रंग भरी कि अंग भरी हो' और सहसा आगे जैसे ही जाते हैं, तुरन्त आता है, 'जैसे मैं बाजार में बिका कौड़ी के मोल। पूर्ण शून्य दिखा।' अब कोई सोच भी नहीं सकता है, कि 'रंग भरी कि अंग भरी हो' से शुरू होने वाली कविता, जैसे 'बाजार में बिका कौड़ी के मोल' पर खत्म होगी। इसकी कल्पना भी नहीं की जा सकती। वे एक विचित्र प्रकार का कोलाज बनाते हैं। यह उनकी काव्य प्रतिभा थी कि वह अटपटा नहीं लगा बल्कि वे उसे साध ले जाते हैं।

मैं समग्र रूप से देखने की कोशिश करता हूँ कि जो साधना निराला की है, उसको उनके बाद के कवियों ने किस रूप में लिया है, यह विचार का विषय है। मुझे ऐसा लगता है कि जिन कवियों की निराला के प्रति सच्ची श्रद्धा है और वे अपने को निराला का वारिस मानते हैं अथवा मानने की आकांक्षा जिन लोगों के मन में है, उनका ध्यान इस तथ्य की ओर जाना चाहिए। हो सकता है जा भी रहा हो, *लगभग चालीस-पचास वर्षों से हिन्दी कविता अपने विन्यास में एकरस एकरूप हो गई है। वह गद्य के निकट ही नहीं गई है बल्कि वह गद्य हो गई है।* उसका एक

मुहावरा बन गया है। अपनी काव्य साधना के 40 वर्षों में निराला ने अपने आपको तीन-चार बार तोड़ा और हर बार एक नई शुरुआत की। देखा जाए कि इस दौर में, उनके बाद की पीढ़ी के कवियों ने अपने को कितना तोड़ा है। कितनी बार तोड़ा। रघुवीर सहाय ने कभी लिखा था कि मैं अपनी मूर्ति बनाता हूँ और तोड़ता हूँ और तुम कहते हो कि कविता की है। रघुवीर सहाय ने जरूर कुछ तोड़ा है अपने को 'सीढ़ियों पर धूप में' वाले रघुवीर सहाय, 'आत्महत्या के विरुद्ध' 'हँसो, हँसो जल्दी हँसो' वाले रघुवीर सहाय नहीं हैं। लेकिन दूसरे कवियों से कहा जाए तो स्वयं किसी का ध्यान इस ओर नहीं जाता कि आखिर इस चालीस साल में बनी हिन्दी कविता की गद्यात्मकता को तोड़ करके क्या कुछ और ऐसा किया जा सकता है जिससे लोककंठ में बसने वाले गीतों की रचना कर सकें, जैसे निराला ने की। निराला की कविताओं की अनेक पंक्तियाँ आज के कवियों को याद हैं। शायद सबसे ज़्यादा उद्धृत करने वाली पंक्तियाँ निराला में ही मिलेंगी। क्या आज के कवियों ने ऐसी पंक्तियाँ लिखी हैं कि पूरी कविताएँ न सही तो कम से कम एक-दो कविता ऐसे क्षणों में याद आ जाएँ। जैसे निराला ने कहा है कि–'बाहर मैं कर दिया गया हूँ। भीतर पर भर दिया गया हूँ।' या कहें–'सुख का दिन डूबे डूबे जाए। तुमसे न सहज मन ऊब जाए।' ऐसी अनेक पंक्तियाँ हैं–*'भर गया है जहर से संसार जैसे हार खाकर। देखते हैं लोग लोगों को सही परिचय न पाकर।'* इस तरह की कविता जो जुबान पर चढ़ जाए। तुलसीदास *इसीलिए बड़े हैं कि जीवन के अनेक क्षणों में उनकी कोई न कोई पंक्ति याद आ ही जाती है। जैसे हमारी अनुभूतियों को महाकवि वाणी देते हैं।* इस तरह का दूसरा कवि हमको निराला ही मिलता है। उनके बाद चालीस-पचास वर्षों में जो कविताएँ लिखी गई हैं, उनमें कितनी पंक्तियाँ ऐसी हैं जो हमारे जीवन के अलग-अलग क्षणों में हमारी भावना की वाणी बन सकें?

निराला पर आज के सन्दर्भ में सोचने की बात है कि हम अपने को बार-बार सार्थक ढंग से तोड़ सकें। कविता को गद्यात्मकता से उबार सकें। नई भाषा रचने के लिए अपने को तैयार कर सकें। याद रखना चाहिए कि अविस्मरणीय कविताओं की भूमि और है जहाँ पर गठी हुई काव्यात्मक छन्दोबद्ध कविताएँ की जाती हैं और की जानी चाहिए। यह एक प्रमुख समस्या है जिस पर गम्भीरता से सोचने की ज़रूरत है।

मुझे निराला की अन्तिम कविता की वह पंक्ति याद आती है जो कवियों को भी सम्बोधित मानी जा सकती है– *'पत्रोत्कंठित जीवन का विष बुझा हुआ है।'* फिर इस गीत की यह पंक्ति है–'ताक रहा है भीष्मशरों की कठिन सेज पर'। निराला इसके बाद कविता के सन्दर्भ में कहते हैं : 'बीत चुका है दिक्‌चुम्बिक चतुरंग। काव्य गति यति वाला; ध्वनि अलंकार रस। रामबंध के वाद्यछन्द के। रणित गणित छूट चुके हाथ

से। क्रीड़ाएँ व्रीणा में परिणत।' मुझे लगता है, आज भी निराला उस कठिन शर की सेज पर लेटे हुए भीष्म के समान इस पूरी पीढ़ी को देख रहे हैं। यह एहसास कराना चाहते हैं कि काव्य का जो राग-रंग है वह छूट चुका है। उससे कम से कम मुक्त होकर के वह रचा जाए। सचमुच निराला का अनुकरण होना कतई जरूरी नहीं है। किसी भी रूप में जरूरी नहीं है। लेकिन उसमें कुछ नया जोड़ने के लिए जरूरी है कि अपने आपको तोड़कर आज की कविता रचें, उसे सृजें।

[कृति ओर, जुलाई-सितम्बर, 1996 में 'निराला की कविता में परम्परा तथा आस्वाद के विभिन्न स्तर' शीर्षक से प्रकाशित]

सुमित्रानन्दन पंत की परवर्ती कविताएँ

सुमित्रानन्दन पंत का हिन्दी साहित्य में अपने प्रथम काव्य संग्रह के साथ जिस गरिमा और महत्व के साथ शुभागमन हुआ और किसी कवि का नहीं हुआ—न उनके समकालीनों में, न उनके समकालीनों के पहले और न उनके समकालीनों के बाद। यदि 'उच्छ्वास' को गिनें तब तो और भी, वरना 'पल्लव' का प्रकाशन 1926 में हुआ था। तब तक जयशंकर प्रसाद की भी कोई ऐसी पहली कृति नहीं आई थी जिसने सहसा एक बड़े कवि के उदय का आभास दिया हो। निराला की 'अनामिका' 1923 में आई थी—(दूसरी अनामिका नहीं, पहली) और 'परिमल' सन् 29-30 में आया था। निराला भी उस वैभव के साथ साहित्य में नहीं आए थे। ये उनके समकालीनों की बात है। बाकी और लोगों की चर्चा करने की ज़रूरत नहीं है। पंत जी के बाद की पीढ़ी के लोगों को भी देखें। वात्स्यायन जी का पहला संग्रह 'भग्नदूत' है, जिसे कोई याद भी नहीं करता है। अनेक कविताओं का एक संकलन 'इत्यलम्' सन् 1946 में सरस्वती प्रेस से संकलित हुआ था। उनके जिस पहले संग्रह ने पहली बार लोगों का ध्यान आकृष्ट किया था, वह वात्स्यायन जी का उस हिसाब से तीसरा संग्रह था। 'हरी घास पर क्षण भर' 49 में आया था। 'पल्लव' के साथ कवि सुमित्रानन्दन पंत ने साहित्य में प्रवेश किया था। ऐसा गौरवपूर्ण प्रवेश साहित्य में, जैसा पंत जी का हुआ, वैसा और किसी कवि का नहीं हुआ।

अंग्रेज़ी साहित्य जो महत्व लोग वर्ड्सवर्थ की 'लिरिकल बैलेड्स' की भूमिका और कविताओं का मानते हैं, लगभग वैसा ही महत्व 'पल्लव' की भूमिका और कविताओं का माना गया। 'पल्लव' के बाद 'गुंजन' और बदले हुए दौर में 1940 में 'ग्राम्या'। प्रगतिशील आन्दोलन की लहर आई थी। 'रूपाभ' 1938 में निकला था और इस दौर में 'ग्राम्या' की कविताएँ लिखी जा रही थीं। 'युगान्त' छप चुका था। उस समय प्रगतिशील आन्दोलन में हिन्दी के जिस कवि की सबसे ज़्यादा चर्चा होती थी, वह सुमित्रानन्दन पंत थे। निराला पर उतने लेख नहीं लिखे गए थे। निराला पर तब तक केवल डॉ. रामविलास शर्मा ने फुटकर दो लेख लिखे थे। एक 'राम की शक्ति पूजा' पर और एक 'तुलसीदास' पर। उस दौर में 'सरस्वती' में छायावाद पर

चाहे आक्रमण हो, चाहे प्रशंसा हो, उसके सबसे बड़े नायक पंत हुआ करते थे। जयशंकर प्रसाद नहीं, निराला नहीं, महादेवी वर्मा नहीं। छायावाद के दौर में पंत चर्चा के केन्द्र में रहे। उसके बाद जो दूसरा आन्दोलन चला–प्रगतिशील आन्दोलन, उसमें भी सबसे ज़्यादा अगर किसी कवि की चर्चा थी तो सुमित्रानन्दन पंत की थी। यह '40 तक का दौर था। छायावादी कवियों में सम्भवतः पहली पुस्तक सुमित्रानन्दन पंत पर ही प्रकाशित हुई थी–डॉ. नगेन्द्र की, जिसकी चर्चा रामचन्द्र शुक्ल ने की। इसलिए लगभग 1940 तक अपने समकालीन कवियों में श्री सुमित्रानन्दन पंत शीर्ष पर थे। उसके बाद इतिहास पलटता है और धीरे-धीरे उनका महत्व घटता है। बाद के जो लगभग तीस वर्ष हैं, उन वर्षों में सुमित्रानन्दन पंत का वही महत्व नहीं रहा, जो 1940 ईस्वी तक था।

कहने के लिए लोग कहेंगे कि इसमें शुरुआत रामविलास शर्मा ने की। 'स्वर्णकिरण' और 'स्वर्णधूलि' के प्रकाशन पर डॉ. रामविलास शर्मा ने 1948 में एक लेख लिखा था। वह बहुत ही विध्वंसात्मक लेख था, जिसके टुकड़े-टुकड़े करके उन्होंने 'बाद' की पुस्तकों में प्रकाशित किए। यथावत् वह लेख नहीं छपे थे। लोगों का कहना है कि वह पहला विध्वंसात्मक लेख था। उसके बाद पंत जी के काव्य से सहानुभूति रखने वाले लोग भी खुल करके पंत जी की प्रशंसा नहीं कर सके। मैं केवल उन कुछ लेखों का जिक्र आपके सामने करना चाहता हूँ। पंत जी की लगभग सबसे अच्छी आलोचना निराला ने की। पुस्तक के आकार का लेख पंत जी पर जिस किसी ने लिखा था तो वह निराला थे। 'पंत और पल्लव' आज भी निराला के काव्य पर सबसे सूक्ष्म दृष्टि से विचार किया हुआ लेख है। उसके टक्कर का दूसरा लेख या कोई पुस्तक मैंने आज तक नहीं देखी। उसमें निराला का पंत के प्रति गहरा लगाव और अनुराग है। गहरे लगाव और अनुराग के कारण वह क्रोध भी है कि मैं दिखाता हूँ कि इसमें कितने दोष हैं। लेकिन जहाँ-जहाँ उन्होंने दोष पर उँगली रखी है, लगता है कि एक समर्थ कवि ने दूसरे कवि पर उँगली उठाई है। शब्द-शिल्पी पंत जी के शब्द-चयन पर बहुत बारीकी से विचार किया उन्होंने। उनकी भाषा पर, शिल्प पर आपत्तियाँ कीं। साथ ही उन्होंने प्रशंसा भी की है खुल कर। आज भी वह लेख बेजोड़ है।

पंत जी का 1940 के बाद का जो साहित्य है, उस साहित्य के बारे में, उस दौर में, उन्हें बहुत आदर देने वाले शमशेर बहादुर सिंह ने लिखा। शमशेर जी के दो लेख छप चुके थे। एक उन्होंने 'ग्राम्या' पर लिखा था उसी '40-'41 में; और दूसरा लेख उन्होंने 'पल्लविनी' की समीक्षा करते हुए लिखा था। कालाकाँकर में रहते हुए पंत ने उस समय की अपनी रचनाओं के चयन के रूप में पल्लविनी को प्रकाशित किया था। पंत जी उन कवियों में से हैं जिन्होंने आधे दर्जन से ज़्यादा अपने संकलन और

चयन प्रकाशित किए। उसके बाद अज्ञेय जी के ही उतने चयन प्रकाशित हुए हैं। वह बार-बार, हर दस साल बाद अपना एक चयन करते थे। उन्होंने प्रकाशकों के अनुरोध पर पाठ्यक्रम में लगाने के लिए कुछ अपनी रुचि से, अपनी कविताओं के अनेक चयन और संकलन प्रकाशित किए हैं। 'पल्लविनी' वह पहला संकलन है, जिसे कालाकाँकर में रहते हुए उन्होंने प्रकाशित किया था। उनका बहुत सुन्दर फोटोग्राफ उसमें छपा था। पल्लविनी का वह फोटोग्राफ उनका सबसे सुन्दर चित्र था। शमशेर जी ने दो लेख लिखे–'ग्राम्या' और 'पल्लविनी' पर। वह पहले आदमी हैं जिनकी दृष्टि पंत जी के उस पहलू पर गई थी, जिस पर आमतौर से लोगों की दृष्टि नहीं जाती। 'ग्राम्या' में पंत जी की, व्यंग्य की जो शिष्ट छटा है ग्राम जीवन के चित्रों पर, उस पर उनका ध्यान गया था। एक कविता है–'जाती ग्राम वधू पति के घर'। गाँव की औरतें पति के घर जाते हुए रोती हैं, उस पर पंत जी ने लिखा है। अब कहने वाले कह सकते हैं कि पंत जी शहराती आदमी थे, गाँव के थे नहीं, इसलिए वह क्रूर व्यंग्य माना जाएगा कि गाँव वालों का मजाक उड़ा रहे हैं। ग्राम देवता पर एक कविता है– 'हे राम-राम, हे ग्राम देव! लो हृदय थाम'। उस कविता को आप देखें। वे गाँव वालों का ये मजाक उड़ाते हैं, इसे भूल करके आप देखें। स्वीट पी एक फूल है, उसके प्रति एक कविता है–'कुल वधुओं-सी अइ सलज्ज सुकुमार'। कुल वधुओं-सी सलज्ज सुकुमार दिखाई पड़ने वाली स्वीट पी है, उसकी बड़ी मीठी चुटकी उन्होंने ली है। स्त्री के बारे में उनकी एक कविता है। आज नारी विमर्श का जो आन्दोलन चल रहा है, उसके समर्थक पंत पर क्रोध भी कर सकते हैं और इसमें शायद वे लोग भी शामिल हों जो पंत जी में स्त्रैणता देखते हैं। 'यदि कहीं स्वर्ग है पृथ्वी पर, तो वह नारी उर के भीतर'। आगे उन्होंने उसी साँस में उसी कविता में कहा कि 'कहीं नरक है पृथ्वी पर, तो वह भी नारी के अन्दर'। लोग समझते हैं कि पंत जी आजीवन रोमांटिक, भावुक और भावोच्छ्वास वाले रहे। व्यंग्य-विनोद-चुटकी पंत जी में नहीं थी। शमशेर जी का ध्यान 'ग्राम्या' की समीक्षा करते समय 'ग्राम्या परिचय' नाम के लेख में पहली बार गया है। ऐसे पक्षों की ओर गया, यह बहुत ही महत्वपूर्ण है। प्रकृति-चित्रण करते हुए पंत जी लिखते हैं–

हाँका करती दिन भर बन्दर,
अब मालिन की लड़की तुलसा।

वह जो 'ग्राम श्री' नाम की कविता है उसको आप पढ़ें। 'सन्ध्या के बाद' एक कविता है गाँव की–'लो लाला ने फिर डंडी मारी' इससे कविता का अन्त होता है। लोग समझते हैं कि पंत जी भावुक थे। शमशेर जी का ध्यान पंत जी के दूसरे पहलू पर भी गया था। शमशेर जी ने बाद में भी एक लेख लिखा था, 'कृति' में, जब पंत जी 60 साल के हुए थे। शमशेर जी ने अपने ढंग से लिखा है कि–'टेक्निकल

परफेक्शन' में कमाल करते हैं पंत जी। आगे लिखते हैं कि भाषा पर उनका यान्त्रिक ढंग का अधिकार है। अब मैं समझ नहीं सका कि भाषा पर यान्त्रिक अधिकार क्या होता है? भाषा पर यान्त्रिक अधिकार से ऐसा लगता है कि वे विचारों को बहुत महत्व देते हैं, शिल्प को महत्व नहीं देते। पूरे लेख को पढ़ें तो पाठकों की समस्याओं के बहाने शमशेर जी ने पंत जी की परवर्ती कविताओं के आलोक में कुछ वे बातें कही हैं जिसे दूसरे आलोचक दोहराते थे। कुछ लोगों ने थोड़ा पहले आभास दे दिया था लेकिन मैं उसी दौर के कवियों का जिक्र कर रहा हूँ, आलोचकों का नहीं।

'चिदम्बरा' के प्रकाशन के बाद मुक्तिबोध ने उसकी एक समीक्षा के आधार पर सुमित्रानन्दन पंत जी पर एक लम्बा लेख लिखा था। 'चिदम्बरा' छायावादी दौर से ले करके अरविन्द दर्शन से प्रभावित काल तक की चुनी हुई कविताएँ थीं। ज्ञानपीठ पुरस्कार उसी को निमित्त बना करके दिया गया था। मुक्तिबोध जी ने उसमें कई बातों की ओर इशारा किया। कविताएँ तो ठीक हैं, बड़े कवि हैं इत्यादि-इत्यादि कहने के बावजूद बोले कि बाद की कविता में मात्र शुभ इच्छाएँ हैं और वे कविताएँ उद्बोधनात्मक हैं। यदि आप ध्यान से देखें तो उनकी अभिव्यक्ति में एक यान्त्रिकता दिखाई पड़ती है। उनका एक प्रिय शब्द था–कंडीशन रिफ्लेक्स। यह मशहूर रूसी मनोवैज्ञानिक इवान पावलोव' का शब्द है, जिसे पंत जी प्रायः अपनी कविताओं पर लागू किया करते थे और कहते थे कि उनकी कविताएँ 'कंडीशन रिफ्लेक्स' हैं। जैसे कुत्ते को पहले आप घंटी बजाकर खाने के लिए मांस दें और बाद में आप घंटी तो बजाने लगें लेकिन मांस न दें तो उसके मुँह से अपने आप लार टपकने लगेगी। अब देखें, जहाँ आलम्बन न हो, विभाव न हो, फिर भी कवि के मन में लार टपकने लग जाए तो कंडीशन रिफ्लेक्स नहीं होगा तो क्या होगा। यानी पंत जी की परवर्ती कविताएँ कंडीशन रिफ्लेक्स हैं। ठीक-ठीक विभाव से उद्बुद्ध भाव की अभिव्यक्ति नहीं है, बल्कि विभाव के अभाव में उस भाव का स्खलन है। मुक्तिबोध अपनी भाषा में उसे 'कंडीशन रिफ्लेक्स' कहते हैं। पंत जी अपने समकालीन कवियों में मार्क्सवाद से बहुत प्रभावित थे। श्री अरविन्द के दर्शन से प्रभावित होने के बाद भी अन्त तक वे मार्क्सवाद के सकारात्मक पक्षों के समता के हिमायती बने रहे। बावजूद इसके मुक्तिबोध ने लिखा है कि मार्क्सवाद उनके लिए बड़ी सरल साधना थी। उन्हें उसे स्वीकार करने में कोई कष्ट ही नहीं था। नतीजा यह हुआ कि वास्तविकता के साथ उनका कोई संघर्ष नहीं था। उनके सम्पूर्ण चिन्तन में कोई द्वन्द्व और तनाव नहीं था। जैसे कि राजनीतिक दल होते हैं– कल तक एक विचारधारा के लिए, हिन्दुत्व के लिए जान देने को तैयार हैं, सरकार छोड़ने के लिए तैयार हैं और अगले क्षण उसे छोड़ देने में उन्हें कोई कष्ट या पीड़ा

नहीं होती है। सारा दर्शन छोड़ने के लिए तैयार हो सकते हैं। उसी तरह से कोई आदमी मार्क्सवाद को सहज सरल ढंग से स्वीकार कर ले, कोई कष्ट न हो, पीड़ा न हो, मुक्तिबोध के लिए यह बात जल्दी समझ में न आने वाली थी। पंत जी अपने संस्कारों के साथ सहज भाव से मार्क्सवाद को स्वीकार कर लेते हैं जबकि मुक्तिबोध को एक लम्बे आत्मसंघर्ष से गुजरना पड़ा। वर्ग की दृष्टि से मुक्तिबोध पंत जी से कहीं ज़्यादा दूसरे वर्ग के, निम्न वर्ग के आदमी थे। उन सारी कमजोरियों का गहरा असर उन पर था जो उनकी कविता में व्यक्त होता रहा है–'भूल गलती', 'चम्बल की घाटी में', 'अँधेरे में'। उन्होंने कहा कि पंत जी सहजता से छायावादी से प्रगतिशील हो गए; कोई कष्ट नहीं हुआ उनको, कोई तनाव नहीं, कोई आत्मसंघर्ष नहीं, कोई द्वन्द्व नहीं–यही उनकी कविता की कमजोरी है। अगर उसके लिए थोड़ा तनाव होता, कोई द्वन्द्व होता, संघर्ष होता तब तो उन्हें कुछ पीड़ा होती। वास्तविकता यह है कि यथार्थ के प्रति उनकी शुभेच्छा की भावना थी। लगभग वैसे ही जैसे बड़े पदों पर बैठे हुए लोग देश की साधारण जनता के प्रति रखते हैं। मान लीजिए बहुत बड़ी दुर्घटना हो जाए, भूकम्प आ जाए, तो जिस सहज भाव से वह सहानुभूति व्यक्त करते हैं, उसमें कोई दर्द-पीड़ा नहीं होती। जिस रूप में देश को बधाई दिया करते हैं 15 अगस्त को, 26 जनवरी को। उसमें भी पता लगता है कि कोई उल्लास नहीं है। ये राजनीतिक नेता, राष्ट्रपति, प्रधानमंत्री तो कर सकते हैं। कवि इतनी सरलता से दुख और सुख को जब ग्रहण करता है तो समझना चाहिए कि कहीं न कहीं उसकी सृजन प्रक्रिया में गहराई में खोट है। यह मुक्तिबोध कह रहे हैं जबकि मुक्तिबोध पंत जी को बहुत महत्वपूर्ण कवि मानते थे। रामविलास जी को शिकायत है मुक्तिबोध से कि विचित्र बात है कि निराला इनके प्रिय कवि नहीं थे। इनका किसी प्रिय कवि से अगर टकराव भी था तो जयशंकर प्रसाद से था, सुमित्रानन्दन पंत से था। इन्होंने निराला को इस लायक भी नहीं समझा।

निराला, शमशेर और मुक्तिबोध पंत जी के प्रति बहुत ही सम्मान का भाव रखने वाले थे। इनको पढ़ें तो कम से कम हम उस बिन्दु पर पहुँचते हैं; खासतौर से पंत जी का 1940 के बाद का 30 वर्षों का जो समूचा काव्य है, साहित्य है, उसे हम किस रूप में पढ़ें, किस रूप में मूल्यांकन करें। केवल याद दिलाने की बात है, इसी इलाहाबाद शहर में जब 'लोकायतन' छपा था, तो विवेचना की गोष्ठी में साही जी ने लोकायतन पर कहा था–'न मैंने पढ़ा है न मैं पढ़ूँगा'। इसी इलाहाबाद शहर में 'लौट आ, ओ धार' नाम की पुस्तक दूधनाथ जी ने लिखी है और वह आलोचना नहीं है। लेकिन ज्ञानरंजन, पंत जी, शमशेर–सबको मिला करके उन्होंने लिखा है। बंजरपन का बीज उनमें बाद में आया है, यह बात नहीं। वह आरम्भ से ही था और जो लोग यह सवाल उठाते हैं कि पंत जी को कब लिखना बन्द कर देना चाहिए था, यह पंत

जी स्वयं नहीं जानते थे। उन्हें खुद नहीं मालूम था कि कब, जिसको इंस्पायर्ड पोएट्री कहते हैं, उनकी कलम से निकलेगी। अचानक चमकती हुई-सी कविताएँ कुछ मिलती भी हैं। अचानक प्रकट होती हैं। वह अभिशप्त थे आजीवन लिखते रहने के लिए ताकि शायद कोई चमकदार चीज़ निकल जाए।

मैं पंत जी का लगभग पूरा काव्य पढ़ गया। मैंने उस क्रम में यह देखा कि पंत जी ने हिन्दी में जितनी कविताएँ लिखी हैं, शायद सूरदास व तुलसीदास ने भी नहीं लिखीं। पंत ग्रन्थावली को आप देखें। मोटे तौर से छोटे टाइप के छपे हुए साढ़े तीन हज़ार पृष्ठों की कविताएँ उन्होंने लिखीं। एक पूरा का पूरा खंड 'लोकायतन' है। बहुत मनोयोग से मैंने सारा काव्य पढ़ा। देखने के लिए, समझने के लिए। इस क्रम में एक बात की ओर मेरा ध्यान गया कि पंत जी की वह जो पहले की कला थी, जो भाषा, जो शिल्प, जहाँ से 'पल्लव' उन्होंने शुरू किया था वह बाद में उनके हाथ से छूट गई। उन्होंने पहले की अपनी कला से खड़ी बोली कविता को प्रतिष्ठित किया। उसे श्रीधर पाठक ने शुरू तो किया था, लेकिन मैथिलीशरण गुप्त उस रूप में खड़ी बोली को नहीं बना सके थे। बार-बार निराला ने पंत जी को इस बात की दाद दी है कि माधुर्य और कोमलता की भाषा, खड़ी बोली के शब्दों की खड़खड़ाहट को दूर करके, उन्होंने कविता के लिए गढ़ी थी। साही जी ने 'नई कविता' में अज्ञेय के लिए लिखा है कि उन्होंने कविता में जो भाषा गढ़ी, उसके द्वारा कविता को सम्भव बनाया। पंत जी के विषय में भी यह कहा जा सकता है। मैं समझता हूँ कि उन्होंने पहले की अपनी कला से अज्ञेय के बहुत पहले यह काम छायावादियों ने और पंत जी ने किया था। उन्होंने 'पल्लव' में भाषा गढ़ी थी।

मैं ढूँढ़ता रहा कि पंत जी की वह भाषा कहाँ चली गई, क्यों छूट गई और बाद में जो लिखा, वह क्या किया? उस प्रक्रिया के क्रम में मेरी एक धारणा बनी। आप जानते हैं कविता में बहुत ज़्यादा निजी, वैयक्तिक, आत्मकथन कहने वाले निराला हैं। निराला यह कह सकते थे, लिख सकते थे–'मेरा अन्तर वज्र कठोर/देना जी भरकर झकझोर/अभी न होगा मेरा अन्त।' पंत जी ने 'आधुनिक कवि' की भूमिका में कहा कि मैं बहुत ही निर्वैयक्तिक कवि हूँ। उस ज़माने में, जब प्रयोगशीलता का दौर आया था, तो टी.एस. इलियट की 'इम्पर्सनल थियरी ऑफ पोएट्री' के प्रभाव से कहते थे कि बड़ी कविता निर्वैयक्तिक होती है। पंत जी ने 'आधुनिक कवि' की भूमिका में लिखा था कि मैं निर्वैक्तिक रहा हूँ। अपने व्यक्तिगत जीवन का रोना-धोना मैंने कहीं नहीं रोया। पंत जी, इस मामले में व्यक्तिवादी नहीं रहे। वे निर्वैयक्तिक कवि थे।

बाद में मैंने देखा कि गद्य-लेखन और पद्य-लेखन, दोनों में पंत जी एक के बाद एक आत्मकथाएँ लिखते चले जा रहे हैं। कोई आदमी एक बार आत्मकथा लिख लेता

है तो सन्तोष हो जाता है। पंत जी ने 1958 से लेकर 1969 के बीच कम से कम तीन बड़ी आत्मकथाएँ या आत्मकथात्मक काव्य लिखे। 'आत्मिका' नाम की एक लम्बी कविता है जो 1958 में लिखी गई थी। दूसरी का शीर्षक भ्रामक है–'पुरुषोत्तम राम'। वह भी आत्मकथा है। यह आत्मकथा लिखने के बाद रेडियो पर वक्तव्य देते हुए 60 वर्ष के एक रेखांकन में अपनी आत्मकथा लिखी है। उन्होंने रेडियो पर बहुत ज़्यादा वक्तव्य दिए हैं अपने बारे में। बचपन की चर्चा करते हुए। यद्यपि 'परिवर्तन' में भी उन्होंने लिखा है कि इधर मेरा जन्म हुआ, उधर मेरी माँ की मृत्यु हुई। वहाँ जन्म और मृत्यु का एक पंक्ति में संकेत करके छोड़ दिया था। यह घटना इतनी जमी हुई थी कि व्यापक रूप से बचपन की कथा में बाकी कुछ जोड़ते-घटाते हुए ये आत्मकथाएँ बनीं। वह कवि जो कभी निर्वैयक्तिक था, वह अपनी कहानी बार-बार क्यों सुनाना चाहता है? उस पूरी कथा में एक आत्मदया का भाव कह लीजिए, आत्मपीड़न का भाव कह लीजिए, बार-बार उभरता है। मैं सताया हुआ हूँ, मैंने स्वाधीनता-संग्राम में भाग लिया, शिक्षा अपनी छोड़ दी, पिता मर गए, सारा परिवार मर गया, प्यार नहीं मिला, अकेलेपन में सारी ज़िन्दगी बीती–यह कहानी पंत जी बार-बार कहते हैं। यह कहते हुए उनका काव्य कितना काव्यात्मक बन सका है, कितना नहीं, इसके बारे में केवल एक झलक हम लोग देखेंगे। पंत जी आत्मसजग व्यक्ति थे। आत्मचेतस् थे। अपनी रचनाओं के बारे में बहुत सजग, सावधान थे और उस पर उन्होंने टिप्पणियाँ भी की हैं।

मैं इन आत्म-जीवनियों पर विचार करने से पहले, इसी दौर की, इन्हीं रचनाओं के बीच की कुछ कविताओं के बारे में कुछ कहना चाहता हूँ। 1969 की एक रचना है–'गीत हंस'। इस 'गीत हंस' में एक कविता है, जिसमें यह पंक्ति आती है। वह कहते हैं कि "अपने बूढ़े गीतों को/मैं किसको करूँ समर्पित/उनकी अन्तर्ज्वाला को जन छू पाएँ न कदाचित्/अपने बूढ़े गीतों को मैं किसको करूँ समर्पित।" हमारे ये गीत बूढ़े हैं, यह उनको बोध था। उसके साथ जो दूसरी पंक्ति है, उसकी ओर ध्यान दें–'उनकी अन्तर्ज्वाला को जन छू पाएँ न कदाचित्'। एक अन्तर्ज्वाला है इन बूढ़ी कविताओं में, जिसे शायद लोग नहीं छू पाएँगे, नहीं पहचान पाएँगे। उनकी दूसरी एक पंक्ति है। यह भी 'गीत हंस' की है–"मुझे न कुछ कहने को नूतन/प्राण पुरातन ही चिरनूतन/जान गया मन।" ये पंक्ति क्या कहती है–"मुझे न कुछ कहने को नूतन/प्राण पुरातन ही चिरनूतन/जान गया मन।" मैं जानता हूँ, अनेक लोग सैद्धान्तिक रूप से इसका समर्थन करने के लिए भी तर्क दे सकते हैं कि पुरातन ही नूतन है। सनातन धर्म को माननेवाले लोगों का कहना है कि उसमें कहने की क्या ज़रूरत है व्याख्या करने की क्या ज़रूरत है। यह सनातन इसीलिए है कि पुरातन ही नूतन होता है। नूतन कोई नई चीज़ नहीं होती, ऐसा लोग कह सकते हैं। काश!

कविता की दुनिया में यही होता कि पुरातन ही नूतन होता। पुरातन कविता कब नूतन होती है, कैसे नूतन होती है। तुलसी या गालिब? क्यों गालिब आज भी नए लगते हैं पुराने होते हुए भी। उसमें क्या चीज़ है? इस पर भी विचार करना चाहिए। उसी दौर के और भी पुराने कवि हैं, वह नए नहीं लगते हैं, यही क्यों नए लगते हैं? पंत जी ने स्वयं अपने-आप से सवाल किया है–'क्या मेरा कर्तव्य समापन/नई पीढ़ियों को कर दूँ कवि कर्म समर्पण/इसमें मतिभ्रम निश्चय/मेरा कार्य सदा मेरा ही मुझे न इसमें संशय/नई पीढ़ियाँ इसे न कर पाएँगी तनिक न विस्मय/मैं अपने युग का प्रहरी हूँ/जगजीवन प्रति अर्पित/काल भोग पीढ़ियाँ मुझे कर सकतीं रंच न खंडित।' ये निरालम्ब आत्मविश्वास कि पीढ़ियाँ जो काल भोग्य हैं, काल खा जाएगा इनको, ये हमें खंडित नहीं कर सकती हैं। मेरा जो काम है, मैं ही कर सकता हूँ। मेरा काम दूसरा कोई कवि, दूसरी कोई पीढ़ी नहीं कर सकती है। इसलिए मैं अपना कर्म दूसरों को क्यों समर्पण करूँ? मैं खुद लिख रहा हूँ।

मैंने कहा कि पंत जी बहुत ही आत्मसजग कवि थे। उनमें आत्मविश्वास बहुत था, बल्कि यह कहना चाहिए कि सन्देह उनके मन में आरम्भ में कभी रहा हो तो रहा हो लेकिन '40 के बाद उस कवि के मन में सन्देह नहीं, शंका नहीं है। आशा-विश्वास है भविष्य के प्रति, अपने लिए, अपने साहित्य के लिए, समाज के लिए, देश के लिए। आशा के स्वप्न-संसार में पंत जी अन्त तक निवास करते रहे। उन्हें पढ़ते हुए बार-बार लगता है कि अच्छी कविता लिखने के लिए जरूरी नहीं कि आशावादी आदमी हो ही। कभी-कभी निराशा में ज़्यादा बड़ी कविता लिखी जाती है, आशा में ज़्यादा हल्की और खोखली कविता होती है। अगर ऐसा न होता तो बाद के दिनों में तुलसीदास ने जो कविताएँ लिखीं, न लिख पाते। 'विनय पत्रिका' लिखी, 'कवितावली' लिखी। उन्हें चारों ओर अन्धकार दिखाई पड़ता था, निराशा के बादल घिरते दिखाई पड़ते थे–उस दौर में उन्होंने जो कविता लिखी, न लिख पाते। इसलिए ये कविताएँ कई तरह के सवाल पैदा करती हैं।

उनको आत्मचेतना थी। जो आत्मकथात्मक कविताएँ उन्होंने लिखी हैं, उन कविताओं में विचित्र बात यह है कि आत्मिका 1958 की जो वीणा में है, उसके 10 वर्ष बाद उन्होंने 'पुरुषोत्तम राम' जैसी कविता लिखी। यह भी देखने की बात है, पंत जी की ख्याति श्री अरविन्द दर्शन के बारे में है। लेकिन मुझे लगता है कि कम से कम दो बड़ी रचनाएँ ऐसी हैं जिनमें श्री राम उनके मन पर छाए हुए हैं। पूरे 'लोकायतन' की रचना इस प्रकार हुई है जिसमें कि राम, लक्ष्मण, सीता का एक पूरा अध्याय है। आरम्भ में कविता शुरू ही होती है, राम, लक्ष्मण, सीताजी से। ये अवतार लेते हैं।

तय करते हैं कि संसार में पुनर्जीवन होगा और फिर ये वंशी और माधव आदि-आदि के रूप में जन्म लेते हैं। पूरी कथा उसके बाद चलती है। 'पुरुषोत्तम राम' नाम बताता है कि राम में उनकी आस्था थी। उन्होंने यह दिखाने का प्रयास किया है कि जैसे राम अभागे थे, उसी तरह से मैं भी अभागा था। अपनी कथा, कौसानी से ले करके बाद तक की, कह जाते हैं। कठिनाई यह है कि इस आत्मचरित में कथा तत्व सब में एक समान है। बचपन, बचपन में माँ की मृत्यु, धर्मप्राण पिता की गोद में पलना, अकेले थे इसलिए प्रकृति की गोद में उन्होंने आश्रय लिया, उसके बाद शिक्षा के लिए वह आए, पहाड़ से उतरे, असहयोग आन्दोलन में भाग लेने के कारण उन्होंने पढ़ाई छोड़ दी। यह सारी कहानी बार-बार वह दोहराते हैं। जीवन के आरम्भ में प्रेम की एक घटना घटी थी, जिसका घाव कभी नहीं भरा। यह भी उल्लेख इन तीनों कविताओं में वह बराबर करते गए कि एक चरण था प्रेम का, वह पूरा नहीं हो सका, उसे जीवन भर ढोता रहा मैं। अन्त में मैंने निर्णय किया कि इस जीवन में प्रेम में तो कर्दम ही कर्दम है इसलिए जब तक कर्दम से मुक्त न हो जाऊँ, तब तक मैं एकाकी ही रहूँगा। व्यक्तिगत प्रसंग केवल एक है। कहीं ज़्यादा विस्तार से, कहीं थोड़े में इसका जिक्र करते हैं। और फिर उसके बाद ऑल इंडिया रेडियो में सात साल रहे, इसका भी उल्लेख उन्होंने किया है। कालाकाँकर गए, इसका भी उल्लेख उन्होंने किया है। इन चीजों के अलावा उस आत्मकथा में और कोई प्रसंग नहीं है।

'लोकायतन' में बड़े विस्तार से उन्होंने एक अध्याय में पूरे स्वतंत्रता-संग्राम का इतिहास लिखा है, 'भारत छोड़ो आन्दोलन' तक, लेकिन कोई घटिया दर्जे का कवि भी स्वाधीनता संग्राम का वैसा भावहीन गद्यमय-पद्य नहीं लिख सकता जैसा पंत जी ने लिखा है। देख कर आश्चर्य होता है। उम्मीद थी कि 'लोकायतन' में अपनी आत्मकथा लिख रहे हैं तो स्वाधीनता-संग्राम का वर्णन कुछ सजीव चित्रों की भाषा में करेंगे। जो सचमुच में घटित हुआ है, जिस अनुभव से आप गुजरे हैं, उसका कुछ भी वर्णन नहीं है। एक ही वही घटना, इसको बार-बार यह कवि क्यों कह रहा है? बचपन से ले करके केवल वही दो घटनाएँ जुड़ी हैं कालाकाँकर की। 'आत्मिका' में लिखा है, आकाशवाणी के वर्णन में है, 'पुरुषोत्तम राम' में है। बाकी किसी घटना का कोई उल्लेख नहीं। ऐसी निर्वैयक्तिक कथा मैंने आज तक नहीं पढ़ी है साहित्य में। यह भावहीन गद्यात्मक पद्य की तरह से ढलता हुआ दिखाई पड़ता है।

कुछ कविताएँ आत्मकथात्मक हैं, आत्मकथ्य के रूप में हैं जहाँ पंत जी उदास दिखाई पड़ते हैं। करीब सवा सौ-डेढ़ सौ पृष्ठों की उनकी एक कविता है। शीर्षक है—

सन्देश। कवि बरामदे में लेटा हुआ था, उदास था, बिल्कुल निराश था। अचानक कमरे में धूप आती है और उस धूप के कारण सहसा मन बदलता है–'काहे के लिए निराशा। जैसे प्रकृति आ करके कहती है कि तुम प्रकृति की गोद में जब तक थे तब तक बिल्कुल ठीक-ठाक थे। प्रकृति को तुमने भुला दिया, इसलिए तुम्हारी यह स्थिति है। कविता का शीर्षक है 'सन्देश' इसलिए भ्रम होता है। अन्त में उस पूरी कविता में सन्देश के रूप में लम्बे व्याख्यान हैं। आधे से ज़्यादा कविता में प्रकृति लेक्चर देती है और कहती है कि तुम नाहक उदास हो। तुम्हें प्रसन्न होना चाहिए। जैसे कि यह धूप जो आई है, धूप की तरह तुमको खुश होना चाहिए। अपने मन में धूप का टुकड़ा ले आना चाहिए। वह पूरी कविता प्रकृति चित्रण नहीं है, बल्कि धूप के मुख से उपदेश है।

इन कविताओं में, आत्मकथात्मक कविताओं में, खासतौर से 'लोकायतन' में उन्हें इतनी बड़ी विफलता क्यों मिली? पूरा पढ़ जाने के बाद मैं सोचता रहा। मुझे याद है कि दिल्ली में राजकमल की ओर से 'लोकायतन' का लोकार्पण हो रहा था। संयोग से मैं बनारस से दिल्ली गया हुआ था। ओमप्रकाश जी ने कहा कि आप भी दो शब्द कह दीजिएगा। मेरी मति मारी गई थी। मैंने कुछ दूसरे मूड में कहा कि यह पंत जी का छन्दोबद्ध उपन्यास है। पंत जी बोले–''अरे तुमने कैसे समझा, मैं बच्चन को यही बार-बार लिखता रहा कि मैं जो अपना उपन्यास लिख रहा हूँ वह छन्दोबद्ध उपन्यास है, बजाय कविता के या प्रबन्ध काव्य के।'' मैं बार-बार सोचता रहा कि क्यों ऐसा किया। खासतौर से जो आइरनी है, जो विडम्बना है, जो व्यंग्य है, वह यह है कि पंत जी समकालीन कवियों में और नई पीढ़ी के लोगों की अपेक्षा बुद्धि-विवेकसम्पन्न अपने को मानते थे। तर्कसंगत ढंग से सोचना, बुद्धिसंगत ढंग से सोचना उनके स्वभाव में था। अन्धविश्वासों के घोर विरुद्ध थे। इस मामले में वे प्रगतिशीलों की उस परम्परा में थे जहाँ किसी प्रकार का धार्मिक अन्धविश्वास नहीं था। पंत जी ने कहा कि तुलसीदास के 'रामचरितमानस' से ज़्यादा अच्छा मुझे राम का चरित्र लगता है। हमें 'रामचरितमानस' की कोई ज़रूरत नहीं है।'' यह पंत जी ने लिखा है कि ये मध्ययुग की चीजें हैं। इन चीजों को दोहराने की आज कोई ज़रूरत नहीं है। पंत जी तर्क पर विश्वास करने वाले, रैशनल ढंग से सोचने वाले कवि थे। अन्धविश्वासों और धार्मिकता के विरुद्ध थे।

मैं आइरनी की बात कर रहा हूँ। पंत जी बुद्धिसंगत ढंग से सोचने वाले आदमी थे। अचानक अपने प्रतिद्वन्द्वी के रूप में उन्होंने माधव गुरु को चुना। उन्होंने कहा कि वाक्‌विलास को निमित्त बना करके उन्होंने मेरी सारी सर्जनात्मक शक्ति छीन ली। तंत्र-मंत्र में विश्वास न करने वाला कवि, माधव गुरु की निन्दा जिसके लिए करता है, वही स्वयं उसमें विश्वास करता है। अपने काव्य में उसके द्वारा दिखाना चाहता

है कि तंत्र-मंत्र ज़्यादा ताकतवर चीज़ है। अन्त में, प्रसंगवश वह कला केन्द्र, जो वंशी ने कायम किया था, एक भटका हुआ-सा परमाणु बम है, जिसके गिर जाने से नष्ट हो जाता है। न जाने कैसा वह परमाणु बम है जिसमें केवल कला केन्द्र ही नष्ट होता है और कुछ नष्ट नहीं होता। फिर, जो 'लोकायतन' है उसकी स्थापना पंत जी किससे करवाते हैं। पंत जी राष्ट्रप्रेमी हैं, देशप्रेम उनमें है, अन्तर्राष्ट्रीयता पर विश्वास करते हुए भी और रंगभेद वगैरह न मानते हुए भी। उस कला केन्द्र के नष्ट हो जाने के बाद जिस 'लोकायतन' की स्थापना हुई, वह आश्रम संयुक्ता कही जाने वाली बहिन मेरी ने बनाया था। इसलिए मैं कहता हूँ कि यह सवाल नहीं है कि उनकी विचारधारा बड़ी वैज्ञानिक या आध्यात्मिक थी। श्री अरविन्द के प्रभाव के कारण उनकी कविता नष्ट नहीं हुई थी। मैं कहना चाहता हूँ कि उस बीच अनुभव और विचारधारा, दोनों के बीच तालमेल नहीं था। परवर्ती काव्य में माधव गुरु के लिए, उसी में लिखा है कि माधव गुरु की कोई गलती नहीं थी। वे बड़े उदार थे, परोपकारी थे। निराला जी, जो उसके मूल रूप हैं, उनके चरित के सारे गुण उन्होंने गिनाए और लिखा है कि वह तो सचमुच वंशी को बहुत प्यार करते थे, वह बिल्कुल विद्वेषी नहीं थे। बाद में वे भूल गए कि माधव गुरु में इतने दोष गिनाकर आए हैं। उन्हीं माधव गुरु के मरने पर एक आन्तरिक घाव वंशी के मन में बैठा है, जिसके कारण वह कभी फिर स्वस्थ नहीं हो सके।

एक विचित्र संयोग ही है कि सन् '40 के आसपास पंत जी भी बीमार पड़े और उसी के आसपास निराला भी बीमार पड़े। निराला मानसिक रूप से विक्षिप्त हुए और पंत जी लगभग मरणासन्न थे। लोग मानते हैं कि मानसिक सन्तुलन पंत जी में बना रहा, निराला में नहीं था। मुझे लगता है कि एक न एक स्तर पर दोनों सन्तुलित थे और दोनों में मानसिक असन्तुलन था। इसकी ठीक से जाँच की जानी चाहिए। निराला का मानसिक असन्तुलन तो था, लेकिन उससे ज़्यादा पंत जी का था। पंत जी की उस दौर की कविताएँ और 'लोकायतन' पढ़कर मुझे बार-बार लगता है कि कहीं न कहीं मानसिक या मनोवैज्ञानिक दृष्टि से घनघोर असन्तुलन है। कम से कम मैं जिस मानसिक असन्तुलन की चर्चा कर रहा हूँ, सर्जनात्मक स्तर पर, कहना चाहता हूँ, उसमें गहरी फाँक रही है। अनुभव कुछ और कहता है 'विचारधारा' कुछ और।

छायावादियों की बुनियादी गाँठ थी–वेदान्त। चाहे किसी किस्म का वेदान्त हो। चाहे वह रामकृष्ण-विवेकानन्द का वेदान्त हो, चाहे वह श्री अरविन्द का हो। चाहे वह जयशंकर प्रसाद का प्रत्यभिज्ञादर्शन हो। शायद वे इन लोगों में अधिक व्यवस्थित तथा अनुभव और चिन्तन, दोनों के धरातल पर निःसंग थे। शायद प्रसाद जी को वह भाती नहीं थी। इसलिए प्रसाद जी 'कामायनी' को उस रूप में निभा ले गए।

निराला में गीतों के रूप में वह व्यक्त हुआ। पंत जी प्रबन्धकाव्य लिख करके बाँधने की कोशिश बार-बार करते रहे, और हर बार वह माला बिखरती रही। इसलिए उनकी आत्मकथात्मक कविताओं की गहराई से जाँच की जानी चाहिए।

पंत जी की कुछ उन कविताओं को मैंने देखा है जिनकी ओर दूधनाथ जी ने इशारा किया है। खासतौर से 'कला और बूढ़ा चाँद'। इसके अलावा 'पतझर' और 'गीत हंस' की कुछ कविताएँ। केवल आभास देने के लिए कि पंत जी की वह क्षमता, वह सर्जनात्मकता छोटे गीतों में दिखाई पड़ती है। 'कला और बूढ़ा चाँद' की एक कविता है। उसका कुछ अंश देखें—"आज कोई काम नहीं/सोने के तार-सा खिंचा प्यारा दिन है/कल गुलाबों में काट-छाँट की थी/तब से आँखों के सामने/नई-नई कोंपलें फूट रही हैं/ललछौंही कोंपलें।" यह किंचित्-कदाचित् वाली भाषा नहीं है। यह पश्चिम वाली भाषा नहीं है। खुली हुई भाषा इस्तेमाल करते हैं। एक कविता है 'सदानीरा'—तुम्हें नहीं दीखी/बिना तीरों की नदी, बिना स्रोत की सदानीरा/तुम्हें नहीं दीखी/बिना तीरों की नदी/बिना स्रोत की सदानीरा/वेगहीन, गतिहीन/चारों ओर बहती नहीं दीखी तुम्हें/जलहीन, तलहीन सदानीरा/आकाश नदी है, समुद्र नदी है, पर्वत भी नदी है/नीचे-ऊपर सर्वत्र बहती सदानीरा नहीं दीखी तुम्हें।" आप चाहें तो इस कविता की व्याख्या को आध्यात्मिक गहराइयों तक ले जाइए कि सदानीरा कौन है?

शमशेर जी ने एक कविता लिखी थी 'कत्थई गुलाब'। झूम-झूम उठे थे लोग। आमतौर से गुलाब ही कहकर लोग काफी सन्तुष्ट हो जाते थे। पंत जी तो पारखी थे सौन्दर्य के, फूलों के, पौधों के, पत्तों के। उन्होंने 'पीला गुलाब' कहा। कत्थई गुलाब बाद की कविता है। यह बहुत पहले की है—"शरत् के रजतनील अंचल में/पीले गुलाबों का/सूर्यास्त कुँभला न जाए/वायु स्तब्ध विहग मौन/सूक्ष्म कनक परागों से/आदिम स्मृति-सी/गूढ़ गन्ध अन्तर्गत समाप्त।" एक कविता बहुत छोटी-सी चार लाइन की है 'गीत हंस' की। यह कविता '69 की है—"आओ बैठो/व्यर्थ न ऐंठो/हृदय खोल हम कंठ मिलाएँ/नवोन्मेष से गाएँ।" यह अनौपचारिकता अच्छी है। पंत जी की कुछ कविताएँ जो बाद की हैं, उनमें एक कविता 'गीत हंस' की है, आपके सामने रखता हूँ—"पीला फूल न मुझे सुहाता/फीका मुरझाया-सा मुखड़ा/मन के सम्मुख आता/मुझे तुम्हारा प्रिय मुख भाता/गौर गुलाबी वर्ण सलज/सुन्दरता में प्यासा मन भाता/क्यों न मुझे छूने देती हो तुम अपना तन/तुम्हें प्यार करता मेरा मन/मेरी ही वय में यह उर का अनुभव/प्यार किसी को करना सम्भव।" बुढ़ापे की उस ढलती उमर के उस अनुभव को जिसमें मन का सेंसर हट जाता है, उसे पंत जी खुल कर लिखते हैं। एक उनका होटल का बैरा था। उससे उन्होंने विनोद किया कि खुदा के पास जाने का दिन है और जब सबको मालूम हो

गया कि मैं जानेवाला हूँ तो होटल के बैरे भी वहाँ हाजिर हो जा रहे हैं। वहाँ पंत जी ने एक सॉनेट जैसा लिखा है–"आखिर मैं भी तो होटल का बैरा ही हूँ/मैं भी तो इसी तरह से खुशामद करता हूँ/खुशामद करने की कोशिश करता हूँ/मैं उस पर क्यों उसका मजाक उड़ाऊँ/उस होटल का बैरा तो मैं भी हूँ।"

'कला और बूढ़ा चाँद' उनकी परवर्ती दिनों की पुस्तक है, जिस पर अनेक लोगों का ध्यान गया है। वह उनकी महत्वपूर्ण कविताओं में से है। कठिनाई यह हुई कि कुछ चीजों की उपेक्षा हुई है। मैं ऐसे ही देख रहा था। 'उमर खैयाम' के अनुवाद बच्चन जी के बड़े प्रसिद्ध हैं। पंत जी ने भी 1929 के आसपास अनुवाद किया था 'मधु ज्वाल' नाम से। छपाया बहुत बाद में। इस ग्रन्थ का दुर्भाग्य यह है कि यह स्वर्ण किरण, स्वर्णधूलि के आसपास छपा। इसकी एकदम उपेक्षा हो गई। मैं ध्यान से इसे पढ़ रहा था और मुझे लगा कि पंत जी के अनुवाद बेहतर हैं। कहते हैं कि 'अर्सी गोड़वी' से उन्होंने फारसी के मामले में मदद ली थी। सुन करके अनुवाद किया था। शब्दों के नाद सौन्दर्य की समझ और परख पंत जी को रही है। इसका पूरा प्रमाण हमें 'पल्लव' और 'गुंजन' में मिला है। 'बच्चन' जी के सपाट अनुवादों की अपेक्षा ये उस नाद सौन्दर्य को ज़्यादा पकड़ने वाले हैं। दो अनुवाद देखिए। दोनों दो तरह के हैं। एक है–"घनी सिर पर तरुवर की डाल/हरी पाँवों के नीचे घास/बगल में मधु मदिरा का पात्र/सामने रोटी के दो ग्रास/सरस कविता की पुस्तक हाथ/और सबके ऊपर तुम प्राण/गा रही छेड़ सुरीली तान/मुझे अब मरु नन्दन उद्यान।" एक दूसरी कविता है। उसमें रंग दूसरा है। छायावाद के दौर वाला–"तन्द्रिल तरुवर/छाया शीतल/स्वप्निल मरमर/हो साधारण/खाद्य उपकरण/सुरापात्र भर/गाओ जो तुम प्रेयसि/निरुपम गीत मनोहर/खिली है निरजन स्वर्ग सदन सम/हो चिर सुखकर।" दीर्घ मात्रा के शब्द लगभग नहीं हैं। ज्यादातर ह्रस्व मात्राओं वाले शब्द हैं। जैसे कल-कल, छल-छल करते हुए सुरा ढाली जा रही है। सुरा के ढालने की आवाज को कविता की पंक्तियाँ आपके सामने रखती हैं। ऐसी ही एक कविता है–"कल-कल, छल-छल सरिता का जल/बहता छिन-छिन मर-मर, सन-सन/वन्य समीरन से जाते दिन/कल का क्या दुख आज से विमुख/मत हो अन्तर हृदय विधा/हर प्रणय सुधा कर पान निरन्तर।" एक संवेदनशील कवि कैसे सृजनात्मक अनुवाद करते हैं, पंत जी के अनुवाद इसका प्रमाण हैं। मूल से न मैंने मिलाने की ज़रूरत समझी, न ज़रूरत है। 'बच्चन' जी के अनुवादों को देखें और इनको देखें, तब पता चलेगा कि शब्दों का पारखी कवि कौन है।

ऐसे अनेक उदाहरण हैं। जब विचारधारा बदलती है तो कुछ कवि बाद में अपनी कविताओं का संशोधन करते हैं, परिवर्द्धन करते हैं। डब्ल्यू.एच. आडेन का नाम एक सिलसिले में लिया जाता है। उन्होंने 30 के दशक में जो कविताएँ लिखी थीं, उनमें

से कुछ कविताओं को, बाद में जब मार्क्सवाद के प्रभाव से हटे और धार्मिकता की ओर बढ़े तो उन्होंने दोबारा लिखा। केवल संशोधन और परिवर्तन ही नहीं किया। पंत जी ने भी इस तरह का कार्य किया। पंत जी के उन संशोधनों के बारे में निराला जी 'पंत और पल्लव' नामक लेख में लिख चुके हैं। उन्होंने कहा है कि बाद में सुधार जो किया वह ठीक नहीं किया है। पहले वाला प्रारूप रहने देना चाहिए। सुधार जयशंकर प्रसाद जी ने भी किया है। कम से कम 'आँसू' के पहले संस्करण और दूसरे संस्करण को मिला करके देखें। मुझे सुयोग मिला था और उस पर शुक्ल जी टिप्पणियाँ देखी थीं। पहला पाठ कभी-कभी संशोधित पाठ की अपेक्षा ज़्यादा अच्छा होता है। दूधनाथ जी ने 'धरती माता' कविता का जिक्र किया है और 'भारत माता' का। पंत जी ने पूरी कविता का संशोधन कर दिया। उन्हें बार-बार लगा कि जब देश गुलाम था तब भारत माता का आँचल मैला था। आजादी मिलने के बाद लगा कि अब भी भारत माता के आँचल को मैला कहें तो ठीक नहीं है। सन् '40 में 'ग्राम्या' में उन्होंने 'भारत माता ग्रामवासिनी' कविता लिखी थी। सन् '56 या '58 के करीब उन्होंने इस कविता में संशोधन कर दिया। संशोधन ही नहीं किया, परिवर्द्धन भी किया। पहले छह बन्ध थे, बाद में सात बन्ध। मैं केवल पहला बन्ध देखता हूँ। 'खेतों में फैला है श्यामल' की जगह उन्होंने कहा 'खेतों में फैला दृगृश्यामल'। 'है' से पंत जी को बहुत गुरेज था। छायावादी दौर में कहते थे–'ये दो सींगों वाले हरिण' को कविता से बाहर कर देना चाहिए।' निराला जी ने हठपूर्वक साबित किया था कि उन्हीं की कविताओं में कहीं-कहीं इस सुन्दरता के साथ आया है कि अगर 'है' हटा दिया जाए तो सारी कविता कमजोर बन जाएगी। 'खेतों में फैला है श्यामल' और 'खेतों में फैला दृगृश्यामल/धूलभरा मैला-सा आँचल/शस्य भरा जन जीवन आँचल।'–दोनों को मिला करके केवल भाषा की दृष्टि से देखें। मैं विचारों की दुनिया में नहीं जाता हूँ। पहले 'गंगा-यमुना में आँसू जल' था। बाद में 'आँसू जल' को 'श्रम जल' बना दिया। प्रगतिशील आदमी जब तक 'आँसू जल' को 'श्रम जल' न बना ले, तब तक कैसे प्रगतिशीलता दिखाई पड़ेगी? कहा–'गंगा-यमुना में शुचि श्रम जल'। 'श्रम जल' है, उसके पहले 'शुचि' जरूर होना चाहिए। आँसू शुचि नहीं हो सकते। इसलिए श्रम जल जो है, शुचि है। मिट्टी के प्रति पहले उदासीन थे, बाद में लिखा–''शील मूर्ति सुख-दुख उदासीन/मिट्टी की प्रतिमा उदासिनी/शील मूर्ति सुख-दुख उदासीन।'' मैं केवल भाषा के स्तर पर, जहाँ कविता बनती है, बिगड़ती है, उसी की बात कह रहा हूँ।

मुझे लगता है कि पंत जी जब विचारधारा के शिकंजे में कम कसे हुए थे तब काव्य की सर्जनात्मकता कहीं अधिक थी। विचारधारा किस तरह कविता को क्षति पहुँचाती

है, पंत जी का परवर्ती काव्य उसके प्रमाणों में से है। चाहे वे प्रगतिशील रहे हों, चाहे अरविन्दवादी रहे हों, चाहे नेहरूवादी रहे हों, चाहे घनघोर आशावादी रहे हों–इस प्रकार की आस्था, इस प्रकार के विश्वास का, कवि की दृष्टि का यथार्थ के साथ जब तक मेल नहीं बैठेगा; आप यथार्थ का उल्लंघन करेंगे तो चाहे जितनी बड़ी विचारधारा ले करके आए हों, बात नहीं बनेगी। देखें, मार्क्स का कैपिटल बड़ा ग्रन्थ है। आप हिस्टॉरिकल मैटेरिलिज़्म को मत मानिए, लेकिन मार्क्स ने 'कैपिटल' ग्रन्थ में कैपिटलिज़्म की जो तस्वीर खींची थी वह पूँजीवाद के लिए आईना थी। स्वाधीनता- प्राप्ति के बाद का जो भारत निराला को दिखाई पड़ रहा था, उसे वह 'गहन अन्धकार' के रूप में देख रहे थे। पंत जी कागज पर जो योजनाएँ थीं वे उनके अनुसार भारत को देख रहे थे और उन्हें ये 'मैला आँचल' नहीं दिखाई पड़ता था बल्कि 'शस्य भरा जन-जीवन अंचल' दिखाई पड़ता था। जहाँ विचारधारा यथार्थ से आँखें चार करने का मौका नहीं देती और झूठ खड़ा करती है और झूठ का गौरव गान करती है, वहाँ कविता नहीं बन सकती। इसलिए परवर्ती कविताएँ जब मैं देखता हूँ तो मुझे 'महाभारत' के परवर्ती अर्जुन की याद आती है। महाभारत के युद्ध की समाप्ति पर अर्जुन द्वारिका से स्त्रियों को लेकर राजस्थान चले। वही अर्जुन, वही गांडीव, वही कला है उनके पास; लेकिन महाभारत के बीच जो अर्जुन थे, उसके बाद वाले अर्जुन वह नहीं थे। इसीलिए मामूली डाकू उनसे औरतों को छीनकर ले गए थे।

वह कौन चीज़ है जो कवि को वास्तविकता से, यथार्थ से, जीवन की सचाइयों से दूर ले जाती है और एक काल्पनिक आशालोक में, विश्वास में बन्दी कर देती है; तब भाषा पर चाहे जितना अधिकार हो, चाहे जितना लिखें आप, बड़ी कविताएँ नहीं बनतीं। जब कभी उससे छूट करके पंत जी निकलते थे तब कुछ चमकती हुई कविताएँ दिखालाई पड़ती थीं। इसलिए यह कहना गलत है कि पंत जी में बंजरपन आरम्भ से ही था। नहीं। अनेक साहित्यकारों ने स्वाधीनता के पूर्व तथा बाद में साहित्य-सृजन किया है। अज्ञेय ने स्वाधीनता के बाद भी दो उपन्यास लिखे–'नदी के द्वीप' और 'अपने-अपने अजनबी' लेकिन 'शेखर' जैसा कोई उपन्यास नहीं लिख सके। स्वाधीनता के पहले अज्ञेय ने कुछ कहानियाँ लिखी थीं–'रोज', 'कोठरी की बात'। स्वाधीनता से पहले और स्वाधीनता-प्राप्ति के बाद के भारतीय यथार्थ के साथ लेखकों का कैसा सम्बन्ध बना, किस तरह साहित्य लिखा–दोनों की तुलना जब करेंगे, तब देखेंगे कि इस मामले में पंत जी अकेले नहीं हैं। अनेक लेखक ऐसे हैं जो स्वाधीनता के पहले वाले दौर में महत्वपूर्ण लेखन कर रहे थे परन्तु वे स्वाधीनता-प्राप्ति के बाद भारत से, भारत की यथार्थ वास्तविकता से आम जनता से उनका वही रिश्ता नहीं रह गया था। इसीलिए इन लेखकों का लेखन वैसा नहीं हो सका।

यह कहना कि केवल पंत जी सरकारी नौकरी करते थे और रेडियो में काम करते थे, इसलिए ऐसा हुआ—यह सतही ऊपरी चीज़ें हैं। इससे कवि की जो जटिल सृजन प्रक्रिया है, वह स्पष्ट नहीं होती। केवल यह कह देना कि वह अरविन्दवादी हो गए थे, इसलिए पंत जी का काव्य निकृष्ट हुआ, मैं समझता हूँ यह साजिश है। स्वाधीनता पूर्व और स्वाधीन भारत में बदलते भारतीय यथार्थ और यथार्थ से कवि के बदलते रिश्तों की पृष्ठभूमि में जा करके व्याख्या की जाए तो मैं समझता हूँ कि हम अपने प्रिय कवि, अपने बड़े कवि की सफलताओं और असफलताओं को देख सकेंगे।

[माध्यम, अक्टूबर-दिसम्बर, 2001 में 'सुमित्रानन्दन पंत और उनकी कविताएँ' शीर्षक से प्रकाशित]

प्रगतिशील और अग्रसोची महादेवी

महादेवी जी की जन्मशती महिला अध्ययन केन्द्र की ओर से मनाई जा रही है। शायद कुछ लोगों को इसमें विडम्बना न दिखाई पड़े लेकिन महिला अध्ययन केन्द्र की ओर से मनाने का फल यह है कि कार्यक्रम में तीन गोष्ठियाँ स्त्री विषयों से सम्बन्धित हैं। केवल एक गोष्ठी काव्य पर है। गोष्ठी की पूरी रूपरेखा देखकर मालूम होता है कि महादेवी जी इसलिए महान हैं कि उन्होंने 'शृंखला की कड़ियाँ' नाम की पुस्तक लिखी है। कल्पना कीजिए कि उन्होंने केवल 'शृंखला की कड़ियाँ' पुस्तक लिखी होती; नीहार, रश्मि, नीरजा, सांध्यगीत, दीपशिखा, अग्निरेखा, सप्तपर्णा जैसे ग्रन्थ न लिखे होते, स्मृति की रेखाएँ और अतीत के चलचित्र न लिखी होतीं; तो कितना होता? पाद टिप्पणी के रूप में होता या अनुक्रम में कहीं होता या पूरा का पूरा अध्याय होता, सोचिए। महादेवी को केवल स्त्री के रूप में निःशेष करना क्या ठीक है? सिर्फ इसलिए कि उन्होंने प्रयाग महिला विद्यापीठ की स्थापना की और इसलिए कि उन्होंने महिला शिक्षा के क्षेत्र में काम किया? अगर स्त्री विमर्श और स्त्री सम्बन्धी कार्यों को ही ध्यान में रखें तो उनकी सहेली सुभद्राकुमारी चौहान का काम ज़्यादा महत्वपूर्ण है। सुभद्राजी के सम्पूर्ण जीवन को, स्वाधीनता आन्दोलन में उनकी भूमिका को, स्त्रियों के बारे में उनके काम को उनकी बेटी सुधा की लिखी हुई किताब 'मिला तेज़ से तेज़' के मार्फत देखें तो मालूम पड़ेगा कि महादेवी जी से कई गुना ज़्यादा स्त्री सम्बन्धी काम सुभद्राकुमारी चौहान ने किया है। इसलिए मेरी नज़र में महादेवी जी पहले एक कवि थीं। यदि हम सम्पूर्ण महादेवी को ध्यान में रखकर विचार नहीं करेंगे तो गलत निष्कर्ष सामने आएँगे।

आप उनको स्त्री के रूप में, खासतौर से ध्यान में रखेंगे तो भी मेरा खयाल है कि अप्रासंगिक नहीं है, आवश्यक है। यह सही है कि सामाजिक दायरे में उनकी एक मानवीय छवि उभर कर आती है और इसमें भी स्त्री की छवि उभरती है। फिर भी मैं कहूँगा कि हम लोग कहीं उनको सिमोन द बउवार न बना दें—आज के वातावरण में यह ख़तरा है। महादेवी नारी थीं, लेकिन उसमें उनकी क्या विशेषता थी? इस विशिष्टता से उनका सम्पूर्ण काव्य एक तरह से प्रभावित हुआ है। एक

ज़माने में लोग महादेवी को मीरा कहा करते थे। लोगों ने अब कहना छोड़ दिया है। मध्यकाल की मीरा और आधुनिक काल की महादेवी में बहुत अन्तर है। युगों का ही अन्तर नहीं है, दोनों की प्रकृति, दोनों के मानसिक गठन में अन्तर है। अब उस ब्यौरे में फिलहाल जाने की ज़रूरत नहीं है। 'शृंखला की कड़ियाँ' धारावाहिक रूप में रामरथ सहगल के कर्मयोगी प्रेस से 'चाँद' नामक पत्रिका से निकलती थी। यह वह पत्रिका है जिसने 'फाँसी अंक' निकाला था। महादेवी उसमें नियमित कॉलम के रूप में लिखती थीं। 'शृंखला की कड़ियाँ' लिखने का जितना श्रेय महादेवी को है, उससे ज़्यादा श्रेय 'चाँद' को उसको प्रकाशित करने का है और उस दौर में निकालने का श्रेय है। यह उसकी प्रेरणा से लिखा हुआ है। इसलिए हम उस परिवेश को ध्यान में रखें। एक निश्चित दौर था सन् तीस के आसपास जब 'चाँद' जैसी पत्रिका थी। ठीक उसके कुछ समय बाद प्रेमचन्द जी ने 'हंस' निकाला था। इसलिए हम लोग पूरे ऐतिहासिक सन्दर्भ को ध्यान में रखकर महादेवी जी के व्यक्तित्व को समझें।

सबसे महत्वपूर्ण चीज़ है कि महादेवी जी देवी नहीं थीं, न होना चाहती थीं। वह मानवी थीं। बहुत से लोगों ने महादेवी को देवी बना दिया है। इस पर व्यंग्य भी उन्होंने किया है कि अपने नाम के साथ 'महादेवी' पढ़कर मुझे बहुत बड़ा व्यंग्य विद्रूप मालूम होता है। वह मानवी हैं। जैसे ही किसी स्त्री को आप देवी बना देते हैं तो उसकी दुर्गति होती है। वह देवी नहीं, मानवी थीं और मानवी कहने का मतलब है कि बहुत-सी मानवीय दुर्बलताओं के साथ थीं। एक मनुष्य इसलिए मनुष्य है और देवता से बड़ा है कि उसमें मानवीय दुर्बलताएँ होती हैं। वह महादेवी में भी थीं। उन्होंने अपना साहित्य पूजा, अक्षत, फूल से नहीं, उन दुर्बलताओं से ही रचा है जिसमें कमज़ोरियाँ नहीं होतीं, वह कविता नहीं लिख सकता और दस चीज़ें भले ही लिख ले।

आमतौर पर लेखक के पूरे व्यक्तित्व में से कुछ चीज़ें रेखांकित कर ली जाती हैं। किसी कवि या लेखक से ज़्यादा जूझना पड़ता है, उसकी छवियों से। महादेवी की कुछ छवियाँ लोगों ने गढ़ रखी हैं। ये बनाई हुई छवियाँ बहुत दिनों तक हिन्दी में प्रचलित रहीं। उनकी झलक संगोष्ठी के शीर्षक 'वेदना और विद्रोह' में भी मौजूद है। महादेवी के पूरे साहित्य को आपने दो शब्दों में सिकोड़ दिया है–यानी 'मैं नीर भरी दुख की बदली' वाली छवि में। जैसे महादेवी न हुईं सावन की बरसात हो गईं, रोने-धोने वाली औरत हो गईं। औरतों के बारे में जैसे ही हम सोचते हैं तो सोचते हैं वेदना ही होगी। महादेवी ऐसी–रोने-धोने वाली–नहीं थीं। बल्कि सच्चाई इसके विपरीत है। व्यावहारिक जीवन में हम लोगों ने देखा है वो हँसती ज़्यादा थीं। उनको रोते हुए तो शायद ही कभी किसी ने देखा हो। वो बात-बात पर हँसती थीं–ठहाके

लगाती थीं। आप कह सकते हैं कि मैं हँसता इसलिए हूँ कि कहीं रो न पड़ूँ। प्रेमचन्द के बारे में कहते हैं–प्रेमचन्द भी बहुत हँसते थे। उनके हँसने का कारण ये था कि बहरे थे, ऊँचा सुनते थे। आप कुछ कहें तो जवाब देने में समय के लिए–हँसी में उड़ाते थे। हँसने के कई अर्थ होते हैं। मैं नहीं जानता कि महादेवी क्यों हँसती थीं, लेकिन रोते हुए महादेवी को किसी ने नहीं देखा। 1952-53 के आसपास शची रानी गुर्टू ने एक किताब सम्पादित की थी 'साहित्य दर्शन' नाम से। महादेवी के सन्दर्भ में वेदना की बात से चिढ़कर डॉ. रामविलास शर्मा ने उस किताब के लिए एक लेख लिखा था। आप जानते हैं डॉ. रामविलास शर्मा को? वे प्रचलित मान्यताओं और धारणाओं को तोड़ने के लिए जाने जाते हैं। उन्होंने कहा कि महादेवी जी की 'मैं नीर भरी दुख की बदली' को लोग बार-बार उद्धृत करते हैं, पर उसी महादेवी ने लिखा था 'रात के उर में दिवस की चाह का शर हूँ।' अब इसका क्या जवाब है कि महादेवी 'मैं नीर भरी दुख की बदली' भी लिखती हैं और 'रात के हृदय में दिवस की चाह का शर हूँ' भी लिखती हैं? ये भी छवि है। इसलिए महादेवी की स्त्री वाले व्यक्तित्व में जब वेदना पर बहुत ज़्यादा ज़ोर दिया जाता है तो कुछ दूसरे पहलू छूट जाते हैं, जिसके कारण उनकी छवि पूरी नहीं होती। महादेवी बार-बार कहती हैं–हठ। दृढ़ता उनकी तस्वीर में से उभर कर आती है। वे बहुत दृढ़ थीं–

हठीले हौले-हौले बोल
मधुरित हौले-हौले बोल।

वे हठीले शब्द का प्रयोग करती हैं। हिन्दी कविता और साहित्य के इतिहास में मैंने 'हठीले' शब्द दो ही जगह प्रयुक्त देखा है। तुलसीदास ने हनुमान के लिए कहा है–हठीले हनुमान और महादेवी अपने प्रिय को हठीले कहती हैं। इसके अलावा वे अपने लिए 'अभिमानिनी' शब्द का बार-बार प्रयोग करती हैं। उनका स्वाभिमान अद्भुत है। इलाहाबाद में जवाहरलाल नेहरू के रहते हुए भी, उन लोगों के दौर में भी, महादेवी साहित्यकारों के पक्ष में अपना स्वाभिमान इस तरह रखती हैं। लिखा है उन्होंने, उन्हीं की पंक्ति है–

सजनि, मधुर निजत्व दे कैसे मिलूँ अभिमानिनी मैं

अपना मधुर निजत्व देकर किसी से कैसे मिलूँ। यही मधुर निजत्व न देने के कारण महादेवी ने आजीवन अकेलापन झेला। इस अभिमानी स्वरूप, हठ और दृढ़ता की ओर ध्यान जब तक नहीं जाएगा, तब तक महादेवी के उस व्यक्तित्व को हम पूरा-पूरा नहीं जान पाएँगे।

इसीलिए विद्रोह की मंज़िल को रेखांकित करने से पहले हमें देखना चाहिए कि वो व्यक्तित्व था क्या? और ये चीज़ें 'शृंखला की कड़ियाँ' से नहीं मालूम होती हैं,

ये चीज़ें उनकी कविता से मालूम होती हैं। जिस कविता को आप पिघली हुई मोम समझते हैं, उस कविता से प्रकट होता है कि वे कितनी अभिमानिनी थीं, कितनी हठीली थीं। जीने की कितनी चाह थी उनमें। वे लिखती हैं–

कंटकों की सेज जिसकी आँसुओं का ताज
सुभग हँस उठ खुश प्रफुल्ल गुलाब ही सा

'कंटकों का सेज' के साथ यह 'प्रफुल्ल गुलाब' जैसी चीज़ देखना स्त्रीत्व का उदाहरण है। महादेवी के स्त्रीत्व का सबसे बड़ा उदाहरण है–उनकी अधिकांश कविताओं में मिलने वाली शृंगारप्रियता। स्त्री सचमुच यदि स्त्री है तो शृंगारप्रियता होगी, शृंगार रस नहीं कह रहा हूँ, साज-शृंगार के अर्थ में कह रहा हूँ। पति को त्याग कर वो आई थीं, कायदे से सादगी होनी चाहिए व्यवहार में। वे रंगीन चीज़ें नहीं पहनती थीं। व्यवहार में ऊपर चाहे कितनी सादगी दिखाई पड़े, उनकी कविताओं में रँगने की, रंग की, रूप शृंगार की अनेक पंक्तियाँ मिलती हैं। कुछ उदाहरण मैं दे रहा हूँ आपको। एक जगह लिखा है 'राग धीमी मैं सजनि विश्वास भी तेरे रंगीले।' उनकी कविताओं में सन्ध्या सम्बन्धी चित्र देखें। खासतौर से उनके चित्रों को देखें तो चित्रों में जो रंगकारी की है, उन रंगों से पता चलता है कि रंगों से किस तरह वो खेलती हैं? उनकी कविताओं में जो चित्र आते हैं, वो रंगों से भरे हुए हैं। स्वयं अपने व्यक्तित्व की उपमा देते हुए उन्होंने कहा है–'कमल दल पर किरन अंकित चित्र हूँ मैं।' स्वयं महादेवी अपने आपको चित्र मानती हैं। बनाने वाला एक चित्रकार है, चितेरा है, जिसने कमल दल पर यह चित्र किरणों से बनाया है। इस तरह से अपने आपको देखती हैं कि मैं मूर्ति नहीं, बल्कि चित्र हूँ, तस्वीर हूँ जो रंगों से बनाई गई है। इसीलिए, रंगों से अलग करके महादेवी को नहीं देखा जा सकता। इस दुनिया में, फूलों से, रंगों से भरे हुए जगत में इसके बिना, इस सौन्दर्य के बिना वे सूखी काठ कठोरी, किसी आर्य समाजी महिला के समान दिखने लगेंगी। लोगों ने ऐसे उनकी छवि बनाई है जैसे वे किसी आर्य समाजी अनाथालय की महिला हों या गांधी आश्रम में सूत कातने वाली हों। वे गांधीजी को मानती थीं पर सूत कातने वाली नहीं थीं और आर्य समाजी अनाथालय वाली महिला भी नहीं थीं। इसलिए उनका मन राग रस से भरा हुआ है। इस सुन्दर विश्व को सुन्दर बनाने का उनका खास तरह का संघर्ष है। जिसके हृदय में प्रेम हो, राग हो, पशुओं के प्रति, पक्षियों के प्रति, मनुष्यों के प्रति और वह सारे समाज को बाँट देना चाहे–ऐसी थीं वे। सारी मानवता, जो उनको जीवन में नहीं मिल पाई थी, वह सब वे सबको देना चाहती थीं।

आजकल की अंग्रेज़ी पढ़ने वाली महिलाएँ जो स्त्री विमर्श कर रही हैं और जो स्त्रीवादी आन्दोलन में हैं, उससे बिल्कुल भिन्न छवि है महादेवी की। स्त्री-पुरुष

सम्बन्धों के बारे में उनकी एक गहरी भारतीय समझ है। जब मैं भारतीय कह रहा हूँ तो इसका मतलब भारतीय जनता पार्टी नहीं है, विश्व हिन्दू परिषद् नहीं है, आर.एस.एस. नहीं है। आर.एस.एस. वाले तो बेचारे कह ही नहीं सकते। वहाँ तो शाखा में लड़कियों का प्रवेश ही नहीं है। वो क्या जानें। लेकिन गहरे अर्थ में भारतीय जब मैं कह रहा हूँ तो महादेवी अपने दौर के लोगों में तो महत्वपूर्ण हैं ही लेकिन आज भी उन जैसे कम लोग मिलेंगे। भारतीय वाङ्मय पर उतना छोटा और गम्भीर निबन्ध मैंने नहीं पढ़ा है जो महादेवी जी ने लिखा था। भारतीय साहित्य पर अंग्रेज़ी में बहुत किताबें हैं, इसके बावजूद यह निबन्ध अत्यन्त महत्वपूर्ण है। ऋक् की ऋचाओं से शुरू करके अथर्ववेद से होते हुए वे आती हैं पालि में लिखी हुई थेरि गाथाओं तक। उस पूरी परम्परा में उषः गीत आप पढ़ें। उषः गीत तो दो हैं, 'उषः गीत' और 'ज्योतिष्पदी' नाम से। उनको पढ़ें तो लगता है कि महादेवी नारी को किस रूप में देखती थीं। उनकी नारी सम्बन्धी समझ थेरि गाथाओं पर लिखते हुए बहुत महत्वपूर्ण ढंग से उभरती है। उन रचनाओं को पढ़ते हुए लगता है कि नारी की क्या छवि थी महादेवी की। कालिदास में पढ़ें आप, वाल्मीकि की सीता को पढ़ें, फिर भवभूति की सीता के बारे में देखें, जयदेव के 'गीत गोविन्द' में पढ़ें। महादेवी के मन में नारी की छवि भारत की परम्परा से छनकर आती है, यह वो परम्परा नहीं है जो फ्रांस में सिमोन द बोउवार ने कही थी या अमेरिका में दूसरी महिलाओं ने। इसलिए महादेवी के यहाँ स्त्री-पुरुष सम्बन्ध भी अलग दिखाई पड़ते हैं। सम्पूर्ण लेखन में कहीं भी महादेवी जी ने जिस व्यक्ति से उनकी शादी हुई थी, उसके बारे में एक भी कटु शब्द नहीं लिखा है। आजकल दो कहानीकारों, स्त्री और पुरुष के बीच में जो लिखा-पढ़ी हो रही है, वह आप पढ़ ही रहे होंगे। कोई बख्शता नहीं है। इसलिए महादेवी के स्त्री-विमर्श पर बात करते हुए यह बात बराबर ध्यान में रहे।

महादेवी एक नहीं थीं, कम से कम दो तो थीं ही, मुझे लगता है कि तीन महादेवी थीं और तीनों में टकराव नहीं था, वो एक-दूसरे की पूरक थीं। इसमें नियामक और केन्द्रीय भूमिका थी कवि महादेवी की। महादेवी का कवि रूप–आश्चर्यजनक है, एक करिश्मा है। उनका सारा का सारा लेखन तीस-बत्तीस साल से कम की उम्र का था। वे बत्तीस वर्ष की उम्र तक अपना श्रेष्ठ साहित्य लिख चुकी थीं। बारह-तेरह वर्षों में उन्होंने लिखा–और यह भी तय कर लिया था कि अब नहीं लिखना है। महादेवी ने सिर्फ गीत लिखे। निराला गीत भी लिखते थे और नज़्में भी। रामचन्द्र शुक्ल ने महादेवी के गीतों की प्रशंसा की है। उन्होंने अपने इतिहास में साफ लिखा। पंत, प्रसाद और निराला पर लिखने के बावजूद महादेवी पर लिखा है–'गीत रचना में जैसी सफलता महादेवी को मिली ऐसी किसी को नहीं

मिली'—ऐसा बिना हिचक उन्होंने लिखा। स्निग्ध भाषा, प्रांजल प्रवाह, भावव्यंजना आदि पर पूरा एक पैराग्राफ लिखा। उन्होंने जिस तरह महादेवी की प्रशंसा की, उतनी प्रशंसा न पंत की, न प्रसाद की, न निराला की की। निराला के गीतों के लिए उन्होंने कहा कि संगीत का प्रभाव बहुत ज़्यादा है। विधा के रूप में सिर्फ गीत का चुनाव—यह साबित करता है कि महादेवी ने अपनी सीमा समझ ली थी। जो आदमी अपनी सीमा समझ लेता है वही आदमी उस सीमा में उसकी समस्त सम्भावनाओं को निचोड़कर कुछ असीम की रचना कर सकता है। जो हर जगह हाथ-पाँव मारता है वो कुछ नहीं कर पाता। इसीलिए महादेवी ने अपनी सीमाओं को समझते हुए, भारतीय नारी के रूप में सीमाओं को समझते हुए, स्त्रियों के लिए जो सीमाएँ निर्धारित कर देता है—उन सीमाओं में रहते हुए जो रचा, जो एक्टीविज़्म किया, वह अतुलनीय है। सारे छायावादियों में महादेवी जैसा एक्टिविस्ट कोई नहीं। उन्होंने साहित्यकार संसद बनाई, नैनीताल के पास रामगढ़ में एक आश्रम बनाया, रसूलपुर में गंगा किनारे निराला जी के रहने के लिए घर बनाया। इमर्जेंसी के ज़माने में उनका एक्टिविज़्म देखिए। उनके एक्टिविज़्म का हिस्सा ही था—माघ के महीने में झूँसी में जाकर महीने भर का कल्पवास। कल्पवास वे पूजा-पाठ के लिए नहीं करती थीं। इसमें लिखने-पढ़ने का काम तो करती ही थीं। ये कल्पवास सारे देश से आए स्त्रियों-पुरुषों-साधारणजनों से मिलने के लिए था।

एक ओर सार्वजनिक जीवन में ऐसा एक्टिविज़्म और दूसरी ओर रचना के बारे में एक चौहद्दी खींच दी और उसी में उन्होंने खड़ी बोली की पूरी रंगीन दुनिया रची। यह दुनिया भारत की एक नारी ने रची थी जो दूसरों की नज़र में पीड़ित, प्रताड़ित, उपेक्षित, परित्यक्ता थी लेकिन अपनी नज़र में वह अपनी उस दुनिया की रानी थी और रानी की तरह रही। आज जन्मशती मनाते समय उन पर आँसू बहाने की ज़रूरत नहीं है, अपने पर बहाना हो तो बहाइए। महादेवी किसी की दया की मोहताज नहीं हैं। उनके नाम पर कोई स्त्रीवादी आन्दोलन चलाना चाहे तो किसी और के नाम पर चला ले, इन्दिरा गांधी के नाम पर चला ले, मायावती के नाम पर चला ले, लेकिन कम से कम बख्शिए महादेवी को। उन्हें हिन्दी की एक विशिष्ट कवयित्री और लेखिका के रूप में याद कीजिए, जिसका स्वाभिमान अपने बारे में किसी को अतिरिक्त एक भी फालतू शब्द कहने से वर्जित करता है।

देखना चाहिए कि महादेवी हमारी पूरी परम्परा में कहाँ हैं, उनकी क्या भूमिका रही है और विशिष्ट अवदान क्या है—इस निष्कर्ष पर पहुँचने की कोशिश होनी चाहिए। पहली उल्लेखनीय बात जो मुझे लगती है कि उनके समय में लगभग चार शताब्दियों के बाद रचनाकारों की एक शृंखला दिखाई देती है। यानी चार शताब्दी पहले कबीर, जायसी, सूर, तुलसी और मीरा जैसी हिन्दी की महान विभूतियाँ भक्ति

आन्दोलन के लोक जागरण के साथ पहली बार उदित हुई थीं। यह लोक जागरण केवल हिन्दी की घटना नहीं है, बल्कि यह लोक जागरण सौ दो सौ साल आगे-पीछे भारत की सभी भाषाओं में हुआ है। दक्षिण में तमिल की परम्परा सम्भवतः सबसे पुरानी है। हिन्दी से थोड़ी और पुरानी तो मराठी में है। ज्ञानेश्वर और नामदेव पहले हो चुके हैं। इस तरह ठेठ महाराष्ट्र में परम्परा पहले शुरू हो चुकी थी। हिन्दी में उसके बाद शुरू हुई। दो सौ साल लग गए। नामदेव, ज्ञानेश्वर उत्तर में आए और आकर उत्तर में इस परम्परा को बढ़ाने में योग दिया। भक्ति आन्दोलन कन्नड़ में हुआ है, तेलुगु में हुआ है, कश्मीर में हुआ है, इसलिए वो महान युग था। डॉ. रामविलास शर्मा ने उचित ही उसे लोक जागरण का युग कहा है। लोक जागरण इसलिए कि इस आन्दोलन से पहले संस्कृत की परम्परा थी और इसके साथ भारत की लोक भाषाओं में ऐसा साहित्य उदित हुआ जिसने संस्कृति की महान परम्परा के सम्मुख एक बहुत बड़ी चुनौती खड़ी की। अनपढ़, गँवार, देहात में रहने वाले लोगों ने वो साहित्य रचा जिसके माध्यम से क्रान्ति हुई है—भारतीय साहित्य के इतिहास में, संस्कृति के इतिहास में। इस नए लोक जागरण में लोक भाषाएँ साहित्य की भाषा बनीं और ये महान परम्परा शुरू हुई।

चार सौ साल बाद बीसवीं शताब्दी में फिर वही परम्परा एक नए तेवर के साथ उभरी, जिसे नया राष्ट्रीय नवजागरण भी कहते हैं। इस राष्ट्रीय नवजागरण में भारत की सभी भाषाओं में नए स्वर सुनाई दिए। बांग्ला में शुरुआत पहले हुई। वहाँ उन्नीसवीं शताब्दी में ही शुरुआत हो गई थी। क्यों हुई, कारण आप लोग अच्छी तरह से जानते हैं। ईस्ट इंडिया कम्पनी का इतिहास और बाकी चीज़ें इस क्रम में आप देखेंगे। इसलिए वहाँ बंकिम, रवीन्द्र पहले हुए। धीरे-धीरे उसी क्रम से आगे बढ़ा। उस हिसाब से देखें तो तीन प्रेसीडेन्सी बनी थीं—कलकत्ता, मद्रास (जो चेन्नई कहलाता है) और मुम्बई—ये तीन जो समन्दर के किनारे वाले शहर थे—जो व्यापार के केन्द्र बने। इसलिए नवजागरण आप देखेंगे कि समुद्र के किनारे की भाषाओं से जुड़े लोगों में पहले आया। तमिल, बांग्ला और मराठी में पहले शुरू हुआ। हिन्दी समुद्र से दूर है इसलिए हिन्दी में बाद में शुरू हुआ। लेकिन राष्ट्रीय जागरण पूरे तेज के साथ इस हिन्दी भाषा-भाषी प्रदेश में रहा, क्योंकि 1857 का केन्द्र यहीं था। इसीलिए 1857 के तेवर से जो चीज़ हिन्दी में पैदा हुई वो बाकी भाषाओं में तब नहीं शुरू हुई, भले ही बारिकपुर में मंगल पांडे को फाँसी पर चढ़ाया गया हो। लगभग चार सौ साल बाद बीसवीं शताब्दी में फिर, जिसको अंग्रेजी में गैलेक्सी कहते हैं, दिखाई पड़ती है। उस गैलेक्सी में साहित्य की विभूतियाँ हैं—प्रेमचन्द, प्रसाद, निराला, पंत, महादेवी। यह सूची बढ़ाई जा सकती है। इस राष्ट्रीय नवजागरण के उन लेखकों में एक बात पुराने लोक जागरण के लेखकों के समान ही है। प्रत्येक बड़े साहित्यकार

की अपनी अलग विशिष्ट पहचान है। उसका तेवर अलग दिखाई पड़ेगा, भाषा अलग दिखाई पड़ेगी, अन्दाज़ अलग दिखाई पड़ेगा। इस पर ज़ोर देना ज़रूरी है। उस दौर में ऐसी कविताएँ भी हैं, इन लोगों की नकल करने वाले कवि भी थे। लेकिन जो पहचान इन्होंने बनाई, इनकी विशिष्टता, भक्तों की तरह से थी। कबीर और तुलसी में, मीरा और सूर में आपको कहीं भ्रम नहीं हो सकता। यही बात इन साहित्यकारों में है। अब क्यों ऐसा हुआ? इन दोनों में क्या सम्बन्ध है, ऐतिहासिक विस्तार से यह विश्लेषण की वस्तु है और उसकी चर्चा मैं नहीं करूँगा। आप प्रबुद्ध लोग हैं, मुझसे बेहतर जानते हैं।

हमारे यहाँ जिसको लिरिक (Lyric) कहते हैं, वो पहली बार लोक साहित्य में, लोक भाषाओं के साहित्य में पैदा हुआ है। पहले छन्दस हुआ करता था, लेकिन गीत जिसको कहते हैं, वह नहीं था। ये भक्त न होते तो मल्लिकार्जुन मंसूर या भीमसेन जोशी या कुमार गन्धर्व न होते। हमारे यहाँ शास्त्रीय संगीत में संस्कृत के छन्द नहीं गाए जा सकते, इसलिए इन लोक भाषाओं ने वह संगीत दिया, जिसको आज हम हिन्दुस्तानी संगीत कहते हैं। यह ध्रुपद से अलग है। इस तरह ये चीज़ें नए संगीत का आधार बनीं। इस क्रम में एक बात यह भी देखें कि गीत के साथ भारत की परम्परा आख्यान (नैरेटिव) की रही है, महाकाव्य (Epic) की भी रही है। पुराने लोगों में तुलसीदास ने 'रामचरित मानस' लिखा। सूर ने नहीं लिखा, लेकिन 'सूरसागर' के पद भी नैरेटिव ही हैं। कहानी भी उसमें जुड़ी हुई है। सूफियों की पूरी की पूरी दास्तान आख्यान है। मैं इसलिए कह रहा हूँ कि वो परम्परा यहाँ आकर छायावाद के समय में एक नया रूप लेती है। अब लगा कि आख्यान कहानी और उपन्यास में तो चल सकता है, कविता में नहीं चलेगा। आख्यान तो गद्य की चीज़ है, इसलिए आख्यान वाली परम्परा उपन्यास और कहानी के रूप में चली। जिस किसी ने पुराने ढंग का महाकाव्य लिखने की कोशिश की, उसकी गति या दुर्गति वही हुई जो 'साकेत' लिखकर मैथिलीशरण गुप्त की हुई। आख्यान कहानी और उपन्यास की चीज़ है, गद्य की चीज़ है। प्रबन्ध काव्य लिखने की कोशिश करोगे तो वही गति होगी जो 'साकेत' की हुई। 'रामचरित मानस' के सामने 'साकेत' मनोरंजन की चीज़ है। प्रसाद जी सावधान थे, इसलिए जब उन्होंने 'कामायनी' को लिखा, वे उसे उस धरातल पर ले गए जहाँ उन्होंने कहानी कहने की कोशिश ही नहीं की। और 'कामायनी' एक तरह से अलग-अलग गीतों का एक समूह है। सब लोग उसे उसी तरह पढ़ते हैं, जैसे 'लहर' को पढ़ते हैं, जैसे 'आँसू' को पढ़ते हैं। यह इन कवियों ने सबक लिया। बदले युग के साथ भाषा ही नहीं बदली, छन्द ही नहीं बदला, साहित्य का रूप भी बदल गया। सबकी भाषा अलग है। पंत और महादेवी की दो कविताएँ रखकर देखिए। आपको कभी भ्रम नहीं होगा—महादेवी की कविता को

देखकर कि ये पंत की हैं। निराला को देखकर बिल्कुल नहीं लग सकता है। प्रसाद अलग पहचाने जा सकते हैं।

छायावादी कवियों के यहाँ जीवन को सांगोपांग रखने की वृत्ति है। सभी सुपठित थे। संस्कृत की परम्परा जानते थे। पंतजी के सामने तो आप्टे की संस्कृत डिक्शनरी बराबर रहा करती थी। दिखाते थे कि जब मुझे शब्द की आवश्यकता होती है मैं इसे रखता हूँ। निराला जिस तरह से 'चौर पंचाशिका' से उद्धरण देते हैं, लगता है संस्कृत भली-भाँति जानते होंगे। अंग्रेज़ी तो सब जानते थे। प्राचीन साहित्य का सबसे ज़्यादा अध्ययन दो ने किया था। महादेवी ने विधिवत अध्ययन किया था–ऋग्वेद से लेकर आगे तक अनुवाद करके दिखा दिया। और जयशंकर प्रसाद आठवीं पास एक आदमी। 'काव्य कला तथा अन्य निबन्ध' पढ़ते हुए, 'कामायनी' पढ़ते हुए आपको मालूम होगा कि उन्हें कितनी जानकारी थी। बिना वेद का अध्ययन किए, बिना 'शतपथ ब्राह्मण' का अध्ययन किए कोई मनु का आख्यान लिख नहीं सकता था। इन सबको अपनी जड़ों का गहरा ज्ञान था। मैं इसलिए कहना चाहता हूँ कि आजकल जो कवि लिख रहे हैं, वे छायावादियों की बराबरी करते हैं–करते समय देखें कि वो कितनी संस्कृत जानते हैं, कितनी संस्कृत की परम्परा जानते हैं? छायावाद से हम सौ कदम, पाँच सौ कदम आगे निकल गए हैं–कहने वाले लोग रोमांटिक कवियों से अपनी समानता करते समय यह ध्यान रखें कि छायावादियों की तुलना में वे अपनी जड़ों से, भाषा की जड़ों से कितने जुड़े हैं? संगीत का अच्छा ज्ञान जयशंकर प्रसाद को था। नाटकों में उन्होंने अपने हर गीत के लिए धुन बनाकर दी है, टेक्निकली। निराला तो बाकायदा सीखते थे और गाते थे। इसी बनारस में निराला जी को हारमोनियम पर अपने दो गीत क्लासिकल तेवर में गाते हुए मैंने सुना है। जब इसी भदैनी पर उनकी स्वर्ण जयन्ती मनाई गई थी। बिल्कुल सुर ताल में गाया था। "प्रातः तव द्वार पर आया शरिण नर अन्ध पथ पार कर" और "टूटे सकल बन्ध कलि के दिशा ज्ञान गत हो गए।" ये लोग अपने गीत-संगीत की पुरानी परम्परा में गाते थे जैसे कि भक्तों के गीत गाए जा सकते थे।

इन परम्पराओं के केन्द्र दो ही थे–काशी और प्रयाग। स्वस्थ होड़ रही है काशी और प्रयाग में–एक लम्बे अरसे से। प्रेमचन्द और प्रसाद काशी के थे। महादेवी ने इलाहाबाद चुना–वो टिक ही नहीं सकती थीं बनारस में। ठीक ही जगह चुनी उन्होंने। उनका इलाहाबाद जाना ठीक था। अब निराला जी भटकते हुए कलकत्ता से अवध से, उन्नाव से, लखनऊ से इलाहाबाद आए। विचित्र बात है कि फिर भी ये सभी लोग काशी ज़रूर मिलने के लिए आते थे। आकर्षण था मन में। महादेवी जी ने भी लिखा है। निराला आए थे और विनोद शंकर व्यास को प्रमाण मानें तो ('रात और दिन' नाम की उनकी एक पुस्तक है) निराला जी को कलकत्ता में छूत

की बीमारी लग गई थी। उसका इलाज कराने के लिए प्रसाद जी ने कहा। इसका उल्लेख शायद रायकृष्ण दास की किताब में भी है। विनोद शंकर व्यास ने मीरघाट पर उनको तीन-चार महीने रखकर इलाज करवाया था। निराला रहे हैं काशी में। निराला की स्वर्ण जयन्ती काशी में ही मनाई गई, इलाहाबाद में नहीं मनाई गई। हो सकता है, काशी का होने के कारण मैं काशी वालों के साथ कुछ पक्षपात कर बैठूँ, लेकिन भरसक जो सच्चाई है वो सामने आनी चाहिए।

इन सभी लोगों ने गीत लिखे, गीतों के अलावा कविताएँ लिखीं–जिसको उर्दू में नज़्म कहते हैं, प्रबन्ध काव्य लिखे। सभी ने नहीं तो कम से कम निराला ने और प्रसाद ने तो लिखे ही। 'तुलसीदास', जिसे खंडकाव्य न भी कहिए, किन्तु प्रबन्धात्मक रचना है। और इस रूप में देखें तो अपनी बेटी पर एक लम्बी कविता लिखी है–'सरोज स्मृति'। 'राम की शक्ति पूजा' जैसी कविता लिखी है। पूरी रामायण न लिखकर 'राम की शक्ति पूजा' लिखकर इन्होंने दिखा दिया कि आज के युग में भी तुलसी की परम्परा में राम की नए ढंग से प्रस्तुति हो सकती है। मैथिलीशरण गुप्त को चुनौती दी कि इस युग में 'साकेत' नहीं लिखी जा सकती, 'राम की शक्ति पूजा' लिखी जा सकती है। कविता में गीत और मुक्तक के अलावा लम्बी कविताएँ लिखीं, जो आगे चलकर मुक्तिबोध ने लिखीं, रघुवीर सहाय ने लिखीं। विविध काव्य रूप सबने लिखे–प्रसाद ने लिखे, निराला ने लिखा। महादेवी ने केवल गीत लिखा–गीत से बाहर वो गईं ही नहीं। उनके मूल्यांकन की भूमि तैयार करते समय इसका ध्यान रखना पड़ेगा। सबने किसी न किसी रूप में गद्य लिखा। अधिकांश ने उपन्यास लिखे, प्रेमचन्द ने उपन्यास लिखे, प्रसाद ने उपन्यास लिखे। महादेवी ने भी कहानियों और संस्मरण के रूप में गद्य लिखा। निराला ने उपन्यास भी लिखे, कहानियाँ भी लिखीं। सबने आलोचनात्मक निबन्ध लिखे। आलोचना, उपन्यास, कहानी, कविता–कई तरह की चीज़ें लिखीं। एक चीज़ थी नाटक–दो ने केवल लिखे। पंत जी ने 'ज्योत्सना' लिखा। जयशंकर प्रसाद ने सबसे ज़्यादा नाटक लिखे। अब ये विविध आयाम, अनेक साहित्य रूप और सम्पूर्ण जीवन का शहर हो, गाँव हो–यथार्थ चित्रण–इन तमाम लोगों ने करने की कोशिश की। अब कुल मिलाकर आप देखें।

अपनी विशिष्ट पहचान और विशिष्ट योगदान करते हुए भी इसको रेखांकित किया जाना चाहिए कि अपने विषय में महादेवी की विशिष्ट देन क्या है? और फिर इन सबमें महादेवी का स्थान क्या है? और इसमें कोई शक नहीं कि भक्तों में जो स्थान मीरा का है–इसीलिए नहीं कह रहा हूँ कि स्त्री विमर्श वाले मुझसे नाराज़ न हों–प्राचीन साहित्य में जो स्थान मीरा का है, इस आधुनिक दौर में, समग्रता की दृष्टि से वही

स्थान महादेवी का है। प्रसाद को सबसे कम उम्र मिली, प्रेमचन्द को छोटी उम्र मिली। लम्बी उम्र मिली पंत जी को, महादेवी जी को। महादेवी तो उनके बाद भी जीवित रहीं, उन्हें सबसे लम्बी उम्र मिली। भक्तों के बारे में नहीं जानते—यह बहस भी है—मृत्यु तिथि किसी की नहीं मालूम, किसी की जन्मतिथि नहीं मालूम है। इसीलिए लम्बी उम्र भक्तों में कबीर को ज़्यादा मिली या तुलसीदास को—कहना कठिन है, सूर के बारे में नहीं जानते हैं। मीरा को सबसे कम उम्र मिली थी। उसकी तुलना में महादेवी को बहुत ज़्यादा मिली। ये हिसाब-किताब की चीज़ें हैं, लेकिन हिसाब-किताब को अलग करके देखें, तब भी कुल मिलाकर जो सम्पूर्ण कृतित्व या अवदान है, इसको स्वीकार करना पड़ेगा कि इतनी कम उम्र मिलने के बावजूद कई बातों में जयशंकर प्रसाद का सम्पूर्ण अवदान महादेवी से कहीं अधिक है। जीवनानुभवों को, साहित्य रूपों को, चिन्तन में नई देन को जितना वो समेटते हैं, महादेवी नहीं समेट पातीं। मैं उस बारे में नहीं जाना चाहता।

अब सवाल यह है कि पंत जी और महादेवी में यदि तुलना करेंगे तो क्या निष्कर्ष होगा? एक स्तर है, महादेवी जिससे नीचे नहीं आतीं। पंत जी का रचनाकर्म बहुत विषम है। दुर्भाग्य से उन्होंने प्रबन्ध काव्य भी लिख दिया था, जिसको हमारे मित्र विजयदेव नारायण साही ने कहा कि न पढ़ा है न पढ़ूँगा। उन्हें क्या पता कि उसे दुबारा पंत जी ने भी कभी नहीं पढ़ा होगा? बोध ही नहीं था कवि को कि क्या लिखना है क्या नहीं? सम्भव है, महादेवी जी ने और बहुत कुछ लिखा हो, लेकिन ग़ालिब की तरह से अपना दीवान चुनकर रखा। जो चीज़ ज़रा-सी भी कमजोर थी, उसे छाँटकर निकाल दिया। कोई नहीं जानता कि महादेवी ने कुछ कमज़ोर चीज़ें भी लिखी हैं। जो सामने हैं, उनमें एक भी चीज़ कच्ची नहीं है। पंत जी का जितना अच्छा है, उसका तीन-चौथाई कूड़ा है। उनकी रचनावली देखिए, उन्होंने काफी खराब लिखा है। इसलिए मुझे पंत और महादेवी में चुनना हो तो मैं तो कहूँगा कि महादेवी में यह विवेक यह बोध था, स्वयं उनका चयन बताता है। इस सिलसिले में मैं मीर और ग़ालिब का नाम लूँगा। मैं आप लोगों के सामने केवल सवाल रख रहा हूँ, ज़रूरी नहीं कि आप सहमत हों। ये मीर और ग़ालिब का फर्क है। मीर को उर्दू में खुदा-ए-सुखन कहा जाता है। यदि मीर न हुए होते तो गालिब नहीं होते। लेकिन मीर के दीवान और सारी चीज़ों में देखने में काफी कूड़ा मिलेगा। ग़ालिब ने एक भी कच्चा शे'र नहीं आने दिया अपने दीवान में। यह सावधानी बरती थी। लगभग वही स्थिति पंत और महादेवी की है। महादेवी जी के प्रकाशित संग्रहों में कोई कच्ची और हल्की चीज़ नहीं है। उन्होंने एक स्टैंडर्ड बनाए रखा था। इसलिए महादेवी को पंत से ऊँचा स्थान देना होगा। यद्यपि रामचन्द्र शुक्ल ने 'इतिहास' में पंत की बड़ी प्रशंसा की है। महादेवी पर उतना लम्बा नहीं लिखा है, लेकिन यह कह दिया है कि

गीत लिखने में जो सफलता इनको मिली है वो किसी को नहीं मिली। यह उनको कहना ही पड़ा। सबसे कमज़ोर स्थिति पंत की है। गहराई नहीं है, व्यापकता चाहे जितनी हो।

सबसे बड़ी चुनौती निराला में है। बेजोड़ है वह आदमी, जिसने 'तुलसीदास' जैसा काव्य लिखा है। प्रेमचन्द को शामिल करते हुए कहा जा सकता है कि इस तरह जो स्थान तुलसीदास का है लगभग वही स्थान निराला का है। मैं ग्रेडिंग नहीं करता, लेकिन मिश्र बन्धुओं वाला मामला याद आता है। चूँकि जयन्ती महादेवी की मनाई जा रही है और क्षमा करें महिलाएँ, इस विमर्श में यह स्वीकार करना पड़ेगा—इतिहास निर्मम है—बहुत महत्वपूर्ण स्थान महादेवी का है लेकिन विवेचित रूप से निराला और प्रसाद के बाद ही महादेवी आएँगी। यह बात मैं आपके विचार के लिए भी रख रहा हूँ, क्योंकि मेरा तो काम ही है, कोई विवाद छेड़ के जाना। इनका तात्कालिक मूल्यांकन हमारे ज़ेहन में होना ही चाहिए। एक स्वर से सबकी प्रशंसा करना काव्य विवेक नहीं है।

जहाँ तक जीवन दृष्टि का सवाल है, जीवन दृष्टि में, अपने विचारों में महादेवी प्रगतिशील थीं। सुविधा के लिए 'प्रगतिशील' शब्द कह रहा हूँ, प्रगतिशील लेखक संघ के प्रगतिशील के अर्थ में नहीं, व्यापक अर्थ में। वे बहुत अग्रसोची थीं, क्रान्तिकारी थीं। निराला से भी अधिक। मैंने ज़िक्र किया था उनके एक लेख 'ठकुरी बाबा' का। उसके अन्त का एक छोटा-सा अंश मैं सुनाना चाहता हूँ। वे कल्पवास करने के लिए झूँसी जाती थीं। महादेवी जी कहती हैं—"बरसों बाद जब ठकुरी बाबा दुबारा मिले, हाल-चाल पूछने पर कहा—'अब चला-चली की बेर है।' मैंने हँसी में पूछा—'तुम स्वर्ग में कैसे रहोगे बाबा? स्वर्ग में गन्धर्व और अप्सराएँ हैं, तो गन्धर्व और अप्सराओं में तो जँचोगे नहीं?'—मज़ाक कर रही हैं देवी जी। 'ठकुरी बाबा बहुत प्रसन्न हो गए। कहने लगे, सो तो हम जानित हैं बिटिया, हम उहाँ अस शोर मचाउब कि भगवान भी खुद धरती पर टरकाए दिहैं। हम फिर धान रोपब, कियारी बनाउब, चिकारा बजाउब, बजाय के आल्हा ऊदल कै कथा सुनाउब। सरग हमका न चाही मुदा हम दूसर नवा सरीर माँगे बदे जाब ज़रूर। ई ससुर तौ बनाय के जर्जर होइगा, और वे गा उठे 'चलत प्राण काया काहे रोई राम।'' निष्कर्ष निकालती हैं महादेवी। ये हैं महादेवी जी—"अथर्व के जो गायक अपने आपको धरती का पुत्र कहते थे, ठकुरी बाबा उन्हीं के सजातीय कहे जा सकते हैं। इनके लिए जीवन धरती का वरदान है, काव्य उसके सौन्दर्य की अनुभूति है, प्रेम उसके आकर्षण की गति है"—प्रेम को गति कहा है, "शक्ति उसकी प्रेरणा का नियामक होती है। ऐसे व्यक्ति मुक्ति की ऊँची से ऊँची कल्पना को धूल में खिले नीचे से नीचे फूल पर न्यौछावर कर देते हैं।" ये महादेवी हैं। स्वर्ग को दुत्कार कर इस धरती को प्यार करने वाला आदमी और इस

धरती पर जीवन, काव्य, प्रेम, शक्ति और मुक्ति की ऊँची से ऊँची कल्पना को धूल पर न्यौछावर कर देने वाला आदमी। यह लोकोन्मुखी दृष्टि है। ठेठ ज़मीन से जुड़ती है और यह चीज़ है जो महादेवी को प्रेमचन्द से जोड़ती है। प्रेमचन्द के निकट लाती है। प्रेमचन्द की भूमि पर ले जाती है। महादेवी जी पर गहराई से विचार करना चाहिए। इस ध्यान से विचार करना चाहिए। खासतौर पर स्त्रियों के बारे में निराला जी के जो विचार थे, महादेवी जी के विचारों की तुलना में कहीं-कहीं काफी दकियानूस मालूम पड़ते हैं। कहीं-कहीं, सर्वत्र नहीं।

[काशी हिन्दू विश्वविद्यालय के महिला अध्ययन केन्द्र की ओर से 5-6 मई, 2007 को आयोजित राष्ट्रीय संगोष्ठी 'महादेवी : वेदना और विद्रोह' के दो व्याख्यानों का समेकित रूप। वसुधा, अंक 73, अप्रैल-जून, 2007 में प्रकाशित]

कवि हरिवंशराय बच्चन

हरिवंशराय बच्चन जी की जन्म शताब्दी के मौक़े पर उनकी एक पंक्ति याद आती है : "अब न रहे वो पीने वाले, अब न रही वो मधुशाला।" 1930-31 के दौर में बच्चन जी हिन्दी दुनिया के क्षितिज पर अपनी 'मधुशाला' के साथ प्रकट हुए थे। बच्चन जी की सबसे बड़ी देन है कि उन्होंने हिन्दी कविता को आम जनता तक पहुँचाया और श्रोता और पाठक तैयार करने का काम किया। उर्दू में मुशायरों की परम्परा थी लेकिन हिन्दी में कविता गोष्ठियाँ होती थीं। मधुशाला के जरिए बच्चन जी ने यह बताया कि आम बोलचाल की भाषा में हिन्दी कविता सम्भव हो सकती है। छायावादी कविता के बरक्स उन्होंने बहुत बड़ा पाठक समुदाय और श्रोता मंडल तैयार किया था। बच्चन जी ने वो काम किया जो उनके पहले हिन्दी में किसी ने नहीं किया था। आज के दौर में देखें तो सचमुच वो दौर खत्म हो चुका है। इसीलिए मैंने कहा कि 'अब न रहे वो पीने वाले, अब न रही वो मधुशाला।' उन्होंने कहा था :

कवि साकी बनकर आया है,
भरकर कविता का प्याला।
और *कभी न क्षण भर खाली होगा,*
लाख पीये, दो लाख पीये
पाठक गण हैं पीने वाले, पुस्तक मेरी मधुशाला

उन्होंने इसलिए एक नई भाषा, एक नया अन्दाज़, एक शौक पैदा किया।

दूसरी बात बच्चन जी के बारे में मुझे यह कहनी है कि उनकी एक पुस्तक 'मधुकलश' की उपेक्षा हुई है। यह पुस्तक जब प्रकाशित हुई, आजादी की लड़ाई का दौर था। उसमें साहस और हिम्मत दिलानेवाली महत्वपूर्ण कविताएँ हैं। एक पंक्ति है :

तीर पर कैसे रुकूँ मैं आज लहरों में निमन्त्रण

ज़िन्दगी में किनारे बैठ करके तमाशा देखना बड़ा आसान है, लेकिन लहरों के निमन्त्रण में कोई आदमी कूद पड़े, तमाशाई बन कर नहीं, हिस्सेदार की तरह–यह

महत्वपूर्ण है। रोज़मर्रा की ज़िन्दगी में और आन्दोलन में कूद पड़ने, हिस्सा लेने की चुनौती उन्होंने युवकों को दी थी। भगवतीचरण वर्मा और अन्य अनेक लोग उस दौर में जवानी को सबसे बड़ा मूल्य मानते थे। जवाहरलाल नेहरू युवकों के नेता कहे जाते थे। तो इस जवानी को एक मूल्य प्रदान करना और उसका जयगान करना, एक नया काम था। एक तरह से नए दौर और नए उत्साह को, कविता और साहित्य की दुनिया में, स्थापित करने वाले थे—बच्चन जी।

तीसरी बात, बच्चन जी के महत्वपूर्ण कविता संग्रहों में 'निशा निमन्त्रण' और 'एकान्त संगीत' हैं। लोग भूल जाते हैं कि वह केवल मधु और प्याला वाले कवि नहीं थे। उनकी कविता की दो पंक्तियाँ लोगों को याद दिलाना चाहता हूँ :

अग्नि पथ, अग्नि पथ।
ये महान दृश्य है, चल रहा मनुष्य है
अश्रु से रक्त से लथ-पथ, लथ-पथ

उस दौर में क्रान्ति की कविता लिखने वाले भी बहुत-से कवि थे, लेकिन बच्चन जी का यह पहलू है जो बराबर ध्यान में रखना चाहिए। आमतौर पर लोग उनको प्रेम और प्रेयसी की तमाम कविताओं के कवि के रूप में देखते हैं। लेकिन उनका दुनिया को देखने का नज़रिया बराबर का रहा है।

चौथी बात, बच्चन जी ने प्रयोगवादियों से ज़्यादा प्रयोग किए हैं, कविता के रूपों में किए हैं। ज़िन्दगी भर करते रहे हैं। आख़िरी दम तक की उनकी लिखी कविताएँ देखें तो 'सोन मछरी' में उन्होंने बीकानेरी लोकगीतों की धुन ले करके कुछ नए ढंग की कविता लिखी। उन्होंने अनेक तरह के छन्दों में, मुक्त छन्दों में कविताएँ लिखीं। वह एक लकीर पीटने वाले कवियों में नहीं थे।

खास बात ये है कि बच्चन जी बोलचाल की भाषा में कविता लिखते थे इसलिए बहुत अच्छे गद्य लेखक थे। उन्होंने अपनी आत्मकथा 'क्या भुलूँ क्या याद करूँ' तीन जिल्दों में लिखी है। उस तरह का गद्य हिन्दी में बहुत दुर्लभ मिलेगा। कविता की भाषा और गद्य की भाषा में अन्तर नहीं है। एक दौर में अंग्रेज़ी के रोमांटिक कवि वड्र्सवर्थ ने जो कहा था, वो उन्होंने करके दिखाया। इसलिए मैं उन्हें बहुत अच्छा गद्य लेखक मानता हूँ।

बच्चन जी के सन्दर्भ में 'निशा निमन्त्रण' की एक भूमिका याद आती है। बच्चन जी को पूजने वाले भी बहुत से दिखाई पड़ेंगे, पर वे इसके ख़िलाफ़ थे। उन्होंने भूमिका

में एक छोटी-सी कहानी दी है—सृष्टि के आरम्भ में जब मनुष्य ने आसमान की ओर हाथ उठाकर कहा कि हमारे पास सब कुछ है, कोई देवता नहीं है जिसकी पूजा कर सकें। आसमान ने कहा कि ठीक है, भेजते हैं एक देवता को। उन्होंने भेजा और लोगों ने एक मन्दिर बनाया और एक मूर्ति की तरह स्थापित किया। फूल-माला चढ़ाते रहे, रात भर यह सिलसिला चलता रहा। अन्त में दरवाज़ा बन्द कर दिया गया। सुबह जब लोगों ने देखा तो वह मरा हुआ पड़ा था। बहुत दुखी हुए कि हमने इतनी पूजा की। हम नहीं जानते थे कि हमारी फूल मालाओं से हमारा देवता मर जाएगा। बहुत दुखी होकर फिर लोगों ने आसमान की ओर हाथ उठाकर कहा कि हमें अफ़सोस है कि हमारी गलतियों से हमारा देवता मर गया, हमको दूसरा देवता दो। खामोशी रही आसमान में। थोड़ी देर के बाद आसमान में गड़गडाइहट हुई और पत्थरों की वर्षा हुई और आसमान से आकाशवाणी हुई कि मनुष्य तुम इसी लायक हो। तुम जिन्दा देवता को नहीं पूज सकते हो, तुम पत्थरों को पूजने के लिए हो। यह छोटी-सी कहानी 'निशा निमन्त्रण' के शुरू में दी गई है और यह बच्चन जी के उस स्वभाव का प्रतीक है।

एक कविता में पहले उन्होंने कहा था कि 'छिपाना जानता तो जग मुझे साधू समझता' यह साफ़दिली, खुल कर के कहना, कोई गोपनीयता न हो, यह खुलापन ही था जिसके कारण बच्चन जी लोकप्रिय तो बहुत हुए लेकिन जितना सम्मान और पूजा कुछ हिन्दी कवियों की हुई, उससे वे वंचित रहे।

[BBC Hindi.com पत्रिका]

कवि दिनकर

दिनकर की वाणी में ही दिनकर के बारे में कहा जा सकता है। विद्यापति के बाद छह सौ वर्षों तक यह भूमि किसी महाकवि की प्रतीक्षा करती रही और वह दूसरा महाकवि दिनकर के रूप में इसे मिला। दिनकर निराला के समान ओज और ऊर्जा के शायद भारतवर्ष में सबसे बड़े कवि थे। दिनकर में सात्विक क्रोध, कोमल करुणा और सौन्दर्य की अनूठी पहचान थी। 'हारे को हरिनाम' में दिनकर तुलसी की तरह शायद बीसवीं सदी की विनय-पत्रिका लिखते हैं।

दिनकर जी की अनेक छवियाँ हैं। दिनकर जी की एक कविता है–'शबनम की जंजीर' उस कविता की चार पंक्तियाँ–

'भर सको अगर तो प्रतिमा में चेतना भरो
यदि नहीं निमन्त्रण दो जीवन के दानी को
विभ्राट, महाबल जहाँ थके से दीख रहे
आगे आने दो वहाँ क्षीण बल प्राणी को।'

विभ्राट महाबल से आतंकित होने वाले दिनकर जी नहीं थे। इस प्रतिमा में चेतना कौन भरेगा? और उन्होंने कहा, आने दो उसे जो क्षीण बल प्राणी है और क्षीण बल प्राणी कौन है? दिनकर जी की नजर में सपनों के सारथी क्षीणबल होते हैं। जो सपनों का सारथी होता है, वही क्षीणबल हुआ करता है। कलाकार और कवि उसी जाति के हैं जो सपनों के सारथी हुआ करते हैं।

दिनकर के सन्दर्भ में निराला का नाम कई बार लिया गया है। उनका नाम सुनते ही निराला के गीत की पंक्ति याद आई–'बादलों में घिर अपर दिनकर रहे।' यह शृंगार का गीत है। मुझे लगा, दिनकर के बारे में जितना लिखा गया है और आज जितनी चर्चा हुई है, उसमें उन्हें ओज का, ऊर्जा का, हुंकार का कवि बताया गया है। गर्जन-तर्जन के कवि के रूप में दिनकर को लोग अधिक जानते हैं। और दिनकर ने जितना गर्जन-तर्जन किया, उससे ज़्यादा उनके बारे में गर्जन-तर्जन हुआ है। मुझे लगता है कि वह जो दूसरा दिनकर है छिप गया है–'बादलों में घिर अपर दिनकर रहे।' दिनकर जी को सूर्य कहते समय हम भूल जाते हैं कि सूर्य का एक ही रंग नहीं

होता है। रोशनी भी होती है। उस प्रकाश के उस आलोक के अनेक रंग होते हैं। बल्कि धरती पर जितने रंग दिखाई पड़ते हैं वे सारे रंग, रंग-बिरंगे पुष्प, सूरज की रोशनी से ही हैं। सूरज न हो तो उतने रंग धरती पर नहीं होंगे। इसलिए दिनकर का केवल एक रंग है, एक रस है, एक स्वर है–यह कहके अच्छा तो लगता है। शायद नौजवान लोगों को, उत्साही लोगों को और नेता लोगों को बहुत काम आते हैं। जनता को भड़काने के लिए। लेकिन कई सत्य हैं। दिनकर की कविता याद दिलाता हूँ–नेता, नेता नेता। बहुत पहले लिखी गई कविता है जब इतने घोटाले वगैरह नहीं हुआ करते थे। कम-कम हुआ करते थे। मैं जानना चाहता हूँ व्यंग्य के बारे में, जो आज के दौर में बहुत सार्थक है और इसमें गर्जन नहीं है। कविता है–

'नेता नेता नेता
नेता का अब नाम नहीं ले
अन्धेपन से काम नहीं ले
हवा देश की बदल गई है
चाँद और सूरज
ये भी अब
छिपकर नोट जमा करते हैं
और जानता नहीं अभागे
मन्दिर का देवता चोरबाजारी में पकड़ा जाता है
अपना हाथ घिनाएगा तू
उठ मन्दिर के दरवाज़ों से
जोर लगा खेतों में अपने
नेता नहीं भुजा करती है
सत्य सदा जीवन के सपने
पूजे अगर खेत के ढेले
तो सचमुच कुछ पा जाएगा
भीख या कि वरदान माँगता
पड़ा रहा तो पछताएगा
इन ढेलों को तोड़
भाग्य इनसे तेरा जगने वाला है
नेताओं का मोह मूढ़
केवल तुझको ठगने वाला है।'

इसलिए दिनकर को जब हम याद करें तो देखें कि उन्हें भरोसा किस पर है? वीर रस का काव्य रचने वाला आदमी कभी-कभी एक सुपरमैन या महामानव के

इन्तजार में रहता है। ब्रेख्त के नाटक में एक कविता है। चेला गाता है–*'अभागा है वह देश/जहाँ हीरो नहीं।'* गैलीलियो चुपके से कहता है–*'अभागा है वह देश/जिसे हीरो की तलाश है।'* इसलिए देश में, अगर एक नेता हो जाए तो सब ठीक हो जाएगा, यह वो मनोवृत्ति है, जो देखने पर निरामिष मालूम होती है, निरापद मालूम होती है, जिसके शिकार साधारण आदमी होते हैं जो अनुशासन में सबसे पहले मारे जाते हैं। ऐसे दौर में दिनकर जी बड़ी अच्छी तरह से इस सच्चाई को पहचानने लगे थे।

मित्रो, मेरी रुचि में जो अपर दिनकर हैं–वो ये हैं। दिनकर ने बड़े दुख के साथ एक कविता लिखी है, जिस पर आप लोगों का ध्यान गया होगा। उनकी कविता है–*'भूले भी न मेरी विपदाएँ थाहते हैं दोस्त/केवल पुरानी कविताएँ चाहते हैं दोस्त।'* ज्यादातर मैं देखता हूँ दिनकर जी पर चर्चा करते हुए हुंकार से, कुरुक्षेत्र से, दिल्ली वगैरह से कविताएँ कोट की जाती हैं। अन्तिम दिनों में भी लोग दिनकर जी से यही कविताएँ चाहते थे। और बहुत दुखी होकर लिखा होगा–'मेरी पुरानी कविताएँ ही चाहते हैं दोस्त।' पहली पंक्ति महत्वपूर्ण है–'भूले से भी मेरी विपदाएँ न थाहते हैं दोस्त।' दिनकर की उन विपदाओं को थाहकर देखें तो देखेंगे कि दिनकर कहाँ से जाकर बोलते हैं। लगभग सत्तर के आसपास दिनकर पहले के काव्यशास्त्र को खारिज करते हैं, तिरस्कृत करते हैं :

'कविता न गर्जन न सूक्ति है
कवि का न घोष
न तो वाणी स्वर चिन्तकों की
चौंके हुए आदमी की उक्ति है
कविता न पूर्ति है
न माँग है
सीढ़ियाँ नहीं है कि हरेक पाँव सीधा करे
लॉजिक नहीं है
ये छलाँग है
अर्थ नहीं काव्य शब्द योग है
वासना का कीर्तन नहीं है, खुद वासना है
रोगों का वह कागजी बखान नहीं, भोग है
तन्तुओं के जाल शब्द को जो कहीं बाँधते हों
सारे बन्धनों के तार तोड़ दो
अर्थ से बचो कि अर्थ बेड़ी है परम्परा की
अर्थ को दबाने से ही शब्द बड़ा होता है

निश्चित-अनिश्चित का संगम जहाँ है शून्य
कविता का सदन निरवलम्ब खड़ा होता है।'

दिनकर एक नया काव्यशास्त्र लिख रहे थे। दिनकर ने बाद में ज़िन्दगी के अनुभवों से सिमरिया की ज़िन्दगी और रेशमी शहर दिल्ली की ज़िन्दगी देखी। उस परिपक्व कौम में पहुँचकर वे सोच रहे हैं। मुझे याद है, दिनकर जी ने सबसे पहले जो पुस्तक छियासठ-सरसठ में पहली बार मुझे दी थी वह 'शुद्ध कविता की खोज' नाम की पुस्तक थी और अज्ञेय चौंके थे कि दिनकर जो उनकी समझ से अशुद्ध कविता लिखने वाले थे, वो शुद्ध कविता की खोज कर रहे हैं। फ्रांस के प्रतीकवादी लेखकों की कविता की छानबीन करके दिनकर क्या सोच रहे थे कि कविता शुद्ध हो। दिनकर जी ने दूसरी पुस्तक देहावसान से कुछ ही महीने पूर्व 'हारे को हरिनाम' मुझे दी। अपने हस्ताक्षर से मुझे दो ही पुस्तकें दीं। क्यों महाकवि ने 'हारे को हरिनाम' लिखा ऐसा, मुझे नहीं मालूम। वह दिनकर मुझे कहीं अधिक गहरे और महत्वपूर्ण लगते हैं।

दिनकर जिस मंजिल पर पहुँचे थे, जहाँ पहुँचे थे, उसे लोग आज भी याद नहीं करते। इसलिए कहा कि दिनकर का तब मैं बड़े कवियों में नाम लेता हूँ। मैंने विद्यापति के बाद यूँ ही उनका नाम नहीं लिया। विद्यापति खाली रूप-रस के कवि नहीं थे। विद्यापति में 'हारे को हरिनाम' वाली भक्ति की भूमि भी है, जिस पर पहुँचे हैं कवि दिनकर। और नचारियाँ उनकी कम महत्वपूर्ण नहीं है। इसलिए मैं आज उस दिनकर को ही याद दिलाना चाहता हूँ। मैं यह नहीं कहता कि वही दिनकर दिनकर हैं लेकिन पूर्ववर्ती इलियट से परवर्ती इलियट अधिक बड़ा कवि है।

दिनकर जी के प्रसंग में दिनकर जी की एक कविता है। स्वयं अपने बारे में हर महाकवि लिखता है। जैसे निराला का सम्पूर्ण काव्य उनकी आत्मकथा है। निराला ने 'तुलसीदास' नाम का खंडकाव्य लिखा। तुलसीदास काव्य के नायक तुलसीदास नहीं हैं, वे निराला हैं। 'राम की शक्ति पूजा' के राम राम नहीं हैं। वे निराला हैं। 'सरोज स्मृति' में तो स्वयं हैं ही। अनेक गीतों में दिनकर हैं। दिनकर बाहरी जीवन में क्या थे, राज्यसभा के सदस्य थे, सरकारी नौकरी की, प्रोफेसर रहे, वाइस चांसलर रहे। सद्गृहस्थ रहे। उनकी बड़ी ज़िन्दगी में बहुत बड़ी दुनिया थी। लेकिन दिनकर का जो आत्मस्वरूप था, वो व्यक्तित्व दिनकर के काव्य में है। दिनकर गहराई से आत्मविश्लेषण करते हैं और निर्ममता से भी।

अब एक बात पर विचार कर समाप्त करना चाहूँगा। 'उर्वशी' दिनकर की प्रतिभा का शीर्ष है। जैसे प्रसाद ने अपनी सारी प्रतिभा 'कामायनी' में निचोड़कर रखी थी, दिनकर ने अपनी सम्पूर्ण प्रतिभा एवं काव्यशक्ति 'उर्वशी' में प्रदर्शित की। 'उर्वशी' की छवि गढ़ते वक्त पुरूरवा की व्यथा कथा और पुरूरवा की कामनाओं की अपार लालसा को एक कविता में दिनकर ने कहा-*वह्नि का रसकोष बोलो कौन लेगा?*

आग का रसकोष और बेचैन रसकोष। आग के बदले मुझे सन्तोष बोलो कौन देगा। 'उर्वशी' को पढ़ने के लिए केवल शृंगार की, सम्भोग की छवियों और चित्रों में भटकने की ज़रूरत नहीं। जो भटक गया वह भटक गया। इसलिए अग्नि का जो बेचैन रसकोष है उसके पीछे एक गहरा चिन्तन है। बड़ा कवि गम्भीर दर्शन के बिना नहीं हो सकता। तुलसी इसलिए बड़े थे। कबीर इसलिए बड़े थे। छायावादियों में प्रसाद और निराला इसलिए बड़े थे, क्योंकि बड़े चिन्तक थे। उसी 'उर्वशी' में वह पंक्ति है जिसकी ओर ध्यान पहली बार प्रगतिशील आलोचक डॉ. रामविलास शर्मा का गया। उर्वशी की पंक्ति है–*'चिन्तन कर यह जान कि तेरी क्षण-क्षण की चिन्ता से/दूर-दूर तक के भविष्य का मनुज जन्म लेता है।'* इससे चिन्तन के भीतर से भविष्य की सीयता, भविष्य के मनुष्य के बारे में दिनकर सोचते हैं। चाहे वह उर्वशी ही क्यों न हो, उसमें आगामी युग की प्रतिमा, आगामी मनुष्य की प्रतिमा एवं छवियाँ गढ़ी गई हैं और यह प्रतिमा गहन चिन्तन के बिना नहीं गढ़ी जाती है। शब्दों के आडम्बर और वाग्जाल से नहीं गढ़ी जा सकती।

बाद के दिनों की कविताएँ आप देखें। विज्ञान और टेक्नॉलाजी की सीमाएँ क्या हैं और पर्यावरण पर आजकल बड़ी चर्चा हो रही है और देखता हूँ कि इस चिन्ता में मेधा पाटेकर, बाबा आम्टे और सुन्दरलाल बहुगुणा जैसे लोग डूबे हैं। दिनकर का परवर्ती काव्य 'लोहे के पेड़ हरे होंगे' इस भावी सभ्यता पर है जो विज्ञान और टेक्नॉलाजी की है जिसके लिए हम लोग मरे जा रहे हैं।

नई सभ्यता और नए इंसान का निर्माण करेंगे। दिनकर जी इस भारत का सपना उस दौर में देख रहे थे।

दिनकर अतीत के देवता नहीं हैं, भविष्य के निर्माता हैं।

[दिनकर पुण्यतिथि-24 अप्रैल, 1998 को दिनकर भवन, बेगूसराय में दिया गया व्याख्यान। दिनकर की जन्म शताब्दी के अवसर पर बेगूसराय से प्रकाशित स्मारिका 'सूर्य हूँ मैं' में प्रकाशित]

अज्ञेय की काव्य-दृष्टि

अज्ञेय से मेरी पहली मुलाकात अक्टूबर 1945 की है, जब मैं उदय प्रताप कॉलेज, बनारस में इंटरमीडिएट का छात्र था। अमृतराय से मुझे यह सूचना मिली कि अज्ञेय बनारस आए हुए हैं और सरस्वती प्रेस में ठहरे हुए हैं। मैंने अपने गुरुदेव मार्कंडेय सिंह से कहा कि अज्ञेय आए हुए हैं। हम छात्र संघ और साहित्य-सभा की ओर से उन्हें बुलाना चाहते हैं। उन्होंने कहा, जरूर बुलाओ। मैं सरस्वती प्रेस गया। वहाँ पहुँचा तो देखा कि लकड़ी के एक तखत पर तीन-चार साल के बच्चे के साथ अज्ञेय बैठे हैं। बच्चे के हाथ में बुद्ध की मिट्टी की एक लाल मूर्ति है, जिससे दोनों खेल रहे हैं। मैंने प्रणाम किया और अपना प्रयोजन बताया। पहले तो वे अचकचाए कि कहाँ भाषण-वगैरह के चक्कर में डाल रहे हो। लेकिन जब मैंने बताया कि वहाँ प्रेमचन्द, आचार्य रामचन्द्र शुक्ल, नन्द दुलारे वाजपेयी जैसे लोग भाषण दे चुके हैं, कोई नामालूम-सी जगह नहीं है वह, आप पता कर लीजिए। फिर वो तैयार हो गए और उन्होंने कहा कि कल आ जाना, हम चले चलेंगे। मैंने कहा ठीक है, मैं कल ताँगा लेकर आ जाऊँगा। उन्होंने कहा, उसकी ज़रूरत नहीं है, मेरे पास एक पुरानी कार है। हम लोग उसी से चलेंगे। अगले दिन 10:00 बजे मैं पहुँच गया, वो तैयार मिले। हम लोग कार में आकर बैठ गए। कार वे खुद ड्राइव कर रहे थे। उनके साथ आगे एक संभ्रान्त महिला बैठीं और पीछे मैं स्वयं। बाद में यह पता चला कि वह महिला डॉ. आशा मुकुल दास की पत्नी और उस बच्चे की माँ थीं जो बुद्ध की मूर्ति के साथ खेलता हुआ दिखा था। अज्ञेय ने कॉलेज में जमकर भाषण दिया। पर आप सबको आश्चर्य होगा कि वे साहित्य पर एक शब्द नहीं बोले। लगभग एक-डेढ़ घंटे मोटे-मोटे असमिया मच्छरों के बारे में बोलते रहे। हम लोग हकमबक्क थे। वे असम से लौटे थे, लड़ाई पर गए थे। दूसरे महायुद्ध के दौरान वे असम में रहे थे। सेना में एक 'इंटरटेनमेंट विंग' हुआ करता था, जिसमें वे कैप्टन रैंक पर थे। उनकी कुछ कहानियों में यह वातावरण और पृष्ठभूमि देखने को मिलती है। उसके बाद तो दिल्ली में उनसे कई बार मिलना-जुलना होता रहा। पर एक और बात। हम लोग जोधपुर में डेढ़ साल तक साथ रहे हैं। चूँकि वहाँ हिन्दी वाले दो ही थे, इसलिए अभिशप्त थे—एक साथ रहने के लिए।

जोधपुर विश्वविद्यालय के कुलपति प्रो.बी.बी. जॉन चाहते थे कि अज्ञेय उनके यहाँ विजिटिंग प्रोफेसर होकर आएँ। अज्ञेय की स्वयं की इच्छा थी कि वे किसी भारतीय विश्वविद्यालय में प्रोफेसर बनें। उस समय उनकी उम्र 60 वर्ष थी। मैं अक्टूबर 1970 में जोधपुर गया और अज्ञेय सम्भवतः फरवरी 71 में, क्योंकि उनका एक जन्मदिन वहाँ मनाया गया था। बहरहाल, अज्ञेय कैलिफोर्निया से लौटे थे। प्रो .बी.बी. जॉन 'कांग्रेस फॉर कल्चरल फ्रीडम' की पत्रिका 'क्वेस्ट' के सम्पादकीय मंडल में थे। उन्होंने मुझसे अपनी इच्छा जाहिर की और कहा कि इसके लिए हमें अपने विधान में परिवर्तन करना पड़ेगा। इसके लिए तुम बहैसियत प्रोफेसर कार्यकारिणी समिति के सदस्य होने के नाते प्रस्ताव ले आना। मैं कर दूँगा। वह सब हुआ। विधान में परिवर्तन किया गया। अब प्रो. जॉन ने मुझसे कहा कि किन्हीं दो ऐसे विद्वानों का नाम बताओ जिन्हें अज्ञेय के नाम पर आपत्ति न हो। मैंने आचार्य हजारी प्रसाद द्विवेदी और डॉ. सत्येन्द्र के नाम प्रस्तावित किए। जॉन साहब ने कहा कि हम इंटरव्यू जैसा तो कुछ लेते नहीं हैं। उन्हें चाय पर आमन्त्रित करेंगे, वहीं बातचीत होगी और नियुक्ति पत्र दे दूँगा। इस तरह अज्ञेय की 60 वर्ष की उम्र में विजिटिंग प्रोफेसर के पद पर नियुक्ति हुई। जब वे दिल्ली से जोधपुर मेल से जोधपुर आए तो मैं उन्हें लेने स्टेशन गया। बी.बी. जॉन ने मुझसे यह कहा कि तुम मेरी गाड़ी ले लेना और उन्हें स्टेशन से ले आकर अपने साथ हफ्ते-दस दिन रखो जब तक कि कोई ठीक-ठीक व्यवस्था नहीं हो जाती इसके बावजूद कि मुझे तुम दोनों के साहित्यिक रिश्ते के बारे में जानकारी है। वात्स्यायन जी डेढ़ साल तक रहे। वहाँ के कुछ अराजक लोगों के द्वारा बी.बी. जॉन पर हमला हुआ। उनके आवास को आग के हवाले कर दिया गया। वे तीन महीने बिस्तर पर पड़े रहे। उसके बाद उन्होंने इस्तीफा दे दिया। उनके बाद अज्ञेय ने भी इस्तीफा दे दिया। इस तरह वात्स्यायन जी के साथ रहने का मौका मिला। और जाहिर है कि साथ रहने पर कई तरह की बातें होती हैं, हुईं। साहित्य पर भी, उनके खुद के साहित्य पर भी खूब बातें हुईं।

आज मैं उनकी कविताओं के बारे में कुछ कहूँगा। हालाँकि अज्ञेय का साहित्य विशाल है। कोई विधा बची नहीं है, जिसमें अज्ञेय ने न लिखा हो—उपन्यास लिखा है, कहानी लिखी है, नाटक लिखा है, लम्बी कविता लिखी है, छोटी कविता लिखी है, ललित निबन्ध लिखे हैं, डायरी लिखी है। जितनी भी विधाएँ हैं, कोई छोड़ी नहीं है उन्होंने। परंतु आज मैं केवल उनके काव्य के बारे में, और स्पष्ट कहूँ तो उनकी काव्य दृष्टि के बारे में कुछ कहूँगा।

आप लोगों ने पढ़ा होगा, आकाशवाणी ने एक योजना बनाई थी कि साहित्यकारों से हम बातचीत करेंगे और आर्काइव में रखेंगे। कई लोगों के साथ बातचीत हुई। मेरे साथ भी हुई है। अज्ञेय के साथ रघुवीर सहाय और गोपाल दास ने मिलकर बातचीत की है। प्रकाशन विभाग से यह बातचीत प्रकाशित है। 'अज्ञेय : अपने बारे में' नामक

इस पुस्तक को मैं पढ़ रहा था। रघुवीर सहाय अज्ञेय के साथ 'दिनमान' में रहे। 'तीसरा सप्तक' के कवि हैं पर बातचीत में गोपाल दास के सवाल अधिक महत्वपूर्ण हैं। ऐसा मैं इसलिए कह रहा हूँ कि अज्ञेय से जो गम्भीर बातें निकलवाईं, वो गोपाल दास ने। उन बातों से कुछ चीजें जो निकलकर आई हैं, वे मेरे मन में हैं। एक तो लम्बी कविताओं की तुलना में छोटी कविताओं के सम्बन्ध में अज्ञेय की आत्म-स्वीकृति—उन्होंने कहा ''कविताओं में तो छोटी-छोटी-सी बहुत कविताएँ हैं, विशेष रूप से ऐसी छोटी कविताएँ जो मैं समझा हूँ कि आज की अपेक्षा कुछ समय बाद और मान पाएँगी।...हाँ, इस दृष्टि से सोचता हूँ कि छोटी कविताएँ तो काफी-सी हैं मेरी, जो कि मैं आज समझता हूँ कि याद रहेंगी। छोटी कविताओं में जैसे 'कोहरे में भुर्ज' या 'पहाड़ नहीं काँपता' वाली कविता है या 'अरी ओ करुणा प्रभामय' में कुछ एक छोटे-छोटे जो चित्र हैं या 'मेरे घोड़े की टाप' 'सूप सूप भर धूप कनक', या कि सूप 'झरता पत्ता' वाली तीन पंक्तियों की जो कविता है—ऐसी कविताएँ। 'असाध्य वीणा' की चर्चा बहुत हुई है, मैं समझता हूँ कि वह भी बनी रहेगी, लेकिन अब मुझे उसमें कुछ कमी खटकती है जो आलोचकों को अभी तक नहीं खटकी है। खैर! अज्ञेय की ज़्यादातर कविताएँ छोटी कविताएँ हैं। 'अरी ओ करुणा प्रभामय' का जिक्र हुआ, बल्कि और भी छोटी कविताओं के उदाहरण हैं। मेरा मानना है कि छोटी कविताएँ अज्ञेय के लिए चुनौती रही हैं। खासतौर से जब वे जापान गए तो हाइकू चुनौती रही है इनके लिए। अज्ञेय के लिए यह चुनौती लगभग वैसी ही चुनौती है, जैसे मैं कहना चाहूँगा कि रीतिकाल में बिहारी जैसे कवि के लिए दोहा चुनौती था। जैसे एक ज़माने में फारसी की चार पंक्तियों की रुबाई चुनौती हुआ करती थी। हिन्दी में बच्चन जी जैसे कुछ लोगों ने रुबाई लिखने की कोशिश की। लेकिन हिन्दी का जो ग़ज़ल का शे'र है, जो मिसरा है, वो चुनौती है। नज़्म ठीक है, अपनी जगह है और खासतौर से मीर और ग़ालिब की ग़ज़लों के बाद तो उफ्फ असद उल्लाह खाँ कयामत है—'दर्द बे दिल में रेख्ता कहना असद उल्लाह खाँ कयामत है।' इसलिए वो हाइकू नाम की जो चीज़ है, आप देखेंगे कि न तो वह उस भाषा की प्रतीक थी और न उस कल्चर की। जैसे हाइकू है, उसी तरह चीनी कविताओं में भी छोटी-छोटी कविताएँ हैं, उन्हें आप पढ़ें, देखें। मेरे कहने का मतलब इतना भर है कि छोटी कविताएँ चुनौती हुआ करती थीं एक ज़माने में। मुक्तक और प्रबन्ध काव्य की चुनौतियाँ अलग-अलग हैं। जैसे हमारे यहाँ जिसे पद कहते हैं हम लोग, जिसमें सूर ने पद लिखे, तुलसीदास ने 'विनय पत्रिका' लिखी, कबीर ने पद लिखे, जिसे हम लोग भजन कहते हैं। वात्स्यायन जी के लिए ये छन्द एक तरह से चुनौती रहे हैं। जापान की यात्रा उनके लिए निर्णायक थी। 'इत्यलम्' के बाद और जिन कविताओं का ऊपर जिक्र किया गया है—'अरी ओ करुणा प्रभामय' वो तो स्पष्ट ही जापान की हैं। ये कविताएँ ज़्यादातर 54, 55, 56, 57 की हैं। 'हरी घास पर क्षण

भर' के बाद की। 'इत्यलम्' के ठीक बाद उनका जो पहला संग्रह आया था वो 'हरी घास पर क्षण भर' था। 'अरी ओ करुणा प्रभामय' थोड़ा इसके बाद का है। अज्ञेय चाहते थे, उन्होंने लिखा भी है कि साहित्य अकादमी का जो पुरस्कार उन्हें 'आंगन के पार द्वार' के लिए मिला, वह 'अरी ओ करुणा प्रभामय' पर मिलता तो अच्छा होता। अन्त में वो फिर लौटे छोटी कविताओं पर। कुछ लम्बी कविताएँ हैं उनकी। लेकिन मैं देख रहा था कि उनके देहावासन के बाद 'मरुथल' नाम की एक पुस्तक प्रकाशित हुई। 'रेत के दिन थोरे हैं' उस संग्रह की एक बहुत ही सुन्दर कविता है। राजस्थान की यात्रा के दौरान उन्होंने लिखी। वो कविता मुझे बहुत पसन्द है, क्या कला उन्होंने दिखाई है।

'विशाल भारत' में काम करते हुए, शान्ति निकेतन में रहते समय उन्होंने कुछ लेख लिखे थे, जिसमें टी.एस. इलियट का 'ट्रेडिशन एंड द इंडीविजुअल टैलेंट' का भावानुवाद खासतौर से उल्लेखनीय है। 'त्रिशंकु' नामक पुस्तक में ये लेख संकलित हैं। अज्ञेय को यह एहसास गहराई से था, जो छायावादियों को नहीं था और अज्ञेय की बाद की पीढ़ी के लोगों को भी है या नहीं, इस पर विचार करना चाहिए। जिस संक्रमण काल में वो हुए थे, जिसको हम लोग छायावाद का अन्त और प्रगतिशील आन्दोलन की शुरुआत कहते हैं, उस समय में। ऐसे समय में अज्ञेय प्रयोगशीलता को, एक्सपेरिमेंट को कविता के लिए महत्व की चीज़ मानकर एक आन्दोलन खड़ा करते हैं। अज्ञेय अपने अध्ययन के क्षेत्र में विज्ञान के विद्यार्थी थे। विज्ञान में एक्सपेरिमेंट ज़्यादा महत्वपूर्ण होता है। वैज्ञानिक होने कारण वे यह समझते थे कि कवि और साहित्यकार की भी अपनी प्रयोगशाला होती है। राजनीति में सत्य के प्रयोग गांधी जी करते थे। हम लोगों ने अज्ञेय को गांधी से कभी नहीं जोड़ा है। दो शब्द अज्ञेय को बहुत हांट करते हैं—सत्य और प्रयोग। 'सत्य तो बहुत मिले/कुछ ऐसे, कुछ ऐसे, कुछ वैसे/सत्य तो बहुत मिले/मैंने सत्य दिया और काट लिया।' वो सत्य क्या है? वो आइडियोलॉजी नहीं है, वो जीवन-दर्शन नहीं है। गांधी जी को रह-रहकर एक-एक सत्य मिला करता था। यह वही सत्य है। अनुभव सत्य। प्रयोग करते समय उन्हें यह सत्य मिला। ऐसा परम सत्य जो योगियों को हुआ करता है, कि एक बार ब्रह्म के रूप में मिल गया, फिर उसको ढूँढ़ने की ज़रूरत नहीं। यह सत्य ब्रह्म नहीं है। ईश्वर नहीं है। कदम-कदम पर संघर्षों में जीवन की चर्चा में अचानक कोई 'अनुभव सत्य' मिलता हैं और वो अनुभव सत्य खूब निखरता चला जाता है। मैं समझता हूँ कि ऋग्वेद की चर्चाएँ ऐसे ही अलग-अलग क्षणों में प्राप्त किए हुए अनुभवों के सत्य के रूप में हैं। सत्य को जीवन में जाँच के देखना पड़ेगा कि सचमुच वो सच है कि नहीं। एक फ्लैश की तरह आदमी के मन में सत्य आता है, फिर ज़रूरत पड़ती है कि इसको जाँच के देखें कि जीवन में वो सचमुच सच है कि झूठ है।

इस सिलसिले में मुझे उनकी एक कविता मिली। उनके काव्य-दर्शन की या काव्य-दृष्टि की कुंजी इस कविता में है। वह बहुत बाद की, 1976 की कविता है, उसका शीर्षक है–'नाच'। मैं एक बार पढ़ देता हूँ। व्याख्या नहीं करूँगा। क्या है उस कविता में? रिपिटीशन है, शब्दों का, वाक्यों का। कुछ यूँ, जिसे वे बार-बार फेंटते हैं :

एक तनी हुई रस्सी है जिस पर मैं नाचता हूँ
जिस तनी हुई रस्सी पर मैं नाचता हूँ
वह दो-दो खम्भों के बीच है
रस्सी पर मैं जो नाचता हूँ
वह एक खम्भे से दूसरे खम्भे तक का नाच है।
दो खम्भों के बीच जिस तनी हुई रस्सी पर मैं नाचता हूँ
उस पर तीखी रोशनी पड़ती है
जिसमें लोग मेरा नाच देखते हैं
न मुझे देखते हैं जो नाचता है
न रस्सी को जिस पर मैं नाचता हूँ
न खम्भों को जिस पर रस्सी तनी है
न रोशनी को ही जिसमें नाच दीखता है :
लोग सिर्फ नाच देखते हैं।
पर मैं जो नाचता हूँ
जो जिस रस्सी पर नाचता हूँ
जो जिन खम्भों के बीच है
जिस पर जो राशनी पड़ती है
उस रोशनी मैं उन खम्भों के बीच उस रस्सी पर
असल में में नाचता नहीं हूँ।
मैं केवल उस खम्भे से इस खम्भे तक दौड़ता हूँ
कि उस या इस खम्भे से रस्सी खोल दूँ
कि तनाव चुके और ढील में मुझे छुट्टी हो जाए–
पर तनाव ढीलता नहीं
और मैं इस खम्भे से उस खम्भे तक दौड़ता हूँ
पर तनाव वैसा ही बना रहता है
सब कुछ वैसा ही बना रहता है।
और वही मेरा नाच है, जिसे सब देखते हैं
मुझे नहीं
रस्सी को नहीं

खम्भे नहीं
रोशनी नहीं
तनाव भी नहीं
देखते हैं—नाच

इस कविता में आपके सामने एक नृत्य का चित्र आता है। खम्भे, नाच, रस्सी—बार-बार ये शब्द आते हैं, इनकी आवृत्ति होती है। हम लोग अक्सर डांस देखते हुए, डांस की जो आवृत्तियाँ हैं, उसे भूल जाते हैं, पर यह आवृत्ति उसका कन्टेंट है, वो खाली रिपिटीशन नहीं है। हर आवृत्ति में सम पर आते हैं फिर नाचते हैं, फिर सम पर आते हैं, फिर नाचते हैं। मैं नहीं जानता कि नाच पर कोई ऐसी कविता लिखी गई है। नाच के माध्यम से एक पूरा दर्शन सामने आता है कि मैं तो मुक्ति चाहता हूँ कि रस्सी न हो, खम्भे न हों, नाचना न पड़े। जैसे मंच पर किसी आदमी को साँप ने काट लिया हो, वह इधर से उधर दौड़ रहा हो और लोगों का मनोरंजन हो रहा हो कि ये तो नाच रहा है। लोग जिसे नाच समझ रहे हैं, वो उसकी मुक्ति का खेल है। वो पूरी तरह से मुक्त होना चाहता है। अज्ञेय की इस कविता की तुलना 'असाध्य वीणा' के उस दर्शन से करें तो दोनों के बीच की गहराई समझ में आ जाती है। यद्यपि बहुत महत्वपूर्ण कविता है 'असाध्य वीणा'। उस जैसी दूसरी कविता लिखी नहीं गई अभी तक, पर उसके महत्व का सन्दर्भ दूसरा है।

जिस चीज़ को मैं बार-बार रेखांकित करना चाहता हूँ और जिसे अज्ञेय ने खुद स्वीकारा, वह है उनकी छोटी कविताएँ। उनमें से कुछ तो तीन-तीन लाइन की हाइकू हैं। एक कविता है, 'पहाड़ी यात्रा' :

मेरे घोड़े की टाप
चौखटा जड़ती जाती है
आगे के नदी-व्योम, घाटी पर्वत के आसपास
मैं एक चित्र में
लिखा गया-सा आगे बढ़ता जाता हूँ।

कविता समाप्त। अब ये घोड़े की जो टाप है, उससे एक चौखटा जैसा गढ़ता जा रहा है—टप-टप-टप। एक ध्वनि नाद एक चित्र हमारे सामने उपस्थित करता है, जो कम लोगों में पाया जाता है। यह अनुप्रास अलंकार नहीं है। 'केलन में केलि में, कुंजन, कछारन में', ये पद्माकर नहीं है। जो घोड़े की टाप है, उससे हमारे सामने एक चित्र बनता है। शब्द चित्र। जो हाइकू आमतौर से करता है। लेकिन साथ ही कवि उसमें एक सत्य देता है। केवल चित्र बनाते रहे तो वह बिम्ब वाली कविता होगी। केदारनाथ अग्रवाल की लिखी हुई कविता 'बिम्बवाद' पढ़िएगा। इमेजिस्ट

पोएट हुए थे, जो कहते थे कि कविता तो इमेज मात्र होती है। ये कविताएँ जो हाइकू की परम्परा में लिखी गई हैं, वो अंग्रेज़ी कविता की इमेजिज़्म से अलग हैं। क्योंकि इसमें बिम्ब महत्वपूर्ण नहीं है, उस बिम्ब से निकलने वाला वो उपलक्षण महत्वपूर्ण है, जो जीवन का सच है।

दूसरी कविता है–'धूप'। कविता ऐसे चलती है–

सूप-सूप भर धूप कनक
यह सूने नभ में गई बिखर
चौंधाया बीन रहा है
उसे अकेला एक कुरर।'

सूप और धूप तो वही है, लेकिन सूप व धूप का मुहावरा हिन्दी में मैंने आज तक नहीं सुना है। यह और बात है कि तुक की वजह से ये शब्द आ गए। सूप-सूप भर धूप कनक, पंजाब में गेहूँ को लोग कनक कहते हैं। कनक (गेहूँ) को चौंधाया हुआ एक अकेला कोयल (कुरर) बीन रहा है, कुररि नहीं। आमतौर से कुररि का रोदन प्रसिद्ध है। कुररि का जिक्र भी आता है। पर यहाँ कुररि का नहीं, अज्ञेय ने कुरर का उल्लेख किया है। चूँकि यह स्त्रीलिंग नहीं, पुल्लिंग है इसलिए कवि से पूछना चाहिए कि वह आप तो नहीं हैं। दरअसल अज्ञेय के यहाँ बाद की कविताओं में जो आध्यात्मिक की छवि मिलती है, यह वो है। इसको अज्ञेय अपनी भाषा में कहते हैं कि यह व्यक्तित्व की अभिव्यंजना नहीं है, बल्कि यह व्यक्तित्व से मोक्ष है। इसलिए अज्ञेय प्रेम की कविता लिखते-लिखते, हाइकू लिखते हुए, असाध्य वीणा, जो शिखर है, वहाँ तक लगभग उस मोक्ष की कामना करते हुए चले गए और उसकी परिणति 'जीवन-मर्म' नामक उस कविता में हुई जिसमें 'थिर हो गई पत्ती' वाली बात है। सारी साहित्य साधना, प्रयोग, चमत्कार, उपमाएँ, चित्र, बिम्ब–सब थिर जाते हैं। ऐसे में हम कह सकते हैं कि अज्ञेय की काव्यदृष्टि एक साधना थी। चाहे वो मरुभूमि में हो, चाहे समुद्र में, चाहे पहाड़ों में हो, झरने में हो, नदियों में हो, प्यार में हो, युद्ध के मैदान में हो। तमाम चीजों के बीच अन्तिम साधना अज्ञेय की यही थी कि उस स्थिर बिन्दु को प्राप्त किया कि नहीं, जिसे हम लोग अपनी भाषा में शान्त रस कहते हैं। वो मिला या नहीं मिला, मैं नहीं जानता, लेकिन मैं समझता हूँ कि उनकी जो काव्यानुभूति है वो लगभग शान्ति पर्यावसायी है। पता नहीं वह शान्ति वो पाते हैं या नहीं, जीवन में वो मिली हो न मिली हो। मैं नहीं जानता। उसका हिसाब-किताब जाँचने का कोई साधन नहीं है।

[हिन्दी विभाग, इलाहाबाद विश्वविद्यालय, इलाहाबाद की ओर से आयोजित 'सत्यप्रकाश मिश्र स्मृति व्याख्यानमाला–2010' के अन्तर्गत दिया गया व्याख्यान, पक्षधर वार्ता, अंक–10 जनवरी-जून, 2011 में प्रकाशित]

अज्ञेय और प्रकृति

प्रायः मेरी छवि अज्ञेय के विरोधियों में मानी जाती है, अज्ञेय को प्यार करने वाले या उनका अनुसरण करने वाले और अज्ञेय दल या परम्परा के व्यक्ति के रूप में नहीं। इस बीच कुछ बहुत पुराने अन्यमनस्क रहने वाले भी अज्ञेय को लेकर सहसा सक्रिय हो उठे हैं जैसे अशोक वाजपेयी। और इन लोगों को कोई अवसरवादी नहीं कह सकता। यह मैंने इसलिए याद किया कि मेरी इच्छा भी बनी हुई है अज्ञेय पर कुछ कहने की। सही है कि वाद-विवाद-संवाद की प्रक्रिया में अज्ञेय जी के राजनीतिक विचारों और उनकी विचारधारा के विरुद्ध लिखता रहा लेकिन स्वयं कवि अज्ञेय, कथाकार अज्ञेय से मेरा गहरा लगाव रहा है। जोधपुर विश्वविद्यालय में दो साल तक हम लोग साथ-साथ थे। सुबह-शाम का साथ था। बहुत-सी यात्राएँ साथ-साथ की थीं और एक-दूसरे को निकट से जानने का लम्बा मौका भी मिला था, जिसका बहुत ढोल मैंने नहीं पीटा। यह जरूरी भी नहीं था। कुछ लोग चकित होंगे अभी हाल में 'अज्ञेय : संकलित कविताएँ' नाम का एक संकलन नेशनल बुक ट्रस्ट के आग्रह पर मैंने तैयार किया है। वत्सलनिधि के सचिव इन्द्रनाथ चौधरी के पास जब नेशनल बुक ट्रस्ट के लोग उस संकलन के लिए अनुमति प्राप्त करने गए कि एक चयन नेशनल बुक ट्रस्ट छपवाना चाहता है और नामवर जी उसका सम्पादन कर रहे हैं तो चौधरी साहब सहसा चकित हुए। सचमुच उन्हें विश्वास नहीं हुआ। खैर!

राजकुमार कह रहे थे कि अभी हिन्दी में अज्ञेय आधुनिकता के प्रवर्तक के रूप में याद किए जाते हैं। 'आधुनिकता' अंग्रेज़ी के 'Modernity' के अर्थ में है। वैसे आधुनिक शब्द अपना ही है। लेकिन आधुनिकता और आधुनिकतावाद Modernity और Modernisn का सम्बन्ध अंग्रेज़ी में टी.एस. इलियट और उनके दौर के कवियों से माना जाता है–जितनी कि मेरी जानकारी है। अज्ञेय की आधुनिकता पर बहुत बहस होती है। मुझे याद है कि बहुत पहले 1960 में कलकत्ते में आधुनिकता पर एक गोष्ठी 'शिक्षायतन' की ओर से हुई थी। उसमें हमारे गुरुदेव भी निमंत्रित थे। संयोग से मैं भी निमंत्रित था। वात्स्यायन जी स्वयं आए थे। उसमें शायद धर्मवीर भारती भी आए थे। वो किताब भी छप चुकी है। अज्ञेय की छवि हिन्दी में

आधुनिकतावाद के आरम्भ की याद दिलाती है। दूसरी छवि अज्ञेय की प्रयोगवाद के लिए है। प्रगतिवाद के बरक्स प्रयोगवाद या प्रयोगवाद के बरक्स प्रगतिवाद। प्रयोगवाद को लेकर अज्ञेय पर ज़्यादा चर्चा हुई है और यही नहीं बल्कि कुछ तो अब उत्तर आधुनिकतावाद पर भी बहस करने लगे हैं। 'नई कविता' नाम की कोई चीज़ यदि है तो उसका श्रेय भी अज्ञेय को ही दिया जाता है और अज्ञेय का नाम 'नई कविता' के सन्दर्भ में बार-बार याद किया जाता है। आधुनिकतावाद, प्रयोगवाद और नई कविता के सन्दर्भ में अज्ञेय को याद किया जाता है। लेकिन अज्ञेय को प्रकृति काव्य के सन्दर्भ में शायद ही कहीं याद किया गया हो, मेरी जानकारी में इसकी चर्चा उनके अत्यन्त घनिष्ठ और आत्मीय पं. विद्यानिवास मिश्र ने की है। उन्होंने जो 'स्तबक' नामक संकलन तैयार किया है, उसमें मैंने देखा है कि उनके इस पक्ष के बारे में पं. विद्यानिवास जी ने लम्बी भूमिका, लगभग 50 पेज में लिखी है। उसमें उन्होंने केवल थोड़ा-सा संकेत किया है। यहाँ उन्होंने अज्ञेय की प्रकृति को रेखांकित किया है। जो लोग निकट से अज्ञेय को जानते हैं और जैसा कि मैंने कहा है कि दो साल निकट रहने का सुयोग मुझे भी मिला है, वे यह जानते हैं कि अज्ञेय जी कहीं भी जाते थे तो कैमरा उनके कन्धे पर रहता ही था। कई फोटोग्राफ आपको कैमरे के साथ ही मिलेंगे। जब वो कैमरा लेकर निकलते थे तो बड़े लोगों का फोटो लेने के लिए नहीं। जब वो निकलते थे तो वहाँ प्रकृति के चित्र लेते थे। उनकी एक किताब आप लोगों में से किसी ने देखी होगी। सम्भवतः राजपाल ने छापी है। 'मरुथल' नाम की। लगभग 15 या 16 कविताएँ हैं उसमें। और मरुथल के जो फोटोग्राफ लिए हैं उन्होंने आप देखें शायद ही ऐसे फोटोग्राफ आपको कहीं और देखने को मिलेंगे। प्रकृति के हर रूप के प्रति वे इतने रमे हुए थे। उनके कैमरे से ली हुई प्रकृति की तस्वीरों के संग्रह की प्रदर्शनी लगाई जा सकती है। प्रकृति के हर रूप में पहाड़, झरने, नदी-नाले, रेगिस्तान और यही नहीं, बल्कि ग्राम प्रकृति है, उनमें भी उतनी ही संवेदनशीलता के साथ वे दिलचस्पी लेते थे। आप जानते हैं कि कुछ लोग केवल ऐतिहासिक अवशेषों के फोटो लेते हैं। उसमें ज़्यादा दिलचस्पी वात्स्यायन जी की मैंने नहीं देखी। हाँ, अवशेषों में थी उनकी रुचि, लेकिन वह भी बहुत नहीं। बावजूद इसके कि वे ऐसे पिता के पुत्र थे जो 'आरकेलॉजिकल सर्वे आफ इण्डिया' में थे और जिनका जन्म ही कसया के कुशीनगर में एक बौद्ध खंडहर में हुआ था, जहाँ कैम्प लगा हुआ था।

चर्चा में प्रकृति पक्ष की ओर इसलिए भी मैं ध्यान दिलाना चाहता हूँ कि वो भारतीय परम्परा और भारतीय साहित्य की परम्परा में अपने पिता के कारण बहुत रमे हुए थे और उस परम्परा से जो चीज़ सीखी उन्होंने, वह यह है कि हमारे देश की यानि भारतीय साहित्य की एक अटूट परम्परा प्रकृति काव्य की रही है। स्वयं

वाल्मीकि की रामायण को आप पढ़ें तो प्रकृति के अनेक सुन्दर चित्र आपको सहज ही मिल जाएँगे। तुलसीदास बाबा की दिलचस्पी भी कम नहीं थी प्रकृति चित्रण में। लेकिन वाल्मीकि का 'रामायण' प्रकृति के अद्‌भुत शब्दचित्रों से भरा हुआ है। वाल्मीकि की यह परम्परा फिर आगे चलकर कालिदास में मिलती है। 'मेघदूत' में ही नहीं, बल्कि उनकी अन्य रचनाओं में भी प्रकृति है। इसलिए मनुष्य और प्रकृति का गहरा सम्बन्ध भारतीय साहित्य की परम्परा में मौजूद है। वह परम्परा कालिदास से चलकर भवभूति तक चली आई है। भवभूति में विंध्याचल है तो कालिदास हिमालय में रमे हुए हैं।

यह परम्परा हिन्दी में पहली बार, लगभग शताधिक वर्षों के बाद, छायावाद में दिखाई पड़ी। हिमाचल के तराई के कवि सुमित्रानन्दन पंत पहले कवि नहीं हैं। उनके पहले 'एकान्तवासी योगी' में भी आपको यह मिलेगी। और भी कवि पहले मिलेंगे। छायावाद के बाद और उस दौर के सहृदय समालोचकों में गिने जाने वाले आचार्य रामचन्द्र शुक्ल में मिर्जापुर की पहाड़ियों के, झाड़ियों के, झरनों के अनेक दृश्य आपको मिल जाएँगे। यही नहीं, हिन्दी में प्रकृति पर पहला निबन्ध 'काव्य में प्राकृतिक दृश्य', इन्हीं आचार्य रामचन्द्र शुक्ल का लिखा हुआ है। उनके बारे में जो संस्मरण लिखे गए हैं, उससे मालूम होता है कि मिर्जापुर के आसपास की प्रकृति में गहरी रुचि की यह जानकारी महत्वपूर्ण है कि कभी-कभी शुक्ल जी अपने छात्रों को लेकर मिर्जापुर की पहाड़ियों में जाया करते थे।

अज्ञेय की बहुत सी कविताएँ आपने 'सदानीरा' संग्रह में पढ़ी होंगी। सदानीरा से लेकर 'मरुथल' तक की कविताओं से सोदाहरण जब तक न बताया जाए तब तक अमूर्त चर्चा ही होगी। और प्रकृति की चर्चा अमूर्त ढंग से नहीं हो सकती, क्योंकि प्रकृति ब्रह्म नहीं है और निर्गुण ब्रह्म तो बिलकुल नहीं है। इसलिए जब वो सगुण है तो साकार उदाहरणों के बिना हमारी बात निरर्थक होगी। इसलिए कुछ कविताएँ उनकी आपके सामने रखूँगा और वहीं से अपनी बात करूँगा। मेरा खयाल है कि अज्ञेय ने सारा भारत तो देखा ही है। पूर्वोत्तर में मेघालय, मिजोरम, मणिपुर से लेकर कश्मीर व कन्याकुमारी तक उन्होंने देखा है। मैं पूर्वोत्तर से ही अपनी बात शुरू करना चाहता हूँ। वहाँ वे बहुत दिनों तक रहे। दूसरे महायुद्ध के दौरान वो अपनी ड्यूटी पर थे और अंग्रेज़ी सेना के साथ जापानियों के ख़िलाफ लड़ रहे थे। वहाँ से लेकर जैसलमेर का जो इलाका था, मरुभूमि का, वहाँ तक उनकी यात्रा रही है। एक बार उनके साथ मैं भी गया रेगिस्तान में जहाँ एक बूँद के लिए लोग तरसते थे। उस मरुथल में भी उनकी उतनी ही गहरी रुचि थी। अगर 'शेखर' आप लोगों ने पढ़ा होगा तो याद होगा, उनके पिता की पोस्टिंग चेन्नई में थी, पूरा समुद्र तट का इलाका 'शेखर में है। और लोग भारत के बाहर अमेरिका तो जाते ही रहते हैं, लेकिन अज्ञेय

ने लगभग पूरे यूरोप इंग्लैंड सहित, उत्तरी अमेरिका, अफ्रीका के कुछ हिस्सों के साथ एशिया में जापान तक की यात्रा की थी। इसलिए मालूम पड़ता है कि आधी से अधिक दुनिया की प्रकृति को उन्होंने देखा था। उसके विविध रूप देखे थे। सौभाग्य से उन सभी जगहों के चित्र भी उनके कैमरे में होते थे। साथ ही, शब्दचित्र भी होते थे। इसलिए प्रकृति का जो बहुरंगी और विश्वव्यापी रूप है, वो सौभाग्य से उनकी सभी कविताओं में है। इन चित्रों का जो निचोड़ है, मेरी दृष्टि में, उनकी सर्वश्रेष्ठ कविता 'असाध्य वीणा' है। 'असाध्य वीणा' के कुछ हिस्से आपके सामने प्रस्तुत करूँगा। उस 'असाध्य वीणा' में जो ध्वनियाँ निकलती हैं, उन ध्वनियों में कौन-कौन से चित्र आते हैं, इसके माध्यम से अपनी बात रखने की कोशिश करूँगा। यहाँ सारे चित्र प्रकृति के हैं। प्रकृति के सारे रूपों का निचोड़ एक जगह इसी कविता में मिलेगा। अभी मैं मेघालय गया था, शिलांग। वहाँ के दृश्यों को देखकर वात्स्यायन जी ने कुछ कविताएँ लिखी हैं। ये कविताएँ 1947 की हैं। 47 के बाद वो बनारस आए थे। बनारस से इलाहाबाद गए थे। संयोग से मैं उस समय यू.पी. कॉलेज में छात्र था व्याख्यान देने के लिए यू.पी. कॉलेज बुलाया था। उस समय शिलांग की बड़ी गहरी याद उनको थी। बाद में भी गए थे शिलांग। उस समय की एक छोटी कविता है। अपने रूप में बिलकुल गठी हुई। यह 12 जुलाई, 1947 की कविता है, जिसे उन्होंने शिलांग में लिखा था—

भोर बेला
सिंची छत से ओस की तिप-तिप! पहाड़ी काक
की विजन को पकड़ती सी क्लांत बेसुर डाक
हाक! हाक! हाक!
मत सँजो यह स्निग्ध सपनों का अलस सोना-
रहेगी बस एक मुट्ठी खाक
थाक! थाक! थाक!

इस कविता में उनके शब्द चयन के विवेक को देखा जा सकता है। शब्द चयन के बारे में अज्ञेय इतने सतर्क थे कि एक भी अनावश्यक शब्द और व्यर्थ शब्द उनकी कविताओं में नहीं होता था। सब जगह नपे-तुले सधे हुए शब्द। बहुत-से लोग इस मामले में बड़े शाहखर्च होते हैं। शब्दों के मामले में वे लोग बड़े उदार हुआ करते हैं, जो रुपए-पैसे के बारे में बहुत कंजूस होते हैं। इस मामले में साहित्यकार लोग, हम लोग तो इतने उदार होते हैं कि स्वागत भाषण और धनयवाद ज्ञापन तक में भी शब्दों को दिल खोल के लुटाते हैं लेकिन अज्ञेय के यहाँ रचना में यह सब आपको नहीं मिलेगा। शब्दों के बारे में वे बड़े मितव्ययी हैं। एक भी शब्द फालतू का नहीं है। इस कविता को ही देखें। ध्वनि की प्रकृति को क्या पकड़ा है अपनी इस कविता

में। ओस की तिप-तिप, हम लोगों के यहाँ टपकना है, दूसरा कोई होता तो 'टिप-टिप' लिखता। अज्ञेय ने यहाँ 'तिप तिप' लिखा है। यहाँ 'तिप तिप' के माध्यम से अज्ञेय ने सन्नाटे की आवाज सुनी है–

पहाड़ी काक
की विजन को पकड़ती सी क्लांत बेसुर डाक

ध्यान दें, सुर वाली चीज़ सब देखते हैं, सुनते हैं, बेसुर भी कभी-कभी महत्वपूर्ण होता है क्योंकि 'तिप-तिप' के ठीक कंट्रास्ट में 'थाक! थाक! थाक!' आया है। अज्ञेय कविता में चित्र ही नहीं देते, उसके साथ एक भाव-बोध व विचार भी देते हैं। इसलिए–

मत सँजो यह स्निग्ध सपनों का अलस सोना–
रहेगी बस एक मुट्ठी खाक
थाक! थाक! थाक!

याद रखिए, यहाँ सपनों का विशेषण स्निग्ध है। बहुत-से शब्द हैं जैसे कि सुन्दर है, मधुर है, चिकना है लेकिन इन सब में 'स्निग्धता' का महत्व ही अलग है।

अज्ञेय के यहाँ एक गीत, एक राग वाला भाव है। मैं कहना चाहूँगा कि अज्ञेय जितने ज़्यादा एक परम राग के कवि हैं, उतने ही ज़्यादा वे विराग के भी कवि हैं। यह राग विराग या तो निराला में था या फिर निराला के बाद अज्ञेय में सुनाई पड़ता है। यहाँ पहले परम राग है, फिर उसके बाद वैसा ही विराग।

इसके बाद उनकी कविताओं से यह एक दूसरा चित्र है–'बर्फ की झील'। यह कोपेनहेगेन में 17 जुलाई, 1955 की लिखी कविता है जो 'इन्द्रधनु रौंदे हुए ये' नामक संग्रह में संकलित है :

चट-चट-चट कर सहसा तड़क गए हिम खंड जमे
सरसी के तल पर
लुढ़क-लुढ़क कर स्थिर बसन्त आया
यद्यपि पहले नहीं किसी ने जाना
होता रहा अलक्षित।

अब यह वह कविता है जहाँ चीजें अलक्षित होती रहीं। कवि उन चीजों को देखता है। पहले सुन्दर दृश्य के बारे में कहना चाहते हैं। वे कहते हैं कि यह अलक्षित पड़ा हुआ है यद्यपि देखा हुआ है :

नई किरन ने छुए शृंग हो गए सुनहले
बहते सारे हिम द्वीप।

द्वीपों के लिए आमतौर से हम लोग अण्डमान वगैरह जाते हैं। हम नहीं जानते कि हिम का भी द्वीप होता है। 'हिमद्वीप' का प्रयोग वात्स्यायन ने किया है। 'सूर्यास्त'

पर बहुत कम कविताएँ लिखी गई हैं। कोई कवि हो और वह सुबह-शाम न देखे तो फिर देखेगा क्या? हम लोग 'सुबह-ए-बनारस' और 'शाम-ए-लखनऊ' की चर्चा तो बहुत करते हैं लेकिन सूर्यास्त के बारे में कम ही ध्यान देते हैं। लेकिन अज्ञेय का ध्यान यहाँ भी है :

धूप
माँ की हँसी के प्रतिबिम्ब-सी शिशु के बदन पर
हुई भासित
नए चीड़ों से कंटीली पार की गिरि शृंखला पर

यह कविता 24 जून, 1955 को स्वीडन में लिखी गई है। यहाँ शिशु के बदन पर माँ की हँसी का प्रतिबिम्ब है। वह धूप के सन्दर्भ में कह रहे हैं। 'धूप माँ की' में कौन माँ है और कौन शिशु, यह आप तय कीजिए।

एक और कविता है–'कतकी पूनो'। यह कविता 1947 की है। इसे उन्होंने इलाहाबाद और लखनऊ के बीच के रेल के सफर में लिखा है। इसे आपने पढ़ा होगा। आमतौर से लोग पूर्णिमा पर कविता लिखते हैं लेकिन 'कतकी पूनो' और है और बसन्त की पूनो और होगी। इसलिए किसी प्रकृति के चित्र का एक भिन्न विशिष्ट रूप होता है क्योंकि इतनी भिन्न रूपा प्रकृति है कि जब तक कविता को उसके विशेषणों के साथ नहीं पढ़ा जाए, कविता के साथ न्याय नहीं हो सकता। समीक्षा करते हुए हमारा ध्यान जाना चाहिए कि कवि ने विशेषणों का प्रयोग किस तरह से किया है। और हम लोगों के पास विशेषणों का इतना दारिद्र्य है कि हम अच्छा और बुरा के अतिरिक्त कुछ और जानते ही नहीं।

कविता के मूल्यांकन में हमें किसी कवि के विशेषणों का ध्यान रखना चाहिए कि वह कितने विशेषणों का इस्तेमाल करता है और तब वो कवि विशिष्ट होता है। अज्ञेय के मूल्यांकन में हमेशा ही यह सावधानी बरतनी चाहिए। मैंने रेगिस्तान का जिक्र किया है आपसे। इसलिए 'मरुथल' शृंखला की एक कविता सुनाकर 'असाध्य वीणा' का कुछ अंश सुनाऊँगा। इसमें प्रकृति सम्बन्धी सारे चित्र इकट्ठे एक जगह आ गए हैं।

'मरुथल-रात' का एक चित्र देखें :

साँझ होते ही दौड़ते हैं रेती पर
पगलाए से पिपिआते हुए पक्षी
उन गुजरने वालों के काफिलों के पहले
दिन में वे नहीं दिखेंगे, पर उनके
पिपियाते स्वरों को गूँज
सुनाई पड़ती रहेगी।

रोज दर रोज दर रोज
भरती हुई सोज
जोगियों के अलगोजों में
गुँजाती हुई
शतियों के पार
पागल प्रेमियों की भूली अनभूली कहानियाँ।

यहाँ इस कविता में पिपियाते जैसे शब्द पर ध्यान दीजिएगा। हिन्दी में शायद यह पहली बार और अन्तिम बार आया है।

क्षमा कीजिए, अब मैं 'असाध्य वीणा' कविता का वो अंश सुनाना चाहता हूँ जिसमें एकत्र ही लगभग सभी इन्द्रियों के नाद के द्वारा रूप का चित्र खड़ा किया गया है। उस कविता से आप परिचित हैं। यह ऐसी वीणा है जो असाध्य थी, जिसे कोई बजा नहीं सकता था और वो केशकंबली नाम का एक साधक बुलाया गया और उसका जो अनुभव है, यह उसी के अनुभव की कथा है। अन्त में वह अपनी अनछुई छुअन से वीणा को छूता है और फिर वीणा बज उठती है। यहाँ अज्ञेय नाद से जो चित्र बनाते हैं, वह बहुत महत्वपूर्ण है। इसकी परिणति मौन में होती है। मैंने कहा कि अज्ञेय जी का स्वभाव मौन का था। उनको लोग चुप्पा कहते थे। बहुत कम बोलते थे। जीवन में वो बक्की आदमी, बकबक करने वाले नहीं थे। कुछ हम लोगों से होते हैं जो बिना बकबक किए रह ही नहीं सकते। अज्ञेय जी अपने मौन के लिए, सकारात्मक मौन के लिए जाने जाते थे। उनके यहाँ इस मौन के भी कई रूप थे। उस मौन वाले दर्शन को उन्होंने जेन बुद्धिज़्म के क्रम में साधा था और इस रूप में उनको एक दर्शन मिला। उस पर यह 'असाध्य वीणा' नाम की एक कविता उन्होंने लिखी थी। यहाँ इस कविता में केशकंबली नाम का साधक वो वीणा बजाने से पहले स्मरण करता है–

हाँ, मुझे स्मरण है :
बदली-कौंध-पत्तियों पर वर्षा-बूँदों की पट पट।
घनी रात में महुए का चुपचाप टपकना।
चौंके खग-शावक की चिहुँकन।
शिलाओं को दुलराते वन झरने के
द्रुत लहरीले जल का कल निनाद।
कुहरे में छन कर आती
पर्वती गाँव के उत्सव ढोलक की थाप
गड़रिये की अनमनी बाँसुरी।
कठफोड़े का ठेका। फुलसुँघनी की आतुर फुरकन :
ओस बूँद की ढरकन–इतनी कोमल, तरल,

कि झरते-झरते मानो
हरसिंगार का फूल बन गई।
भरे शरद के ताल, लहरियों की सरसर ध्वनि।
क्रूजों का क्रेंकार। काँद लम्बी टिट्टिभ की।
पंख-युक्त सायक-सी हंस बलाका।

यहाँ ध्यान दें, पंखयुक्त बाण जैसे हो उस तरह की हंस बलाका दिखाई पड़ती है। इमेजरी देखें। जिसको बिम्ब कहते हैं, वो नाद बिम्ब यहाँ उपस्थित है। इस चित्र को आगे देखें–

चीड़-वनों में गन्ध-अन्ध-उन्मद पतंग की जहाँ-तहाँ
टकराहट
जल प्रपात का प्लुत एकस्वर।
झिल्ली-दादुर, कोकिल-चातक की झंकार-पुकारों की
यति में
संसृति की सांय-सांय।

हाँ, मुझे स्मरण है :
दूर पहाड़ों से काले मेघों की बाढ़
हाथियों का मानो चिंघाड़ रहा हो यूथ।
घरघराहट चढ़ती बहिया की।
रेतीले कगार का गिरना छप-छड़ाप
झंझा की फुफकार, तप्त,
पेड़ों का अररा कर टूट-टूट कर गिरना।
ओले की कर्री चपत।
जमे पाले से तनी कटारी-सी सूखी घासों की टूटन।
ऐंठी मिट्टी का स्निग्ध घाम में धीरे-धीरे रिसना।
हिम तुषार के फाहे धरती के घावों को सहलाते
चुपचाप।
घाटियों में भरती
गिरती चट्टानों की गूँज–
काँपती मन्द्र गूँज-अनुगूँज-साँस खोयी-सी
धीरे-धीरे नीरव।

यह असाध्य वीणा है और वीणा से यह स्वर निकाला है। ये सारा का सारा स्वर वीणा से निकलता बताया गया है लेकिन सारी कायनात अपने विभिन्न स्वरों में, नाद में

गूँज करके आती है। अज्ञेय इसके भीतर से ये चित्र बनाते हैं। इसलिए मैंने कहा कि अज्ञेय के यहाँ समस्त इन्द्रियबोध प्रकृति से ही मिले। वह, जिनसे हम सम्पूर्ण प्रकृति को जानते हैं, विभिन्न रूपों में। कविताओं के उदाहरण, देशकाल के अनुसार, आप देखेंगे तो इसी प्रकृति के दर्शन को निर्मित करते हैं और यह तो एक वास्तविकता है कि जीवन के अन्तिम दिनों में वे जेन बुद्धिज़्म के गहरे प्रभाव में थे। यह सब उनके साहित्य को पूर्ववर्ती काल से अलग करता है। परवर्ती अज्ञेय पर शान्त रस का गहरा प्रभाव है। वे इस बात को परवर्ती दिनों में महसूस करते हैं कि सभी रसों का अन्त शान्त रस में होता है। शान्त पर्यवसायी माने गए हैं–रस। स्वयं नाट्यशास्त्र में भरतमुनि ने तो आठ ही रस माने थे। शान्त रस बाद के लोगों ने जोड़ा है। जोड़ा है या नहीं, इसमें विवाद हो सकते हैं, लेकिन सभी रसों का समापन इसी में होता है और यह वही आदमी जान सकता है जो संगीत का ज्ञाता हो। गाते समय गायक, कोई भी गायक, सुर में गाए, बाजा बजाए। वाद्ययंत्र हो या सुर का मौखिक संगीत हो। अन्त में झाला बजाने के बाद भी आप धीरे-धीरे शान्त में बस जाते हैं। यह भारतीय सौन्दर्यशास्त्र या कह लीजिए साहित्यशास्त्र का निचोड़ है। यहाँ अज्ञेय अकेले नहीं है अपितु, तुलसीदास, उसके पहले कबीर तक में यह मिलता है।

कबीर, तुलसी, कामायनी का अन्त जिस तरह से होता है इसके पता चलता है कि सभी भारतीय दर्शन इस शान्त रस के महत्व को समझते हैं। मैं कभी-कभी सोचता हूँ कि काश हमारे प्रगतिशील बन्धु भी इसको समझ लेते तो शायद कुछ बेहतर ढंग की कविता लिख सकते। विचारों में अज्ञेय के जो भी राजनीतिक विचार रहे हों, यह अवान्तर बात है। किन्तु इसमें कोई शक नहीं कि अपने दौर के कवियों में सर्वश्रेष्ठ कवि अज्ञेय थे। प्रकृति के उतने बड़े गायक कालिदास, भवभूति, पंत, निराला के बाद अज्ञेय ही थे। इन सभी कवियों की अपनी शानदार परम्परा थी। अज्ञेय निश्चय ही अविस्मरणीय हैं और हिन्दी कविता में बहुत ऊँचा स्थान रखते हैं।

[हिन्दी विभाग, काशी हिन्दू विश्वविद्यालय द्वारा मार्च, 2011 को आयोजित संगोष्ठी में दिया गया उद्घाटन वक्तव्य, 'आलोचना' के अज्ञेय पर केन्द्रित अंक, अप्रैल-जून, 2011 में प्रकाशित]

कवि भारतभूषण अग्रवाल

'तार सप्तक' के अन्य कवियों के बारे में जितना लिखा गया है, उसकी तुलना में भारत जी के बारे में कम लिखा गया है। मुझे कभी-कभी लगता है, भारत जी अपना महत्व घटाने के लिए अंशतः स्वयं ज़िम्मेदार रहे हैं, इस अर्थ में कि वे अपनी कविताओं को, अथवा अपने बारे में चर्चा करते हुए, अपने महत्व को बहुत कम करके दिखाते थे। यह दूसरी बात है कि अन्दर से उन कविताओं के बारे में उनकी वही भावना नहीं थी। हिन्दी में वे 'तार सप्तक' के कवि के रूप में सामने आए। 'तार सप्तक' का महत्व आज भी स्वीकार किया जाता है। लेकिन उसके साथ एक बात अलक्षित रह जाती है और वह यह कि पूरी पीढ़ी को जिस कवि की पंक्ति ने नाम दिया था, वह भारत जी की ही कविता की पंक्ति है : 'कौन-सा पथ है?'–'मार्ग में आकुल अधीरातुर बटोही, यों पुकारा कौन-सा पथ है?' विचित्र बात है कि हिन्दी में मार्गों के अन्वेषी के रूप में उसके सम्पादक की तो पंक्तियाँ चलीं लेकिन जिस कविता के आधार पर वह पूरी की पूरी पीढ़ी मार्ग के अन्वेषियों के रूप में जानी गई, वह कविता विस्मृत हो गई। यद्यपि उस कविता का शीर्षक है 'पथहीन'। कविता प्रश्न चिह्न से जुड़ी हुई है लेकिन शीर्षक 'पथहीन' के रूप में रखा गया है। 'तार सप्तक' की बहुत-सी कविताएँ भूल जाएँगी और शायद उनका महत्व उस हद तक न माना जाए, किन्तु उस समूची पीढ़ी को जो 1940-41 के आसपास साहित्य में ही नहीं, इतिहास में आई थी; जो खोज की, अन्वेषण की, रास्ता तलाश करने की आकांक्षा लेकर आई थी, उसको वाणी देने का काम भारत जी ने किया था और यह वह महत्व है, जो कभी भी भुलाया नहीं जा सकेगा। उस खोज को यदि भारत जी ने उसी तीव्रता, उसी शिद्दत के साथ क़ायम रखा होता तो भारत जी का विकास किसी दूसरे रूप में हुआ होता। लेकिन अनेक परिस्थितियों के कारण (अभी उसमें जाने का समय नहीं है) ऐसा नहीं हो सका।

अभी जो कविता पोस्टर से पढ़ी गई थी 'समाधि लेख', उसी को लें : 'कैसे बड़े युग में, कैसा छोटा जीवन जिया'। एक ओर युग के बड़े होने का आंतक और दूसरी ओर बड़े युग में अपने छोटे होने का अहसास; उस छोटे होने का एक गहरा अहसास

जिसकी चर्चा अभी की जा रही थी जब भारत जी में आत्मालोचना, चीर-फ़ाड़ और आत्मदया आदि-आदि का ज़िक्र हो रहा था। लेकिन यह छोटा होना अपने आप में नहीं, बल्कि उस युग के बड़े होने के अनुपात में छोटे होने का अहसास है। शायद इस अहसास ने कहीं उनकी कविता को गहराई से प्रभावित किया। मुझे ऐसा लगता है, युग के बड़े होने और अपने छोटे होने का यह सर्जनात्मक तनाव जिस कवि में जिस हद तक था, वह कवि शायद उतनी ही ऊँचाई तक पहुँच सका। तुलना अपेक्षित नहीं है लेकिन अन्तिम दिनों में भारत जी गहराई से मुक्तिबोध की कविता का महत्व स्वीकार करते थे और कहते थे कि हमारी पीढ़ी में केवल वही हैं। वह इसलिए कि उस युग के बड़े होने और अपने छोटे होने के उस द्वन्द्व को, तनाव को, कविता के रूप में झेलने की जो क्षमता मुक्तिबोध में दिखाई देती है, उसके कारण उनकी कविता एक दिशा में आगे बढ़ती है, एक ऊँचाई प्राप्त करती है। भारत जी को युग के बड़ेपन का अहसास तो बना रहा किन्तु उसके सामने छोटा जीवन कविता का विषय रहा। उस युग से जूझने का वह प्रयास कविता के स्तर पर उनमें नहीं दिखाई पड़ता। इस छोटेपन का अहसास उस काल में भी दिखाई देता है। हिन्दी कविता के इतिहास में लघुमानव का एक दर्शन इलाहाबाद के लोगों ने दिया—'परिमल' के लोगों ने। उस पर बड़ी दार्शनिक चिन्ताएँ की गईं। ज़रूरी नहीं कि उनके अनुपात में कविताएँ भी अच्छी लिखी गई हों। भारत जी उस छोटे जीवन के दायरे को, अपने परिवेश को, अपनी कविता में व्यक्त कर सके तो उसमें उनकी सबसे बड़ी ताक़त विडम्बना का बोध या केवल आयरनी है जिसके लिए यहाँ आत्मालोचना शब्द दिया गया, आत्म व्यंग्य शब्द दिया गया। लेकिन शायद जो सही शब्द हो, वह आत्म-विडम्बना का अहसास है। आत्म-विडम्बना के कई आयाम, उसके कई रूप उस काल के कवियों में दिखाई पड़ते हैं।

कवियों ने जिक्र किया है 'आत्मभर्त्सना' का। वह मुक्तिबोध में बहुत ज़्यादा थी। ज़रूरी नहीं कि उस आत्मभर्त्सना से कविता कमज़ोर हो या घटिया हो। आत्मभर्त्सना के बहुत बड़े कवि तो तुलसीदास हुए। पूरी 'विनय पात्रिका' आत्मभर्त्सना से भरी पड़ी है। इस दौर के मध्य वर्ग के लोगों में अपनी अशक्ति के कारण अथवा इतिहास की अपेक्षा के अनुरूप कार्य न कर पाने के कारण आत्मभर्त्सना का रूप दिखाई पड़ता है। उनसे घटिया वे लोग हैं जिनमे आत्मतोष दिखाई पड़ता है। बेहतर वे लोग थे जिनमें आत्मतोष की अपेक्षा आत्मभर्त्सना थी, विडम्बना थी। 'तार सप्तक' के काल के ही अनेक कवियों में आत्मतोष प्रचुर मात्रा में दिखाई पड़ता है। भारत जी की कविता आत्मतुष्ट और आत्ममुग्ध लोगों से भिन्न है और भिन्न ही नहीं, बेहतर है और बेहतर ही नहीं सच्ची है, सो इसलिए कि उन्होंने आत्मतोष के मार्ग को छोड़कर आत्मभर्त्सना का मार्ग अपनाया। आत्मभर्त्सना मुक्तिबोध में एक प्रकार की हाई

सीरियसनेस की ओर जाती है पर भारत जी में हाई सीरियसनेस नहीं, उसका एक फ्रीवुलस रूप मिलता है। कभी-कभी फ्रिवुलिटी को हम कमज़ोर या घटिया कविता का लक्षण समझते हैं। हम भूल जाते हैं कि वह एक सार्थक, महत्वपूर्ण और जीवन्त कविता को जन्म दे सकती है। भारत जी में अपने व्यक्तित्व का, अपने परिवेश का, अपनी शक्ति के छोटे होने का अहसास जिस विडम्बना, हल्के-फुल्केपन, विनोद के कारण आता है, वह अन्यत्र दिखाई नहीं देता। इसीलिए बाद में भी उनकी पीढ़ी के अनेक कवि अपठनीय हो गए, बासी हो गए। वे दार्शनिकता, आध्यात्मिकता, भारत व्याकुलता आदि-आदि के बड़े-बड़े आडम्बरों से कविता को सजाने और महान कविता बनाने की कोशिश कर रहे थे। भारत जी ने उस छोटे रास्ते को चुनकर सार्थक जीवन्त मार्ग कविता को दिखाया।

कभी-कभी मुझे लगता है कि उस दौर की हिन्दी कविता में भारत जी लगभग चार्ली चैप्लिन जैसा रोल प्ले करने का या अपनी क्षुद्रता को सार्थकता देने का प्रयास करते दिखाई पड़ते हैं। मैं दोनों कलाकारों की तुलना नहीं कर रहा हूँ, किन्तु मैं उस प्रयास की दिशा की ओर संकेत करना चाहता हूँ, जो भारत जी में दिखाई पड़ता है। भारत जी ने तुक्तक लिखे थे। सभी लोगों पर उन्होंने तुक्तक लिखे थे। अपने ऊपर भी उन्होंने तुक्तक लिखा था। ये तुक्तक मैथिलीशरण गुप्त की शैली में हरिगीतिका छन्द में लिखे गए थे। आपके लिए भी शायद मनोरंजक हो :

जो तार सप्तक के सुकवियों में समान प्रसिद्ध था
सब सिद्धियों में जो कभी सम्पूर्णता में सिद्ध था
हा हन्त, जीते जी वही अब हो रहा म्रियमाण है
अब लोक रूप मयंक में भारत कलंक समान है।
भारत न ऐसा है कि अब वह और भी दुःख सह सके
इसकी बुरी गति भारती ही, कह सके तो कह सके।

इस तुक्तक में 'भारत भारती' नाम भी आ गया, 'भारती' नाम भी आ गया जो उन दिनों 'धर्मयुग' में ऐसी रचनाएँ छापा करते थे। यह अपने बारे में लिखा हुआ तुक्तक है। जिस आत्मदया का अभी जिक्र किया जा रहा था, वह यहाँ भी दृष्टव्य है। इस विनोदपूर्ण आत्मभर्त्सना की पंक्ति–'भारत न ऐसा है कि अब वह और भी दुःख सह सके'–में भी वे अपनी वेदना का हल्का-सा संकेत देना नहीं भूले; इसमें केवल पूरा का पूरा अपना उपहास ही नहीं है। यह उनकी कविता में आदि से अन्त तक मिलेगा। एक वेदना चाहे प्यार की वेदना हो, चाहे अपने युग के साधारणजनों की। उनका समूचा का समूचा काव्य व्यंग्य, विनोद या उपहास हास्य कवियों की तरह हो जाता लेकिन जो चीज़ कविता बनाती है, वह है वेदना का गहरा अहसास। यद्यपि दर्द के मसीहा उस समय अनेक कवि थे जिन्होंने दर्द की पूजा की। धूप-दीप-नैवेद्य लेकर

लोग दर्द की आराधना करते थे। भारत जी दर्द के आराधकों में न थे लेकिन अन्तःसलिला के समान जो गहरी व्यथा है, जो नितान्त निजी ओर वैयक्तिक नहीं है, बल्कि जिसका एक गहरा सामाजिक आधार है वह उनकी कविता को आज भी जीवन्त और सार्थक बनाता है।

इन तमाम चीज़ों के साथ भारत जी निश्चित रूप से हिन्दी कविता में एक महत्वपूर्ण स्थान रखते हैं। कौन बड़े कवि हैं, कौन छोटे कवि हैं—इसके विवाद का या निर्णय का यह समय नहीं है किन्तु उनकी कविता सार्थक है। और शायद इससे अधिक कविता और कर ही क्या सकती है। इसलिए वे बाद की पीढ़ी के लिए भी उतने ही पठनीय और सार्थक बने रहेंगे—यह उनकी सबसे बड़ी शक्ति है।

[भारतभूषण अग्रवाल की सत्तरवीं वर्षगाँठ एवं 'भारतभूषण अग्रवाल पुरस्कार' के दसवें वर्ष पर आयोजित संगोष्ठी में 12 अगस्त, 1989 को त्रिवेणी कला सभागार, नई दिल्ली में दिया गया वक्तव्य। पूर्वग्रह, अंक-100-101 में प्रकाशित]

इधर की कविता

भारतभूषण अग्रवाल पुरस्कार के लिए अनेक कवियों की कविताएँ मेरे पास आई थीं। इनमें से कुछ ही हैं, जिनके संग्रह प्रकाशित हुए थे। अधिकांश ऐसे कवि हैं, जिनकी कुछ ही कविताएँ प्रकाशित हुई थीं। उनमें शरद बिल्लौरे की कविता 'तय तो यही हुआ था' ने मेरा ध्यान आकृष्ट किया। उस समय मैं सोच रहा था कि ये क्यों इतनी सार्थक कविता है? इसमें ऐसा क्या है, जो पहले की कविताओं से विशिष्ट भी मालूम होता है और साथ ही कहीं न कहीं उसकी कड़ी में जुड़ता भी है? मैं उस पूरी कविता का विश्लेषण इस समय करूँ, यह न तो सम्भव है न आवश्यक है, लेकिन इस कविता ने सोचने के लिए प्रेरित किया कि ऐसा क्या है, जो बिलकुल ताजा मालूम होता है? यही बात नहीं थी कि कवि ने एक पुराना पौराणिक मिथक लिया था, शिवि की कथा के माध्यम से, जिसमें एक ओर इन्द्र हैं और दूसरी ओर शिवि है और वो इन्द्र पूरा प्रतीक बन जाता है, जिसके विरुद्ध कवि अपने आपको दाँव पर रखता है। शिवि को तो उस दान स्वरूप इन्द्रासन मिला, लेकिन विडम्बना यह है कि इस कवि को उसके बदले न कुछ मिलना है, न मिलने की कोई आकांक्षा है। मैं सोच रहा था कि यही कविता अगर नागार्जुन कहते तो कैसे कहते? इन्हीं चीजों को इसके पहले के लोग कैसे कहते रहे हैं जिन्हें यह कवि इतने सरल सहज भाव से कह रहा है। मैंने देखा कि न उसमें शहादत की मुद्रा है न आत्मदया की भावना है, न इस दुनिया को बदल देने के लिए बहुत ज़्यादा घटाटोप है और न असहायता निरुपायता की-सी बात है। एक बहुत बड़ी ट्रेजेडी है, लेकिन ठंडेपन के साथ नहीं, एक पैंशन है उसमें! और इतने कम शब्दों में और बड़े सहज भाव से, अवोध भाव से कवि ने उसे कहा है!

इस दौर की सार्थक कविता केवल विवरण नहीं देती, बल्कि अपने युग व्यवस्था और परिवेश का एक परिदृश्य भी सामने रखती है। मुझे यह लगता है कि इस दौर की कविताओं की समीक्षाएँ यानी पुस्तक समीक्षाएँ बहुत लिखी गई हैं, प्रत्येक कवि की अपनी विशेषताएँ भी बताई गई हैं, लेकिन कुल मिलाकर कोई समन्वित तस्वीर नहीं बनती। सीधे-सीधे कहें कि नई कविता के बाद का कोई नया काव्यशास्त्र नहीं

लिखा गया। नए काव्यशास्त्र नाम से लोग आतंकित न हों, भयभीत न हों कि यह तो कविता को मार देने का तरीका है, या कोई कविता जब समाप्त हो जाती है तभी काव्यशास्त्र लिखा जाता है। इस दौर की तमाम कविताओं की छुटपुट विशेषताओं को समय-समय पर रेखांकित हम करते हैं, लेकिन इससे ज़िन्दगी के बारे में और कविता के बारे में जो एक समझ उभरती है, उसका कोई ढाँचा या कोई फ्रेमवर्क हमारे सामने अब तक नहीं है। इसलिए होता यह है कि ज़्यादा से ज़्यादा हम कविता की चर्चा करते समय कुछ अपनी पसन्द की कविताओं की बात कर सकते हैं। कुछ पसन्द के कवियों की बात कर सकते हैं, जिन चीजों को नापसन्द करते हैं, उनके बारे में कह सकते हैं। पर उसकी परिणति किस रूप में होगी? या तो हम शुभाशंसा के स्वर में कहें कि इनसे बड़ी उम्मीदें हैं या ये कहें कि घोर निराशाजनक स्थिति है। इसकी परिणति यह होती है। मैं स्वयं अपनी सुविधा के लिए ऐसा कोई काव्यशास्त्र इधर की कविताओं पर नहीं बना सका। कोई और बना सका हो, ऐसा भी मुझे नहीं दिखाई पड़ता, नतीजा यह है कि हम पिछले तीस-चालीस वर्षों की कविताओं को एक अखंड नई कविता के अलग-अलग उत्थानों के रूप में देखते हैं। एक बड़ा ब्रेक थ्रू नई कविता का था। उसके बाद समय-समय पर दस-बारह साल बाद या पाँच साल बाद सहसा कोई परिवर्तन दिखाई पड़ता है। कोई नया कवि बदल देता है, तो लगता है कि थोड़ा-सा परिवर्तन है। पर सबसे पहली बात मुझे जो लगती है उस पर विचार किया जाना चाहिए कि एक काव्यधारा जो हिन्दी में रोमांटिक कविता के बाद, नए यथार्थबोध के साथ आई, चालीस वर्षों में जो कविता लिखी गई है, वही एक धारा है जिसमें तरंग के रूप में बीच-बीच में कुछ परिवर्तन हुए हैं। कोई बड़ा बुनियादी परिवर्तन इस दौर में नहीं हुआ है। क्या सार्थक है यह, कि इन परिवर्तनों को रेखांकित किया जाए और बताया जाए कि यह बदलाव आया है? इस बदलाव को रेखांकित करने से पहले ये भी सवाल उठता है कि या इस बदलाव को रेखांकित करना जरूरी भी है?

मैं देखता हूँ कि हम बार-बार इन परिवर्तनों की बात करते हैं लेकिन इन परिवर्तनों को ठीक-ठीक अभी तक बताया नहीं जा सकता है। उसका परिणाम यह हुआ कि उसमें कुछ बाधाएँ पैदा हुई हैं, जिनका मैं आपके सामने जिक्र करना चाहता हूँ। ये मेरी अपनी बाधाएँ हैं। ये दूसरों के द्वारा भी सामने आती हैं, मसलन रघुवीर सहाय जी ने एक महत्वपूर्ण बात कही कि मुझे इधर की कविता को देखकर ऐसा लगता है कि नए ढंग का छायावाद आ रहा है।शायद इसका कारण, जैसा कि उसके ठीक पहले उन्होंने कहा, पेड़-पौधे फूल-पत्ती, माँ-बच्ची–इन तमाम चीजों का कविता में आना हो। आज जिस कविता संग्रह 'होना शुरू होना' का विमोचन हुआ है, उसे मैं उलट रहा था। उसकी भूमिका में भी ऐसा ही कुछ संकेत किया गया है कि एक

तो राजनीतिक कविता का दौर था, वो तो गलत था, राजनीतिक कविता के बाद अचानक लोग दूसरे छोर पर गए और ये पेड़ और लड़की और चिड़िया आदि आए। मैं यही कह रहा हूँ कि ये परिवर्तन क्या किसी दौर के द्योतक हैं या एक-दो आदमियों ने जो लिखा उसी के आधार पर हम पूरे युग का निरूपण कर रहे हैं? इसकी जाँच करने की ज़रूरत है। रघुवीर सहाय जी ने यह बताया कि मुझे कम से कम ऐसा महसूस हो रहा है कि नया छायावाद आ रहा है, एक नई रूमानियत आ रही है। यह देखना होगा कि ये कविताएँ माँ का, चिड़िया का, पेड़ का या बच्ची का सचमुच उपयोग कर रही हैं? हो सकता है कि एक कवि कर रहा हो, दूसरा न कर रहा हो। या एक ही कवि की एक कविता में हो, दूसरी में न हो। या यह भी हो सकता है कि एक कवि की कविता में उनका जैसा उपयोग हो, दूसरे में न हो। या यह भी हो सकता है कि एक कवि की कविता में उनका जैसा उपयोग हो, दूसरे कवि की कविता में वैसा न हो। यह सवाल इसलिए उठता है कि नई कविता के बाद, यानी चालीस साल की कविता में, हम आमतौर से देखते हैं कि या तो यथार्थवादी रुझान आ रहा है या एक नई रूमानियत आ रही है। यानी रूमानियत और यथार्थवाद, ये दो हमारे कांसेप्ट हैं, जिनके द्वारा हम लोग इस कविता को समझने की कोशिश कर रहे हैं। और यह प्रमाण-प्रत्यक्ष है कि इसके अपराधी सिर्फ आलोचक नहीं हैं, बल्कि स्वयं कवि भी इसी परिभाषा में समझने की कोशिश करते हैं या कर सकते हैं, जैसा कि रघुवीर सहाय जी ने स्वयं किया। यानी इन कविताओं को हम, यथार्थ और रूमानियत दोशब्दों के परम्यूटेशन काम्बीनेशन के द्वारा अथवा इन्हीं के पुनरुत्थान-नवोत्थान के रूप में देखने की कोशिश कर रहे हैं। ये सब सही हैं कि नहीं हैं और ये आभास देते हैं कि नहीं देते—इस पर में अभी थोड़ी देर में टिप्पणी करूँगा। तो पहली कठिनाई यह है कि हमारे पास इधर की कविता को समझने के लिए, कविता के स्तर पर, केवल दो शब्द रह गए हैं, यथार्थवाद और उसमें नया यथार्थवाद, रूमानियत और उसमें नई रूमानियत।

नम्बर दो यह कि व्याख्या के क्रम में यहाँ 'आधुनिकतावाद' और 'मार्क्सवाद' भी आ गया था। इस शब्दावली के द्वारा भी इस दौर की कविता को हम समझने की अगर कोशिश करें, और कभी-कभी करते हैं, तो मेरा खयाल है, यह प्रमाणित हो गया है कि मार्क्सवाद और आधुनिकतावाद, इन दोनों वादों के द्वारा इस बीच लिखी हुई सार्थक कविता की व्याख्या न तो सम्भव है और यदि प्रयत्न हुए हैं तो असफल सिद्ध हुए हैं। मुक्तिबोध की व्याख्या न आप सीधे केवल मार्क्सवाद की शब्दावली में कर सकते हैं, न आधुनिकता की। रघुवीर सहाय की कविताओं की व्याख्या भी केवल आधुनिकतावाद की परिभाषा के द्वारा, न उसकी प्रतिक्रिया के रूप में, न उसके विरोध के रूप में ही जा सकती है, न उसके ढाँचे के रूप में। यहाँ तक

कि कुँवर नारायण की कविताओं की व्याख्या भी आधुनिकतावाद के ढाँचे में हम नहीं कर पाते। मैं समझता हूँ साहित्येतर कारणों से साहित्य के द्वारा ही ये दोनों शब्द आधुनिकता बनाम मार्क्सवाद चलाए गए हैं, जिनके द्वारा इस दौर की सार्थक कविता की व्याख्या होती ही नहीं है। मैं इन दोनों विचारधाराओं को न परस्पर विरोधी विचारधाराएँ मानता हूँ न कि विकल्प की विचारधारा मानता हूँ। मार्क्सवाद एक ऐसी जीवनदृष्टि, विश्वदृष्टि और इतिहासदृष्टि है, जिसके विकल्प और विरोध के रूप में आधुनिकतावाद भले ही साहित्यिक नकाब पहन कर आया है; लेकिन वो उसके समकक्ष न तो है, न हो सकता है। यह मेरी निजी राय हो सकती है। मैं कहना चाहता हूँ कि मार्क्सवाद की शब्दावली से न मुक्तिबोध की कविता की व्याख्या हो सकती है, न नागार्जुन की कविता की; न धूमिल की कविताओं की और न उसके बाद की कविताओं की। इसलिए ये जो यथार्थवाद और रूमानियत, मार्क्सवाद और आधुनिकता नाम के जोड़े बने हुए हैं, उनके द्वारा इन कविताओं की व्याख्या होती नहीं दिखाई पड़ती है।

एक तीसरा विकल्प कुँवरनारायण जी ने हमारे सामने रखा था–राजनीतिक आदर्शवाद और राजनीतिक यथार्थवाद। मैं अपने ढंग से उनको ग्रहण करने की कोशिश करता हूँ और उसमें से 'राजनीति' शब्द को तो मैं निकाल देता हूँ। वे जिसे आदर्शवाद कह रहे हैं मैं उसे समझता हूँ एक निश्चित राजनीतिक विचारधारा (आइडियोलॉजी), जिसके तहत हम दुनिया को समझते हैं, कविताओं को समझते हैं। और दूसरी ओर जिसे यथार्थ इन्होंने कहा, वह है वास्तविकता या रोजमर्रा की, अपने आसपास की चीजों का चित्रण। जब नई-नई आजादी मिली और नई-नई संसद बनी, उस समय की संसद की बहस के आप कुछ दस्तावेज देखें और आज संसद में जो बहस हो रही है, उनको देखें। ऐसा समझा जाता था कि उन दिनों संसद में आमतौर से नीतियों पर ज़्यादा बहस होती थी। नीतियों पर यह बहस एक निश्चित राजनीतिक विचारधारा के तहत होती थी। इसमें लगता था कि यह एक कम्युनिस्ट बोल रहा है, यह एक समाजवादी बोल रहा है। एक निश्चित दर्शन या नीति के आधार पर कांग्रेसी लोग बोलते हुए दिखाई पड़ते थे। ऐसा समझा जाता था कि असेम्बलियों की जो बहस है वह पार्लियामेंट की बहस से बिलकुल भिन्न है। उसमें सीधे भ्रष्टाचार की चर्चा होती थी कि किसने कितनी दलाली की, कितना पैसा खाया, कितना क्या किया आदि। असेम्बलियों की बहस का स्तर यह होता था और समझा जाता था कि ग्राम पंचायतों की बहस और असेम्बलियों की बहस में कोई फर्क नहीं रह गया। इस बीच आप देखेंगे कि पूरी संसद की बहस ग्राम पंचायतों, जिला परिषदों और असेम्बलियों के स्तर पर उतर आई है, जिसमें नीतियों पर, योजनाओं पर और राजनीतिक विचारों और विचारधाराओं की टकराहट के आधार पर बहस कम होती

है, भंडाफोड़नुमा बहस ज़्यादा होती है। क्यों ऐसा हुआ है, मैं उसके ब्यौरे में नहीं जाना चाहता : कदाचित, यह समझकर कि विचारधारा और नीति की बहस अवास्तविक है। ठेठ राजनीति जो चल रही है, चर्चा उसी की की जानी चाहिए। शायद इस कारण यथार्थ या वास्तविकता में धक्का मार कर के उस सारी सैद्धान्तिक बहस को अवास्तविक करार दिया हो, हम ठेठ जमीन पर उतर आए हों। मैंने यह उदाहरण इसलिए दिया है कि कविता की दुनिया में भी लगभग यह हुआ है कि अब आइडियोलॉजी की भाषा में सोचना, जिसे आप राजनीतिक आदर्शवाद कह रहे थे, असम्भव हो गया है। किसी समय सम्भव था, जो हम मुक्तिबोध के आत्मसंघर्ष में देखते हैं। पर आज शायद ही कोई कवि हो इस दौर का जिसमें उस स्तर का, उस रूप का आत्मसंघर्ष दिखाई पड़ता हो। हम ठोस यथार्थ की ऐसी जमीन पर उतर आए हैं, जहाँ अधिकांश कविता अच्छे-बुरे के अर्थ में नितान्त अनुभववादी हो गई है, नितान्त फौरी हो उठी है। इसलिए उसमें न तो उस विचारधारा की चिन्ता दिखाई पड़ती है और कदाचित् इसीलिए वे जिस परिप्रेक्ष्य की बात कह रहे हैं वो परिप्रेक्ष्य नहीं है। वे अपने इर्द-गिर्द जितनी जैसी दुनिया देख रहे हैं, वही दुनिया, दुनिया है और बाकी दुनिया क्या है, उसकी कम चिन्ता की जाती है। इस बात को स्पष्ट करने के लिए मैं तत्काल दूसरी बात कहूँ कि यह बहुत कुछ निर्भर करता है कवि पर। हर कवि चाहे फूल-पत्ती पर लिखे या प्रेम पर लिखे या अपने जीवन की विपन्नता पर लिखे या पुलिस ने उसको सताया हो उस पर लिखे; घटना चाहे जितनी छोटी हो, लेकिन अपने लिए अपने दौर को, युग को, उसके चरित्र को मोटे तौर से वह परिभाषित कर लेता है। स्पष्ट शब्दों में विवक्षित न करे, कम से कम उसके मन में धारणा रहती है और उसके तहत कहीं न कहीं छोटी-छोटी कविताएँ जुड़ती चली जाती हैं। उदाहरण के लिए, रघुवीर सहाय जी की कविताओं को क्रमशः देखा जा सकता है। आत्महत्या के विरुद्ध, हँसो-हँसो जल्दी हँसो, लोग भूल गए हैं–इस पूरे क्रम से आभास होता है कि क्रमशः कविता जिधर बढ़ रही है, वह है जनतंत्र का संकोच, एक बढ़ती हुई तानाशाही का खतरा और उसमें भी ऐसा डर कि जिस डर का पूरा-पूरा अहसास लोगों को न हो सके आदि-आदि। राजनीतिक व्यवस्था जो हमारे समूचे जीवन में दिखाई पड़ रही है, इस दुनिया का आभास उनसे होता है और लगता है कि कहीं इस भयावह या दहशत से भरी हुई दुनिया का एक नक्शा इस कवि के पास है जिसके तहत उसकी किसी भी विषय पर लिखी हुई कविता कहीं न कहीं उससे जुड़ती है, भले ही वह उसकी ओर स्पष्ट संकेत करे या न करे। मुक्तिबोध की कविता, उनकी समझ के अनुसार जैसी दुनिया थी, जैसा युग था, कहना चाहिए कि ज़माने का एक जो कैरेक्टर था उस रूप में उसे परिभाषित करती थी। मेरे मन में प्रश्न ही हैं, मैं कोई निर्णय इस पर नहीं देना चाहता कि इस दौर

के जो सार्थक कवि हैं, उनके पास इस अपनी दुनिया का क्या नक्शा है–जिस नक्शे के तहत वो कविता लिखते हैं? प्रायः इस दौर में भी वे कवि लिख रहे जो समर्थ कवि हैं, जो पहले से लिखते चले आ रहे हैं, मसलन कुँवर नारायण, या रघुवीर सहाय या केदारनाथ सिंह आज की दुनिया को जिस रूप में देखते हैं, उसके चरित्र की ओर स्पष्ट संकेत उनकी कविताओं के संकलन करते हैं। लेकिन इधर की कविता घोर अनुभववादी दुनिया की कविता है। वह अपने आसपास के परिवेश से बद्ध है–यदि नेमि जी यही कह रहे थे, जैसा कि मैंने समझा, तो मैं इससे सहमत हूँ। उस परिप्रेक्ष्य का केरेक्ट्राइजेशन जिस रूप में किया जाना चाहिए उस रूप में ये कवि नहीं कर रहे हैं। इसीलिए कविताएँ अच्छी-अच्छी तो लग रही हैं, लेकिन जिस अर्थ में उन्हें सार्थक या महत्वपूर्ण कहना चाहिए, वो नहीं हैं।

एक सवाल यह है कि जो अपने आसपास का वस्तुगत यथार्थ दिखाई पड़ता है, उसके साथ कवि का क्या रिश्ता है? किस हद तक वो कवि उस यथार्थ का दर्शक है, या केवल साक्षी है, या किस हद तक उसमें दखलंदाजी करता है या करने का हौसला रखता है, या उसमें हस्तक्षेप न कर पाने की भी विवशता अनुभव करता है? इसी के साथ यह कि इन सारी परिस्थितियों में अपनी प्रतिक्रिया व्यक्त करते समय वो खुद अपने आपको कितनी दूर तक उस कसौटी पर रखता है कि मैं ये हूँ। रघुवीर सहाय का नया संग्रह है–'लोग भूल गए हैं। उसकी भूमिका मुझे बहुत महत्वपूर्ण लगी। उसकी राजनीतिक कविताओं और गैर राजनीतिक कविताओं में भी, (जो जनता को सम्बोधित रही हों, जनता के पक्ष से बोलने वाली रही हों) एक विचित्र प्रकार का अहंकार रहा है। उस अहंकार के अनेक रूप रहे हैं। मुझे ऐसा लगा कि वह अहंकार सत्तर के आसपास लिखी जाने वाली कविताओं में, यहाँ तक कि धूमिल में भी दिखाई पड़ता है। लेकिन इधर के दौर की कविताओं में खासकर राजनीतिक भावापन्न कविताओं में वो अहंकार नहीं है। न जनता के पक्ष से बोलने वाला अहंकार, न जनता को जगाने और चुनौती देने वाला अहंकार, न व्यवस्था को चुनौती देने वाला अहंकार। उनमें एक अद्‌भुत विनयशीलता है जो अपनी सीमा की पहचान से पैदा हुई है। इसका प्रमाण मैं शरद बिल्लौरे की कविता से देना चाहूँगा। उसमें अपनी सीमा को स्वीकार करने के साथ ही ऐसी विनयशीलता है जो ज़्यादा सच्ची लगती है। फिर 'यथार्थ' शब्द का प्रयोग करूँ तो यथार्थ लगती है और यथार्थ को चित्रित करती है। इस, हस्तक्षेप करने की प्रवृत्ति से पैदा होने वाली कविताओं में एक और चीज़ दिखाई पड़ती है। रघुवीर सहाय जी के उस संग्रह में ही है, कि जन से या साधारण लोगों से, पहले के कवियों का, एक खास दौर के कवियों का कानूनी रिश्ता दिखाई पड़ता है जो आमतौर से वर्गीय सम्बन्धों के रूप में, मजदूर वर्ग से कवि के सम्बन्ध के रूप में, किसान वर्ग से कवि के सम्बन्ध के रूप में या मध्य वर्ग से

कवि के सम्बन्ध के रूप में कवि एक निश्चित विचारधारा या एक जीवनदृष्टि के कारण, एक खास प्रकार का रिश्ता बनता है, जो बड़ा ही औपचारिक रिश्ता भी है, लेकिन एक रिश्ता है, जिसके तहत आप लिखते हैं, सम्बोधित करते हैं, उसका पक्ष लेते हैं, उसके पक्ष की ओर से बोलते हैं आदि आदि। इसके विपरीत एक इन्सानी रिश्ता भी बनता है। एक कानूनी रिश्ता है और एक इन्सानी रिश्ता है। मैं केवल प्रश्न के रूप में रख रहा हूँ कि क्या ये परस्पर दो विरोधी धाराएँ या अवधारणाएँ हैं, जिनके तहत सोचा और विचार किया जा सकता है? और इन कविताओं को समझने में इससे कितनी सुविधा हो सकती है? मार्क्सवाद-आधुनिकतावाद, यथार्थवाद-रूमानियत, राजनीतिक आदर्शवाद-राजनीतिक यथार्थवाद, राजनीति की कविताएँ-जीवन की कविताएँ, विचारधारा की कविताएँ-अनुभव की कविताएँ आदि युग्मों को में रखकर देखने की जब कोशिश करता हूँ, तो मुझे लगता है कि दूर तक तो ये युग्म सहायक होते हैं, लेकिन अधिक सार्थक महत्वपूर्ण कविताएँ इन युग्मों को तोड़कर या इन से अलग हो करके कुछ सोचने के लिए चुनौती देती हैं। और मैं इसलिए कहूँगा कि इस सिलसिले में हम लोग, सम्पूर्ण कविता को जिस तरह राजनीतिक कविता और गैर राजनीतिक कविता के रूप में बँटवारा करके, सुविधा से समझने की कोशिश कर रहे हैं; भारी गड़बड़ी है। मुझे लगता है कि इस दौर की जितनी सार्थक कविताएँ हैं, एक गहरे अर्थ में सभी सार्थक कविताएँ हैं। वे सीधे राजनीति की ओर उनमुख न भी हों, एक गहरे अर्थ में वो राजनीतिक कविताएँ ही हैं। कौन-सी कविता है जो राजनीतिक कविता नहीं है? वैसे ही जिस तरह से सन् बीस से लेकर सन् छत्तीस तक की लिखी हुई कविताओं में हम आज इतने दिनों के बाद देखते हैं; उन दिनों अनुभव नहीं करते थे कि उस दौर की लिखी हुई जो घोषित रूप से राष्ट्रीय कविताएँ हैं, दरअसल उनसे ज़्यादा स्वाधीनता संग्राम की मूल चेतना को, उसकी भाव-संवेदना को वे कविताएँ व्यक्त करती थीं, जिन्हें आज हम छायावादी कहते हैं, उस दौर की रोमांटिक कविता कहते हैं। प्रसाद, निराला और पंत की रोमेंटिक कविताएँ स्वाधीनता आन्दोलन की या स्वाधीन भारत की मूल्य चेतना को कहीं ज़्यादा व्यक्त करती थीं। उनकी अपेक्षा जो मैथिलीशरण गुप्त, माखनलाल चतुर्वेदी, बालकृष्ण शर्मा 'नवीन' और दिनकर आदि की कविताएँ थीं जो फौरी तौर पर स्वाधीनता आन्दोलन की तात्कालिक घटनाओं की कविताएँ हो सकती हैं, लेकिन स्वाधीन भारत की मूल चेतना के गहरे संवेदनों को उतना व्यक्त नहीं करतीं, जितनी कि उस दौर की रोमांटिक कविता करती हैं।

मैं अब भी यह मानता हूँ, कि दरअसल पिछले चालीस बरसों की कविता एक प्रवाह और नैरन्तर्य के रूप में ही हमारे सामने अपनी तस्वीर बनाती हैं। भिन्न दौर जो दिखाई पड़ते हैं, दशक आदि, इनको आप लहर के रूप में ही ले सकते हैं। इन

तमाम कविताओं को जब भी हम समझेंगे तो अब भी जो सही परिवर्तन बिन्दु हैं, उसे हम किसी शब्द के अभाव में यथार्थ बोध ही कहेंगे। और इस यथार्थबोध से कौन-से आयाम, या कोण या दिशाएँ खुलती हैं, इन्हीं के द्वारा हम उसे परिभाषित कर सकेंगे और दूसरी कोई अवधारणा हमारे पास विकसित की हुई दिखाई नहीं पड़ती। भाषा की बात जब करते हैं तब भी यथार्थबोध ही आता है। इसीलिए यथार्थबोध भले ही न कहें, लेकिन इस यथार्थबोध की वास्तविकता के अलावा और दूसरी कोई अवधारणा नहीं दिखाई पड़ती है, जिसके द्वारा हम व्याख्या करें। जब इस दृष्टि से हम देखेंगे तब कदाचित् हमें उस भ्रम का भी समाधान मिल सके, जो भ्रम रघुवीर सहाय जी को हुआ (मुझे कम से कम वो विश्वसनीय नहीं लगता) कि इधर की कविता में किसी नए रोमानवाद का उभार दिखाई पड़ता है। मैं स्पष्ट कर दूँ कि यह भ्रम उसी प्रकार है जैसे कि 'दूसरा सप्तक' के बाद प्रभाकर माचवे को यह भ्रम हुआ था कि 'तार सप्तक' के बाद 'दूसरा सप्तक' एक नव रोमानवाद का, नई रूमानियत का उभार है। उसी तरह का भ्रम बाद में कुछ लोगों को हुआ, जब पहले की शुष्क बौद्धिकता के विपरीत भावावेश से युक्त, कल्पनाशीलता से युक्त 'दूसरा सप्तक' के बाद की 'नई कविता' आई और उन्हें लगा कि यह नव रोमानवाद है। लेकिन वस्तुतः वो यथार्थवाद का, यथार्थ का ही एक नया पहलू था, जो रूमानियत का आभास देता था। अगर यह न माना जाएगा तो बड़ी अध्यापकी सुविधा होगी कि रघुवीर सहाय की 'सीढ़ियों पर धूप में' को हम कहेंगे कि यह संग्रह नव रोमानवाद की झलक लिए हुए है, जबकि 'आत्महत्या के विरुद्ध' में घनघोर यथार्थवाद है। 'हँसो हँसो जल्दी हँसो' को तो शायद 'आत्महत्या के विरुद्ध' के क्रम में ये लोग यथार्थवाद मान लें और 'लोग भूल गए हैं' की कविताओं को देखकर कुछ लोग कहें कि इसमें भी नव रोमान की कुछ छौंक है। इसलिए यथार्थ के ही विभिन्न पहलुओं-पक्षों के रूप में यदि हम इसकी व्याख्या करेंगे तो शायद हम न्याय कर सकेंगे। रह-रह कर के हम लोग रूमानियत के ही नए रूपों को देखते चलेंगे तो वही होगा जैसा कि आपको याद होगा कि मुक्तिबोध में भी देखा गया था कि उनमें रूमानियत है, जब वे क्रान्ति का नया स्वप्न देखते हैं। 'अँधेरे में' कविता तक में लोगों ने कहा कि मुक्तिबोध तो रूमानी हो उठते हैं। मेरा खयाल है कि हम इस नव रोमानवाद या रूमानियत को छोड़ दें तो चालीस बरसों की लिखी हुई और इधर की कविता की हम ज़्यादा सही व्याख्या कर सकते हैं—वास्तविकता के अन्तर्गत ली हुई शब्दावलियों के द्वारा, न कि रूमानियत की शब्दावलियों के द्वारा। वरना दरवाजे पर खड़ा एक और शब्द है, जो शमशेर जी इस्तेमाल किया करते हैं और त्रिलोचन कभी-कभी प्रलोभन देते हैं कि इस्तेमाल किया जाए—इन कविताओं में कहीं-कहीं आपको क्लासिकी कसावट दिखाई पड़ने लगेगी। और फिर घूम फिर करके हम लोगों

को ये नव रोमानवाद निमंत्रण देगा, कि कुछ कविताओं में हम उस नव क्लासिकी संयम को, मर्यादा को आदि-आदि को देखें। तो कठिनाई होने लगेगी, नव रोमानवाद को लेने में। इसलिए एक अच्छा शब्द है कहानी और उपन्यासों की दुनिया में या नाटकों की दुनिया में, वही बेहतर है कि हम लोग रियलिटी प्रिंसिपल या यथार्थ का सिद्धान्त कहें। यथार्थबोध की जाति के और सगोतिया शब्दों के द्वारा इसकी व्याख्या करें, ऐसा मुझे लगता है।

['पूर्वग्रह का एक दशक' पूरा होने पर भारत भवन, भोपाल द्वारा आयोजित 'इधर की दुनिया इधर की कविता' शीर्षक संगोष्ठी में नेमिचन्द्र जैन, रघुवीर सहाय और कुँवर नारायण के पश्चात व्यक्त विचार। 'पूर्वग्रह का एक दशक' शीर्षक से प्रकाशित पूर्वग्रह के अंक में प्रकाशित]

कविता की लोकप्रियता का सवाल

ऐसा नहीं है कि बीसवीं सदी के आरम्भ में हिन्दी की जो अच्छी और श्रेष्ठ कविताएँ थीं, वे बहुत लोकप्रिय थीं और आज जो लिखी जा रही हैं, वे लोकप्रिय नहीं हैं। 1912-14 के आसपास सबसे लोकप्रिय कविता मैथिलीशरण गुप्त की 'भारत-भारती' थी, लेकिन वह उस समय की श्रेष्ठ कविता नहीं थी। स्वाधीनता के दौर में सबसे श्रेष्ठ कविताएँ पंत, प्रसाद, निराला की लिखी छायावादी कविताएँ थीं, लेकिन उनकी लोकप्रियता का प्रमाण नहीं मिलता। पत्र-पत्रिकाओं से तो यही पता चलता है कि छायावादी कविताओं का विरोध हो रहा था, क्योंकि वे समझ में नहीं आती थीं। राष्ट्रवादी कविताओं की दृष्टि से देखें, तो गुप्त जी की मशहूर कविता 'नीलाम्बर परिधान हरित पट पर सुन्दर है' की अपेक्षा प्रसाद की 'अरुण यह मधुमय देश हमारा' और 'हिमाद्रि तुंग शृंग से' की पहुँच बहुत सीमित थी। ये कविताएँ लोकप्रिय हुईं धीरे-धीरे, जब महाविद्यालयों और विश्वविद्यालयों में पढ़ाई जाने लगीं, शिक्षा का प्रसार बढ़ा और कवि-सम्मेलनों तथा रेडियो के माध्यम से बड़े जनसमुदाय तक पहुँचीं।

श्रेष्ठ कविताएँ कैसे लोकप्रिय होंगी, यह जनसंचार के माध्यमों और साक्षरता पर निर्भर है। हमारे जनसंचार के माध्यम नए बाजारवाद के चलते जितनी दिलचस्पी सतही और उपभोक्ता सामग्रियों के विज्ञापन तथा राजनीति में ले रहे हैं, उतनी साहित्य और कविता में तो ले नहीं रहे। दूसरी तरफ, साक्षरता की दृष्टि से हिन्दी भाषा-भाषी समाज सर्वाधिक पिछड़ा है। वैसे अन्य भारतीय भाषाओं, यथा–बांग्ला, गुजराती, मलयालम, कन्नड़, तमिल, पंजाबी आदि में भी कविताओं की स्थिति कमोबेश हिन्दी जैसी ही है। उर्दू की स्थिति थोड़ी बेहतर जरूर है, जिसमें ग़ज़लों के कैसेट वगैरह तैयार हो गए हैं, किन्तु नज़्म लिखने वाले वहाँ भी उतने लोकप्रिय नहीं हैं।

हालाँकि अमेरिका, रूस, जर्मनी, फ्रांस, ब्रिटेन आदि देशों में तो शत-प्रतिशत साक्षरता है और जनसंचार के माध्यम भी बहुत प्रभावशाली हैं, बावजूद इसके, ऐसा नहीं कि इन देशों के सामान्य जन अपने यहाँ की कविता खूब पढ़ते हों और याद रखते हों। दरअसल कविता हमेशा एक लम्बी परम्परा है और काव्य प्रेमियों का समुदाय या समाज अल्पसंख्यक होता है। शायद उसकी सर्जनात्मक की सुरक्षा भी

इसी में है कि कविता भीड़ और बाजार का पॉप म्यूजिक नहीं बन गई है। जिस दिन कविता अत्यधिक लोकप्रिय हो जाएगी, उस दिन उसका स्तर गिर जाएगा और अपनी महान काव्य-परम्परा से वह च्युत हो जाएगी। इसलिए कविता में ही कोई खामी है, यही रटते रहने की बजाय यह देखने की कोशिश हो कि समाज और सम्प्रेषण के साधनों में ही तो कोई खामी नहीं है।

देखा जाए तो अज्ञेय, मुक्तिबोध, रघुवीर सहाय, कुँवर नारायण, केदारनाथ सिंह आदि और बाद के कवियों ने काफी अच्छा साहित्य दिया है। जीवन के नए-नए अनुभवों की तलाश जारी है और अब तो भाषा भी आम बोलचाल के बहुत करीब आ गई है। अतः भाषा की दृष्टि से कोई कठिनाई नहीं है। कठिनाई है तो उस नए भाव-बोध और कविता लिखने के नए ढंग के बारे में। अब साठ-सत्तर साल बाद दिखाई देता है कि छायावादी कविताओं से भी परिचय प्राप्त करने में प्रबुद्ध पाठकों को चालीस-पचास साल लगे। कोई कविता तत्काल अधिकांश लोगों तक पहुँच जाए, यह नहीं होता।

यह शिकायत सही है कि आज की कविता ने लय और छन्द का परित्याग कर दिया है, जिसकी वजह से वह जुबान पर नहीं चढ़ पाती। स्वयं कुछ कवि भी इसे महसूस करने लगे हैं। इधर एक बहुत ही युवा कवि अष्टभुजा शुक्ल ने बिलकुल कबीर के अन्दाज में पद लिखे हैं। अरुण कमल, राजेश जोशी, उदय प्रकाश आदि ने भी छन्दों को फिर से अंगीकार करने की पहल की है। इन सबके बावजूद कविता अगर आम जन तक नहीं पहुँचती तो कवियों को दोष देने की बजाय हमें जनता को शिक्षित करना पड़ेगा और उसमें अपनी भाषा, उसमें लिखे साहित्य और अच्छी कविताओं से प्यार करना सिखाना होगा।

[आजकल, फरवरी, 2000]

खंड-2

कालजयी परम्परा का प्रश्न और हिन्दी उपन्यास

उर्मिला शिरीष ने 'क्लासिक्स' के लिए जो 'कालजयी' शब्द गढ़ा है, बहुत ही सार्थक है। शमशेर जी ने बहुत पहले ही कहा था—'काल तुझसे होड़ है मेरी'। हर कथाकार की, रचनाकार की या कहिए सर्जक की होड़ काल से होती है। अपनी ही परम्परा से एक दूसरी पंक्ति भी याद की जानी चाहिए और वह कबीर की पंक्ति है—'कहै कबीर सुई सन्त जन सूरमा, काल निचोर के अमृत पीए।' यह जय-विजय का सवाल नहीं है। मरणधर्मा मनुष्य काल को क्या जीतेगा? सूरमा ही काल को निचोड़ सकता है। काल निचोड़कर अमृत पीता है और पिलाता है, यह हमारी परिकल्पना रही है।

विज्ञान में काल पर कई लोगों ने बहुत विस्तार से कहा है, लेकिन कालजयी साहित्य की परम्परा की चर्चा—मुझे याद नहीं है कि हिन्दी में कभी इस पर गम्भीरता से पिछले दशकों में विचार हुआ हो। 50 के दशक में, मुझे याद है, हिन्दी में अकेले एक चिन्तक थे, जो जब भी कोई गोष्ठी होती थी तो वे क्लासिक्स की चर्चा करते थे। उन्हें लोग भूल गए हैं। डॉ. देवराज। 'साहित्य चिन्ता' पुस्तक में अक्सर वो क्लासिक्स की चर्चा करते थे। एक अरसे से हम लोग अब जो तात्कालिक साहित्य है, नवीनतम साहित्य है, उसी की चर्चा करते हैं। कालजयी की चर्चा हिन्दी में सुनाई नहीं पड़ती है।

आमतौर से युगान्त के बाद क्लासिक्स की चर्चा होती है। अंग्रेज़ी साहित्य में, जब रोमेंटिक उत्थान हुआ तो उसके बरक्स तुरन्त क्लासिक्स की चर्चा की गई। डॉ. जॉनसन ने की, फिर मैथ्यू अर्नाल्ड ने बड़े विस्तार से इस पर चर्चा की और आगे चलकर जब मॉडनर्निज़्म शुरू हुआ और आधुनिक कविता शुरू हुई तो टी.एस. इलियट ने 1945 में 'व्हॉट इज ए क्लासिक' नाम का लेख लिखा। हमारे यहाँ यद्यपि इस रूप में ज़िक्र नहीं किया गया है, लेकिन हमारे आचार्य रामचन्द्र शुक्ल जब इतिहास लिख रहे थे तो ठेठ छायावाद शुरू हो चुका था और उस दौर में इस सन्दर्भ में उन्होंने बिना कहे हुए तुलसी पर, सूर पर, जायसी पर जो लिखा, तो यह लिखकर वे छायावादियों को ये बताना चाहते थे कि इस समय जो छायावाद में लोग कर रहे

हैं, मध्यकाल में घनानन्द यह काम कर चुके हैं। इसलिए युगान्त के बाद कालजयी की चर्चा शुरू होती है।

पहली बार संस्कृत साहित्य में आनन्दवर्धन ने, जो 900 ईस्वी के आसपास हुए हैं, किसी कवि का नाम लिया। उन्होंने कालिदास का नाम लेकर के कहा कि महाकवि तो दो, तीन या पाँच हैं। वो भी बहुत निश्चित नहीं थे। छठी कारिका पर जो वार्तिक लिखी है, मैं पढ़ देता हूँ–'येन अस्मिन् अति विचित्र कवि परम्परा वाहिनी संसारे कालिदास प्रभृतियोः द्वि त्रय, पंचसः व महाकवे इति गण्यन्ते'–अब आप लोगों को लगेगा कि इसमें वाल्मीकि और व्यास का जिक्र तो है नहीं। वाल्मीकि और व्यास महाकवि नहीं हैं, वे ऋषि और मुनि हैं। इसीलिए वहाँ भी कवियों की चर्चा में उनका नाम नहीं है। वाल्मीकि को आदिकवि कह देते हैं, लेकिन महाकवि कालिदास ही कहे जाते हैं। इसलिए क्लासिक्स की चर्चा करते समय अंग्रेज़ी परम्परा में तो होमर का नाम लिया जाएगा। हमारे यहाँ व्यास की कृति 'महाभारत' को तो काव्य कहते भी नहीं हैं। उसको तो इतिहास कहते हैं। काव्य तो वाल्मीकि का 'रामायण' है और 'आदिकवि' उन्हें कहते हैं लेकिन आमतौर से उनको हम मुनि या ऋषि कह करके याद करते हैं। कवि की कोटि में हम नहीं रखते। इसलिए आनन्दवर्धन ने जब कहा कि–'कालिदास प्रभृतियोः', नाम आगे लिया नहीं था, दो, तीन, या पाँच कहा था। 900 ईस्वी तक वे कौन से कवि रहे होंगे? ये संस्कृत के आचार्यों को विचार करना चाहिए कि कालिदास के बाद दूसरा कौन है, तीसरा कौन है, चौथा और पाँचवा कौन है? मेरा खयाल है, यह पण्डितों के कौतहुल और कौतुक का विषय है। मैं अपनी ओर से इस पर कोई टिप्पणी न करके कहना चाहता हूँ कि यह सही है कि 900 ईस्वी के पहले अनेक बड़े कवि हो चुके थे। भवभूति हो चुके थे, भास और भारवि हो चुके थे, अश्वघोष हो चुके थे, बाणभट्ट हो चुके थे, माघ हो चुके थे। इसके बाद एक ही कवि हुए, बड़ा कवि जिनको कहते हैं, 'नैषध चरित्र' के लेखक और संस्कृत के अन्तिम बड़े कवि, वे शाहजहाँ के ज़माने के पंडितराज जगन्नाथ।

कथा-साहित्य की हमारी परम्परा बहुत छोटी है। इसलिए इस छोटी परम्परा के कथा-साहित्य में कालजयी परम्परा का निर्णय करते समय ध्यान रखिए कि कथा-समालोचना अभी बहुत गम्भीर और प्रौढ़ नहीं हुई है। उसकी तुलना में हमारी काव्य-चर्चा और काव्य-समीक्षा अधिक समृद्ध है। उसके पीछे एक गहरी और लम्बी परम्परा है। इधर मैं इसका दोषी ठहराया जाता हूँ कि कथा की समीक्षा में भी कविता का हवाला देता हूँ, लेकिन मेरा सोचना है कि साहित्य के ही ये दोनों ही अभिन्न अंग हैं, परस्पर एक ही चिन्ता धाराएँ हैं। यदि आप दर्शन की मदद ले सकते हैं, समाजशास्त्र की ले सकते हैं, तो साहित्य के परिवार की दो अलग-अलग

विधाएँ भी एक-दूसरे से सीख सकती हैं, चिन्तन के धरातल पर, रचना के धरातल पर। सीखें न सीखें, यह रचनाकारों की ज़िम्मेदारी है, मैं इसमें दखल नहीं देता।

एक कालजयी कविता का निर्णय करने के लिए काव्य के क्षेत्र में जो कुछ लक्षण, कुछ प्रतिमान बनाए गए हैं, कथा-साहित्य की चर्चा करते समय भी आप उनका उपयोग कर सकते हैं। जरूरी नहीं है कि आप उन पर निर्भर हों। टी.एस. इलियट की 'व्हॉट इज ए क्लासिक' पुस्तक जब आई (1944 में या 1945 में) तो डी.एच. लॉरेन्स जैसे कथाकार ने एक टिप्पणी की। उस टिप्पणी की ओर ध्यान आपका जाना चाहिए। उनके पत्रों में वह टिप्पणी आई है। उसने एक बहुत अद्‌भुत शब्द दिया है—'क्लासियोसिटी'। 'क्लासियोसिटी इज बंकम एंड स्टील मोर कवर्डिस।'—यह डी.एच. लॉरेन्स ने इलियट पर टिप्पणी की थी। यह क्लासियोसिटी माने क्लासिकपना, ये बंकम है, यह कायरता है। कवर्डिस प्रयोग किया है। टी.एस. इलियट ने 'व्हॉट इज ए क्लासिक' में वर्जिल पर पूरा लेख लिखा है। होमर नहीं, ओडिसी नहीं, वर्जिल। याद रखिए कि क्लासिक्स का गुणगान करनेवाला टी.एस. इलियट क्रिश्चिएनिटी और क्रिश्चियन समाज की परिकल्पना कर रहा था। राजनीति के सन्दर्भ में उसने कहा था कि वो डेमोक्रेसी से भी नफरत करता था। लोकतन्त्र के विरुद्ध मोनार्की का समर्थन करनेवाला था। धर्म के मामले में वह क्रिश्चियन सोसायटी को यूटोपिया समझता था। यह वही टी.एस. इलियट हैं, जिनके बारे में आगे चलकर लोग कहते हैं कि हिटलर और मुसोलिनी के साथ उसकी सहानुभूति थी और वह फासिज़्म के साथ था। इसलिए डी.एच. लॉरेन्स कह रहा था कि 'दिस इज बंकम एंड कवर्डिस'। क्लासिक्स का नाम लेनेवाले लोग आमतौर से परम्परावादी या रुढ़िवादी या कंज़रवेटिव विचारों के होते हैं, अनुदार हुआ करते हैं और डी.एच. लॉरेन्स उन्हीं चीज़ों के खिलाफ अपना उपन्यास लिख रहा था। स्त्री-पुरुष सम्बन्धों के बारे में, नस्ल के सवाल पर, इसलिए उसने इलियट को बंकम कहा, जो 'व्हॉट इज ए क्लासिक' में वर्जिल की हिमायत कर रहा था, होमर की नहीं कर रहा था, ओडिसी की नहीं कर रहा था।

आज हम लोग जब कालजयी की चर्चा कर रहे हैं तो कालजयी रवीन्द्रनाथ की कविता संयोग से याद आ गई। बाद की कविताओं में रवीन्द्रनाथ ने लिखा कि—

कालेर धाये सोई तो मरे थाकते जी चाहे अचल होए
मानेर जारा चालेर धारा, नित्य थाके नूतन तारा।

नई प्रतिभाओं का स्वागत करते हुए उन्होंने कहा कि काल के आघात से तो वही मरता है, जो काल के आघात के सम्मुख अचल होना चाहता है। जो रहना चाहता

है, वो मरता है और जो काल के आघात के साथ, धारा के साथ, जो धारा को चलता हुआ प्रवाह मानता है, वो नित्य नया होता है। इसलिए काल-काल कहने से काम नहीं चलेगा। आप काल को गतिशील धारा मानते हैं या काल को आप चक्राकार मानते हैं, इससे कालजयी कृति का मूल्यांकन निर्धारित होता है। और मुझे देखकर आश्चर्य हुआ कि हिन्दी में चक्राकार काल होता है। हमारी पुरानी परम्परा में काल को चक्राकार माना गया है। एक युग था जब दिन, दिन के बाद रात, सुबह के बाद शाम, चक्र के रूप में चलता था। ऋतुओं का चक्र होता है। इस चक्र को देखने के कारण सम्भव है कि हमारे यहाँ लोगों ने काल को चक्राकार काल माना हो, लेकिन क्या आर्यभट्ट भी यही मानते थे? हमारे वैज्ञानिक भास्कराचार्य भी मानते थे? लोक का उदाहरण देकर और ऋतु परिवर्तन और वर्ष परिवर्तन के आधार पर क्या काल को हम भी चक्राकार मानते हैं? मैं इसलिए कह रहा हूँ कि हिन्दी में बहस होनी चाहिए।

दो ही आदमियों ने हमारे यहाँ काल के चक्राकार होने की परम्परा को इस युग में पुनः प्रतिष्ठित करने का प्रयास किया। अज्ञेय ने और दूसरे उनके साथ पिछलग्गू लगे हुए विद्यानिवास मिश्र ने। वे भूल गए कि आज का विज्ञान, काल को किस बड़े पैमाने पर देखता है, वृत्ताकार के रूप में नहीं मानता, बल्कि यूनीवर्स स्वयं वृत्ताकार नहीं है। वैसा चक्र नहीं है। इसलिए आईंस्टीन और बाकी लोगों को पढ़ने पर लगेगा कि ठीक-ठीक वही परिकल्पना नहीं है, जिसे प्राचीन भारत में एक समय हम लोगों ने चक्र के रूप में माना था। और चक्राकार गति यदि आप मानते हैं तो नवीनता की, नवीन सृजन की परिकल्पना में हम लोग कालिदास को ही पुनरावृत्त कर रहे हैं। क्या हम तुलसीदास की नकल कर रहे हैं? एक ऐसा समय आता है, जब काल ठहरा हुआ-सा प्रतीत होता है। इसलिए रीतिकाल ने बहुत कुछ नया नहीं किया भाषा के बारे में, जो भक्तों ने और सन्तों ने उसे तोड़ के कर दिया था।

हमारी परम्परा में कथा-साहित्य की कालजयी कृतियों की चर्चा करें तो हम लोक की परम्परा न भूलें, वह जिसकी ओर भाई कपिल तिवारी याद दिला रहे थे। सच पूछिए तो लोक परम्परा मुख्यतः कथा की परम्परा रही है और उस कथा परम्परा में कायदे से पूछिए तो ब्राह्मण परम्परा से ज़्यादा गद्य में कथा लिखने की परम्परा 'श्रमण परम्परा' है। जातक, बौद्ध परम्परा में लिखे गए हैं और वो छोटी-छोटी कहानियाँ मिलकर के एक कथा का क्रम पैदा करते हैं, वो उपन्यास हैं। आगे चलकर जैनों ने तो कथाएँ ही लिखी हैं। संस्कृत परम्परा में 'दशकुमार चरित' और उसका लेखक दण्डी अपने काव्य-सिद्धान्त की मान्यताओं में भी सबसे अलग था। और फिर बाणभट्ट। मैं इसलिए कह रहा हूँ कि हिन्दी में काव्य परम्परा एक है और उसके समानान्तर जो कथा की परम्परा है, वो कथा परम्परा तब से लेकर के हिन्दी में भी

चली आई है। अधिकांश महत्वपूर्ण कथाकार ऐसे हैं जो कवि नहीं थे, होना भी नहीं चाहते थे। कुछ ऐसे हुए जो कविता भी लिखते थे, उपन्यास भी लिखा। अच्छा उपन्यास लिखा और अच्छी कविता लिखी।

लेकिन चूँकि परम्परा का प्रयोग आपने एकवचन के रूप में किया है और एक अरसे से यह मेरी धारणा है कि हमारी यह विशाल परम्परा इकहरी नहीं है। जैसे यह देश इकहरा नहीं है, उसी तरह से परम्परा इकहरी नहीं है, बल्कि अनेक परम्पराएँ हमारी हैं और यही हमारी समृद्धि का सूचक है, बहुलता का सूचक है। यह 'अन्धै-अन्धा ठेलिया' वाला देश नहीं रहा है, बल्कि इतने स्वतंत्र विचारों का देश था कि भिन्न-भिन्न परम्पराएँ बनती-चलती रही हैं। इसलिए आप हिन्दी साहित्य की एक परम्परा, कथा-साहित्य की भी एक परम्परा लेकर अगर चलेंगे तो मैं समझता हूँ कि वो परम्परा बड़ी इकहरी, एकांगी और मेरा खयाल है कि अपूर्ण होगी।

आलोचना का काम है जोखिम उठाना। तो कभी-कभी जोखिम भी उठाना चाहिए। बगैर जोखिम उठाए भी यदि छह उपन्यासों का नाम लेना हो हिन्दी की अपनी परम्परा में, तो भारतीय परम्परा में वो कितने टिकेंगे मैं नहीं कह सकता, क्योंकि विशाल भारतीय साहित्य की परम्परा समृद्ध है, कथा-साहित्य की, उपन्यासों की, उड़िया की, बांग्ला की, उर्दू की। 'उमराव जान अदा' जिस समय लिखा गया था, 'फ़सान-ए-आज़ाद' जब लिखा गया था, हिन्दी में उस समय कोई वैसा उपन्यास नहीं लिखा गया था। उड़िया में 'फकीरमोहन सेनापति' जैसा उपन्यास बांग्ला में भी नहीं लिखा गया था। मराठी है, गुजराती है। मलयालम में अद्भुत परम्परा है। इसलिए भारतीय साहित्य को आप छोड़ भी दें तो भी हिन्दी में उपन्यास की कालजयी परम्परा का निर्णय करते समय यह स्पष्ट होना चाहिए कि कालजयी क्या है? ये किसी एक आदमी के और बहुत मौलिक बनने के उसके फितूर नहीं हैं। दिमागी, बल्कि सोचने-विचारने वाला पूरा सहृदय समाज किसी जाति के भाषा-भाषी समुदाय के बीच वाद-विवाद–संवाद के द्वारा होते-होते हम लोग एक निर्णय पर पहुँचते हैं और तब माना जाता है कि यह कालजयी है–जैसे कि हम धड़ल्ले से संस्कृत किताबों का नाम ले लेते हैं। और एक पूर्वनिर्मित राय को ही बार-बार दोहराते रहना कालजयी रचनाओं के लिए भी उचित नहीं है, वो केनन टूटता भी है। ज़रूरत पड़ती है तो तोड़ा भी जाता है। युग के अनुसार।

हिन्दी के पाँच कालजयी उपन्यास। 'गोदान', 'त्यागपत्र', 'शेखर : एक जीवनी', 'बाणभट्ट की आत्मकथा' और 'मैला आँचल' हैं। निर्विवाद रूप से छठवीं किताब, जिसका नाम, मैंने कहा एक प्रश्नचिह्न के साथ, लेकिन लूँगा–'नौकर की कमीज'। विनोद कुमार शुक्ल की 'नौकर की कमीज़'। चूँकि अभी उतना समय नहीं बीता है,

इसलिए। लेकिन पाँच पुस्तकें निश्चित रूप से, वो कालजयी कृतियाँ हैं, जो चिन्तन, मनन के दौरान बनी हैं और इन्ही कृतियों में देखेंगे कि दो क्या, तीन परम्पराएँ दिखाई पड़ती हैं। 'गोदान', 'मैला आँचल' जिस परम्परा के हैं 'त्यागपत्र' और 'शेखर : एक जीवनी' उसी परम्परा के नहीं हैं, रूपाकार की दृष्टि से, जीवनदृष्टि की दृष्टि से। जिस जीवन को लिया है और जो ढाँचा है, जो सभी उपन्यास को एक नए रूप में प्रस्तुत करते हैं। 'गोदान', 'मैला आँचल' एक परम्परा में होते हुए भी एक नहीं हैं, बहुत-सी बातों में। उसी तरह से 'त्यागपत्र' और 'शेखर : एक जीवनी' एक तरह के नहीं हैं। और इन सबसे अलग है–'बाणभट्ट की आत्मकथा'। दोनों में से किसी कोटि में इसलिए नहीं कि दोनों अलग हैं। 'गोदान' और 'मैला आँचल', 'त्यागपत्र' और 'शेखर : एक जीवनी', एक ग्रामीण जीवन का है, दूसरा शहरी। ये बड़ी मोटी कसौटी होगी। क्लासिक्स का निर्णय करते समय हम इन मोटी कसौटियों को छोड़कर और गहराइयों में जाएँ। अपनी नैतिक दृष्टि में मनुष्य को देखने की जो दृष्टि है और जिस तरह उसका गठन विन्यास रचते हैं, भाषा की दृष्टि से, कला की दृष्टि से–हर तरह से कुल मिलाकर के देखेंगे तब लगेगा कि ये पाँच उपन्यास कालजयी हैं। अब भी एक आम राय जैसे हिन्दी जगत में है।

जब हम विचार करते हैं कि कालजयी कौन है तो एक तरह से निकष का भी सवाल उठता है, केनन का भी सवाल है; और केनन कई तरह के बनाए जा सकते हैं। अजीब बात है कि यह बहस कुछ देर पहले अमेरिका में स्टेनफर्ड से शुरू हुई और हेरल्ड ब्लूम ने शुरू की। लम्बी बहस। अमेरिका में लगभग दो दशक तक केनन सम्बन्धी बहस हुई थी और हेरल्ड ब्लूम ने 'वेस्टर्न केनन' नाम की एक किताब भी लिखी है। लायब्रेरी में यहाँ आ गई है, मिलती है। केनन पर बहस इसलिए कि शिक्षा संस्थाओं में हम क्या पढ़ाएँ? अमेरिका में इससे केनन की बहस शुरू हुई और ये हुआ कि क्या हम केवल एंग्लो अमेरिकन साहित्य ही पढ़ाएँ या यूरोपियन साहित्य भी पढ़ाएँ? लेकिन फिर बहस आई कि क्या केवल हम वेस्टर्न लिटरचेर ही, पाश्चात्य साहित्य ही पढ़ाएँ या अफ्रीका में, चीन में, जापान में, भारत में जो लिखा गया है, अगर श्रेष्ठ साहित्य हो तो उसे भी पढ़ाएँ या न पढ़ाएँ? अमेरिका में ब्लैक लोगों ने शुरू किया था और कुछ लोग जो एशिया के रहने वाले थे, उन लोगों ने शुरू किया, कहा कि–केवल वेस्टर्न केनन ही केनन नहीं है। विश्व साहित्य का जब नाम लेते हो तो बहुत-सी श्रेष्ठ रचनाएँ यूरोप से यानी पश्चिम से बाहर पूर्व में लिखी गई हैं। दक्षिण में लिखी गई हैं, उनको भी लेना पड़ेगा। और जब फेमिनिस्ट आन्दोलन चला तब उसने केनन में बिलकुल ही पलीता लगा दिया और कहा कि तुम पुरुष प्रधान साहित्य का केनन बना रहे हो, स्त्रियों को गौण समझ करके, इसलिए वो केनन

हमारा हो नहीं सकता है। वेस्टर्न केनन भी दो टुकड़ों में बँटा हुआ है—एक स्त्रीवादी, दूसरा स्त्रीविरोधी। एक स्त्रीविद्वेषी केनन है और दूसरा जहाँ स्त्रियाँ पहल करती हैं और मानती हैं। मैंने इसका ज़िक्र इसलिए छेड़ दिया कि कालजयी रचनाओं का निर्णय करना बहुत आसान नहीं है। आज के इस द्वन्द्व के और संघर्ष के और संक्रमणशील दौर में गुजरते हुए हम नए सिरे से इस कालजयी साहित्य की रचना करें। यह प्रश्न इतना सरल और फतवेवाला नहीं है। अभी दलित कहेंगे कि दलित साहित्य को अपने केनन में शामिल करो। कहना शुरू कर दिया है लोगों ने। इलियट का 'ह्वाट इज ए क्लासिक' को जरूर ध्यान से पढ़िए। इलियट खुद कहता है कि क्या, कौन क्लासिक है, कौन नहीं है, यह एक राजनीतिक सवाल है और गैर साहित्यिक आधारों पर इसका निर्णय किया जाता है। यह खुद इलियट ने कहा है और इसलिए आमतौर से जो प्रतिष्ठान के या सत्ताधारी लोग हैं, उस वर्ग की रचनाओं को क्लासिक मान लिया जाता है और जो प्रतिरोध का साहित्य हुआ करता है, प्रोस्टेट का साहित्य हुआ करता है, उसको आमतौर से हम केनन से बाहर रखते हैं, यह इलियट कहता है। इसलिए मैंने कहा कि, डी.एच. लॉरेन्स ने कहा था ये सारा का सारा बंकम है।

इलियट ने जो कसौटियाँ बनाई हैं, उनका गहरा सम्बन्ध नेशनलिटी से है। कोई कालजयी रचना किसी समूची भाषा-भाषी जाति का प्रतिनिधित्व करती है, जिस तरह भारत वाले 'महाभारत' का नाम लेते हैं, यूरोप वाले 'ओडिसी' का नाम लेते हैं। ओडिसी इसलिए नहीं कि एक महान लम्बा एपिक है, बल्कि वह एक राष्ट्र की आत्मा, चेतना, उसकी जाति का निर्माण करता है। अब यह गैर साहित्यिक मानदंड हो गया। एक ग्रंथ सिविलाइजेशन, एक सभ्यता का प्रवक्ता हुआ करता है, प्रतिनिधि होता है। आप कहेंगे, सभ्यता साहित्यिक शब्द तो नहीं है। यही नहीं, बल्कि उन्होंने जिन शब्दों का प्रयोग किया है—'मैच्योरिटी' अर्थात् परिपक्वता। कोई परिपक्व मस्तिष्क, परिपक्व जाति, विकास के क्रम में कोई जाति यदि एक निश्चित परिपक्व युग तक पहुँचती है, तब जाकर के उसकी कोई रचना उसका प्रवक्ता होती है, तब लिखी जाती है। महाभारत वैदिककाल में नहीं लिखा गया था, न सम्भव हुआ था, क्योंकि सभ्यता की शुरुआत थी। उपनिषद् विचारों में परिपक्व हुआ होगा; काव्य में, सभ्यता में नहीं हुआ था। धीरे-धीरे वर्णों के विभाजन के द्वारा खेती-बारी शुरू हुई, उद्योग का विकास हुआ, विज्ञान का विकास हुआ। धीरे-धीरे। महाभारत को पढ़ते समय लगता है, महाभारत में जिस गम्भीरता के साथ धर्म पर विचार किया गया है और धर्म के विविध रूपों को, बल्कि कहना चाहता हूँ कि अधर्म पर जो अपवाद होता है—जैसी गम्भीर चर्चा द्रौपदी के चीरहरण के समय कौरव सभा में होती है, बड़ा उस तरह से, गहराई से अधर्म पर विचार किया हुआ

है। आपको दर्शन मिलेगा उपनिषदों में, लेकिन भीष्म ने कहा है, आसान नहीं है उत्तर देना। यह कह दें कि अधर्म है, इसलिए वह अधिक प्रौढ़ सभ्यता थी। आगे चलकर कालिदास में 'अभिज्ञानशाकुन्तल' को जब पढ़ते हैं तो लगता है कि कालिदास जिस तरह राजा का अपराध-बोध उभारते हैं, बाद में फिर सबके सामने क्षमा-याचना करवाते हैं, ऐसी कोई घटना महाभारत में नहीं हुई। महाभारत की 'शकुन्तला' और कालिदास के 'अभिज्ञानशाकुन्तल' को पढ़ें तब अन्तर का पता लगेगा। लगभग एक हज़ार वर्ष के बाद 'हम लोग तो उन प्रणयी लोगों में हैं, जो एक बार प्यार करके छोड़ दिया करते हैं' राजा कहता है। यह बात महाभारत में कोई नहीं कह सकता था। सभ्यता का विकास इतनी दूर तक हुआ था कि अन्तर्द्वन्द्व की, अन्तर्संघर्ष और उसके समाधान की विधि श्राप के द्वारा करवाई गई है, जिस पर बहुत विचार किया गया है।

इसलिए मित्रो! जब किसी भाषा में कोई महान रचना, कालजयी रचना होती है तो उस भाषा का विकास बहुत हो चुका होता है। कालिदास के समय संस्कृत जैसी हो गई थी, उसके पहले वैसी नहीं थी। वाल्मीकि व्याकरण की भूलें करते हैं, अपाणिनाय प्रयोग करते हैं—मानसात् प्रतिष्ठान त्योधमा सास्ति समान् मा आगमा—प्रयोग करते हैं, जो कि नहीं होना चाहिए। कच्ची संस्कृत है वाल्मीकि की। कालिदास के यहाँ भाषा प्रौढ़ होती है और उस प्रौढ़ भाषा की समस्त सृजनात्मकता, सम्भावनाओं को निचोड़ करके कवि काव्य रचता है। जायसी की कविता काफी कच्ची है। बड़ी मीठी भी लगती है, लेकिन तुलसी की कविता को भी आप देखें, उसमें भागवत की गूँज भी मिलेगी, वाल्मीकि की गूँज भी मिलेगी, कालिदास की गूँज भी मिलेगी और आप देखें तो वह जायसी की कविता से अधिक परिपक्व, प्रौढ़ और गठी हुई कविता है। इसलिए जो कालजयी कृतियाँ होती हैं, भाषा के विकास की उस मंजिल पर होती हैं और फिर भाषा की समस्त सृजनात्मक सम्भावनाओं का उपयोग करके होती हैं और उसका रचनाकार जो होता है, वह भी परिपक्व मानस का व्यक्ति होता है। मानस, मैंने कहा, जिसमें हृदय और बुद्धि, दोनों शामिल हों। गहराई, संवेदना और उच्च कोटि का विचार जैसा ध्वनित होता है और टिकाऊ होता है, यह चीज़ मेरा खयाल है कि कथा साहित्य की परम्परा निर्धारित करते समय खयाल में रखनी चाहिए। एक तो यह है कि आज भी हमारे कथा साहित्य में हमारी परम्परा नहीं परम्पराएँ हैं और फिर उन परम्पराओं का निरूपण करते समय, विचार करते समय, इलियट का एक वाक्य ध्यान में रखें—''एवरी ग्रेट वर्क ऑफ पोएट्री ट्रेंड टू मेक इम्पॉसिबल दि प्रोडक्शन ऑफ इक्वली ग्रेट वर्क ऑफ दि सेम काइंड।'' हर महान कृति लगभग उसी भाषा में दूसरी महान कृति को असम्भव बनाती है, इसलिए कालजयी कृति हलुआ नहीं है कि गप से खा जाएँ और दूसरा महान काव्य आप

लिख दें और जो नहीं मानता और नहीं समझता इसे, उसकी गति वही होती है जो हमारे राष्ट्रकवि मैथिलीशरण गुप्त की 'साकेत' लिखते हुए हुई। तुलसीदास के बाद रामकथा लिखो तो 'साकेत' ही होगा। अपाठ्य और अपठनीय होगा। अंशों में कहीं-कहीं कुछ गीत अच्छे मिल जाएँगे। इसलिए हर कालजयी कृति अपने बाद आनेवाली किसी महान कृति को असम्भव बना देती है और दूसरी कालजयी कृति वही होती है, जो इस असम्भव को सम्भव करके दिखाती है, और उसका तरीका बताती है।

[महारानी लक्ष्मीबाई महाविद्यालय, भोपाल में अक्टूबर, 2004 में आयोजित राष्ट्रीय संगोष्ठी का उद्घाटन वक्तव्य। वसुधा, अंक-63, जनवरी, 2005 में प्रकाशित]

हिन्दी कहानी की एक सदी

[1]

कभी मैंने यह कहा था कि कहानी एक छापामार लड़ाई है और छापामार लड़ाई उन मुल्कों ने और उन कौमों ने बेहतर तरीके से की, जिन्हें हाशिये पर डाल दिया गया था। इस लिहाज से पिछली दो सदियों में दो मुल्क बहुत महत्वपूर्ण थे। एक ज़ार के ज़माने का रूस, जहाँ कोई लोकतान्त्रिक संघर्ष करने का अवसर नहीं था, ज़ार के आतंक के कारण। तब गोगोल के 'ओवरकोट' से कहानी निकली थी और रूसी कहानी की एक खास पहचान बनी थी। आगे चलकर जिस परम्परा की कहानी की बेहतरीन मिसाल टॉलस्टॉय और चेखव की कहानियों ने कायम की। और फिर मैक्सिम गोर्की। दुनिया में कहानियों के इतिहास में रूसी कहानी एक अपनी पहचान बनाती है। अब भी चेखव का वह चरित्र लोगों को नहीं भूलता। वह इक्केवान, जिसका बेटा मर गया था और दिन भर इक्का जोतता रहा और वह कुछ कहना चाहता था। सवारियाँ जाने की हड़बड़ी में रहती थीं। उसे उनको एक जगह से दूसरी जगह तक पहुँचाना था। इक्केवान के दर्द के लिए उनके पास समय नहीं था। आखिर में दिन भर का थका-माँदा इक्केवान अपनी घोड़ी के गले में हाथ डालकर कहता है (और कोई नहीं सुन रहा है)–'तुम समझ रही हो मेरा बेटा मर गया है!', 'दुख' नाम की वह कहानी थी। उस ज़माने में रूस यूरोप के हाशिए पर था। आज फिर हाशिए पर पहुँच गया है। मुझे लगता है कि और कुछ हो न हो; गोगोल, टॉलस्टॉय, चेखव, गोर्की का रूस फिर कहानी लिख रहा होगा। अपने इस पराजित दौर की कहानी। इसी तरह हाशिए पर एक और मुल्क था चीन। वहाँ लूशुन जैसा कहानीकार पैदा हुआ। 'एक पागल की डायरी' जिसने लिखी थी। पढ़ी होगी–आंङ क्यू की सच्ची कहानी। अमर कहानी है। जब भी कहानियों का संकलन होगा तो उसमें 'आंङ क्यू' या 'पागल की डायरी' जरूर होगी। चीन भी हाशिए पर पड़ा हुआ था, क्योंकि तीसरी दुनिया के देशों में था। एक अजीब बात है कि उस समय उन्नीसवीं सदी में, जो अमेरिका इंग्लैंड का उपनिवेश था और जिसने लड़कर आजादी पाई थी, जफ्र्सन वगैरह ने मिलकर नया अमेरिका बनाया था। जब वह एक अलग

हाशिए पर पड़ा हुआ था, तब वहाँ एलगर एलेन पो, शेरवुड एंडरसन और कहानियों का सरताज हेमिंग्वे हुआ था।

इंग्लैंड अपनी कहानियों के लिए नहीं जाना जाता है। इंग्लैंड अपने कुछ उपन्यासों के लिए जाना जाता है। इंग्लैंड में कोई कहानीकार नहीं पैदा हुआ। जो अच्छे कहानीकार हुए, जैसे डब्लिनर्स नाम की कहानी का लेखक जेम्स ज्वायस, वह यूलिसेस का लेखक नहीं है, आयरलैंड का है जो इंग्लैंड के हाशिए पर आज भी आधा छटपटा रहा है और आधा कैद में है, दो टुकड़ों में बँटा हुआ है। न्यूजीलैंड में कहानियाँ लिखी गई हैं। वह मशहूर महिला कैथरीन मैन्सफील्ड जिसकी 'गार्डन पार्टी' और 'फ्लाई' नाम की कहानी का जिक्र मैंने किया था, बाद में इंग्लैंड गई। लेकिन न्यूजीलैंड, आस्ट्रेलिया अंग्रेजीभाषी देशों में हैं। आप कहेंगे कि मैं फ्रांस का नाम क्यों नहीं ले रहा हूँ जहाँ मोपासाँ पैदा हुआ था और आगे चलकर सार्त्र और आल्बेयर कामू ने भी कहानियाँ लिखी थीं। फ्रांसीसी क्रान्ति जहाँ शुरू हुई, वहाँ कहानी क्यों नहीं लिखी जाएगी। बाद में आगे चल करके अफ्रीका और लैटिन अमेरिका के देशों में कहानियाँ आईं। इस दौर में दूसरी लड़ाई के बाद आप देखें तो एक से एक उपन्यास भी लिखे गए। लेकिन कहानियाँ गूगीवर्तागो ने, नाइजीरिया के लोगों ने लिखीं। बेजोड़ कहानियाँ मध्य पूर्व में लिखी गई हैं। पश्चिम एशिया की, जिनकी कम आती हैं और ईरान में लोगों ने कहानियाँ लिखी हैं।

जब हम केवल हिन्दी कहानी पर बात कर रहे हैं तो हमको हिन्दुस्तान की कहानी के परिप्रेक्ष्य में देखना चाहिए। रवीन्द्रनाथ ठाकुर अपने गीतों के लिए जाने जाते हैं। 'गीतांजलि' के लिए उनको पुरस्कार मिला है। लेकिन रवीन्द्रनाथ दुनिया के नक्शे पर अपनी कहानियों के साथ आए थे, यह नहीं भूलना चाहिए। 'क्षुधित पाषाण', 'जलसा घर' हमारे स्कूलों की किताबों में शामिल वह कहानी 'काबुलीवाला' नहीं भूलता। चूँकि हिन्दुस्तान एक बड़ा देश है और अनेक भाषाएँ हैं। शुरू के दिनों में जब भी प्रेमचन्द कहानी की बात करते थे तो कहते कि समझ में नहीं आता है कि मैं कैसे कहानी लिखूँ। कहानी की कला के लिए मैं कभी टैगोर को पढ़ता हूँ, उनकी ओर देखता हूँ और कभी टॉलस्टॉय की ओर देखता हूँ। उनकी चिट्ठियों में लिखा हुआ है। इस माहौल में बांग्ला कहानी, हिन्दी कहानी और उर्दू कहानी हैं। मेरे सामने यह सवाल है कि दुनिया में जब कहानी का जिक्र किया जाएगा हर मुल्क की पहचान उनकी कहानियों से की जाएगी तो हिन्दुस्तानी कहानी 'इंडियन स्टोरी' के नाम से याद की जाएगी कि नहीं की जाएगी? मुझे लगता है, जरूर की जाएगी। खासतौर से बीसवीं सदी की कहानी की चर्चा में बेशक हिन्दुस्तान की कुछ यादगार कहानियाँ आएँगी। दुनिया का कोई भी लेखक अगर चयन तैयार करेगा तो उन कहानियों में; यही नहीं कि बड़े लेखकों के नाम से जाना जाए, कुछ कहानियाँ निश्चित

रूप से हिन्दुस्तान की होंगी। गांधी जी ने जब असहयोग का, सत्याग्रह का विराट देशव्यापी आन्दोलन नहीं चलाया तो इक्के-दुक्के हमारे यहाँ के लोग छापामार लड़ाई ही लड़ रहे थे।

आमतौर से हाशिए पर पड़े हुए इन्सान की कहानी है, लोक की कहानी है, वही कहानी में है। कहानी का सबसे बड़ा हीरो, दुनिया की कहानियों में आप पढ़ें तो कुल मिलाकर के वह एक छोटा आदमी है। चेखव की कहानियों को याद करते हैं तो 'एक क्लर्क की मौत' कहानी को याद कीजिए। वह केवल छींकने के कारण, अपने बॉस के डर से कि क्या होगा, मर गया। उसकी कहानियों के सारे पात्र निम्न मध्य वर्ग के छोटे लोग हैं। हिन्दुस्तान में वह छोटा आदमी क्लर्क, बांग्ला की पुरानी कहानियों में आपको बहुत मिलेगा। भरा हुआ है। क्योंकि बाबू लोगों की कहानी है। लोग उपन्यासों का नाम लेते हैं, बंकिम के 'आनन्द मठ' का बड़ा गुणगान करते हैं, वन्दे मातरम्' वगैरह-वगैरह का लोग स्मरण करते हैं। लेकिन बंकिम की ताकत देखनी हो तो 'कमलाकान्तेर दफ्तर' देखिए। चूँकि कलकत्ते में पहली राइटर्स बिल्डिंग बनी थी, ईस्ट इंडिया कम्पनी ने बनाई थी। बाबू शब्द चला ही बांग्ला से। वह कहानी क्लर्क के नाम से थी। कमलाकान्त एक मामूली बाबू है। वह हीरो है। इसलिए आमतौर से आप देखें रूसी कहानी का हीरो, इवान एलिच तो बहुत बड़े आदमी थे, लेकिन उसके अन्दर उसका दर्द, इवान एलिच की मौत। लेकिन टॉलस्टॉय की वह 'जमींदार की सुबह' जो कहानी है उसको याद कीजिए। जो कोड़े लगाए जाते हैं अर्ली मॉर्निंग में, वह उसकी कहानी कहता है। हिन्दुस्तान में आप देखें तरह-तरह के चरित्र हैं, बाबू लोग भी हैं, लेकिन प्रेमचन्द का छोटा आदमी वह हलकू है 'पूस की रात' का और फिर 'कफन' कहानी के घीसू और माधो हैं। इसलिए कहानी कला का जो हीरो है, 'अ-हीरो' है, जो दूर-दूर तक कहीं से हीरो नहीं है, बल्कि हीरो का मजाक है। वह दयनीय छोटा आदमी सारी कहानियों में दिखाई देगा। वह मुक्तिबोध में भी आपको दिखाई पड़ेगा। वह बुद्धिजीवी है, यद्यपि वह लम्बी कहानी है, उपन्यास भी उसको कहते हैं—'विपात्र'। उसका नायक जो आखिर में कहता है कि हम सब एविलार हैं। अपनी पवित्रता की रक्षा करने के लिए, जो यौनेच्छा होती है वह बहुत प्रबल न हो, उसके लिए अपनी जननेन्द्रिय, एविलार ने कटवा दी थी। पुराना ईसाई सन्त था। कहानी में अध्यापकों की जमात थी। कहने के लिए कॉलेज था, लेकिन स्कूल टीचर, स्कूल मदर्रिस की तरह अध्यापक थे—ताकत नहीं है, हिम्मत नहीं है। नायक कहता है—हम सब एविलार हैं। कहानी वहीं खत्म होती है। इसलिए कहानियों पर बात करते समय ध्यान रखें कि उपन्यास का हीरो कहानी का हीरो नहीं है।

कहानियों को जाँचते समय देखें कि दरअसल कहानी का जो मूल बीज है, वह यह है कि उसमें इस आदमी के दुख-दर्द की पहचान कितनी है। जब दर्द की पहचान

होगी तभी हम उसके गुस्से को और उसके विरोध को भी पहचान सकते हैं। दोनों जुड़े हुए हैं। 1985 में बुल्गारिया में 'विश्व शान्ति सम्मेलन' (कभी कमेटी हुआ करती थी) की एक संसद की बैठक हुई थी। बहुत से लोग गए थे। करीब 150 से ऊपर आदमी गए थे। मैं भी गया था। एक दिन टहलते हुए पहाड़ी पर हम लोग गए तो पॉलिटिकल साइंस के प्रोफेसर रशीदुद्दीन खाँ से एक शे'र मैंने सुना। मीर का था। मैंने कभी पढ़ा नहीं था। शे'र बहुत बहुत छोटा-सा था कि

सुनाया रात को किस्सा हीर-राँझे का
तो अहले दर्द को पंजाबियों ने लूट लिया।

इसलिए अँधेरे की चीख, अहले दर्द और उसकी पहचान—वहीं से कहानी की तलाश शुरू होती है। क्या रूप लेती है कहानी, क्या साँचा लेती है—इन तमाम चीजों की पड़ताल में जाएँगे। कभी मैंने कहा था, जिसका बड़ा मजाक लोगों ने उड़ाया, कहानी को लिरिक कहा था। इसलिए नहीं कि कविता की तरह छन्दोबद्ध होकर के गाई जा सकेगी बल्कि इसलिए कि लिरिक वही वह दर्द है। रोमेंटिक लोगों ने लिखा और गैर-रोमेंटिक लोगों ने भी लिखा है। उसी तरह से कहानी का एक बिन्दु है और जिसको बहुत पहले एडगर एलन पो ने डिफाइन किया था—'टोटैलिटी ऑफ इफेक्ट', जिसको हिन्दी में हम 'प्रभावान्विति' कहते हैं। प्रभावान्विति, वह जो डंक है। जैसे कहते हैं कि एक साँप होता है, जिसका विष उसकी पूँछ में रहा करता है। इसलिए पता लगाना चाहिए कि कहानी का विष जो है वह कहाँ है? जरूरी नहीं कि हर कहानी का विष उसके मुँह में और दाँतों में ही रहा करे। कभी-कभी वह पीना साँप होता है न, कहीं राजस्थान में हुआ करता है, उसके बारे में कहते हैं कि धीरे-धीरे वह आपकी साँस पीता जाता है। जब आप सोते हैं, तो छाती पर बैठकर के वह साँस पीता जाता है। मैथिलीशरण गुप्त ने लिखा है, कि पीना साँप हमको मारके चला गया। कहते हैं कि वह साँस पीता जाता है, पीता जाता है और आखिर में जब सारी साँस आपकी पी लेता है तो जाते हुए अपनी पूँछ से मार के बस चुपके से खिसक जाता है और वह आदमी उस समय जागता है और फिर तड़पता हुआ मर जाता है।

देवेन्द्र की कहानी है—'क्षमा करो हे वत्स'। इत्तेफाक ही है कि इस शीर्षक का कभी सॉनेट मैंने लिखा था (और बेटे के जन्मदिन पर लिखा था)—"क्षमा मत करो हे वत्स कि आ गया दिन ही ऐसा/आँख खोलती कलियाँ भी कहती हैं पैसा।" वह शीर्षक वहाँ से लिया गया है। कविता में मेरी व्यथा कुछ और थी। देवेन्द्र की व्यथा उससे बहुत बड़ी व्यथा थी। वह चीज़ छूती है। वह दर्द है, दुख है, लेकिन बड़ा गुस्सा है। जिस कहानी संग्रह में यह कहानी छपी है—'शहर कोतवाल की कविता'। उस कहानी को पढ़ने के बाद तिलमिला जाता है जी। आज गुजरात में ऐसे ही कोतवाल, इंस्पेक्टर और पुलिस कमिश्नर लोग, जो तमाम सत्ता के प्रतीक हैं, प्रतिनिधि हैं अपनी

'कविताएँ' लिख रहे हैं। इसी तरह की कहानियाँ गुजरात के दंगे पर लिखी जाएँगी। वह दर्द और दुख जहाँ जिन लोगों का है, वह पूरी जमात को जगा देगा, उकसाएगा उस पीना साँप के समान कि उसके खिलाफ जो लोग उसमें शामिल हैं, ये शामिल बाजा जो वहाँ बज रहा है, इसलिए कि इस 'शामिल बाजा' के कई अर्थ निकलते जाएँगे। जब अलग-अलग सन्दर्भों में आप देखेंगे। गुजरात में शामिल बाजा ही बज रहा है। जिसमें सत्ता स्वयं शामिल है। बजरंग दल के लोग और पुलिस, दोनों में फर्क करना मुश्किल हो गया है। एक वर्दी में है, दूसरे की अपनी वर्दी होगी। या कोई वर्दी नहीं होगी, सादा लिबास में होगा और ये दोनों मिल करके कर रहे हैं। इसलिए दूसरी बात जो मैं कहना चाहता था कि कहानी के इस मामले में उस कला को पहचानने की ज़रूरत है और वह है–प्रभावान्विति। कहानी में चाहे आप किस्सा लम्बा गढ़ें, छोटा गढ़ें। कुछ कहानियाँ बहुत छोटी भी होती हैं और उतनी ही तीखी मार करती हैं, उसमें गुंजाइश विषयान्तर की नहीं होती। मसलन अब उस कहानी का जिक्र नहीं होता है। यशपाल की एक छोटी-सी कहानी है 'फूलो का कुर्ता' छोटी-सी कहानी है। पहली बार वह कम्युनिस्ट पार्टी के साप्ताहिक अखबार 'लोकयुद्ध' में छपी थी। मैंने पहले वहीं पढ़ा था। आपको याद होगी कहानी कि एक सीधी-सादी गाँव की लड़की, बहुत कम उम्र की, जिसकी शादी हो चुकी है, वह जैसे ही निकली तो किसी ने कहा कि, (उसका नाम फूलो था) अरे देख फूलो, तुम्हारा पति, तुम्हारा मर्द आ रहा है। उसने सुन रखा था कि मर्द के सामने लज्जा करनी चाहिए और लज्जा करने के लिए मुँह ढँक लेना चाहिए। फूलो के पास तो साड़ी थी नहीं, वह फ्रॉक पहने हुए थी और फ्रॉक के नीचे कुछ भी नहीं पहने थी, सीधे फ्रॉक उठाकर के उसने मुँह ढाँक लिया और लोग देख के शर्माए चूँकि वह नंगी हो गई। त्राहि, त्राहि। कहा–हमारे समाज की हालत फूलो की तरह से है। यह मुँह ढँकने में नंगे हुए जा रहे हैं। शर्म के मारे चेहरा ढँक रहे हैं और नंगे हुए जा रहे हैं। यह एक छोटी-सी कहानी एक ज़माने में हिन्दू समाज की रूढ़ियों पर कोड़े मारने के लिए लिखी गई थी। आज वही कहानी राजनीतिक कहानी के रूप में पढ़ी जा सकती है और किसी को एतराज नहीं होना चाहिए क्योंकि कहानी में अर्थ की गूँज और सम्भावनाएँ इतनी दूर तक होती हैं कि मैं 'फूलो का कुर्ता' को इसी रूप में देख सकता हूँ। मेरी फूलो वही है और बहुत भोली-भाली और सीधी-सादी है। भले ही पचास साल उन्होंने संसद में बिताए हों, मेरे लिए वह आज भी चार साल के हैं, इस चार साल में पूरा का पूरा फ्रॉक जो है उघड़ गया है। यह है कहानी जो मैं कहना चाहता था। यशपाल न इधर देखते हैं, न उधर भटकते हैं, सीधी चोट करते हैं। कहानी खत्म होती है।

दंगे पर बहुत-सी कहानियाँ लिखी गई हैं। मंटो ने 'खोल दो' नाम की कहानी लिखी है। छोटी-सी। मैं समझता हूँ कि 'टोबा टेक सिंह' तो खयाल गायकी है और

राग बाँध करके विस्तार से उस टोबा टेक सिंह के समान ही इस पर उस पर कोड़े लगाते हुए कहानी चलती है। लेकिन 'खोल दो' तो उसी चेखव के 'दुख' की तरह से या 'फूलो का कुर्ता' की तरह से, छोटी-सी कहानी है, लेकिन क्या चोट करती है। अस्पताल में लगभग बेहोश पड़ी हुई, बलात्कार की हुई, औरत लेटी है। उस दंगे के दौरान जो विभाजन के समय, पार्टीशन के समय हुआ था। नीम बेहोशी में है। डॉक्टर ने देखा कि कमरे में हवा नहीं है, साँस लेने की जगह नहीं है। खिड़की की ओर इशारा करता है वह कि खोल दो, लेकिन 'खोल दो' शब्द लड़की ने बँटवारे के दौरान इसी रूप में सुना था कि बार-बार लोग उसको अपना सुथना खोलने के लिए कहते थे। उसका हाथ सुथने की डोर पर जाता है। डॉक्टर खिड़की की ओर इशारा करता है, वह हाथ नहीं देखती कि इशारा किधर है। उसने तो 'खोल दो' का एक ही मतलब समझा था। फिर 'खोल दो' कहानी आज गुजरात पर उसी तरह ज्यों की त्यों लागू हो रही है। कब की लिखी हुई कहानियाँ नए सन्दर्भों में, नए अर्थ देती हैं। अब यह चुनौती है आज के कहानीकार को कि 'खोल दो' जैसी कहानी लिखे। दूसरी लिखो और लिख के दिखाओ। लेकिन आज के कहानीकार को कहना पड़ेगा कि मैं गुजरात के बारे में लिख रहा हूँ। कहने की ज़रूरत न पड़े, लोगों को लगे कि यह वहीं की कहानी है और आज का मंटो लिख रहा है। इस तरह की कहानियाँ होती हैं।

लेकिन इस बीच हुआ यह कि यह कहानी कला की जो लिरिक वाली चोट है, उसकी तरफ से लोगों का ध्यान हटा है। उस लिरिक वाली चोट से हट करके कहानी को गझिन, भरी-पूरी, उपन्यास की चुनौती के सामने ले आने की कोशिश की गई है। यानी जब गायक वाजिब-वाजिब तक आलाप ले तो ठीक है। विलम्बित से आपने शुरू किया, बहुत अच्छा है; अनेक कहानियाँ विलम्बित की तरह शुरू होती हैं और फिर द्रुत पर आपको तो आना ही है। द्रुत पर आएँगे फिर सम पर आएँगे। लेकिन बीच में कभी-कभी कोई गायक इतना आत्ममुग्ध हो जाता है कि बहुत ज़्यादा आलाप लेने लगता है। और गीत के बोल को छोड़कर के सारे सारे 'ग म ग म' करने लगता है तो वह ज़्यादा कलाबाजी हो जाती है। तो ऐसे कहानीकार विषयान्तर में जितनी जानकारी विश्व भर की है, जितना पढ़ रखा है उन्होंने दरीदा को और कुछ मिथ को और कुछ फेंटेसी को ठूँस देते हैं। अच्छी-खासी कहानी 'वारेन हेस्टिंग्स का साँड' एक लम्बी कहानी उपन्यासनुमा हो गई है। अक्सर उदय प्रकाश ने कई कहानियों के साथ ऐसा ही सलूक किया है; बलात्कार नहीं कह रहा हूँ; सलूक किया है। 'पीली छतरी वाली लड़की' की उठान बहुत अच्छी थी। पहला खण्ड, दूसरा पढ़ें। इसके बाद दुनिया भर का एन्थ्रोपोलॉजी का ज्ञान बघारने लगे, भाषा पर भी बोल रहे हैं, ...यह भी कर रहे हैं, वह भी कर रहे हैं...वातावरण के शहर के वर्णन करने के बारे में कर रहे

हैं...और नतीजा हुआ कि वह जो टोटलिटी ऑफ इफेक्ट है, वह क्षीण हो रहा है, इसकी ओर ध्यान नहीं जाता है और उसको खामखाह...यानी कहानी ठीक है।

कहानीकार भी लगभग वैसा ही काम करता है जैसा सूत कातनेवाली औरत तकली में करती है या चरखे में करती है कि चला दिया चरखा, सूत कातते जा रहे हैं और फिर लपेटते जा रहे हैं...कातते जा रहे हैं। यह सूत नहीं है कि जितना चाहें आप, जहाँ तक हाथ पहुँचे, खींचो सूत को। अरे भाई, कभी कोई हाथ भी दुखने लगेगा। लपेट लो तोड़ दो। इस बीच बहुत कारीगरी और कलाकारिता होने लगी है। निर्मल वर्मा ने 'कौवे और कालापानी' में यही किया। कुछ छोटी कहानियाँ बहुत अच्छी लिखी हैं। वह 'एक दिन का मेहमान' अपनी लड़की के बारे में क्या खूबसूरत कहानी है। छोटी-सी। 'बीच बहस में' अच्छी कहानी है। पहले की भी कहानियों में पाएँगे लेकिन अब 'कौव्वे और कालापानी' में कौवे उनको उठा के धरती से आसमान पर ले गए, फिर पहाड़ी पर पहुँचाया। लम्बी कहानी। पुरस्कार भी उस पर मिला है। लेकिन फिर कह रहा हूँ कि इस बीच क्या छोड़ देना चाहिए, यह लेखक जैसे भूल गया है। कहानी लिखते समय वह यह तय नहीं कर पाता है कि इसको उपन्यास बनाना है कि यह कहानी ही रहेगी। इसलिए इस बीच 'लम्बी कहानी' नाम की एक विधा चल पड़ी है और उस लम्बी कहानी की ताजा मिसाल है दूधनाथ सिंह की 'निष्कासन' नाम की कहानी, जो दलित पर है। मैं सिर धुनता रहा। एक अलग प्रकरण है कि इस बीच एक आदमी को भूल कर; जो कहानी का हीरो है, छोटा आदमी है, उसको भूल कर; अब लोग सामाजिक समुदायों पर कहानी लिखने लगे हैं। मंटो ने 'खोल दो' एक औरत के बारे में लिखी। वह सताई हुई थी। उतने ही में, पूरी औरत पर जो अत्याचार होता है, सामने ले आए। आज लोग स्त्री-विमर्श कर रहे हैं। कुछ लोग दलित विमर्श कर रहे हैं। इन्होंने (दूधनाथ सिंह) सोचा कि भाई, ऐसी कहानी लिखें जो औरत भी हो और दलित भी हो। और एक ही में हो जाए, कुछ लोग होते हैं न। खुसरो को कविता लिखने के लिए औरतों ने कहा। किसी ने कहा–चरखा, किसी ने कहा–ढोल और किसी ने कहा–खीर, तो किसी ने कहा–कुत्ता। "खीरे पकाई जतन से चरखा दिया चला/आया कुत्ता खा गया, तू बैठी ढोल बजा।" चारों विषय एक ही दोहे में खुसरो ने बाँध दिए। कहानी में कुछ नए खुसरो पैदा हो गए हैं कि एक माँड़े भाटे मार लगा दो। तो दलित और औरत, दोनों को पार लगाने में, खींच के 'निष्कासन' को लम्बी कहानी बनाया और उसे छपाया पुस्तकाकार उपन्यास के रूप में। 'कथादेश' में वह छपी थी। उससे बेहतर कहानी 'कथादेश' के उसी अंक में, अखिलेश की कहानी है। बहुत अच्छी कहानी है या नहीं, इस पर बहस हो सकती है, लेकिन बेहतर है वह कहानी कला की दृष्टि से और सही जगह उतनी ही बात कहती है, वाजिब और अपेक्षाकृत इससे छोटी भी है। खैर।

सौ वर्ष जो कहानी के बीते हैं, उसको साधने के दौरान हमारे लेखकों ने कहानी कला के साथ क्या-क्या सलूक किया है, इसकी नए सिरे से जाँच-पड़ताल करनी चाहिए। चाहे कितना बड़ा लेखक हो, प्रसिद्ध हो गया हो–उसकी परीक्षा होनी चाहिए। यह काम अरुण प्रकाश जी जैसे आदमी जो स्वयं कहानीकार हैं–वे करें। एक हाथी वाली कहानी उन्होंने लिखी है–शहर में हाथी आया है। उसके बारे में मेरे अपने कुछ विचार हैं, रिजर्वेशन हैं कि वो प्रतीक को बहुत दूर तक खींचने में कहानी टूटती है। अंग्रेज़ी में एक शब्द हुआ करता था 'एपिकसिमिली'...हिन्दी में सांगरूपक है। सांगरूपक के आचार्य महाकवि तुलसीदास थे। उन्होंने भक्ति और ज्ञान का सम्बन्ध बताने के लिए सांगरूपक खड़ा किया तो भक्ति को चिन्तामणि माना और ज्ञान को दीपक। ज्ञान का दीपक तैयार करने के लिए कितनी बड़ी तैयारी की जाती है कि कहाँ से गाय खरीदी तो उसको क्या खिलाया तो अन्त में फिर दूध बना फिर उस दूध का घी बना, फिर उस घी को दीपक में डाला। पढ़ा होगा उत्तरकांड में आप लोगों ने। सांगरूपक बाँधा है। मुग्ध हैं कुछ लोग उस पर। जब कहानीकार प्रतीकवादी कहानी बनाने लगते हैं तो यही होता है। 'वारेन हेस्टिंग का साँड़' में यही किया गया है। साँड़ जब लिया तो गाएँ भी आईं। फिर बछड़ा भी आया, फिर तिब्बत तक गए, फिर लामा तक गए। एक लघु उपन्यास मनोहर श्याम जोशी ने भी ऐसा लिखा है 'हरिया हरक्युलिस की कहानी'। उसमें झोला और दर्पण जो लिया उन्होंने तो खींच के...अरे भाई टूट जाएगा; उतनी दूर तक सांगरूपक न बाँधो। रबर के भी खिंचने की, विस्तार की, इलेस्टिसिटी की एक सीमा हुआ करती है। इस कला को साधने में कहाँ-कहाँ चूक हुई है, कहाँ जाना चाहिए, कहाँ नहीं–इस पर विचार करना चाहिए। यह हिन्दी कहानी के हित में है और खुद कहानीकार के हित में है। अनेक चीजों को समेटने जोड़ने में 'कहीं की ईंट कहीं का रोड़ा, भानुमति ने कुनबा जोड़ा' वाली बात हो जाती है। ऐसी भानुमतियों को सावधान करने की ज़रूरत है कि हर जगह वह कुनबा नहीं बनता है।

इस सिलसिले में हिन्दू-मुसलमान सम्बन्धों को लेकर भी कुछ लोग, इतनी दूर तक आत्ममुग्ध हैं कि भाईचारा निभाने के लिए खींच रहे हैं कहानी। जो भेद है, जो फर्क है, आया है, उसके कारण, उस दर्द को पहचान के, वहीं तक सीमित रहो। अन्त में सोद्देश्यवादी और आदर्शवाला उत्तम अन्त होना ही चाहिए...वह जरूर लिखेंगे। सम्प्रदायवाद पर बड़ी ऐसी कहानियाँ लिखी गई हैं और काफी बकवास हुई है। केवल इसलिए कि ऐसे ज्वलन्त विषय को लिया है, छुआ है, इसलिए लिख दिया जाए। इससे बेहतर है कि आप इस तनाव की पीड़ा, उसके कारणों और उसके दर्द के बारे में लिखें, बजाय गांधीवादी अन्त में एक आदर्शवाद में कहानी कहने के। यानी हम लोग अपने उस भाव से आज तक कहानी में नहीं उतरे हैं। हमारे प्रगतिशील लेखकों

ने यह बहुत गुनाह किए हैं। उस पाप से जितनी जल्दी मुक्त हो जाया जाए, उतना अच्छा है। काफी मुक्त हुए हैं। नहीं तो यह कि जैसे उनका राजपाट लौटा वैसे, सबका लौटे...एक था राजा, एक थी रानी–यह ऐसा घुट्टी में बचपन का संस्कार है कि छूटता ही नहीं। जो औरत गाती है कि जैसे उनका राजपाट लौटा वैसा सबका लौटे...उसकी आँखों में उस समय आँसू हुआ करते हैं, वह जानती है लौटते नहीं हैं।

राहुल जी ने 'मेरी जीवन यात्रा' में अपने बचपन के दिनों की दीपावली के बाद की गोवर्द्धन पूजा के बारे में लिखा है–औरतें पिड़िया के गीत गाती हैं। आजकल भोजपुरिया इलाके के, आजमगढ़, गाजीपुर, बलिया, बनारस के लोग भूल गए हैं कि कभी पिड़िया का गीत गाया जाता था। अवध में भी। उस पिड़िया में बार-बार एक शब्द 'चेरिया-चेरिया' आता था। चेरी माने दासी। राहुल जी इस समय कम्युनिस्ट हो चुके थे। बौद्ध दर्शन के रास्ते से गुजरे थे। दुख, जो उस मूल बौद्ध दर्शन का केन्द्र था, उस दुख को समझा था। इसलिए उस कहानी में बार-बार जो औरतें ही आती हैं...रूप-बसन्त की कहानी...लोककथाओं के मूल में आमतौर से स्त्री होती है। आज स्त्री-विमर्श करनेवाले लोग भूल गए हैं। वे समझते हैं कि पहली बार स्त्री को इन्होंने कहानी में खोजा है। खोजा होगा इन लोगों ने, लेकिन किस स्त्री को खोजा है, स्त्री के शरीर को खोजा है, और शरीर प्रसंगों को। अरुण प्रकाश जी आज सबेरे बता रहे थे कि इस मामले में कहानी का सत्यानाश राजेन्द्र यादव ने जितना किया है, शायद ही किसी आदमी ने किया हो। कहानीकारों को विषय दिया है। एक स्त्री को विषय दिया। प्रामाणिक ही होगा। अरुण प्रकाश जी तो अन्तरंग हैं, अन्तरंग की बातें जानते हैं। उनसे मालूम हुआ कि एक औरत से उन्होंने कहा कि देखो औरत की प्रसव वेदना पर कोई कहानी नहीं लिखी गई है कि कैसे डिलेवरी होती है। अब नहीं लिखी गई है तो जरूर लिखूँगी। कैसे लेबरपेन होता है और कैसे डिलेवरी होती है और यह दिखाई पड़ा है, पूरी कहानी कैसी हुई होगी, वह तो मैंने पढ़ी नहीं है। उसमें लेबरपेन महत्वपूर्ण नहीं, अन्त में उघड़ा होगा कैसे गुप्तांग से...अगर वह सीजेरियन हुआ होगा तो सारा शरीर औरत का दिखाई पड़ता है। पेन उसमें से गायब है। उन्हीं चीजों पर पाठक की नजर टिकती है। ऐसे ही उन्होंने विषय दिया कि औरत पर यदि लिखना है तो औरत के शरीर पर नहीं लिखा गया है, इस पर तुम लिखो। दलितों के बारे में ऐसे ही विषय दिए। मंज़ूर एहतेशाम के संग्रह 'तमाशा तथा अन्य कहानियाँ' के ब्लर्ब पर लिखा हुआ है–कहानी का कोई विषय नहीं होता। जैसे गीत का विषय नहीं हुआ करता, ग़ज़ल का कोई विषय नहीं होता। ग़ज़ल के केन्द्र 'मैं' होता है और उसमें सारी कायनात होती है। एक ही साथ वह नितान्त पर्सनल होती है और सबकी होती है। ब्लर्ब पर लिखा हुआ है कि मंज़ूर एहतेशाम की कहानियों का कोई विषय नहीं

है। उसमें अपने होने, न होने अथवा अनहोने की पीड़ा है। इसलिए कहानी के मूल में, जैसे हर साहित्य के, भरतमुनि ने कहा था, भाव होता है, संवेदना होती है। बाकी चीजें उसके लिए जुटाए हुए उपकरण हैं और उस उपकरण में सबसे महत्वपूर्ण है, जिसको आख्यान या कथा कहते हैं। जो घटनाओं को जोड़ करके...एक बारीक-सा धागा होता है अन्दर, जो कभी दिखाई भी पड़ता है, कभी नहीं भी दिखाई पड़ता। शशांक का कहानी संग्रह 'शामिल बाजा' मैं आज दोपहर को पढ़ रहा था। शशांक कमसुखन कहानीकार हैं। जितने जरूरी हैं, उतने ही शब्द इस्तेमाल करेगा। स्वीमिंग के लिए, स्वीमिंग पूल में प्रवेश करने के लिए जितना जरूरी है उतना ही कपड़ा बदन पर हो। यह नहीं कि आप स्वीमिंग पूल में तैरने तो जा रहे हैं और पूरा चोगा पहने हुए चले जा रहे हैं। डूब मरेंगे आप। बहुत से कहानीकार कथानक बुनते समय, आख्यान कहते हुए, कहानी को एक लबादा समझते हैं और उस लबादे में चाहे जो आ जाए। रात सोने के समय वह लबादा ठीक है। मिडिल क्लास में यही होता है, औरतें आजकल डाल लेती हैं गाउन। लेकिन उसके बाद आप दिन में भी उसी को पहनें तो काफी फूहड़ लगेगा। सुबह होने के बाद यह दिखाई नहीं पड़ना चाहिए। रात की कहानी के साथ ही उसे अलविदा कह देना चाहिए। तह करके रख देना चाहिए या टाँग देना चाहिए।

ये सारी बातें मैं आम पाठक की जबान में, कहानी में बात किस भाषा में की जानी चाहिए, उसी भाषा में मैंने की है। अगर यूनिवर्सिटी और क्लास में मैं होता तो शास्त्रीय शब्दावलियों का प्रयोग करता। अभी तक कहानी आलोचना की भाषा तय नहीं हुई है। किस भाषा में कहानी पर बात की जानी चाहिए। वही मुदर्रिस मास्टर लिख रहे हैं। हमारे मित्र परमानन्द जी हैं। कहानी पर अकादमिक पुस्तकें लिखते चले जा रहे हैं। कहानी पर बात करने के लिए आलोचना की एक नई भाषा होनी चाहिए। मैंने कोशिश की थी। 'हाशिए पर' के कॉलमों में मैंने उस आम बोलचाल की भाषा इस्तेमाल की थी। कोशिश की थी कि इसे मुक्त किया जाए, उन तमाम चीजों से। तब कहानी पर बेहतर ढंग से बात हो सकती है।

दोस्तो, सौ साल की हिन्दी कहानी की यात्रा पर कुछ कहने से पहले एक टिप्पणी मैं और कर देना चाहता हूँ। भारतीय भाषाओं की कहानी में हिन्दी कहानी की अपनी कोई पहचान है कि नहीं है, यह सवाल मेरे सामने है। मसलन, गलत हो तो बता दीजिएगा, उर्दू कहानी की पहचान बहुत साफ है। आप अनुवाद कर दें, फिर भी बगैर भ्रम के आप कह सकते हैं कि यह कहानी उर्दू की है। उस कहानी का अपना स्वरूप है, चरित्र है, किस्सागोई का अन्दाज है, और मुझे लगता है कि इस मामले में थियेटर के बहुत करीब है। मुझे लगता है कि प्रेमचन्द को उर्दू में ही शामिल कीजिए, हिन्दी में मत रखिए। बहुत-सी कहानियों का हिन्दी में उन्होंने बाद में लेखन

किया है, मूल कहानी उर्दू में लिखी थी। 'कफन' भी लिखी थी, 'शतरंज के खिलाड़ी' भी लिखी थी। कई कहानियाँ लिखी थीं। वह तो लेखक का एक खास व्यक्तित्व है कहानी कहने की। इसकी वजह यह है कि उर्दू में 'किस्सागोई' या 'किस्सा' शब्द भी उन्हीं का है, 'दस्तानगोई' भी उन्हीं का लफ्ज है और उर्दू में 'किस्सागोई' की लम्बी परम्परा है। अब तो वह नस्ल नापैद होती जा रही है, कि घंटों दास्तानगो दास्तान सुनाए जा रहे हैं, किताब देख के नहीं, बल्कि याद है उनको। यह खानदानी काम हुआ करता था। साहित्य अकादमी में नैरेशन पर एक सेमीनार हुआ था। हरदोई शाहजहाँपुर से एक आदमी को बुलाया गया था, करीब 85 साल का बूढ़ा था। खाँ साहब आए और साहब, समाँ बाँध दिया उस आदमी ने। वो रुला दें, हँसा दें। अब भी बुन्देलखंड में और अवध में आल्हा गानेवाले उसी दास्तानगोई की परम्परा में हैं– "यहाँ की बतिया यहीं रहेगा अब आगे के सुनो हवाल..." लय में। कहीं द्रुत होते हैं, कहीं विलम्बित होते हैं। गाते हुए हरर...हरर...कहानी कहते चले जाते हैं। हमारे यहाँ गा के कहानी कहने की परम्परा थी, शुद्ध गद्य में कहानी की परम्परा थी, इसीलिए नॉवेल की शुरुआत हिन्दी से पहले उर्दू में हुई और 'फसान-ए-आजाद' जैसा नॉवेल लिखा जा सका। क्या बयान करने का तरीका है! यह दास्तानगोई वाली जो एक परम्परा थी, आगे चलकर के उसमें सोफिस्टिकेशन आया, बारीकियाँ आईं और वह जो अन्दाज़ है कहने का, बना रहा। असल चीज़ है–'टोन', लय नहीं कहना चाहूँगा। जिस टोन से आप उठाते हैं और उस टोन को निभाते हैं, जिसको 'अन्दाज़-ए-बयाँ' कहते हैं।

इस्मत चुगताई की अंगारे वाले दौर की कहानियों को याद कीजिए। वही चीज़ मंटो में आती है, वह चीज़ राजिन्दर सिंह बेदी में और वह अन्दाज़ आपको एक हद तक मंजूर एहतेशाम नॉवेलनिगार में है। लेकिन उन्होंने कहानियाँ भी लिखी हैं। 'रमजान में मौत' जैसी कहानी, जिसकी बड़ी चर्चा हुई है। कहानी अच्छी बन पड़े या न बन पड़े, लेकिन कभी-कभी जो बयाँ करने का अन्दाज है, यह शऊर है, यह उस पढ़े-लिखे मुस्लिम समाज के बीच से किस्सागोई-दास्तानगोई पैदा हुई है। माफ कीजिएगा, हिन्दुओं में कथावाचकों के हिस्से चली गई है। रामकथा कह करके कथावाचक इस समाज को बर्बाद कर ही रहे हैं, पूरे मुल्क को बर्बाद कर रहे हैं। कथावाचन की परम्परा आज जिन लोगों के हिस्से पड़ी है, जिन लोगों ने कब्जा कर लिया है, उनके लक्ष्य देखिए। अरुण प्रकाश ही कह रहे थे कि भाई, कथा सरित्सागर से ही कथा आई है। क्या तो हमारे यहाँ की परम्परा है। सत्यनारायण कथा ऐसी अद्भुत कथा है कि जिसमें पूरी कथा की केवल महिमा सुनाई जाती है। स्वयं सत्यनारायण क्या थे और कौन थे, यह कथा में है ही नहीं, बावजूद इसके सुनी जा

रही है। कथा का एक कल्चर रहा है हमारे यहाँ भारत में। बड़ी पुरानी प्रथा रही है। जातक की कथाएँ लिखी गईं। इन्तजार हुसैन ने जातक लेकर के कहानी में क्या बात पैदा की? यह परम्परा दास्तानगोई वालों ने ली, बल्कि सच पूछिए तो जातक कथा की कला हिन्दी ने नहीं ली, जातक कथा की कला इन्तजार हुसैन ने पहचानी और पहचान करके उसको एक नया अर्थ दिया। कला पुरानी और उसमें नया सच; आज के जीवन का सच लेकर के उन्होंने कहानी को कहाँ से कहाँ पहुँचा दिया है। हिन्दी में कोई इन्तजार हुसैन दूसरा नहीं है। क्यों नहीं हुआ? इसलिए मैंने कहा कि बुरा मानेंगे हिन्दी वाले और मैं सेक्युलर होने के कारण नहीं कह रहा हूँ, न गुजरात के असर में कह रहा हूँ।

बहुत दिनों तक मेरे मन में धारणा रही है कि उर्दू कहानी की अपनी एक खास पहचान है और दुनिया में उसने अपनी पहचान बना ली है। हिन्दी कहानी में बहुत विविधता है। और जैसे हिन्दू समाज...और अच्छा है कि हिन्दी कहानी ने अपनी वह खास पहचान नहीं बनाई है, वरना पहचान बनाने के चक्कर में जैसे हिन्दू हिन्दुत्ववादी हो गए हैं, उसी तरह से वह हो जाती। हिन्दी कहानी में अखिल भारतीय नाना धाराएँ हैं। कहीं वह बांग्ला कहानी के रंग में मिलती है। उर्दू कहानी के रंग में मिलती है। तरह-तरह की विविधता ही हिन्दी कहानी की अपनी पहचान है। उर्दू कहानी ने अपनी एक अलग खासकाट की पहचान बनाई है। अच्छी लिखी भी गई है, लेकिन बहुलता विविधता को देखते हुए सौ साल में हिन्दी कहानी ने लम्बा सफर ही तय नहीं किया है बल्कि दुनिया में बेहतरीन कहानियाँ अगर चुनी जाएँगी और प्रेमचन्द को उर्दू के खाते में अब डाल भी देंगे तो उसके बावजूद जैनेन्द्र, यशपाल से लेकर के इधर के दौर के अनेक लेखक–अमरकान्त आते हैं, ज्ञानरंजन आते हैं, काशी आते हैं, उदय आते हैं और इधर देखें तो खासतौर से मैं कह रहा था कि 90 के दशक के आसपास जो नई पीढ़ी निकली है उसने कहानी में क्या बात पैदा की है! जयनन्दन की 'कस्तूरी पहचानो वत्स' संग्रह की कहानियाँ देखिए। उदय प्रकाश की 'और अन्त में प्रार्थना' खासतौर से 'पाल गोमरा का स्कूटर', बावजूद विवादास्पद होने के, अच्छी कहानियों में गिनी जाने लायक हैं। कुछ एक्सट्रीमिज़्म से कहानी बिगाड़ दी है थोड़ी,...और अच्छी कहानी को बिगाड़ने में माहिर हैं उदय प्रकाश। अनेक अच्छी कहानियाँ बिगाड़ी हैं। क्यों, क्या, फलाँ होता है, हीरो में इनहेरेंट, तो वह है। 'नृशंस' अवधेश प्रीत का संग्रह, हर कहानी उसमें हिट है। खासतौर से एक कहानी जो कम्प्यूटर पर है इस कम्प्यूटर एज को लेकर। वह कहानी 'कौतुक कथा'। 'नृशंस' में कमाल की कहानियाँ लिखी गई हैं। रेंज है विषय। जयनन्दन, अवधेश प्रीत, ये दो बिहार के लेखक। इधर के लेखकों में देवेन्द्र का जिक्र किया गया। जिनके नाम छूट जाएँ; यह न समझिएगा कि...मैं केवल एक केनन बना रहा हूँ और कई लोगों को मैंने छोड़ दिया है। कहानी

आलोचना का बहुत बड़ा दुर्भाग्य है और यह कमलेश्वर परिवार के लोगों ने किया। कमलेश्वर, राकेश और राजेन्द्र यादव ने मिलकर कहानी आलोचना का सत्यानाश किया था कि कहानी आलोचना एक सूची-पत्र बन गई थी। लेख में इधर-उधर की बातें करने के बाद एक फेहरिस्त छाप दी जाती थी कि ये महत्वपूर्ण कहानीकार हैं और इस नाते उन्होंने 'समान्तर कहानी' चलाई थी। हम लोग कभी प्रगतिशील आन्दोलन में मजाक में इन बातों को कहा करते थे, इलाहाबाद में, जिसका जिक्र त्रिलोचन जी ने अपने एक सॉनेट में किया है कि तीन लिस्टें थी—तीन की, तेरह की और तिरासी की। ये तीन प्रगतिशील हैं। उसमें शील, शैलेन्द्र और किसी और का एक नाम था। एक ज़माने में बी.टी. रणदिवे वाले पीरियड में तीन ही लोग प्रगतिशील माने जाते थे। नागार्जुन वगैरह घास खोद रहे थे। त्रिलोचन और शमशेर कहीं नहीं थे। फिर तेरह की एक लिस्ट थी। एक तिरासी की लिस्ट थी। साहित्य में और कविता में वह चीज़ नहीं चली, बहुत जल्द खत्म हो गई, और अच्छा हुआ। हिन्दी कहानी में और आज भी कहानी सम्बन्धी लेखों की सबसे बड़ी विडम्बना है कि लगभग ये लिस्ट छापते रहते हैं कि ये-ये महत्वपूर्ण लेखक हैं और वह लिस्ट जो है और बढ़ती जाती है, उसमें दो नाम और जुड़ जाते हैं, तीन नाम निकाल दिए जाते हैं, फिर तीन नाम और जोड़ दिए जाते हैं। कहानियों की बात कीजिए आप; कहानीकारों की लिस्ट की बात न कीजिए और तब देखेंगे कि हिन्दी कहानी का जो ताना-बाना है क्या है? एक ज़माने में पंडित बनारसीदास चतुर्वेदी ने, पत्रकार लोग तो एक चीज़ को खट् से बाँट देते हैं न दो हिस्से में, तो पूछा कि हिन्दी कहानी में कितने स्कूल हैं? दो स्कूल हैं, एक प्रसाद स्कूल है, एक प्रेमचन्द स्कूल है? हमें नहीं मालूम। नई कहानी का आन्दोलन चला तो दो स्कूल बन गए। एक निर्मल वर्मा स्कूल है और एक अमरकान्त स्कूल है। यह पचास के दशक की बात है। इस तरह से जैनेन्द्र स्वयं प्रेमचन्द के बाद कहानी लिख रहे थे और प्रेमचन्द जैसी कहानियाँ लिख नहीं रहे थे। भाषा ही नहीं, कहानी भी। 'जान्हवी' कहानी शुरू होती है, प्रेमचन्द कभी ये लिख नहीं सकते थे कि आज तीसरा दिन है, तीसरा...नहीं आज चौथा दिन है। "कागा चुनि-चुनि खाइयो, चुनि-चुनि खइयो माँस" से शुरू होती है कहानी। जिस अन्दाज में कहानी उठाते हैं जैनेन्द्र, वह एक नया अन्दाज था कहानी उठाने का। प्रेमचन्द यह नहीं कर सकते थे। प्रेमचन्द का शिष्य कहते थे जैनेन्द्र अपने आपको। बावजूद इसके, उन्होंने अपना एक अलग रास्ता निकाला। लेकिन किसी ने नहीं कहा कि जैनेन्द्र स्कूल अलग है। कुछ लोग कहते थे कि जैनेन्द्र प्रसाद स्कूल के हैं। कहाँ प्रसाद की कहानी और कहाँ जैनेन्द्र की कहानी? आज भी कहानी में एक तो जनवादी कहानी चल रही है, जो छापामार लड़ाई लड़ रही है और उसका कुर्सीनामा प्रेमचन्द से शुरू होता है। अब प्रेमचन्द का नाम लोग कम लेने लगे हैं। दया करके लोग कुछ

भीष्म साहनी और अमरकान्त को लेते हैं और फिर ज्ञानरंजन को लेते हैं। एक कुर्सीनामा इसका भी तैयार हो रहा है। और इसके बरक्स एक दूसरा भी कुर्सीनामा तैयार हो रहा है जो कृष्ण बलदेव बैद और निर्मल वर्मा से शुरू होता है। पूर्वग्रह सम्प्रदाय के कुछ कहानीकार चुटकुले वगैरह लिख रहे हैं। अपने को ये कलावादी रूपवादी आदि-आदि कह रहे हैं। यह दूसरा भी स्कूल चल रहा है। लेकिन जैसा कि मैंने कहा कि गोमुख से निकले वह गंगा ही हो, कोई जरूरी नहीं, नाले तथा परनाले तक निकलते हैं। इसलिए स्कूल बाँट करके मुख्यधारा और हाशिया बाँटकर कहानी पर बात मत कीजिए। यथार्थ वाली कहानी लोग लिख रहे हैं। कहानी का यथार्थ। भैया, यथार्थ के हज़ार रंग हैं। कहानी की चर्चा करते समय मैंने जान-बूझ करके 'यथार्थवाद' शब्द छोड़ दिया था। मार्क्सवाद ही में तीन यथार्थवाद तो हैं ही, एक समाजवादी यथार्थवाद है, एक आलोचनात्मक यथार्थवाद है। दो तो यही हैं और तीसरे और लोग जोड़ देंगे उस पर कभी बहस हुआ करती थी, यथार्थवादी यथार्थ...। उस परम्परा में इन लोगों के दुर्भाग्य से भला हो कि गार्सिया मार्क्वेज़ एक पैदा हो गया तो जादुई यथार्थवाद एक आ गया। इसलिए यथार्थ के गज से कहानी समझाने की कोशिश की जाएगी तो न जाने कितने व्यक्तिगत यथार्थ हैं? दलित यथार्थ है? यथार्थवाद एक सिद्धान्त है। सिद्धान्तों से कहानी नहीं बनती, संवेदना से बनती है। उस संवेदना की कोई जाति नहीं होती। कोई धर्म नहीं होता। कोई मजहब नहीं होता। मानवीय संवेदना कहाँ किस रूप में दिखाई पड़ती है, इससे जाँच होती है कहानी की। स्कूलों, सम्प्रदायों, विषयों से कहानी को बाँट करके देखने का चलन निकला है। कुछ लोग दलित लोगों की कहानी चलाने की कोशिश कर रहे हैं, कुछ स्त्री विमर्श की कहानी।

आखिरी बात मैं कहना चाहता हूँ यथार्थ के विषय पर। दोस्तो, उन्नीसवीं सदी में कहानी जब शुरू हुई थी तो कई कहानियों का नाम 'सपना' शब्द से बनता था। आमतौर से कहानी सपनों से शुरू हुई थी। 'राजा भोज का सपना'। मुझे याद है, बंगला में भूदेव मुखोपाध्याय ने एक किताब लिखी थी, कहानी का नाम था 'स्वप्नलब्ध भारतेर इतिहास'। उन्नीसवीं सदी में चूँकि अभिव्यक्ति की स्वतन्त्रता उतनी नहीं थी, लोग कहानी गढ़ते थे। विवश थे, बाध्य थे। राजनीतिक कहानी वे सपने के माध्यम से लिखा करते थे। कहानी कुल मिलाकर के एक गल्प है। फिक्शन कहते हैं उसको। उस गल्प में कल्पना तत्व की बहुत प्रधानता होती है। कभी-कभी घर में भोजन बनाने वाली दाल में नमक ज़्यादा डाल दिया करती हैं। रंग चोखा हो जाता है। न खाते बनता है और न उगलते बनता है। यथार्थ नमक है और उसका इस्तेमाल नमक की तरह कीजिए। इसमें बहुत हाथ खुला हुआ रहेगा तो दाल खराब होगी, सब्जी भी खराब होगी। यह न भूलिए कि कहानी कल्पना की कला है।

कल्पनाशीलता में ही सर्जनात्मकता होती है। इसलिए एक ही घटना एक अच्छे कथाकार के हाथों एक बेहतरीन कहानी बनती है और दूसरे के हाथों वह एक नैचुरिलिस्टिक, वर्णनात्मक, घटनात्मक, अखबार की रिपोर्ट होती है। गुजरात के बारे में बहुत सारी रिपोर्ट पढ़ी जा रही हैं। रिपोर्ट में दोहराव होता है। दोहराव में ऊब पैदा होती है। ऊब से संवेदनहीनता पैदा होती है। कल्पनाशीलता हर यथार्थ में हर बार एक नई चीज़ रचती है। वही यथार्थ, वही शोषण, वही दमन, वही अत्याचार, वही संघर्ष। लेकिन वही संघर्ष संजय से 'कामरेड का कोट' जैसी कहानी लिखवाता है। बहुत अच्छी कहानी है, भले ही उससे सी.पी.एम. के लोग नाराज हों लेकिन कहानी है वह। उसकी पॉलिटिक्स पर आपको चाहे जितना मतभेद हो, लेकिन कल्पित है, गढ़ी हुई है वह, कल्पना है; लेकिन उसमें कल्पना की उड़ान है और सच को खोलती है। सबसे बड़ी विडम्बना यह है कि सच आमतौर से झूठ के आवरण में ही खोला जाता है, लिपटा रहता है। अक्सर सच बोलकर सच नहीं बोला जाता है। कभी-कभी एक बहुत बड़े झूठ का सहारा लेकर के सच बोला जाता है और कहानीकार यही करता है। इसीलिए कभी-कभी स्वप्न ज़्यादा सच होता है, सच की अपेक्षा। और वही हांट करता है। हिन्दी कहानी और भारत की कहानी सपना से शुरू हुई थी। आज कहानी में देखेंगे तो अधिकांश कहानियाँ, कई कहानियाँ ऐसी हैं जिसको समझ रहे हैं कि लोग गार्सिया मार्केस से फैंटेसी ले आ रहे हैं। लेकिन मुक्तिबोध की इतनी ताकतवर कहानी 'क्लाड इथरली', जिसको फैंटेसी हम लोग कहते हैं। फैंटेसी कविता में भी है और कहानी में भी है। मुक्तिबोध मास्टर थे और आज नए लेखक समझ रहे हैं कि फन्तासी के द्वारा एक बड़ी नई बात कर रहे हैं। मैं देख रहा हूँ कि हिन्दी कहानी स्वप्न से यथार्थ तक चलते हुए आई है। फिर उस यथार्थ को फिर कुछ लोग सपनों से मिला रहे हैं। मैं नहीं कहता कि सारी कहानी सपने में लिख जाए तब भी नहीं लिखी गई थी, आज भी नहीं लिखी जानी चाहिए। लेकिन सपना और सच दोनों को मिला-जुलाकर, साध के, परर्मोएशन काम्बीनेशन से चीजें लिखी जा सकती हैं। लिखी जा रही हैं।

हिन्दी कहानी में कई मोड़ आए हैं विचाराधारात्मक संघर्षों के बीच, अनेक विघ्न-बाधाओं के बीच। आखिरी बात, कहानी का सबसे अच्छा दौर होता है सिनिसिज़्म। साठ के दशक की कुछ बहुत अच्छी कहानियाँ इसमें लिखी गईं। ज्ञानरंजन उसी दौर की उपज हैं। 'बहिर्गमन' जैसी कहानियाँ उसी दौर में लिखीं। आस्थाएँ जब टूटती हैं और नई आस्था जब नहीं मिलती है। 1991 में सोवियत समाजवाद का ध्वंस और 1992 में बाबरी मस्जिद का ध्वंस हुआ। उसके बाद लगभग आस्था, सचमुच की आस्था, चाहे वह समाजवाद की हो, चाहे न्याय की हो, होंगे कुछ लोग जिनके पास आस्था का बहुत मजबूत आधार है, लेकिन यह दौर ऐसा है जो

सवालों का दौर है। हमारे सामने सवाल से सवाल पैदा हो रहे हैं। ऐसा दौर कहानी के लिए खासतौर से बहुत उपजाऊ और उर्वर दौर हुआ करता है। कहानी ने नया मोड़ लिया। सच पूछिए तो उस दौर में जब नक्सलवाद पिट रहा था, चारु मजूमदार की हत्या हो गई थी उस दौर में कहानी में एक नया रंग था। बहुत अच्छी कहानियाँ आई हैं उस दौर में। वह क्रान्ति की नहीं थी, बदलने की नहीं थी। छापामार लोग जब खत्म किए जा रहे थे। काशीनाथ जो पहले 'सुधीर घोषाल' लिखा करते थे, आगे चल करके 'अपना रास्ता लो बाबा' और बाद में अस्सी के सहारे 'पांडे कौन कुमति तोहे लागी' लिखते हैं। उसके बाद के दौर के इस दौर में उन सवालों को उठाते हुए जूझते हुए। इसलिए जीवन में भले ही आपको लगे कि यह एक तरह का सनकीपन का दौर है लेकिन साहित्य में आमतौर से ऐसा ही दौर बहुत रचनात्मक होता है। दुनिया के बड़े कहानीकारों में चेखव का वही दौर है, जब 'दुल्हन' जैसी कहानी उन्होंने लिखी थी। छटपटाहट थी लोगों में। वह दुल्हन प्रतीक थी उस रूस की। 'वार्ड नम्बर 6' जैसी कहानी लिखी गई थी। उस दौर में बेहतरीन कहानियाँ लिखी गई थीं। आस्था के जयकारे के समय ज़्यादा अच्छी कहानियाँ नहीं लिखी जातीं। प्रेमचन्द की सारी बेहतरीन कहानियाँ असहयोग आन्दोलन खत्म होने, साम्प्रदायिक दंगे शुरू होने के दौर से लिखी गईं हैं। सन् 1930 से लेकर के 1936 के दौर में प्रेमचन्द ने अपनी बेहतरीन कहानियाँ लिखीं। जब गांधी जी को भी अँधेरे में रास्ता नहीं दिखाई पड़ता था। बावजूद पूर्ण स्वराज्य की घोषणा के कोई रास्ता नहीं था, समस्याएँ सामने आ रही थीं। आज हम लोग उसी दौर से गुजर रहे हैं। मुझे तो दिखाई पड़ रहा है एक पाठक के नाते कि कहानियों के लिए, कहानियों के द्वारा उस छापामार लड़ाई में शामिल होने के लिए अच्छा वक्त है। आज उपन्यास तो एटम बम है। आज सिर्फ अपने हाथ हैं और अपना दिमाग है। कोई हथियार नहीं है। यह निहत्थे लोगों की लड़ाई है जिसे मैं छापामार लड़ाई कहता हूँ। हम निहत्थे इन कहानियों के द्वारा यथार्थ को उसी तरह प्रकट कर सकते हैं, जिस तरह बँटवारे के ज़माने में मंटो ने अपनी कहानियों के द्वारा किया था और उस बँटवारे के खिलाफ 'टोब टेक सिंह' जैसी कहानी लिखी थी।

[2]

ज्यामिति या ज्योमेट्री में एक साधारण प्रतिज्ञा होती है कि त्रिभुज के तीनों कोणों का योग इतना होता है। साबित करें और अन्त में साबित करके कहते हैं 'साध्य उपपन्न'। क्यू.ई.डी., यही सिद्ध करना था। कुछ कहानियाँ इसी शैली में लिखी जाती हैं। 'निष्कासन' कहानी इसी शैली की कहानी है। ज्योमेट्री की तरह लिखी गई है।

इसलिए निहायत गढ़ी हुई कंट्राइव कहानी है। आपने कहा कि शिल्प के बारे में नहीं बोले। इसी एक कहानी को लीजिए। उसके शिल्प को एनालाइज कीजिए। एक दलित स्त्री सताई जाती है। वह न्याय के लिए दलित के पास जाती है। एक मन्त्री है। उसके घर भी जाती है और वहाँ भी पीड़ित होती है। होते-होते पूरे निष्कासन और आत्महत्या में उसकी परिणति होती है। कहानी में यही सिद्ध करना था कि दलित को दलित से भी न्याय नहीं मिल सकता है। इसी पूरी प्रक्रिया में मूल जो उसका दर्द और उसकी पीड़ा नहीं आती है। यथासम्भव हॉस्टल, यूनिवर्सिटी, गवर्नमेंट, चुना हुआ नेता—सारी जगहें सेचुएशन के रूप में चुनी गई हैं। चौरासी लाख योनियों में जीव को भटकाकर के यही सिद्ध करना था। वह ऐसी कहानी है कि चाहें तो सौ पेज में और बढ़ सकती थी। कहानीकार की कल्पना ने इतनी ही स्थितियाँ सोचीं। और भी स्थितियाँ हो सकती थीं। जैसे नाचते समय एक चक्कर लगाते हैं, दूसरा चक्कर लगाते हैं, तीसरा लगाते हैं और ताकत हो और दमखम हो तो आप दो सौ चक्कर लगा करके अन्त में सम पर वहीं पहुँचेंगे। इस शैली में लिखी हुई कहानियाँ प्राचीन उपदेश कथाओं की तरह हैं और यह बड़ी पिटी हुई शैली है। इसलिए मैं उस कहानी के पहले तो उसके शिल्प को ही दूषित मानता हूँ। मैकेनिकल, यांत्रिक। और यांत्रिक शैली में वेदना की गहराई नहीं व्यक्त होती है, आपकी कारीगरी झलकती चलती है कि आप किस स्थिति को पैदा कर रहे हैं। इसलिए पूरी कहानी उन स्थितियों के ब्योरे में भटकती चली गई है। खुद उसके अन्दर क्या है? यह तो कहीं व्यक्त ही नहीं हो पाता। इसलिए वह जितनी लम्बी हुई है उससे दुगुनी लम्बी और हो सकती थी। नॉवेल भी बन सकती थी बल्कि उसको बुनने में उन्होंने कई महीने लगाए हैं। प्रेमचन्द ने कहानी को कहा है कि ध्रुपद की एक तान है और तान बहुत दूर तक खींची नहीं जाती है। उस तान को इतना खींचा है उन्होंने।

मैं कहानी को कहानी की कला से ही पहले जाँचता हूँ। जब कला ही दूषित होती है तब मुझे लगता है कि फार्म गड़बड़ है तो फार्म में निहित जो कंटेंट होगा उसमें भी कोई न कोई बेईमानी होगी। कोई न कोई गड़बड़ी होगी। फिर उसकी संवेदना की तह देखूँगा। यह सेरेब्रेल कहानी है, बुद्धि से लिखी गई है। प्रेमचन्द बुद्धि से कहानी नहीं लिखते हैं। 'कफन' की ताकत बुद्धि नहीं है, बौद्धिक नहीं है। 'निष्कासन' शुद्ध बौद्धिक कहानी है। आजकल के बहुत से कहानीकारों को अपने बुजुर्ग प्रगतिशीलों से सबक लेना चाहिए। कृश्न चन्दर इसी शैली में क्यू.ई.डी. शैली में लिखा करते थे। कृश्न चन्दर की बड़ी मशहूर कहानी है 'पेशावर एक्सप्रेस'। सारी कहानी बँटवारे के हादसे पर है। अन्त में घायल होकर के जब वह गिरती है या गिरता है...मुझे याद नहीं आ रहा है तो उसके हाथ में 'थियरी इन प्रैक्टिस ऑफ कम्युनिज़्म' नाम की किताब के पन्ने फड़फड़ा रहे हैं। गनीमत है, उन्होंने 'कम्युनिस्ट मेनीफेस्टो'

नहीं फड़फड़ा दिया। कहानी खत्म होते-होते आखिर में झंडा दिखाई पड़ता है, उसके हाथ में झंडा। ये क्यू.ई.डी. वाली शैली में कहानियाँ लिखी जाती हैं। यह बुजुर्गों से गलतियाँ हुई थीं। अमृत राय ने, कृश्न चन्दर ने ऐसी कई कहानियाँ लिखीं हैं। मंटो इसलिए बेहतर हैं। आज कृश्न चन्दर को लोग भूल गए हैं। उनकी कहानियाँ बड़ी यांत्रिक कहानियाँ हैं, 'यही सिद्ध करना है' वाली शैली की हैं। बड़े कमजोर कहानीकार थे कृश्न चन्दर। एक ज़माने में अकेले उन्हीं की दुन्दुभी बज रही थी, मंटो को कोई याद भी नहीं करता था। उस शैली में निकृष्टतम कहानियाँ अमृत राय ने लिखी हैं। 'तिरंगा' जैसी। कुछ लेखक केवल सम्पादक होने के नाते कहानीकार बन गए हैं। राजेन्द्र यादव अपनी पुस्तकों का पुनर्मुद्रण करवा रहे हैं 'कुलटा' वगैरह-वगैरह का। दोस्त हैं हमारे। अपने लगभग हर सम्पादकीय में मुझे याद करते हैं तो मैं अपने भाषण में उन्हें क्यों न याद करूँ? क्योंकि वह लिख के याद करने लायक हैं भी नहीं।

आपने दूधनाथ जी के पक्ष में कहा, दूधनाथ तो काशी के समधी हैं और मेरे शिष्यवत् हैं। इस नाते थ्यौरमसेविंग के हिसाब से मेरे भी रिश्तेदार हुए, मेरे भी समधी हुए। बावजूद इसके, कहानी की दुनिया में यह रिश्तेदारी नहीं चलती है। गड़बड़ है तो कहना पड़ेगा। और डंके की चोट पर उनके मुँह पर मैं कहता हूँ। ऐसी ही 'नमो अन्धकार (म्)' नितान्त परवर्ट मानसिकता की कहानी है। किस पर है, किस पर नहीं है, इससे मुझको मतलब नहीं है। परवर्शन है। इस परवर्शन से कुछ लेखक और कुछ कहानीकार नष्ट हो जाते हैं। कहानियाँ नष्ट होती हैं। मुझे डर है, मेरे अत्यन्त प्रिय उदय प्रकाश इस समय ऐसी ही मानसिकता से गुजर रहे हैं। एक बहुत अच्छा कहानीकार परवर्शन का शिकार हो रहा है। यही परवर्शन है जिसके कारण राजेन्द्र यादव के कहानीकार की मौत हो चुकी है। उसी दौर में मन्नू ने, जैसी वो लिखती हैं, एक मध्यम कोटि की अच्छी कहानियाँ लिखी हैं, और कहानीकार के रूप में मन्नू ज़्यादा याद की जाएँगी, राजेन्द्र यादव अच्छे कहानीकार के रूप में याद नहीं किए जाएँगे। शिल्प समझाया जाता है किसी एक कहानी को लेकर। शिल्प को थियराइज नहीं किया जा सकता, नुस्खेबाजी से नहीं होता। शिल्प का मतलब अगर नुस्खा है तो नुस्खा हर कलाकार का अपना होता है। वह ट्रेड सीक्रेट होता है। वही राग भीमसेन जोशी गाते हैं तो उनका अपना है। क्या बात पैदा करते हैं! वही राग पं. जसराज के यहाँ जाकर के सपाट हो जाता है। यह गुर है कला का। हर गायक उसी राग को कैसे गाता है, उसका अपना ट्रेड सीक्रेट है। कोई कहानी अच्छी बन पड़ती है तो आलोचक बहुत कर सकता है तो उसको पहचानने की कोशिश कर सकता है। वह प्रिसक्राइब नहीं कर सकता है कि इस कहानी में यह कला सध गई है तो हर जगह सध जाएगी। कोई जरूरी नहीं है। इसलिए मैं तो शिल्प के बारे में मानता हूँ कि हर कहानी का, अच्छी कहानी का अपना शिल्प होता है। उस शिल्प

को खुद वह लेखक भी दोहराएगा तो जरूरी नहीं कि कामयाबी हासिल होगी और दूसरे तो क्या दोहराएँगे। इसलिए कहानी का शिल्प हर कहानी के साथ इस हद तक पैवस्त है कि दूसरा आदमी अगर उसी को दोहराने की कोशिश करे तो बात बन ही जाए, यह जरूरी नहीं है। चेखव जैसी कहानियाँ लिखने की लोगों ने कोशिश की, नहीं बात बनी। प्रेमचन्द जैसी कहानी आप नहीं लिख सकते हैं। जैनेन्द्र जैसी नहीं लिख सकते हैं। इसलिये कहानी के बारे में शिल्प के विवेचन का और उसकी पहचान का महत्व सचमुच बहुत है। लेकिन शिल्प किसी न किसी संवेदना की ताकत पर निर्भर करता है कि उससे संवेदना क्या पैदा होती है और वह संवेदना आपको इतनी गहराई तक छुए कि वह कहानी हांट करती रहे, कथानक भूल जाए, चरित्र का नाम भूल जाए, लेकिन उस कहानी का जो आखिरी असर है, वह असर आपको बार-बार कुरेदता रहे, झकझोरता रहे और बार-बार हर नए सन्दर्भ में वह कहानी याद आए तो एक नई घटना, एक नई परिस्थिति में भी वह एक नया अर्थ प्राप्त करती है, ऐसा मुझे लगता है।

अब रही पाठक वाली बात। कहानीकारों को भ्रम है, वहम है कि कविता के पाठक तो हैं नहीं, पाठक तो हमारे ज़्यादा हैं। एक गुमां हैं उनको इसलिए कहानीकारों में बहस होती है कि हमारे तो इतने पाठक हैं। कहानी की पत्रिकाओं में मुझे ज़्यादा पढ़ने को मिलता है कि मेरे पास अमुक कहानी पढ़ करके इतने पत्र आए और पत्रों की संख्या बढ़ाने की होड़ लगी हुई है। हमको बीस पत्र मिले, पैंतीस पत्र मिले। कुछ लोग पत्र कोट भी कर देते हैं कि अमुक पाठक ने लिखा। कवियों ने कभी दावा नहीं किया। बल्कि कवि इससे सन्तुष्ट हैं कि हमारे बहुत कम पाठक हैं। खुश हों कि मेरी बात समझना मुहाल है। ग़ालिब को उस ज़माने में कोई पढ़ने वाला नहीं था। व्यास के महाभारत को कोई सुनने वाला नहीं था। अन्त में सारी महाभारत कहने के बाद व्यास कहते हैं कि 'ऊर्ध्वागुरव्योन्मेष नहिं कश्चितश्रणोति में...'—मैं बाँह उठा के कह रहा हूँ कोई सुन नहीं रहा है। जिस दिन कहानीकारों में यह एहसास होगा और कहेंगे कि मैंने कहानी लिखी, इसको समझने वाला कोई नहीं मिल रहा है। समझ लीजिए, एक अच्छी कहानी की सम्भावना बनती है। ऐसे लोगों को चिन्ता है कि पाठकों का बँटवारा हो गया है। यह बात सुनके मुझे ऐसा ही लगता है कि एक आदमी की भैंस मर गई और दूसरे की काली हड़िया फूट गई और तमाम काली चीज़ों पर ही आजकल आफत आई हुई है। देश के बँटवारे की और जो भारत का समाज है, बँटा जा रहा है, उसकी चिन्ता नहीं है। उनके पाठक बँट गए हैं, उसकी है। मूर्खों, इसका मतलब है कि खुद तुम्हारे दिल में फाँक है। तुम्हारा दिल बँटा हुआ है। "तेरा दिल तो है सनम आशना/तुझे क्या मिलेगा नमाज में"। अगर बुरा लगा हो तो माफ कर दीजिएगा। मेरे मन की चोट यही है और उससे मैंने कहा है। अभिमान के साथ नहीं,

पीड़ा के साथ कहा है। कहानीकारों की पीड़ा देख करके बहुत दया आती है मुझे। कोई कहते हैं–'हमको विषय नहीं मिलते हैं, तलाश में हूँ...।' अरे जा मर, तू मत लिख कहानी। कुछ और धन्धा कर। जो कहानीकार मात्र पाठकों की तलाश में भटकते हैं उनको पिरेंडलो का वह नाटक पढ़ना चाहिए 'सिक्स कैरेक्टर्स इन सर्च ऑफ ऑथर।' आज का पाठक भटक रहा है एक सच्चे, जेन्युइन अच्छे कहानीकार के लिए और जहाँ मिलता है उसके सामने वह सिर झुकाता है। बँटे-ओटे होने की चिन्ता मत कीजिए। कोई नहीं बँटा है।

कहानी के बहुत पाठक हैं और ऐसे भी पाठक हैं कि एक ही पाठक दो अलग-अलग ढंग की कहानियों को पसन्द करता है। उस इकहरे पाठक से सावधान रहिए जो केवल एक ढंग की और एक रंग की कहानी पसन्द करता है। वह कहानी का पाठक नहीं है। वह किसी गुट का सदस्य है। किसी ऑइडियोलॉजी का है। मुझ पर भी यह तोहमत लगाई गई है कि ये निर्मल वर्मा को भी पसन्द करते हैं। जी हाँ, जिस ज़माने में लिखा था, उस ज़माने में भीष्म साहनी की 'चीफ की दावत' भी पसन्द करता था, अमरकान्त की 'डिप्टी कलेक्टरी' भी पसन्द करता था और निर्मल वर्मा की 'परिन्दे' की कहानियाँ भी पसन्द करता था। एक ही साथ मैंने निर्मल वर्मा की 'लन्दन की एक रात' भी पसन्द की थी और अमरकान्त की 'हत्यारे' भी पसन्द की थी। जिस पाठक के दिल में अलग-अलग रंग की लेकिन मार्मिक कहानियों के लिए जगह हो, सच्चा पाठक वह है और मैं ऐसा पाठक होने के लिए अपने आपको अभिशप्त पाता हूँ।

[भोपाल में 'राग भोपाली' के लोकार्पण के अवसर पर 28 अप्रैल, 2002 को व्यक्त विचार। नामवर सिंह पर केन्द्रित 'वसुधा' के अंक-54, अप्रैल-जून, 2002 एवं उसके पुस्तक संस्करण। 'हिन्दी आलोचना की दूसरी परम्परा', सं. कमला प्रसाद, वाणी प्रकाशन, दिल्ली में 'यथार्थ नमक है' शीर्षक से प्रकाशित पहला खंड मुख्य व्याख्यान है, जबकि दूसरा खंड प्रश्नों की 'जवाबी वार्ता'। वीरेन्द्र जैन, विजय बहादुर सिंह और जितेन्द्र तिवारी के क्रमशः 'निष्कासन', कहानी-शिल्प और पाठक से जुड़े प्रश्नों के जवाब के क्रम में व्याख्यान का उत्तर पक्ष सामने आया।]

पंजाबी समाज का प्रतिनिधि लेखक

आज हम पंजाबी समाज और उसकी संस्कृति पर चर्चा करनेवाले हैं। मैं उस पर कुछ कहने का अधिकारी नहीं, क्योंकि उस समाज में रहने का मौका मुझे बहुत कम मिला है। एक मुसाफिर की तरह दो-एक दिन आना-जाना, यह तो कोई जानना नहीं हुआ। लेकिन कभी-कभी ज़रूरत पड़ती है कि आप बाहर वाले आदमी से भी, उसकी आँखों से भी देखें। मैं पंजाबी समाज के बाहर का और हिन्दी समाज का आदमी हूँ। इस समाज को उसके साहित्य, उसकी भाषा, उसकी कला, उसके संगीत, उसकी संस्कृति के जरिए जानने-समझने की कोशिश करता रहा। उसमें अक्सर, मेरी जानकारी, मेरे साथियों ने बढ़ाई। उन लोगों के जरिए बहुत सारी चीज़ें अक्सर मालूम होती रहती थीं। उस सबके आधार पर कुछ कहा जा सकता है। गुरदयाल सिंह के लिखे का कायल हूँ। वे उन लेखकों में से हैं जो फरिश्ते की तरह लिखते हैं। जो कुछ उन्होंने लिखा है, वहाँ आइने की तरह जो चीज़ें पड़ी हुई हैं, उनकी बाबत कुछ कहना चाहता हूँ।

गुरदयाल सिंह को मैंने पहली दफा तब जाना, जब मैं राजकमल से सलाहकार के तौर पर जुड़ा हुआ था और 'मढ़ी दा दीवा' वहाँ तर्जुमा होकर आया और मैं उसे छपने के लिए देने से पहले उसकी भाषा देख रहा था। उस सिलसिले में मुझे लगा कि ऐसी प्रतिभा वाला और ऐसी भाषा वाला उपन्यासकार हिन्दी में तो नहीं है। यह कौन है? यह कोई सन् सड़सठ-अड़सठ की बात होगी। अतर सिंह से मुलाकात हुई तो मैंने उनसे पूछा कि भई, यह कौन लेखक हैं? और तब से मेरे लिए यह एक 'डिस्कवरी' थी—इस लेखक को जानना-पहचानना। आखिरी उपन्यास 'परसा' को पढ़कर जाना कि यह वही 'मढ़ी का दीवा' की कलम है, जो 'परसा' तक पहुँची है। उस पर अभी मैंने कुछ लिखा नहीं है। अभी मैं उस पर कुछ फुटकर विचार इस बारे में रखूँगा कि उसमें पंजाबी समाज की क्या झलक मिलती है और क्या उससे सन्देश निकलता है इशारों की तरह।

एक दूसरी परम्परा जैसे उनकी आत्मकथा में बोलती है। बुल्ला क्या जानूँ मैं कौन?—यह बुल्लेशाह से लिया है उन्होंने। अब आप यह देखिए। मैं देखता हूँ कि

पंजाबी समाज की पूरी रवायत–फरीद से लेकर बुल्लेशाह, वारिसशाह; गुरुनानक देव से लेकर आज के गुरबख्श सिंह, भाईवीर सिंह, पूरण सिंह तक–एक आदमी में है। इसका मतलब है कि समाज में भी वह पूरी रवायत, वह पूरी परम्परा जिन्दा होनी चाहिए। यह (परिदृश्य) एक दिन का बना हुआ नहीं है। कनाडा और लन्दन में जो एक नया 'इलीट क्लास'–बिजनेस और टेक्निकल क्षेत्र में–पैदा हुआ है, उससे पंजाब न जाना जाए और समझा जाए। पंजाबी समाज का जो मन है, जो जीवन-शक्ति (स्पीरिट) है उसके अन्दर, उसकी बाबत, जब इस किताब को पढ़ा, तब मालूम हुआ। बहुत से समाज ऐसे हैं, जो अपनी बीती हुई परम्परा को भूल रहे हैं। नए मीडिया (के जरिए) नए बच्चों की स्लेट साफ की जा रही है, जिससे आज और अब में जीने वाले लोग ज़्यादा पैदा हो रहे हैं। (पर) हमारी ताकत वहाँ (परम्परा में) है। तो, इस किताब को पढ़कर यह पहला सन्देश मुझे दिखाई पड़ा।

बहुत पहले 'मढ़ी का दीवा' पढ़ते हुए, एक पंक्ति पढ़ी थी। उससे एक झलक-सी मेरे मन में हुई। उसमें आता है–'बन्दियों तेरियाँ दस देहिया, इक्को गई विहा, नौ किद्धर गइयाँ?' यह पंक्ति पढ़ते हुए ही मुझे याद आया कि यह तो मैंने कहीं पढ़ा है और अपनी ज़ुबान में पढ़ा है। ग्यारहवीं सदी के उत्तरी गुजरात में पाटण के आसपास के हेमचन्द्र के दोहों को मैंने पढ़ा था। अपभ्रंश को मैं थोड़ा-बहुत पढ़ लेता हूँ। उसमें पंजाबी समाज का जो मन है, छिपा है। बीती परम्परा को लोग भुला देते हैं। ग्यारहवीं शती में गुजरात के आसपास सुना गया था यह दोहा–'गजदशा और चिचोड़न गिद्ध'–ग्यारहवीं सदी में ऐसा लोकगीत, ऐसी लोकोक्ति प्रचलित थी, जिसको उसने लिखा है। (हिन्दी रूपान्तर है)–'मनुष्य की तो दस-दस दशाएँ, देहियाँ होती हैं, मेरे कन्त की केवल एक ही देहड़ी है, बाकी को चोर ले गए।' ग्यारहवीं सदी में उत्तरी गुजरात में और राजस्थान में यह दोहा प्रचलित था। जब मैं गंगानगर गया तो मैंने देखा कि यह इलाका पंजाब के भठिंडे से जुड़ा हुआ है। रेलवे लाइन उन्हें जोड़ती है। मिले-जुले लोग हैं। तो इस पूरे राजस्थान (के इस परिदृश्य में) में ग्यारहवीं सदी से लेकर अब तक जुबान थोड़ी अलग हो गई है–

मानुस रा दस दसा, सुनियहु लेई प्रसिद्ध।
मह कंतह इक्कस दसा, अवरि त चोरहिं लिद्ध ॥

भाषा थोड़ी बदली हुई है लेकिन कहीं न कहीं एक (जैसे) संस्कार रहे होंगे। आज तक मैं इसे समझ नहीं पाया। फिर इतने दिनों बाद गुरदयाल ने 'क्या जानूँ मैं कौन' में पहली देही और दूसरी देही की बात की है। और इसी को 'कोट' किया है कि ये दस देहियाँ होती हैं तो ये एक देही हमारी कौन (सी) है और दूसरी देही कौन (सी)? ये देह के रूप में समाज की कल्पना करना और अपने आप में मनुष्य को देखना–ये पूरी परम्परा से कहीं जुड़ा हुआ है।

इस किताब को पढ़ते हुए, मेरा ध्यान गया–पंजाबी भाषा की गहराई पर...ऋग्वेद के ज़माने के बहुत से लफ्ज़ और प्रयोग पंजाबी में आज भी ज़िन्दा हैं; और यहाँ से चलकर हिन्दी में आए हैं। बीच में संस्कृत में नहीं मिलते। एक शब्द है–इधर। 'इह' संस्कृत में मिलता है, परन्तु 'ध' के साथ पूरा का पूरा 'इधर' हिन्दी में आ गया है और 'किधर' और 'उधर' भी हैं, जिनमें 'धर' वाला हिस्सा सीधा पंजाबी से उद्धृत है और वह वेद में प्रयुक्त है। (लेकिन) उसके बाद गायब है। संस्कृत में 'इ' है, लेकिन 'ध' नहीं है। तो यह 'इधर', 'उधर', 'किधर'–हिन्दी में उर्दू से आया नहीं, फारसी से आया नहीं, संस्कृत से आया नहीं–सीधे पंजाबी से चला आ रहा है। इसलिए मैं कहना चाहता हूँ कि पंजाबी के भाषा विज्ञान की 'आर्कियोलॉजिकल' खुदाई ज़रूरी है।

गुरदयाल सिंह ने अपनी इस किताब में लिखा है कि वे बचपन से ही भाषा प्रयोगों के इलाकाई रूपों, बोलियों के फर्क की बाबत सजग थे कि कौन आदमी कहाँ क्या बोल रहा है? एक जगह उसमें आता है–बहुत छोटी बातें मैं बता रहा हूँ–कि (उसमें) जिस ढंग से वह इस्माइल नलकों वाला दोआवियों की तरह 'जलन्धर' शब्द बोलता उसे सुनकर ताऊ हमेशा मुस्करा दिया करता। वह 'ल' अक्षर पर दबाव डाले बिना पूरा शब्द बहाव में बोलता, तो ताऊ को बहुत अच्छा लगता। भाषा का एक अपना ही प्रभाव था, जिससे ताऊ को आनन्द मिलता था। एक आदमी रावलपिंडी का है तो उसे देखते ही उसके (बोलने) अन्दाज़ से पहचान लिया जाता है कि रावलपिंडी से आया हुआ है। इन (इतनी) बोलियों की बाबत यह मैं इसलिए कह रहा हूँ कि आज के इस आधुनिक ज़माने में नए 'ग्लोबलाइज़ेशन' के दौर में, सारी ज़ुबानें सपाट होनेवाली हैं और जो बारीकियाँ हैं क्षेत्रीय–जो लुप्त होने वाली हैं–उनमें 'कल्चर' छिपी है, हमारी अपनी पहचान छिपी है। ग्लोबलाइजेशन से यही (अर्थ) नहीं कि अंग्रेज़ी अनेक भाषाओं पर रोलर चला रही है–जैसे रोलर चला देते हैं, बड़ा साफ स्वच्छ लॉन बनाने के लिए–इससे दुनिया एक साफ स्वच्छ लॉन जैसी तो बन जाएगी, पर बहुत सारी चीजें इसके साथ खत्म हो जाएँगी। इसलिए पंजाबी साहित्य में (जो) बोलियाँ, बोलियों की कई आवाजें बची हुई हैं, कई लफ्ज़ बचे हुए हैं, उनकी खसूसियात (उनकी) पहचान हैं और मुझे बहुत गहरा अहसास (उनसे होता है।) जैसे जतू नाभा का, रावलपिंडी वाले से (बोलता है) या बाकी बठिंडे वाले कैसे बोलते हैं–इन चीज़ों का फर्क करना एक और (ही तरह का) गहरा अहसास (जगाता) है। इसी सन्दर्भ में (गुरदयाल सिंह) ने लिखा है कि जाने क्यों मास्टर जी अपनी नाभे की बोली में समझाने लगे? जाने क्यों उनकी ऐसी बातों का असर आज तक मन पर दिखाई देता है कि साठ साल का लम्बा समय बीत जाने पर भी बोलते समय अटक जाता हूँ कि बोलते समय कोई लफ्ज़ गलत तो नहीं बोल रहा।

दिन पर दिन हिन्दी में भी (यह) हो रहा है और पंजाबी में भी होगा कि भाषा के बारे में लापरवाही बरती जा रही है। तात्पर्य यह है कि हम भाषाविहीन होने जा रहे हैं, इससे समझ लेना चाहिए कि यह समाज के लिए मौत की घंटी होती है। ऐसा समाज बहुत दिन नहीं चल सकता। इस दौर में बहुत खिचड़ी-विचड़ी चलने लगी है। हिन्दी में, या पंजाबी में अंग्रेज़ी वही मिलाते हैं, जिन्हें अपनी भाषा ठीक से नहीं आती। जुबानें मिलती हैं और घुलती हैं। अब अकेली पंजाबी है जिसमें पर्शियन, अरेबियन शब्द 'रब' और या 'रब' बोला जाता है। बाकी लोग भगवान और ईश्वर कहते है। उर्दू में भी 'या रब' तो मिल जाएगा लेकिन 'हाय रब्बा' नहीं मिलेगा। उर्दू में भी नहीं, पाकिस्तान में भी नहीं, यह ठेठ पंजाबी है...लेकिन (आजकल) लड़का-लड़की बोलते हैं–'ओ माय गॉड'–यह नहीं चलेगा। नहीं चलेगा–ओ माय गॉड–यह अलग खड़ा रहेगा। इसलिए यह (उल्लेखनीय है) कि गुरदयाल कहता है कि इतनी उम्र होने पर भी उसकी ज़ुबान अटक जाती है कि मैंने पंजाबी भी सीखी है। अपनी मातृभाषा को भी सीखना पड़ता है। यह नहीं कि अपने आप आ जाती है।

सोचना पड़ेगा कि हम अपने बच्चों को क्या नई टेकनीक या तरकीब ईजाद कर दें, जिससे यह भाषा बेहतर तरीके से पढ़ाई जा सके। अगर उर्दू पढ़ाने और बोलने वाले लोग अपेक्षाकृत सावधान हैं कि ज़ुबान खराब न बोली जाए, सो यह उचित ही है। ज़ की आवाज़ को सपाट करके, बिन्दी हटा कर, हिन्दी में ज... ज...बोलते जाएँगे, तो आप लफ़्ज़ को फाँसी पर लटका रहे हैं। ज़ुबान का गहरा ताल्लुक अक्ल और समझ से होता है। हम सोचते ज़ुबान में है, दिमाग से नहीं सोचते और लर्निंग पर लिखने वालों ने कहा है कि हम भाषा के जरिए कोई चीज़ सीखते हैं, तो, अगर आप खराब अंग्रेज़ी या खराब पंजाबी जानते हैं, तो उस समाज और संस्कृति को भी आप अच्छी तरह नहीं समझ सकेंगे। इस किताब से यह सबक मुझे मिला।

मैंने इस किताब का हिन्दी अनुवाद पढ़ा है। परन्तु कैसी पंजाबी में (मूल रूप में) लिखी गई होगी–इसे आप लोग बेहतर जानते हैं...खूबसूरत लिखावट कभी एक आर्ट होती थी और आमतौर पर किताबत का जो ट्रेडिशन उर्दू में रहा है, (उस वजह से) केलियोग्राफी एक आर्ट बन चुका है। पंजाबी केलियोग्राफी और उसी तरह से बोलना–यह पहचान होती है पंजाबी कल्चर की। हम लोग भूल गए हैं अच्छी ज़ुबान बोलना ओर अच्छी लिपि में उसको लिखना...मुझे खुशी है, लिंग्विस्टिक्स का विकास पंजाब में और जगहों से बेहतर हुआ है।

इस किताब से एक बात और सीखी, जिसके लिए पंजाब माना जाता है। एक चैप्टर इसकी पहली 'देही' में है–'हाथ का काम'। लेखक ने लिखा है कि मैं मिस्त्री खानदान का हूँ। बढ़ईगिरी की है और लुहारी भी की है। अपने ताऊ से मैंने जाना

कि हाथ के काम का क्या महत्व है। लिखा है–'हम मज़दूरों की जायदाद तो ये हाथ हैं। ताऊ अपने हाथों की ओर देखकर ये कहता है कि जब तक ये कायम हैं, जायदाद तो हमारे आगे-पीछे घूमती है और आगे आने वालों के लिए क्यों सोचते रहें? वो भी सभी कुछ हाथ की करामात से बना लेंगे। नहीं तो हमारी बनाई भी बेच खाएँगे। मुफ्त का माल तो भई, आदमी का दिमाग ही बिगाड़ देता है...।' (इसे पढ़कर) मुझे अहसास हुआ कि आदमी के हाथों का क्या महत्व होता है? यह बात एक बढ़ई का बेटा, एक लुहार का बेटा या एक किसान का बेटा ही कह सकता है, जो हाथों से काम करता है। जो आखिर में कलम चलाता है, वो भी उसी हाथ की करामात है। (इस सन्दर्भ में गुरदयाल ने) बड़े दुख के साथ लिखा है कि...मास्टर जी ने कागज़ उलटते-पलटते धीरे-धीरे देखा कि वो रगड़ जो है, धीरे-धीरे खत्म हो रही है। हाथ कागज की तरह कोमल हो रहे हैं।...(इसके बाद मास्टर जी को जब फिर हाथ का काम करने के लिए) बुलावा आता है तो उन्हें फिक्र पड़ जाती है कि वे हथौड़ा कैसे चलाएँगे। फिर जब वह बीवी से छिपाकर नहाने जाता है तो वहाँ हथौड़ा चलाता है...(लेकिन) यही हथौड़ा चलाने वाला हाथ चित्रकारी भी करता है। वह चित्रकार भी बनना चाहता था। और उसने सरदार सोभा सिंह से चिट्ठी-पत्री भी की थी। कुछ तस्वीरें भी बनाई थीं। ये हाथों का महत्व जितना पंजाब का आदमी जानता है, हिन्दोस्तान के दूसरे समाजों का आदमी नहीं जानता।

हिन्दी में 1984 के बारे में स्वयं प्रकाश ने अपनी एक कहानी में लिखा है–'क्या आपने किसी सरदार को भीख माँगते देखा है?' हिन्दी समाज के लोगों में एक छवि बनी हुई है कि सरदार हाथ का काम करने का महत्व जानता है, अतः वह किसी के आगे हाथ नहीं फैलाएगा। गुरदयाल ने लिखा है कि मैं जब किसी भिखमंगे को देखता हूँ तो मुझे नफरत होती है और मैं उसे दान नहीं देना चाहता...जिस समाज में भिखमंगे ज़्यादा हों, समझ लीजिए, उसका भगवान ही मालिक है।...तो 'क्या जानूँ मैं कौन' में, इस तरह मुझे, शुरू से लेकर आखिर तक हाथ का महत्व दिखाई देता है। इस किताब में जो आदमी पहिया बनाता है, वह उसे चढ़ाने के लिए किसी की मदद नहीं लेता। कहता है, मैं खुद चढ़ाऊँगा। यह हाथ का काम करने वालों की खुद्दारी है, स्वाभिमान है। एक अमेरिकी अर्थशास्त्री ने 'पैरासाइट क्लास' को 'लेसर क्लास' कहा है जो केवल कुर्सियाँ तोड़ते हैं। इन लोगों में खुद्दारी नहीं आ सकती, जो लोहा तोड़ने वालों या हल चलाने वालों में हुआ करती है।

गुरदयाल को मैं एक प्रतिनिधि लेखक मानता हूँ, पंजाबी समाज का...समाज जो है, वह 'एब्स्ट्रैक्शन' है। मेरा मतलब है, जानदार इन्सान हैं...समाज हवाई चीज़ है, जानदार लोग जो हैं, वे हैं समाज–और जैसे मजदूर वर्ग कह कर बात नहीं बनती, हर मज़दूर की अलग पहचान है। एक जमात के होते हुए भी सब अपनी अलग

पहचान रखते हैं। इस नाते गुरदयाल ही वह अकेला लेखक है पंजाबी साहित्य का जो उस तबके से आता है, जिसे गोर्की ने 'लोअर' तबका कहा था और जो वहाँ से बाकी दुनिया को देखता है। अतः यह कहानी बड़ी दिलचस्प बन पड़ी है।

एक किस्सा गुरुनानक देव से जुड़ा हुआ है। वे थे तो राजा, लेकिन कहलाना चाहते थे बाबा। उन्हें लगता था, जैसे राजा कहकर उनकी तौहीन की जा रही हो, उन्हें मामूली आदमी बनाया जा रहा हो—तो बुरा मानते थे...यह बात वही आदमी समझ सकता है जो ज़मीन से जुड़े उस तबके से आया है, जिसका ताल्लुक मेहनत करनेवालों से है। (यहाँ जिक्र करना चाहूँगा) उनका एक लेख है—'मेरा पहला उस्ताद' और उसमें पहला उस्ताद था—मुहम्मद बूटा, जो एक तेली था। उसके बेटे का नाम था मुहम्मद अली और बेटी का नयामत। यों जिस सबसे अहम शुभचिन्तक को उनकी किताब समर्मित है, वे थे हेडमास्टर मदन मोहन शर्मा। लेकिन उनके बाद थे वे पहले उस्ताद मुहम्मद बूटा। उसका ज़िक्र उनके अन्य नॉवल 'घर और रास्ता' में भी आया है, जिसका अनुवाद हिन्दी में हुआ है। (पर) यह पहला उस्ताद मुहम्मद बूटा क्यों था? क्योंकि वह उस दौर में, जब नाभा एक स्टेट थी, वह उसके प्रजा-मंडल में एक वर्कर था और उसी ने उस दौर की सियासत से और उस आन्दोलन से परिचय करवाया था (जिसका मकसद था) कि अंग्रेजो! बाहर जाओ, भाग जाओ। उसकी सियासत की यह समझ (इसलिए अहम है) कि सियासत करने वालों की समझ में ठीक से ये बात नहीं आती थी कि अंग्रेज़ कौन है? क्योंकि वे तो राजा को जानते थे। सियासत में तो राजा मुख्य होता है, वही मालिक होता है। उस समय जो ट्रेनें जाती थीं, उनमें मुख्य रूप से जो सिपाही देखने को मिलते थे, वे सरदार लोग होते थे। अंग्रेज तो कभी-कभार ही देखने में आता था। तो 'अंग्रेज जाओ' इस बात का यह मतलब कि उसके साथ राजा भी जाएगा, तब समझ में आया जब 1947 में सरदार पटेल ने रियासतों को (भारत में) मिलाया। तो, अंग्रेजों की वजह से ही राजा हैं—(यह समझ उसे पहला उस्ताद बनाती है।) और फिर उसने उन तस्वीरों को दिखाया (जिनसे) बादशाह खान—अब्दुल गफ़्फ़ार खान—जो सरहदी गांधी हैं, का परिचय मिला...और महात्मा गांधी का और 1942 की 'क्विट इंडिया' की मुहिम का...और उस प्रजामंडल में होनेवाले उन जलसों में हिन्दी वाला यह गाना भी गाया जाता था—'खिदमते खलक में जो मर जाएँगे, नाम अपना दुनिया में कर जाएँगे।' और इस प्रजामंडल के जरिए हिन्दी पढ़ने और पढ़ाने का काम भी किया जाता था। पंजाबी जानने का मतलब (चूँकि) एक इलाकाई ज़ुबान को जानना था, हिन्दी जानने का मतलब था—'नेशनेलाइजेशन' (की प्रक्रिया) से जुड़ी ज़ुबान को जानना। आज इस पर बहस हो रही है। वह हिन्दी सिखाना (ऐसा था) कि वह (सिखाने वाला) खुद हिन्दी सीख रहा था और गुरदयाल सिंह, जिसने पंजाबी सीखी थी, (संकेत रूप में वह) यह

सीखने की बात हिन्दी से भी बाँध रहा है, ऐसा नहीं है। वो जो हमारी बोली है, उसे सीखने की ज़रूरत नहीं है। जो हिन्दी बोलते हैं, उन्हें लग सकता है कि हिन्दी उनकी ज़ुबान है–हालाँकि वह नहीं है, मसलन, मेरी बोली भोजपुरी है और भोजपुरी वाले हिन्दी जिस तरह की बोलते हैं, वह आप लालू प्रसाद यादव के मुँह से सुन लीजिए।

इसलिए एक तो (पहले उस्ताद से) राष्ट्रीयता की समझ मिली और दूसरी बात (का ताल्लुक इससे है कि) वह एक मुसलमान तेली था। उसका बैल जब घूमते-घूमते खड़ा हो जाता था, तो वह उसके नीचे एक बाल्टी लाकर रख लेता था ताकि बैल उसमें पेशाब कर ले और वह फिर घूमने लगता। यानी वह उस बैल की एक-एक अदा जानता था। गाय की कसम खाता था। बैल को अपने बेटे की तरह प्यार करता था। ऐसा वह तेली राष्ट्रीयता का सबक सीखता और सिखाता था।

और यहाँ एक और भाषा–अंग्रेज़ी के साथ हिन्दी (का रिश्ता भी खुलता है)। यह वही आदमी था, जिसके पास उन्होंने अंग्रेज़ी की किताब पहली बार देखी थी और या उसके अलावा मास्टर मदन मोहन शर्मा के पास देखी थी। उस दौर में, एक आम आदमी की तरह मेहनत से काम करनेवाले, तेली मुसलमान उनके पहले उस्ताद की तरह आए।

इस किताब में तीन मुसलमान चरित्रों का ज़िक्र किया गया है। उनमें से एक वह है जिसे गुरदयाल सिंह ने पार्टीशन (के पहले) कसौली से कालका आते हुए देखा था। आखिरी अध्याय में वर्णित वह घटना इसलिए खासतौर से महत्वपूर्ण है क्योंकि बशीरा केतन को इतना प्यार करता था कि चूम लेता था और कहता था कि अल्ला कसम! अगर तुम औरत होते, फिर चाहे हिन्दू होते या ईसाई, मैं तुमसे शादी कर लेता...लेकिन पार्टीशन की वजह से यह हुआ कि वह खोजने पर भी नहीं मिला। फिर पचास साल बाद 1997 में गुरदयाल ने पाकिस्तान से आए हुए एक नौजवान अय्याश घुम्मण को देखा, तो बशीरे की फिर से याद हो आई। जी चाहा, आवाज़ दे कर पूछूँ–क्या तू बशीरे का बेटा है? परन्तु प्रश्न पेट से उठा और गले तक अटक गया। सोचा, इस तैंतीस साल के लड़के को क्या पता होगा कि देश का बँटवारा क्या होता है और किशोर उम्र में की गई 'अडोलसेंट' यारियाँ क्या होती हैं? किसी बशीरे से बिछड़ जाने का दर्द क्या होता है? कभी अपने 'कवीशरो' से सुना था, पॉप सॉंग सिंगर से सुना था कभी–

तन्दरुस्त नूँ सार की दुखड़े दी, दुख पुच्छ लै किसे बीमार कोलों॥

पूरी आधी सदी की अँधेरियों ने तो पुराने पदचिन्ह मिटा दिए पंजाब की दोनों धरतियों से और जो बचा था उस पर दोनों देशों के हुक्मरानों ने ऐसे बुत खड़े कर दिए कि कहीं कोई बुत तोड़कर पैरों के निशान पहचानना भी चाहे तो पचास बरस बूढ़ी आँखों की धुँधली नज़र उन्हें पहचान ही न पाएगी। ऐसे पैरों के निशान कयामत के दिन

ही कोई बुतशिकन पहचान पाए तो शायद पहचान पाए, नहीं तो टुकड़ों में बिखरे इन पदचिन्हों की पहचान भी कहाँ बच गई है? और ये जो जज्बात के सौदागर हैं, नए बुत खड़े कर रहे हैं और पैरों के निशान मिटा रहे हैं—वे क्या जानें कि (दर्द क्या होता है?)...बुतशिकनी आज़ बहुत जरूरी हो गई है (क्योंकि) आज भाई-भाई और दोनों मुल्कों को मिलाने की जो बात की जा रही है, यह बुतपरस्तों की दुनिया है। यह बात भाई गुरदयाल ही लिख सकता है जो पैरों के निशान का मतलब समझता है जिसके पाँव जमीन पर होते हैं, जो ज़मीन से जुड़ा है। आसमानों पर रहनेवाले लोग केवल बुत खड़े करते हैं। लेकिन एक ओर यह हाथ का काम करनेवाला, (उसका) महत्व समझने वाला, यह पंजाब है, और इसमें प्यार की, दो-तीन दास्तानें हैं...पाक-साफ प्यार क्या होता है...तब समझ में आता है कि पंजाब और चीज़ों के अलावा देशप्रेम वगैरह तो है, वो तो अलग चीज़ है—हीर वारिस का देश है। इसलिए प्यार की जो पाकीज़गी है, उस पाकीज़ा प्यार को बेहतरीन तरीके से (अभिव्यक्ति मिली है)। मैं नहीं जानता, हमारे यहाँ हिन्दी में प्रेम पर जो अगले (पहले) वक्तों में किताबें लिखी गई हैं, वो सूफियों ने लिखी हैं। सूफियों ने प्रेम को एक 'वैल्यू' के रूप में स्थापित किया। (वहाँ) प्रेम केवल एक 'सेंटिमेंट' नहीं है, वो 'वैल्यू' है। और 'सुप्रीम वैल्यू' है। हमारे धर्म में तो—धर्म, अर्थ, काम, मोक्ष वगैरह है—काम है, लेकिन प्रेम नहीं है। इसलिए इश्क एक 'सुप्रीम वैल्यू' है। यह एक नई समझ है—मेरी समझ है अदना...वह सूफी की देन है, करार है, खुदा का दर्जा रखता है। यह काम मलिक मुहम्मद जायसी, मौलाना दाऊद—इन लोगों ने हिन्दी में किया और आपके यहाँ यह काम पूरी की पूरी चीज़ (यानी) फरीद से चलने वाली परम्परा में बुल्ले शाह और वारिस शाह—इन लोगों ने किया।

एक अच्छे 'नॉवल' की पहचान यह है कि उसका 'ट्रीटमेंट' और 'लव' कैसा है? 'मढ़ी का दीवा' के लेखक (में) प्रेम का ही मीठा-सा राग है दर्द जो है, वो चीज़ इसमें मिलती है। तीन प्रेम कहानियाँ हैं। डॉक्टर बद्रीनाथ के यहाँ सरला और पुष्पा का...वे खाना बना कर देती हैं, दिन भर वह काम करता है। आप उसे पढ़ें तो सब होते हुए वे प्यार करती हैं। सब कुछ इसके मन में भी है लेकिन रोते हैं दोनों। उसके बहते हुए आँसू, खासतौर से सरला के लिए...पुष्पा, जो बच्ची है, उसके साथ खेलता है। अद्भुत!...एक ऐसी ही वो, प्रेम की (कथा)...बलवन्त कौर, निक्की जिसे कहते हैं, तेरह साल की उम्र में शादी हुई है...और जो लोग समझते है। शादी अलग चीज़ होती है और प्रेम अलग चीज़ होता है...उस निक्की के साथ और उन दोनों बच्चों के साथ, एक मिठास है। प्रदर्शन कहीं नहीं है। कोई 'सेंटिमेंटलिज़्म' नहीं है। मैंने यह पाक प्रेम और ऐसी पाकीजा प्रेम की दास्तान...जिसमें दो (प्रेम कहानियाँ) सरला और (पुष्पा) की तो हैं ही—सबसे दिलचस्प है, भाभी की...कई लोगों ने (हिन्दी में)

भाभी-वाद चलाया हुआ था–जैनेन्द्र वगैरह ने...(लेकिन यहाँ) मैं पढ़ता था, शुरू शुरू में, शादी के समय, भाभी के साथ जो प्रेम का वर्णन किया है–वह 'आइडियलिज़्म' नहीं है, 'रोमांटिक' भी नहीं है, बल्कि ज़मीन से जुड़ी हुई सच्चाई है। आम ज़िन्दगी में यही होता है...और उसमें वह जो पात्र आता है, नत्थी, वह पहली 'देही' में कमाल के उस 'एल्बम' (में आता) है जिस 'एल्बम' में ऐसे ऐसे पात्र हैं–रहीमू भी...अजीब बात है यह वो पंजाब है, जिस पंजाब में हिन्दू-मुसलमान सब आम लोगों जैसे आपस में मिलते-जुलते थे, अब वैसा तो कहाँ से आएगा? ढूँढ़ के आप लाएँगे? लेकिन बाकी हिन्दोस्तान में जहाँ वो है, वह बचा रहा जाए, यह सन्देश पंजाब से बाहर यू.पी., बिहार के लिए यह किताब देती है। जो राजनीतिक नेताओं के द्वारा दिए गए सन्देश थे, उनसे यह एकदम अलग है, अलग ढंग से जाता है।

मैं समझता हूँ जिस भाषा से, जिस साहित्य से, जिस संस्कृति से, जिस समाज से ऐसा साहित्य पैदा हो और इस साहित्य को लिखने वाला हाथ जहाँ उगता हो...रूस में ऐसे ही लेखकों की कतार लगी हुई थी–उसे पढ़ते हुए (मैं कह सकता हूँ कि) गोर्की से बेहतर लिखी हुई आत्मकथा है यह। गोर्की का 'मेरा बचपन' और बाकी जो लिखा है–गोर्की का मैं भी मुरीद हूँ और खुद गुरदयाल ने गोर्की का पंजाबी में अनुवाद किया है–लेकिन गोर्की से बेहतर और ज़्यादा जानदार, सच्चाई में भरा हुआ यह लेखन है। एक (गोर्की) और दूसरा कुल मिलाकर के चेखव–वो इनके भी प्रिय लेखक हैं ओर मेरे भी। सौ साल उनके निधन के मनाए जा रहे हैं और चेखव जैसा लेखक किसी ज़ुबान को अगर मिले तो, मैं समझता हूँ कि वो बहुत बड़ी ज़ुबान है और वो समाज बहुत बड़ा है। एक गुरदयाल को पैदा करके आप और आज भी तो हमारे बीच वे हैं, इसलिए मैं इस पंजाबी समाज के सामने शीश झुकाता हूँ और उसे दिल से लगाता हूँ।

[पल-प्रतिपल, अंक–जनवरी-मार्च, 2005 में ''मैं क्या जानूँ' का सांस्कृतिक यथार्थ'' शीर्षक से प्रकाशित]

कहानी : कमजोर का हथियार

रचनाकारों के सामने हम कुछ सीखने के लिए आते हैं। उनके रचनात्मक अनुभव क्या हैं—उन अनुभवों से हम कुछ जान सकें और फिर उस आलोक में कहानियों को देखें। 1965 के आसपास मैंने संकल्प लिया था कि अब मैं कहानी पर नहीं लिखूँगा। तब 'नई कहानी' केवल तिलंगों की चीज़ रह गई थी और नई प्रतिभाएँ 'साठोत्तरी कहानी' के लोग, ज्ञान और कालिया वाली पीढ़ी आ गई थी। वह संक्रमण का दौर था, फिर अब, इक्कीसवीं सदी में—कहने के लिए इक्कीसवीं शताब्दी है, लेकिन कहानी में लगभग पिछले दशक से ही एक बहुत बड़ा परिवर्तन आ चुका है। ज्ञानरंजन, कालिया, दूधनाथ और काशीनाथ जैसी कहानियाँ लिख रहे थे, उनसे अलग हटकर नई प्रतिभाएँ, नए ढंग से कहानियाँ लिख रही हैं। उसका मूल्यांकन अभी तक ठीक से नहीं हुआ है। हम कुछ नामों के सहारे उस परिवर्तन की बात करते हैं। यह पीढ़ी वही कहानी नहीं लिख रही है, न वो युक्ति अपना रही है। रचना-प्रक्रिया भी वही नहीं है।

कहानी को इतना अधिक महत्व भारत की अन्य भाषाओं में नहीं दिया जा रहा है जितना कि हिन्दी में। बावजूद इसके अनेक भाषाओं में बहुत अच्छी कहानियाँ लिखी जा रही हैं। हालाँकि हिन्दी में उपन्यासों में ऐसा संगठित प्रयास नहीं होता। क्या इसके ये अर्थ हैं कि हिन्दी में उपन्यास अमृतलाल नागर वाली पीढ़ी के साथ ही खत्म हो गया? पिछले दशक में सहसा उपन्यासों की दुनिया में कुछ ऐसा नया हुआ है जो पहले नहीं हुआ था, यानी 'राग दरबारी', 'आधा गाँव' के बाद जब विनोद कुमार शुक्ल का 'नौकर की कमीज' उपन्यास आया था तो लगा कि हिन्दी उपन्यास में एक नया मोड़ आ रहा है। जब मन्जूर एहतेशाम का 'सूखा बरगद' आया तो लगा कि यह वैसा उपन्यास नहीं है, जैसा बँटवारे के बारे में 'झूठा सच' या 'आधा गाँव' था। यही बात 'कलिकथा वाया बाईपास' के लिखे जाने पर हुई। यद्यपि बहुत-से लोगों को पसन्द नहीं, लेकिन विनोद कुमार शुक्ल का 'दीवार में एक खिड़की रहती थी' उपन्यास आया, तब लगा कि उपन्यासों में एक बहुत बड़ा परिवर्तन हो रहा है। उपन्यास में परिवर्तन और फिर कहानी में। इन दोनों परिवर्तनों के बीच आपसी कोई

रिश्ता है, भले ही उपन्यासों पर गहराई से विचार न होता हो। लेकिन न भूलिए कि दुनिया के बहुत कम लेखक ऐसे हैं, जो केवल कहानियाँ लिखकर बड़े हुए, जिन्होंने उपन्यास नहीं लिखा। ओ हेनरी ने कोई उपन्यास नहीं लिखा, चेखव ने कोई उपन्यास नहीं लिखा, लम्बी कहानियाँ जरूर लिखीं। बाकी जितने मिलेंगे चाहे वो प्रेमचन्द हों या रवीन्द्रनाथ ठाकुर, उर्दू में आप आएँ तो बेदी–इन्होंने उपन्यास भी लिखा है और कहानियाँ भी, लेकिन मंटों ने केवल कहानियाँ लिखी हैं। मेरी जानकारी में मंटो ने कोई उपन्यास नहीं लिखा। केवल कुछ ही लोग हैं जिन्होंने केवल कहानियाँ लिखकर वह जगह बनाई है जो बड़ा उपन्यास लिखकर भी कोई नहीं बना सका। इन दोनों विधाओं में बुनियादी अन्तर हैं। यद्यपि एक ही लेखक हैं दोनों के। प्रेमचन्द 'गोदान' भी लिखते हैं और 'कफ़न' भी लिखते हैं। दो तरह की प्रतिभाएँ हैं जो अपनी भूमिका अदा करती हैं। इसलिए कहानी पर बात करते हुए हमें इसका ध्यान देना चाहिए।

जिस दौर में हम लोग कहानी लिख रहे हैं वह फिल्म-युग है। आर्नल्ड हाउजेर की एक किताब 'ए सोशल हिस्ट्री ऑफ आर्ट' नाम से आई थी। इस किताब में बीसवीं सदी के युग को उसने 'द फिल्म एज' कहा है। उसने कहा कि यह फिल्म-युग है, यद्यपि इसका मतलब यह नहीं कि इस युग में केवल फिल्में ही बनेंगी। इस दौर में कविताएँ भी लिखी जाएँगी, लिखी जा रही हैं। कहानियाँ और उपन्यास भी लिखे जा रहे हैं, नाटक भी लिखे जा रहे हैं, लेकिन नियामक माध्यम फिल्म है। सौन्दर्य रचने और कला रचने की दृष्टि को जो प्रभावित कर रहा है, वह फिल्म नाम का माध्यम है। कई कहानियाँ ऐसी हैं जिन पर फिल्म बनाई जा रही हैं। शिवमूर्ति की 'तर्पण' तो फिल्म के लिए लिखी हुई पटकथा लगती है। पूरी फिल्म ट्रिक इस्तेमाल की गई है क्योंकि अब कहानी कुछ भी नैरेट नहीं करती है। कहानी नहीं कहती है कहानी। इस तरह विजुअल इफेक्ट देती पूरी कहानी का एस्थेटिक्स चेंज हो गया है।

जिस दौर से हम गुजर रहे हैं उसमें साहित्य की विभिन्न विधाओं में काफी अंतरावलम्बन है। कविता वाले कविता में कहानी कहने लगे हैं अब। कहानी वाले कविता के शीर्षक ही नहीं लेते, कविता का इस्तेमाल भी करते हैं। इस तरह कहानी अब किस्सागोई, दास्तानगोई नहीं रह गई है।

इस दौर में एक तरीका तो यह है कि लेखक अपने सरोकारों के बारे में बात करें। यह बड़ा खतरनाक मामला होता है जब आप कहानी के विषय के बारे में बातें करें कि किन विषयों पर लिखी जाएगी तो कहानी क्लिक करेगी। जैसे एक ज़माने में किसानों-मजदूरों पर लिखी गई थी। स्वयं प्रेमचन्द ने विषयों में बाँटकर कहानी नहीं लिखी। यशपाल ने भी नहीं लिखी। अगर ऐसा ही होता तो यशपाल की छोटी-सी कहानी 'फूलो का कुरता' कम्युनिस्ट पार्टी के साप्ताहिक पत्र में क्यों छपती? किस वर्ग-संघर्ष की कहानी है वह? इसलिए सब्जेक्ट मैटर पर बहस करेंगे तो कहानी

डिब्बाबन्द उत्पाद-सी हो सकती है कि दलित पर है कि नहीं, स्त्री पर है कि नहीं, पिछड़े वर्ग पर है कि नहीं। यह लगभग वही है, जो पहले किसी ज़माने में होता था कि मजदूर पर है कि नहीं, सेठ के खिलाफ है कि नहीं।

कहानी की रचना-प्रक्रिया और लेखक की मानसिकता से दूर हटकर लेखक संगठन और सम्पादक जैसी संस्थाएँ इस तरह का काम करती हैं। प्रेमचन्द से कभी 'जमाना' के लोगों ने, कहानी छापने वालों ने नहीं कहा कि हमको इस तरह की कहानी दीजिए। बल्कि अजीब बात है कि जिस 'क़फन' की इतनी चर्चा होती है वो कहानी प्रेमचन्द ने जामिया मिलिया इस्लामिया में 1935 में, एक जलसे में लिखी थी। प्रेमचन्द वहाँ गए थे। जामिया का विशेष अंक निकलने वाला था। शाम हो गई थी। जाकिर साहब ने उनसे कहा कि मुंशी जी, आए हैं तो पता नहीं फिर मौका मिले न मिले, इस विशेषांक के लिए कहानी दे दीजिए। ऊपर एक कमरा था जिसमें इनको ठहराया गया था।...तो खाना-पीना हुआ होगा और उसके बाद मुंशी जी ने कहा होगा कि देखते हैं और रात को लिखकर उन्होंने कहानी दी। वो 'क़फन' नाम की कहानी है, जिसका उस माहौल से, उस पूरी घटना से कोई ताल्लुक नहीं है। न जाने कहाँ से दो पियक्कड़ लोगों को उन्होंने चुना जो क़फन बेच के शराब पी जाते हैं। इस तरह कहानी लिखकर उन्होंने दी। सबसे अच्छी कहानी।

कोई सब्जेक्ट मैटर बाकी चीजों के लिए ज़रूरी नहीं होता। जिसे कहते हैं कि अब नई कहानी का क्या मुहावरा होगा एक चीज़ और दूसरी चीज़ यह कि बड़ी मुश्किल से हर दौर की कहानी खुद को कहने की एक कला बना पाती है। युक्ति ढूँढ़ के कुछ लेखक अपनी मेहनत से निकालते हैं। वही उस दौर का मुहावरा बन जाता है। बुद्ध की विचारधारा से प्रेरित हो करके विशाल कथा-साहित्य पालि में लिखा गया जिसे हम 'जातक कथा' के नाम से जानते हैं और क्या विडम्बना है कि उस 'जातक कथा' का इस्तेमाल न प्रसाद ने किया, न प्रेमचन्द ने। उस 'जातक कथा' का इस्तेमाल इन्तजार हुसैन ने किया, जो उर्दू के थे और उसके मुद्दत बाद काशीनाथ सिंह को यह युक्ति सूझी। इस तरह जातक जैसी 'युक्ति' इस्तेमाल की गई। साठ के दशक में लोग आए तो पेट्रोला और घंटा वाली कहानी जो ज्ञानरंजन ने लिखी वह टिपिकल उस स्पेस की कहानी थी। एक विद्रोह का रूप दिखाने के लिए एक खास तरह की युक्ति इस्तेमाल की गई। यह मोहभंग के दौर की कहानी थी। काशीनाथ सिंह ने 'सुधीर घोषाल' लिखी–राजनीतिक थी, लेकिन वैसी ही युक्ति इस्तेमाल की गई थी। और वो चीज़ें फीकी पड़ गईं जब आगे चलकर नए दौर के लोगों ने कहानी कहने की नई कला विकसित कर ली। उस पर अलग से विचार किया जाना चाहिए। मैक्सिम गोर्की का एक पत्र मैंने उनके पत्र-संकलन में देखा। 1900 में गोर्की ने चेखव को एक चिट्ठी लिखी थी। गोर्की ने लिखा–'तुम क्या कर रहे हो?

तुम यथार्थवाद की हत्या कर रहे हो। तुम्हारी कहानियों के बाद, वे कहानियाँ चाहें जितनी महत्वहीन हों, सब कुछ अनपढ़ मालूम होता है। लगता है, कलम से नहीं लिखी गई हैं बल्कि हथौड़े से लिखी गई हैं।' महत्वपूर्ण चीज़ यह है कि गोर्की चेखव से कह रहे हैं कि तुमने यथार्थवाद का वध कर दिया है। यह जानना होगा कि यथार्थवाद नाम की कौन-सी चीज़ थी उन्नीसवीं सदी में, जिसका चेखव ने वध कर दिया था। उसकी कहानी में कहीं कोई हत्या नहीं होती है। कोई बड़ी भारी घटना नहीं होती है। वे घटनाहीन कहानियाँ हैं। किसी की बहुत बड़ी हार नहीं होती है। ये वो कहानियाँ थीं, जिनमें एक क्लर्क ने छींक दिया और उसकी मृत्यु हो गई। छींकना बहुत बड़ी दुर्घटना थी। ये मैक्सिम गोर्की–जो हथौड़े से कहानी लिखने वाले माने जाते हैं, कह रहे हैं कि तुम्हारे सामने सब भौंडा मालूम होता है। अखिलेश की एक पुस्तक ही है 'वह जो यथार्थ था।' जो है वो क्या है? वर्जीनिया वुल्फ का 'मिस्टर बेनेट और मिसेज ब्राउन' नाम का एक छोटा-सा लेख है कि मिसेज ब्राउन गाड़ी में जा रही हैं और मिस्टर बेनेट जैसे लेखक जानने की कोशिश कर रहे हैं कि हमारे सामने गाड़ी में बैठी मिसेज ब्राउन जो हैं वो क्या हैं? अब जानने का तरीका यह है कि इनके पास बैंक में कितना पैसा है, इनकी कोठी है कि नहीं, ये विधवा हैं या सधवा हैं, इनके बच्चे हैं कि नहीं? दरअसल मिसेज ब्राउन ज़िन्दगी हैं जो कहती हैं– 'कैच मी इफ यू कैन।' मुझे पकड़ लो अगर पकड़ सकते हो। तो ये यथार्थ वह है जो बराबर एक रहस्य बना रहेगा हर पीढ़ी के लेखक के लिए। हर दौर में मिस्टर बेनेट मिसेज ब्राउन को फन्दा डाल के पकड़ने की कोशिश करेंगे और बार-बार वह यथार्थ जो है, वह लगेगा कि रह गया अभी। कि वह ज़िन्दगी नाम की जो चीज़ है, उसे फिर से पढ़े जाने की ज़रूरत है। मैं समझता हूँ कि वह ज़िन्दगी हर दौर में बदलती-सी जा रही है और नहीं भी बदल रही है तो कुछ उसका अनकहा रह गया है। हर दौर का लेखक चाहता है कि वह, जो अनकहा रहा गया है, इसी मनुष्य के बारे में चाहे वह औरत हो या आदमी, चाहे गरीब हो या अमीर–उसके बारे में लिखने की कोशिश करे। आज वो ज़माना आ गया है कि शायद हम देख रहे हैं कि यथार्थ को ज्यों का त्यों हू-ब-हू दिखाने की कोशिश की जा रही है। ये सारी चीजें बहुत ब्यौरे से सामने आ रही हैं। अधिकांश रचनाकार वर्णन करते चले जा रहे हैं, सारे ब्यौरे देते चले जा रहे हैं।

प्रेमचन्द की कहानियों में बहुत सारे ब्यौरे नहीं मिलेंगे। कुछ स्ट्रोक्स हैं, जिनके जरिए जीवन की इतनी बड़ी सच्चाई वो कह देते हैं। जिस तरह से पेट्रोला रेस्त्राँ का वर्णन ज्ञानरंजन ने किया है, उतने विस्तार से प्रेमचन्द ने 'क़फन' कहानी में कलवरिया का वर्णन नहीं किया है। लेकिन हम कल्पना से समझ जाते हैं कि वह कलवरिया, जहाँ वे दोनों बैठे रहे हैं, कैसा रहा होगा। बहुत कुछ अनकहा छोड़ दिया गया है।

लेकिन वो मोमेंट महत्वपूर्ण है जिस मोमेंट में बाप-बेटे दोनों क़फन बेचकर एक साथ बैठकर पी रहे हैं। खास बात यही है। और पीने के बाद जो नाचते हैं, जो ठुमका लगाते हैं और कबीर का भजन गाते हैं, पूरी की पूरी कहानी वहाँ है। ब्योरे की ज़रूरत नहीं कि कोठरी में क्या होता है! कैसे बुधिया मरी, क्या हुआ? मक्खियाँ भिनभिना रही थीं, कैसी मक्खियाँ थीं, उनका क्या रंग था–इस सबका कोई मतलब नहीं। यह जादुई यथार्थ नहीं है तो क्या है?

अगर आपने मृणाल सेन की फिल्म देखी हो तो लगेगा कि पूरी की पूरी फिल्म जादुई यथार्थ के रूप में पेश होती है। जादुई लोक मालूम होता है। ज़िन्दगी में जो यथार्थ है उसे दिखाने की कोशिश करेंगे तो पाठक के लिए कोई चीज़ नहीं होगी क्योंकि हम अपनी आँखों से भ्रष्टाचार को, बलात्कार को–अब टेलीविजन जिस रूप में रोज दिखा रहा है, उससे बढ़ के क्या शब्दों में चित्रित करेंगे। अखबार में जो खबर जिस रूप में छपती है और मीडिया अपनी टिप्पणी के साथ जो जीवन्त तस्वीरें दिखाता है, साहित्य का मुकाबला उससे है। गुजरात के दंगों पर आप कोई नॉवेल लिखेंगे तो क्या लिख देंगे ऐसा, मीडिया जिसकी भयावहता न दिखा चुका हो। गोधरा को जिस भयावहता के साथ मीडिया ने दिखाया है, आप नहीं दिखा सकते। लेकिन दिखा सकते हैं, जब आप 'शाह आलम कैम्प की रूहें' जैसी कहानी लिखें। आप देखें तो एक स्वप्न लोक रचके पूरी भयावहता गुजरात के बारे में वो कहानी दिखा देती है, जबकि कहीं मारकाट, बलात्कार का वर्णन नहीं है। औरत की जो रोज़ाना ज़िन्दगी, जो घटनाहीन दुःख है रोज़मर्रा की ज़िन्दगी का, उसे आप क्या दिखाएँगे? बहुत पहले अज्ञेय ने 'रोज' नाम की कहानी लिखकर औरत की उस व्यवस्था को दिखा दिया है। घर में रहनेवाली औरत की रोज़मर्रा की ज़िन्दगी ही सबसे बड़ी ऊब है और शोषण भी। बाद में उन्होंने उसका शीर्षक बदलकर 'गैंग्रीन' कर दिया था लेकिन उसका 'रोज़' शीर्षक ही ठीक था। जैसे कहा जा रहा हो कि रोज़ यही होता है। अफसोस इस बात का है कि साहित्य की पत्रिकाएँ उन विषयों पर बहस कर रही हैं जो लेखक के विषय नहीं हैं बल्कि वह ऐसी राजनीतिक-सामाजिक समस्याएँ हैं जिनसे राजनीतिज्ञ ही निबटें तो बेहतर। मुक्तिबोध ने बहुत पहले ही कहा था कि साहित्य की ताकत पर बहुत भरोसा नहीं करना चाहिए। आप दुनिया नहीं बदल देंगे। बहुत बड़ा परिवर्तन या क्रान्ति नहीं कर देंगे, एक कहानी या दस कहानी लिख के।

कहानी कमजोर का हथियार है। हर तरफ से कमजोर का। 'वेपन्स आफ वीक' है यह और आज कमजोर लोगों का कोई बड़ा संगठन, सामूहिक आन्दोलन नहीं है–किसी दलित का, किसी औरत का, किसी गरीब का। सच्चे अर्थों में कहानी के विकास का माध्यम निम्न मध्य वर्ग का जीवन रहा है। छोटा-सा सुख, छोटा-सा दुख,

छोटी-सी पीड़ा और उसकी छोटी-सी कहानी कह के हम अपने आपको व्यक्त करते हैं। कहानी कमजोर की ऑलपिन या सुई जैसी है। वह सुई अपना फटा हुआ सी भी सकती है और बहुत हुआ तो चुभा देंगे और मजा लेंगे कि चलो, हमने अपना काम कर दिया है। कोई छुरी या तलवार नहीं है, तमंचा नहीं है कि किसी की जान ले ले। जैसे मुंशी जी और कुछ नहीं कर सकते हैं तो कहते हैं कि ऐसी कलम की मार मारी है कि याद करेगा। ये विधा ऐसी व्यथा, ऐसे दर्द को जो शोरगुल में छिप जाते हैं, पकड़ती है। कहानी बड़ी घटनाओं, भीड़-भाड़, शोरगुल पर लिखी जानेवाली चीज़ नहीं। बेदी की कहानी है 'लाजवन्ती'। बँटवारे के बारे में लिखी हुई। जो 'घर बसाओ आन्दोलन' चला रहे थे, उन पर। सबके घर जो बसा रहे थे, संयोग से उनको अपनी बीवी वापस मिल गई। वो भी खो गई थी। उनको पत्नी को वापस लेना पड़ा। ले आए। रखा तो, लेकिन यह न भूल पाए कि इतने दिन तक दूसरे के घर रही है। कोई दुःख उस स्त्री को नहीं दिया गया। खाती थी, पीती थी, आराम से रहती थी लेकिन उससे वैसा सम्बन्ध–पति-पत्नी का, न बन सका। पति ऊपर से देखने पर आदर्शवादी थे। औरत को सारा सुख दे रहे हैं, लेकिन पत्नी होने का जो सचमुच का सुख होता है, वह उन्होंने नहीं दिया। यह घटना बँटवारे के बीच पनपे आदर्शवाद में छिपे पाखंड को उजागर करती है। सबका घर बसा रहे हैं, अपना घर भी ऊपर से बसा लिया। लेकिन वो घर, घर नहीं हो सका। 'लाजवन्ती' कहानी इसी पाखंड पर लिखी गई है।

अब आप आज के समाज को देखिए। इतना ज़्यादा पाखंड है कि कहानी का एकमात्र विषय हो सकता है–पाखंड। दलित मुक्ति की चर्चा करनेवाली पार्टियाँ और दलित लेखकों के अन्दर कितना पाखंड है–लिखने के लिए यह अच्छा विषय है। ऐसे ही पिछड़ी जातियों की पॉलिटिक्स करने वाले दल पूरी तरह बेनकाब हुए हैं। वामपन्थी पक्ष भी पूरी तरह बेदाग नहीं बचा। जब पूरा विश्व अमरीकी साम्राज्यवाद और तृतीय सम्भाव्य महायुद्ध के साये के बीच जी रहा हो, राजनीति और साहित्य में भी लोग शतरंज के खिलाड़ियों-सा बर्ताव कर रहे हैं, यह कहानी का विषय हो सकता है।

आप किस परिप्रेक्ष्य में एक छोटे-से क्षण, एक छोटे-से दुःख को कहानी के माध्यम से व्यक्त कर रहे हैं, यह महत्वपूर्ण है क्योंकि हमारे पास यही एक हथियार है। ब्रेख्त ने कहा था–'क्या अँधेरे में कविताएँ लिखी जाएँगी? हाँ, अँधेरे की कविताएँ लिखी जाएँगी।' ऐसे दौर में कहानियाँ लिखी जाएँगी। ऐसे दौर की कहानियाँ लिखी जाएँगी। दुश्मन चाहता है कि अब गाने न गाए जाएँ, अब वो कहानियाँ न लिखी जाएँ जो कम से कम पिन ही चुभाने का काम करती हों। लेकिन पिन तो पिन ही है। वह किसी की कुर्सी के नीचे जब तक चुभती रहेगी, चैन से न बैठने देगी। चैन

से न बैठने देना और दुश्मन को यह न सोचने देना कि वह जो चाहे करता रहेगा क्योंकि कहीं कोई प्रतिरोध नहीं है, जैसा कहानी का लक्ष्य बनाया जाए। भले ही हल्की हो, भले ही ये आवाज़ सिसकी के रूप में, चीख के रूप में प्रकट होती हो—कहानी उस चीख को, सिसकी को, व्यथा को प्रकट करेगी, किन्तु कला के रूप में। उसमें ताकत होनी चाहिए। उसके लिए युक्तियों पर बात होनी चाहिए। जैसे अखिलेश और उदय प्रकाश ने अपनी-अपनी कहानी में फिश्चुला नामक रोग का इस्तेमाल युक्ति की तरह किया है। मैं समझता हूँ कि इस व्यवस्था को भी फिश्चुला है। व्यवस्था की उन कमजोरियों पर कथाकार उँगली रख सकता है। समाज का रोग और मर्ज कहाँ छिपा है—उस पर उँगली रखना ही कथाकार की ड्यूटी है। नई प्रतिभाएँ नई से नई युक्तियाँ इस्तेमाल कर रही हैं। निश्चित रूप से कहानी में एक दशक से बदलाव आया है और बहुत महत्वपूर्ण कहानियाँ लिखी जा रही हैं, जिनकी भाषा नई है, मुहावरे नए हैं, कहने का अन्दाज नया है और यथार्थ को देखने की वह दृष्टि है जो ज्ञानरंजन, रवीन्द्र कालिया और काशीनाथ सिंह के दौर से अलग है। और अब ऐसी पीढ़ी भी आ गई है जो अखिलेश और उदय प्रकाश वाली पीढ़ी से भी अलग तरीके से दुनिया को देख रही है।

[संगमन कथा-विमर्श, 2004 के अवसर पर बनारस में 'इक्कीसवीं सदी में हिन्दी कहानी का मुहावरा' विषय पर दिया गया वक्तव्य। 'वागर्थ' जून, 2004 में प्रकाशित]

कहानी की पहचान

'कहानी की पहचान' शीर्षक गोष्ठी की अध्यक्षता जिसे मैंने जान-बूझकर अध्यक्ष मंडल में बदल दिया है, ताकि एक रचनाकार भी मौजूद हो, केवल आलोचक ही नहीं, वह मटियानी जी के लिए तो एक अभिशप्त नियति के समान प्रतीत हुई कि जहाँ आते हैं वहीं दिखाई पड़ते हैं, पर आप लोगों ने वह लतीफा सुना होगा जिसे अश्क जी इलाहाबाद में अक्सर दुहराया करते हैं :

कहा ऊँट पर चढ़ जाऊँ,
कहा ऊँट पर चढ़ जाओ
पर कुहान का डर है,
कुहान तो होगा
कहा काबुल को चला जाऊँ,
कहा काबुल को चले जाओ
अफगान का डर है,

इस पर अश्क जी ने जोड़ा था कि
कहा आलोचना को ले लूँ...(यह बात 1951-57 की है)

कहा आलोचना को ले लो
कहा चौहान का डर है,
चौहान तो होगा
तो कहानी सम्बन्धी गोष्ठी में जाऊँ,
जाओ
तो नामवर का डर है,
वो तो होगा

मित्रो, मेरी स्थिति महाभारत के उस नेवले के समान है जिसका आधा शरीर सोने का हो गया था। कहानी आप जानते हैं कि एक भूखे ब्राह्मण ने जो सब वह खाने जा रहा था, उसे स्वयं न खाकर दरवाजे पर आए हुए एक भिक्षु को खिला दिया और खाने के बाद उसका धोवन फेंका तो एक नेवले के शरीर पर पड़ा तो उसका आधा

शरीर सोने का हो गया। उसके बाद कहते हैं कि जब राजसूय यज्ञ हुआ, युधिष्ठिर ने किया, तो वही नेवला झूठी पत्तलें इधर-उधर बटोर रहा था। पूछा गया कि कौन है, क्या ढूँढ़ रहा है? कहा गया कि इसका आधा शरीर सोने का हो गया था, अब झूठन में लोट रहा है कि शायद शेष आधा शरीर भी सोने का हो जाए। राजेन्द्र यादव के सम्मान में जो गोष्ठी हो रही है वहाँ आने का एकमात्र कारण है, वह आधा शरीर जो सोने का नहीं हो सका है, शायद इस चर्चा के छींटे पड़ें और बाकी शरीर सोने का ही जाए।

कहानी की चर्चा हमने शुरू की थी 1955-56 में। लिखा भी है कि मैं तो कविता की आलोचना करता हूँ, किन्तु हमारे समकालीन, समानधर्मा नए रचनाकार उभर रहे थे। अमरकान्त, मार्कंडेय, राजेन्द्र यादव, कमलेश्वर, मोहन राकेश बाद में आए, परसाई–ये तमाम लेखक आज़ादी के बाद नई संवेदनाओं के साथ नई आकांक्षाओं के साथ कहानी में आए और जाहिर था कि मैं अपने समानधर्मा समकालीन कवियों तक सीमित न रहूँ और कहानी के क्षेत्र में कुछ नया हो रहा है, उसे पहचानने की कोशिश करूँ और इस प्रक्रिया में थोड़ा-बहुत जो लिखा, उसे मैं सोने का वह आधा शरीर मानता हूँ। तब भी कोई अभिमान नहीं था, कोई अहंकार नहीं था, कोई दावा नहीं था, आज भी नहीं है।

कहानी की सही पहचान क्या है? शायद रचनाकार बता सकें, मैं उन्हीं से जानना चाहता हूँ, तब भी उन्हीं से जाना था और सीखा था। वह आज तक मुझे प्राप्त नहीं हुई। मेरी स्थिति चेखव की कहानी के उस पात्र जैसी है, एक बहुत बड़ा विद्वान बुजुर्ग एकेडेमिशियन और उसके सामने एक बहुत कम उम्र की लड़की रहती है, पूजा करती है उसकी कि इतना बड़ा आदमी है। एक दिन वह पूछती है कि आप बताइए मैं क्या करूँ, ज्ञान-विज्ञान की चीजें लिखते हैं, पर मैं क्या करूँ?...मैं तो अभी जवान हूँ, मुझे बताइए कि वर्तमान में (उन्नीसवीं सदी के उत्तरार्ध का रूस) मैं क्या करूँ, आपकी सेवा करते हुए ज़िन्दगी गुजार दूँ या ज़िन्दगी में कुछ और भी करूँ? और ईमानदारी के साथ उसे बूढ़े ने कहा, तुम मुझे छोड़कर चली जाओ...मैंने बहुत कुछ पढ़ा है, सब कुछ पढ़ा है, लेकिन इस सवाल का जवाब मेरे पास नहीं है। साठ साल पूरे करने के बाद मैं उसी बूढ़े के समान कहना चाहता हूँ (हालाँकि वह लड़की या कोई नया रचनाकार मुझसे पूछने नहीं आया। यह अच्छी बात नहीं है) लेकिन वह लड़की प्रतीक है उस समय की एक बेचैन आत्मा रही होगी, जो उससे वह सवाल कर रही थी जिसका जवाब किताबों में नहीं था। चेखव यह बताना चाहते हैं।

इस नई रचनाशीलता का जवाब मेरे पास नहीं है। किसी दूसरे वरिष्ठ लेखक के पास हो तो हो, किसी और वरिष्ठ आलोचक के पास हो तो मैं नहीं जानता, मेरे पास नहीं है। इतने स्पष्ट शब्दों में मैंने तब भी कहा था और अब भी कहता हूँ।

अब कहानी की पहचान की बात है तो हम सभी पहचानने की कोशिश करते हैं और कोई पहचान मेरी बड़ी मुकम्मल बनती हो, कोई सिस्टम बनता हो, मैं नहीं जानता। इस सिलसिले में मैं यह कहना चाहूँगा कि, जैसे कि मटियानी जी ने कहा कि कहानी मुझे मुझसे जोड़ती है या नहीं, मुझे मेरे समाज से जोड़ती है या नहीं आदि बहुत सारी चीजें हैं। यह ऐसी बात है और जो हर आदमी कहता है। लेकिन इस मूल प्रक्रिया में, उन मूल तत्वों में जो को-ऑर्डीनेट हो, वह बदलता रहता है। कहानी का जो 'मैं' है वह हर का 'मैं' तो नहीं हो सकता और होना भी नहीं चाहिए और उस हिसाब से वह पहचान भी बदलती रहती है। अब इन तमाम चीज़ों को लेकर कोई आदमी सिस्टमेटिक या व्यवस्थित रूप दे तो जो चीज़ बनेगी, वह कुल मिलाकर शायद आप कहेंगे कि किसी विद्यार्थी के काम की चीज़ तो होगी मगर किसी रचनाकार के काम की चीज़ नहीं होगी। मैं बराबर इस मामले में यह सोचता-कहता आया हूँ और बड़े आलोचकों में, जो समर्थ रहे हैं सभी ने यह कहा है कि कहानी की पहचान किसी बने-बनाए मानदंड से नहीं होती।

मैथ्यू अर्नाल्ड जो अंग्रेज़ी का बहुत पुराना लेखक है, उसने एक बहुत अच्छी बात कही है जो आलोचक जितना ही सिस्टमेटिक होता है और सिस्टम के अनुसार लिखता है वह उतना ही बुरा और खतरनाक होता है और उतना ही गलत हुआ करता है। आप असहमत हो सकते हैं, पर यह सच है कि आई.ए. रिचर्ड्स ने व्यावहारिक आलोचना नहीं लिखी। ठीक उनके समकालीन डॉ. एफ.आर. लेविस ने कोई सिस्टम नहीं बनाया। उन्होंने जो दर्शन दिया है कि उनसे कहा गया कि आलोचना का मानदंड बताओ तो उन्होंने कहा कि आलोचना का काम मानदंड बताना नहीं है, यह संवेदनशील पाठक की प्रक्रिया है। हर साहित्यिक कृति मूल्यों पर निर्भर ही नहीं करती, वह मूल्यों का पुंज हुआ करती है, लेखक क्या अच्छा है क्या बुरा है, क्या सही है, क्या गलत है—बताता है। बताता नहीं तो संकेत करता है। जो जज नहीं करता मनुष्यों को, वह साहित्यकार नहीं है। वह 'राम की भी जय रावण की भी जय' करने वाला व्यक्ति होता है। इसलिए मूल्यांकन निहित है, लेकिन उसमें कोई सिस्टम नहीं है।

डॉ. रामविलास शर्मा के मूल्यांकन का क्या मानदंड है, सिवाय इसके कि आप मोटे तौर पर कहें कि वह मार्क्सवादी आलोचक हैं। आचार्य शुक्ल तक ने मानदंड निकालने की कोई योजना जरूर बनाई होगी, लेकिन स्वयं उनका बना बनाया कोई सूत्रबद्ध मानदंड नहीं है। हम-आप उसमें से निकालते हैं कि ऐसा है। इसलिए पहली बात, जिसे मैं स्पष्ट करना चाहता हूँ, वह यह है कि जिसे हम पहचान कहते हैं, हम अलग-अलग कृतियों को पहचानते रहते हैं, पहचानने में तारतम्य जरूर होता है, होना चाहिए। लेकिन उन पहचानों के क्रम लोप हैं।

'नई कहानी' के सन्दर्भ में विश्वनाथ जी ने इशारा किया कि जैसे छायावाद में पंत, प्रसाद जैसे नाम जिनमें अनेक प्रवृत्तियाँ थीं, उसी तरह कहानी में भी एक तरह की विविधता थी। जिसमें अमरकान्त, रेणु, निर्मल वर्मा, शेखर जोशी और राजेन्द्र यादव आदि अनेक नाम हैं। यह सही है कि अनेक कारणों से, समकालीन दबावों से, प्रचार-प्रसार के साधनों से, प्रकाशन व विपुलता आदि के साधनों से अक्सर कोई लेखक, जो बाद में बता चलता है कि कम महत्वपूर्ण है, एक समय बहुत महत्वपूर्ण हो जाता है, आज हम सभी जानते हैं कि छायावाद के सबसे कमजोर कवि सुमित्रानन्दन पंत हैं, 1930 तक छायावाद के सर्वश्रेष्ठ कवि माने गए। 'कामायनी' लिखने से पहले तक जयशंकर प्रसाद नाटककार माने जाते थे। निराला तब निराला बने जब 'अनामिका', 'राम की शक्ति पूजा' छप चुकी थी। इन छायावाद के कवियों का तारतम्य से मूल्यांकन करने में स्वयं आचार्य शुक्ल से चूक हुई। इसका प्रमाण यह है कि हिन्दी साहित्य के इतिहास को पढ़ने से लगता है कि पंत सबसे महत्वपूर्ण कवि हैं। होता है। नई कहानी के मूल्यांकन के क्रम में हुआ आप सभी जानते हैं, जिस क्रम से लेखक लिख रहे थे, बन रहे थे उस क्रम में (उसको पिरोने में समय लगा, मैं उसके ब्यौरे में नहीं जाना चाहता) आज देखने पर लगे। विश्वनाथ जी ने सही कहा था। अमरकान्त ने 'डिप्टी कलक्टरी' कहानी लिखी थी तो चर्चा करने वालों में मैं पहला व्यक्ति था। कुल मिलाकर के स्थिति यह है कि कौन कहानीकार बड़ा है, यह मैं नहीं जानता लेकिन कौन कहानियाँ बड़ी हैं, इसमें जितनी कहानियाँ अमरकान्त की निकलेंगी, नहीं बोलना चाहिए, मगर पूरे दौर में रेणु जैसा महत्वपूर्ण कहानीकार अलग चला गया क्योंकि कहानियाँ उसकी ऐसी जगह छपीं, पुस्तकें उसके बहुत बाद में आईं। रेणु की चर्चा इस कारण नहीं हुई। इन तमाम चीज़ों के बीच ऐसा भी दौर आया था, जब कमलेश्वर ही सबसे महत्वपूर्ण कहानीकार साबित हो रहे थे, जबकि मालूम हुआ कि पूरे नई कहानी आन्दोलन के दौर में कमलेश्वर का यह स्थान और महत्व भी नहीं है जो शायद छायावाद के दौर में रामकुमार वर्मा का है। एक दौर में मोहन राकेश को बहुत महत्वपूर्ण कहानीकार माना जाता था। कुछ कहानियाँ हैं राकेश की, मगर राकेश ने नाटक न लिखे होते तो राकेश को हिन्दी कहानीकार के रूप में याद ही नहीं किया जाता। ये मैं सिर्फ अपनी राय नहीं दे रहा हूँ, रचना के दौरान हर युग में होता है, आम सहमति हमेशा देर से उभरती है, शायद चर्चाओं के बीच।

'नई कहानी' क्या है, इसके बारे में मैं एक बात कहना चाहता हूँ। वह यह कि बहुत दिनों के बाद मैं इस नतीजे पर पहुँचा हूँ, जैसे बहुत दिन पहले मैंने 'आधुनिक साहित्य की प्रवृत्तियाँ' नाम से एक पुस्तक लिखी, पहले वह बहुत काम की लगती थी, आज मैं वैसी पुस्तक लिखने का साहस ही नहीं जुटा पाऊँगा, क्योंकि प्रवृत्तियाँ

बताकर के, हम जैसे छायावादी कह देते हैं, रीतिकाल कह देते हैं, ये सामूहिक जाति वाचक विशेषताएँ हैं तो मुझे लगा जिस प्रकार जिस भारतीय समाज में जाति ने मनुष्य के मनुष्यत्व को व्यक्ति के व्यक्तित्व को सदियों तक दबाया है–उसी तरह साहित्य की आलोचना में ये प्रवृत्तियों का जातिमूलक, समूह मूलक तत्व बहुत हानिकारक है। हर रचनाकार कुछ अनूठा (यूनीक) रचना चाहता है। इसमें उसकी सार्थकता है। यही उसका अवदान है, वह अपने यूनीकनेस (अद्वितीयता) को स्थापित करता है और चाहता है कि उसकी अद्वितीयता पहचानी जाए। इसलिए 'नई कहानी' की क्या विशेषताएँ हैं, क्या प्रवृत्तियाँ हैं, यह बताना मैं घातक इसलिए समझता हूँ कि उसमें अमरकान्त की अद्वितीयता है, रेणु की अद्वितीयता है, राजेन्द्र यादव की अद्वितीयता है, निर्मल वर्मा की अद्वितीयता है। इसलिए मैं पहचान के सन्दर्भ में कहना चाहता हूँ कि उन कहानियों की, कहानीकारों की जो पिछले तीस-चालीस वर्षों की अनोखी अमूर्त कहानियाँ हैं, चर्चा के क्रम में आती हैं, उनकी अद्वितीयता की पहचान करना ज़्यादा महत्वपूर्ण है, और कुछ भी नया आता हो उसके लिए खुले मन से तैयार होना चाहिए।

निर्णय के इस क्रम में उदाहरण देकर मैं एक बात कहना चाहता हूँ। विश्वनाथ जी ने कहा जो कहानी जितनी लोकल, स्थानीय, रचनाबद्ध, देशकालबद्ध कहानी होती है, उसमें उतनी ही व्यापकता भी होती है। पिंड में ही ब्रह्मांड होता है, खंड में ही अखंड होता है। नितान्त देश कालबद्ध कहानियाँ जैसे कि राजेन्द्र यादव की आगरा पर केन्द्रित कहानियाँ ही मुझे अच्छी लगती हैं, उन्हें लगें या न लगें। आगरा, दिल्ली या डाक बंगलों की कहानियाँ जो कि राकेश लिखा करता था, जो कहीं रूटेड नहीं हैं, उन कहानियों की तुलना में,...जिस कहानी में यह क्षमता हो कि वह नितान्त रूटेड हो, साथ ही, यह क्षमता हो कि विभिन्न सन्दर्भों में वह याद आए, उसका सम्बन्ध कहानी के कथानक से न हो, देश काल से न हो। जैसे चेखव की 'वार्ड नम्बर सिक्स' को पढ़कर लेनिन को रूस की याद आई। कहानी अस्पताल की और पागलखाने की है। लेनिन को कहानी पॉलिटिकल अर्थ में याद आती है। कहानी बिलकुल पॉलिटिकल नहीं है। उनको याद आता है, वह जार का रूस जिसमें लेनिन एक घुटन महसूस करते हैं और लगता है कि यह सारा रूस वार्ड नम्बर सिक्स है। हर कहानी में उस रीडिंग की सम्भावना होनी चाहिए कि किसी सन्दर्भ में वह एक ऐसा अर्थ दे कि उस पूरे सन्दर्भ को वर्तमान बना दे। उदाहरण के लिए, अभी-अभी शमशेर को डेढ़ लाख का पुरस्कार मिला तो अचानक मुझे प्रेमचन्द की 'क़फन' कहानी की याद आई, कोई सम्बन्ध आपको दिखाई नहीं पड़ेगा। याद यों आई कि जिस शमशेर को जीवन भर तन ढकने को कपड़ा और पैसे नहीं मिले, अब जब वे जीवन के अन्तिम कगार पर पहुँचे हैं तो डेढ़ लाख रुपये की वर्षा हो रही है।

'कफन' में यही तो है जिस स्त्री को जीते जी कपड़े नहीं मिले, मरने के बाद उसको नया खरीदा हुआ क़फन जरूर चाहिए। उसी पाखंड, झूठ, ढोंग के खिलाफ विद्रोह करते हैं घीसू और माधो कि ऐसे क़फन से तो बेहतर है कि शराब पिएँ। अब आप देखें, हो सकता है कि आप कहें कि मेरा दिमाग खराब हो गया है कि शमशेर को डेढ़ लाख का पुरस्कार मिलने पर मुझे घीसू माधो याद आए, प्रेमचन्द की क़फन कहानी याद आ रही है।

मेरे पिताजी गाँव का अपना टूटा हुआ मकान बनवा रहे थे। मैं अपने भाई काशी को अकसर लिखा करता था कि होरी महतो की गाय के क्या हाल हैं। महतो के जीवन की सबसे बड़ी आकांक्षा थी कि गाय मिले, मिली और घर गई और अन्त में गोदान के लिए गाय तक नहीं मिली। बार-बार पिताजी को लगता था कि हमारे बेटे कमा रहे हैं, तो एक मकान हो। मैं जानता हूँ कि इस मकान का सम्बन्ध पिताजी से वही होगा जो होरी महतो का गाय से था। अब देखिए, दोनों में कोई ताल्लुक नहीं है। होरी महतो की कहानी अलग और हमारी पारिवारिक स्थिति बिलकुल दूसरी। मैं सिर्फ यह कहना चाहता हूँ कि आप लक्षणा व्यंजना कह दीजिए, जिन शब्दों से अलंकार शास्त्री समझाते रहे हैं, मैं कहना चाहता हूँ कि जिन कहानियों में गूँज के समान अर्थ की तरंगें इतनी दूर जाती हैं, इतनी विस्तृत हों कि कोई भी रीडिंग सम्भव हो, जीवन की किसी भी परिस्थिति में सम्भव हो।

किसी लेखक का नाम लेते हुए मेरे मन में हिचक होती है कि उसका अर्थ लगाया जाए कि आजकल मैं उसी लेखक को महत्वपूर्ण मानता हूँ, लेकिन मैंने कहा कि जैसे कि विश्वनाथ जी कह रहे थे, बहुत सिस्टमेटिक तरीके से कहानी पर मैं कोई रिसर्च नहीं कर रहा हूँ। अध्ययन के क्रम में और चीजों में, मित्रों से सुनता हूँ या अचानक कोई कहानी हाथ लग जाती है। 'छप्पन तोले का करधन' मैंने पढ़ी। वह अद्भुत कहानी है। मैं निर्मल की भाषा की भी प्रशंसा करता हूँ लेकिन मैंने उसके साथ अमरकान्त की भाषा की भी प्रशंसा की। भाषा के कई स्तर, कई रूप, कई प्रविस्तार होते हैं जैसे कि भाषाविद् बताते हैं। इधर जिन लेखकों के यहाँ बड़े सतर्क रूप में भाषा का इस्तेमाल दिखाई देता है, उनमें मुझे उदय प्रकाश दिखाई देते हैं।

पूरी कहानी को देखें तो आपको लगेगा कि वह छप्पन तोले के करधन की कहानी नहीं है, वह एक बुढ़िया की कहानी नहीं है, वह घर-घर में है, वह अँधेरा अँधेरा नहीं है, इतनी बड़ी दहशत नहीं है उस कहानी में, शायद इसे 'पहचान' रेखांकित करते समय कहें कि यह एक महत्वपूर्ण कहानियों में से मानी जाएगी, यह होगी। इसलिए अधिक समय न लेकर मैं यह कहना चाहूँगा कि कहानियों की पहचान का अर्थ यह है कि जब भी घिसी-पिटी, एक ढंग की कहानियाँ ज़्यादा आती हैं, कविताएँ बहुत ज़्यादा आती हैं, अचानक कोई नई प्रतिभा अथवा पहले की

प्रतिभा, उसके हाथ से ऐसी कहानी (कहानियाँ) आएँ, जो नया ले आती हैं तो उसकी ओर स्वभावतः पाठक के नाते ध्यान जाना चाहिए कि एक नई प्रतिभा आई है। इसका मतलब यह नहीं कि यही कहानी का चरम उत्कर्ष या मानदंड है, यह नहीं हो सकता। मैंने जब कहा था कि निर्मल नई कहानी के पहले कहानीकार हैं तो पहले का अर्थ फर्स्ट पोजीशन नहीं हुआ करता। अब लाख कहें कि उनके विचार प्रतिक्रियावादी हैं, अभारतीय वातावरण है, अमूर्त, अपर्याप्त है। पर्याप्त तो कोई नहीं होता। पर्याप्त तो तुलसीदास भी नहीं हैं। चूँकि कबीर भी बहुत जरूरी हैं वर्ना तस्वीर आधी रहेगी। केवल तुलसीदास से काम नहीं चल सकता। अभागा होगा वह देश, जिसे एक लेखक मिले और वह स्वयं पर्याप्त हो और अपने साहित्य को पर्याप्त समझे। निराला भी पर्याप्त नहीं। प्रेमचन्द भी पर्याप्त नहीं। साहित्य में पर्याप्तता नाम की चीज़ होती ही नहीं है। इसलिए अपर्याप्तता की मात्राएँ होती हैं, यह सही है। सीमाएँ होती हैं—लाख कहें आप। लेकिन यह जादू है जो सिर चढ़कर बोलेगा। राजेन्द्र यादव को भी आखिर 'हंस' में निर्मल वर्मा को छापना ही पड़ा। भले ही उनकी एक कमजोर कहानी छापनी पड़ी हो। लेकिन उसकी ज़िम्मेदारी राजेन्द्र यादव पर नहीं है। उसकी ज़िम्मेदारी लेखक पर है। विचारने की बात यह है कि इतने महत्वपूर्ण दौर में कोई जरूरी नहीं कि हम ही यह काम करें कि कहानी में क्या महत्वपूर्ण और नई दिशाएँ खोजी जा रही हैं, इनकी पहचान होनी चाहिए। नई हों, लेकिन नएपन के कारण नहीं, बल्कि सार्थक हों।

आज के वातावरण में, और कभी-कभी लोग यह शिकायत भी करते हैं कि मैं कविताओं को ज़्यादा महत्व देता हूँ। विश्वनाथ जी ने सही इशारा किया इस ओर कि कहानी अन्ततः हमारी सम्पूर्ण साहित्यिक संवेदना का और साहित्य रूपों का अभिन्न अंग है। सारी कहानी चर्चा के साथ दिक्कत यह हुई कि इस पर, इसका विचार सम्पूर्ण साहित्य की जो रचना धर्मिता है उससे काटकर, उससे अलग एक विधा के रूप में, एक अलग मूल्यांकन का प्रयास किया गया। किन्हीं भी कारणों से किया गया हो, उसके कारण हैं। यह लगभग एक अलग राज्य बनाने वाली बात है। उसमें अधिक एम.एल.ए. और एम.पी. हो जाएँ, तो शायद यह रहा हो। जरूरी नहीं है कि यही अभिप्राय हो। उस रूप में देखेंगे तो साथ-साथ इस बीच कविता की दुनिया में नया आया है। मैं विश्वनाथ जी से कह रहा था कि राजेश जोशी ने साम्प्रदायिकता पर जैसी कविताएँ लिखी हैं, मैं ढूँढ़ रहा हूँ वैसी कहानियाँ मिलेंगी तो मुझे खुशी होगी। इतनी संवेदनशील कलात्मक कहानी लिखी जाए जैसी कि 'क्योंकि यह धर्म के विरुद्ध है' कविता है। जब आप यह कहें कि मैं यह कह के माँग कर रहा हूँ कि साम्प्रदायिकता की थीम पर ही कहानी लिखी जाए। इसका बिलकुल यह अर्थ नहीं है। मैं यह कहना चाहता हूँ कि इन संवेदनाओं के बीच में यह हो सकता है कि ऐसी

कहानियाँ आप लिखें जिनका प्लाट बिलकुल दूसरे दौर का रहा हो। इसलिए मैं पहले कहा करता था कि कहानी की जो रूह है वह उसका प्लाट नहीं है, उसका सब्जेक्ट मैटर नहीं है, उसके चरित्रों की सामाजिक पृष्ठभूमि नहीं है। मॉस्को से 'रहस्यनामा' नाम की एक पुस्तक हिन्दी में अनूदित होकर आई है। मैंने समझा, यह मिस्ट्री स्टोरी होगी। उसमें उन्नीसवीं सदी के आरम्भ के एक लेखक ने 'सिललिसा' नाम की एक कहानी लिखी है, जो एलकेमी (कीमियागिरी) पर है और वो कहानी आप पढ़ें। मेरा ध्यान उस कहानी की ओर विजयदान देथा ने दिलाया। मैंने समझा, यह कहानी कीमियागिरी के बारे में होगी। उसका फार्म कुछ अद्भुत है। एक बहुत बड़ा जमींदार है। वह शहर छोड़कर अपनी स्टेट में आता है और उसे वहाँ अपने दादा की लिखी हुई एलेकेमी की किताबें मिलती हैं और वह उन्हें पढ़ने लगता है और खुद प्रयोग करने लगता है। विस्तार से वर्णन किया गया है, काव्यात्मक, कि कैसे उसने उस किताब को पढ़ा कि 'सिललिसा' नाम का एक शब्द होता है, उसकी खोज की जानी चाहिए। उस किताब में लिखा था कि पानी में हीरे की अँगूठी डाल दो और सूर्य की किरणों का प्रवेश होने दो तो ऐसी एक रूह उसमें पैदा होगी कि तुम देखोगे कि क्या होता है। वह सचमुच प्रयोग करता है और वैसे ही प्रयोग करता है। लगता है, कहानी एलेकेमी के बारे में है लेकिन, पूरी की पूरी कहानी एक भ्रष्ट एरेस्टोक्रेट के पाखंड की कहानी है। तो तुम्हें याद रहेगी।

इसलिए कहानी की पहचान का कोई बना-बनाया रास्ता नहीं है, कोई नुस्खा नहीं है। स्वयं नई कहानियाँ ही अपने लिए आने वाली उस पहचान के साथ आएँगी। ऐसा कहा जाता है कि हर अद्वितीय कृति अपने मूल्यांकन का एक नया मानदंड लेकर अपने साथ आती है। यह ऐसा तथ्य है, इसे दुहराने की कोई ज़रूरत नहीं है।

अन्त में मैं एक विषय पर, जिसका सीधा सम्बन्ध मुझसे नहीं है, कहकर मैं अपनी बात समाप्त कर देना चाहता हूँ। मटियानी जी ने चर्चा की, हंस और सेक्स की, हंस में सेक्स सम्बन्धी कहानियों की और कहा कि प्रेमचन्द याद आते हैं आदि आदि। मित्रो! मैं ज़िम्मेदारी और संजीदगी के साथ कहना चाहता हूँ कि आप प्रेमचन्द को डंडे के रूप में हर जगह इस्तेमाल नहीं कर सकते। प्रेमचन्द जिस आदर्शवादी युग में और मान्यताओं के, जब समाज बहुत कुछ सामंती रूढ़ियों से मुक्त नहीं हुआ था, और प्रेमचन्द ने कई मोर्चों पर संघर्ष करके उसे खोदने की कोशिश की थी, उसमें प्रेमचन्द का सेक्स के बारे में जो भी दृष्टिकोण रहा हो, उसी को आप अन्तिम मानकर के नहीं चल सकते। प्रेमचन्द ऐसी सुई हैं जिससे चुभोने का काम भी लिया जा सकता है और सीने का काम भी लिया जा

सकता है। सुनने में बात बड़ी अच्छी और रोचक लगती है लेकिन यह निहायत उपयोगितावादी दृष्टिकोण है। मैं उपयोगितावाद को मानवतावाद का पर्याय नहीं मानता। उपयोगितावाद मनुष्यता का विरोधी है। हर चीज़ उपयोगिता दे, इस नाते स्त्री-पुरुष के सम्बन्ध उपयोगिता की दृष्टि से आप देखें तो हमारे धर्म-पुराणों में कहा गया है कि विवाह इसलिए किया जाता है कि बाल-बच्चे पैदा किए जाएँ। यह मानदंड आज इस्तेमाल कीजिए तो मैं समझता हूँ कि सेक्स का अपमान है। पुरुष-स्त्री सम्बन्ध का अपमान है। और नारी के बारे में तो यह निहायत भोगवादी दृष्टिकोण है कि विवाह आपने इसलिए किया है कि पुत्र दे आपको। अगर वो न दे सके तो दूसरी कर लीजिए, तीसरी कर लीजिए। यह सामंतवाद का ही गणित है। मैं यह नहीं कहता कि प्रेमचन्द यह मानते हैं। लेकिन सेक्स केवल ऐसी सुई है जिससे कपड़ा सीने का ही काम लिया जाए। इस कपड़ा सीने वाली एनालॉजी में ऐसी उपयोगितावाद है जिसकी सीमा समझनी चाहिए। इस नाजुक मसले के बारे में मैं दूसरी बात यह कहना चाहूँगा कि गांधी का एक बहुत बड़ा योगदान है। उस दौर में 'सत्य के प्रयोग' नाम से अपनी आत्मकथा लिख करके उस आदमी ने पहली बार तो नहीं लेकिन लगभग एक हज़ार वर्षों के बाद सेक्स के टैबू को तोड़ने की कोशिश की।

समाजवाद आने का यह अर्थ नहीं होता कि बधिया करा लें। समाजवाद बधिया कराए हुए लोगों का समाज नहीं होता। लोगों ने रूस में लिंग कटवाकर फिंकवा नहीं दिए। इसलिए रूसी साहित्य आप पढ़ें, समाजवादी देशों का साहित्य आप पढ़ें, अपेक्षाकृत खुला हुआ है। और भारतीय समाज में अगर उस रूप में लेते तो केवल सेक्स इतना नहीं है, बल्कि ज़्यादा बड़ा सवाल है जिसको मैं कहूँगा कि नारी सम्बन्धी हमारा पूरा दृष्टिकोण है। लिखी जाने वाली कहानियों में एक तो पहले से 'सेल्फ सेंसर' लगा हुआ है और सेल्फ सेंसर्ड राइटर कभी भी अच्छा लेखन नहीं कर सकता। जिन समस्याओं के बारे में आपने सेंसर कर रखा है कि 'लोग क्या कहेंगे' इसको अंकुश बनाकर आप लिखेंगे तो आप एक पाठ्य पुस्तकों में लगाई जानेवाली कहानी लिखेंगे फिर आप साहित्य सर्जना के क्षेत्र में कोई सार्थक योगदान दे सकेंगे, शक है।

एक मुद्दा मैंने लिया किन्तु कई चीज़ें ऐसी हैं जो लगभग टैबू हो गई हैं। हम लोगों ने मान लिया है कि हम लोग उच्च वर्ग के बारे में कहानी नहीं लिखेंगे। इसलिए यह हुआ है कि आधी सच्चाई एकदम मरती जा रही है। दरअसल, उस किसान, मजदूर, निम्न मध्य वर्ग के शोषण का पता कैसे चलेगा? हो सकता है कि पूरी की पूरी कहानी एक जमींदार के बारे में लिखी गई हो और किसान न आता हो और अन्त में एक मिनट के लिए आया हो या एक लाइन के लिए आया हो जिसमें पूरी

की पूरी कहानी उसी किसान के लिए लिखी गई हो। प्रगतिवाद और जनवाद के चलते, कुछ अतिरिक्त उत्साह के कारण और मार्क्सवाद की भ्रामक समझ के कारण, कई विषय ऐसे हैं, कई प्रकार के चरित्र ऐसे हैं, समाज के ऐसे अंग हैं जो कहानियों में लगभग टेबू होते चले जा रहे हैं। नतीजा हुआ है कि पूरी सच्चाई हमारे सामने नहीं आ रही है और इसलिए 'हंस' अगर इस दिशा में कोई पहल कर रहा है तो उसकी चर्चा ज़िम्मेदारी और गम्भीरता से की जानी चाहिए।

['हंस' जुलाई, 1990]

विमर्शों के शोर में दबती किसान की कहानी

मेरे अनुरोध पर 'हंस' की ओर से मुझे इस विषय से सम्बन्धित सात कहानियाँ मिलीं, जो 1990 से लेकर 2005 के बीच में प्रकाशित हुई हैं। इनसे मालूम होता है कि गाँव के जीवन और ख़ासतौर से किसानों के बारे में इस दौर में भी कुछ कहानियाँ लिखी जा रही हैं, भले ही उनकी संख्या कम हो। इन कहानियों में से मैं एक कहानी की चर्चा ख़ासतौर से करना चाहता हूँ। वह कहानी है 'बाज़ार में रामधन' और लेखक हैं कैलास बनवासी। प्रकाशित परिचय से पता चलता है कि वे छत्तीसगढ़ के दुर्ग जैसे छोटे से शहर या क़स्बे में रहते हैं।

यह कहानी 1996 में 'वसुधा' के कहानी विशेषांक में पहली बार छपी थी। कहानी मुझे अच्छी लगी, ख़ासतौर से इसमें नवउदारवादी अर्थतन्त्र के बाद की भारतीय किसान की त्रासदी के मार्मिक चित्रण के कारण।

संक्षेप में कहानी इतनी ही है : रामधन छोटा-सा किसान है, उम्र लगभग 32 साल। सम्पत्ति के नाम पर दो एकड़ खेत है, दो बैल और एक टूटता-फूटता पुरखौटी कच्चा मकान। परिवार में बुढ़िया माँ है, पत्नी, दो बच्चे और एक छोटा भाई है मुन्ना। रामधन चौथी कक्षा तक ही पढ़ा हुआ है लेकिन मुन्ना को बारहवीं पास किए हुए दो साल गुज़र चुके हैं। रामधन ने छोटे भाई को कॉलेज में नहीं पढ़ाया। कुछ तो इसलिए कि उनके सरीखे लोगों के पढ़ने-लिखने से कुछ होता-हवाता नहीं, दूसरी बात और असल बात, वही घर की आर्थिक तंगी।

छोटा भाई मुन्ना नौकरी की तलाश करते हुए ऊब चुका है और अब छोटा-मोटा धन्धा करना चाहता है। धन्धे के लिए पैसा चाहिए और पैसा बैलों को बेच कर ही हासिल किया जा सकता है। इसलिए मुन्ना का मन रखने के लिए रामधन अपने बैलों को बेचने के लिए नज़दीक के एक क़स्बे में लगनेवाले पशु मेले में चला जाता है। खरीदने के लिए पहले एक पंडित जी आते हैं और एक दलाल और फिर एक दलाल दूसरे सम्भ्रान्त सज्जन को लेकर आता है। पंडित जी बैल का दाम 3300 देने को तैयार हैं और सम्भ्रान्त सज्जन 3500 लेकिन रामधन 4000 से कम करने को तैयार नहीं है। घंटों मोल-भाव और बतकुच्चन के बाद बात टूट जाती है और रामधन अपने

बैलों को लेकर वापस आ जाता है। यह लगातार तीसरा मौक़ा है जब रामधन हाट से अपने बैलों के साथ लौट रहा है। कहानी के अन्त में जैसे बैल पूछ रहे हैं, "मान लो, अगर दाऊ या महाराज तुम्हें चार हज़ार दे रहे होते तो क्या तुम हमें बेच दिए होते?"

रामधन ने जवाब दिया, "शायद नहीं, फिर भी नहीं बेचता उनके हाथ तुमको", "बेचना तो पड़ेगा एक दिन!" बैल कह रहे हैं। "आखिर तुम हमें कब तक बचाओगे रामधन! कब तक?"

जवाब में रामधन मुस्करा दिया...एक बहुत फीकी और उदास मुस्कान अनिश्चितता से भरी हुई। रामधन अपने बैलों से कह रहा है, "देखो, हो सकता है अगली हाट में मुन्ना तुम्हें लेकर आए।"

बीड़ी का यह आखिरी कश था और वह बुझने लगी।

कहानी की ताक़त का अन्दाज़ा तो पूरी कहानी को पढ़ने पर ही लगाया जा सकता है, लेकिन इस कहानी से आज के छोटे किसान के साथ-साथ भारतीय कृषि के भविष्य का आभास हो जाता है। आज ही अख़बार में भारत सरकार के पंचायत राज्य मन्त्री मणिशंकर अय्यर का बयान पढ़ा, उसमें उन्होंने कहा है कि एक ओर तो ऑस्ट्रेलिया से गेहूँ आयात किया जा रहा है, दूसरी ओर खाद्य निगम के गोदामों में टनों खाद्यान्न चूहे खा रहे हैं। जिस मात्रा में गेहूँ आयात किया जा रहा है, वह भारत के इतिहास में अब तक की सबसे बड़ी वाणिज्यिक खरीदारी है।

अपने देश में कृषि तन्त्र की दशा पर इससे तीखी टिप्पणी और क्या हो सकती है? अपनी आवश्यकता के लिए स्वयं खाद्यान्न पैदा करने की अपेक्षा हमारे लिए विदेशों से खाद्यान्न मँगाना ज़्यादा लाभदायक मालूम हो रहा है। खाने के लिए अनाज पैदा करने की अपेक्षा किसान पैसा कमानेवाली फसल उगाना ज़्यादा आकर्षक समझते हैं।

इस बीच अख़बारों में बड़े पैमाने पर किसानों की आत्महत्या की ख़बरें आती रही हैं। अकाल और भुखमरी से किसानों के मरने की घटनाएँ तो पहले भी होती रही हैं, लेकिन किसानों की आत्महत्या की घटनाएँ इस पैमाने पर पहली बार हो रही हैं। क्या इसे विश्व व्यापार संघ के दबाव से नहीं जोड़ा जा सकता?

'बाज़ार में रामधन' नामक कहानी इस बात का प्रमाण है कि हिन्दी के लेखक ख़ासतौर से या तो गाँव के जीवन के जुड़े हुए हैं अथवा गाँव की स्मृतियों को भूल नहीं गए हैं, वे एक नष्ट होती हुई संस्कृति की कहानियाँ लिख रहे हैं।

मुद्दा केवल आर्थिक नहीं है, बल्कि ग्रामीण जीवन की सम्पूर्ण संस्कृति का सवाल है।

इसी कहानी में कैलास बनवासी ने कहानी के आरम्भ में 'आर्थिक तंगी' का उल्लेख करते हुए लिखा है। ये शब्द मैं जान-बूझकर प्रयोग करना नहीं चाहता था। ये बेहद गम्भीर और संवेदनशील शब्द हैं। मुझे ये भी लगता है कि दुनिया भर के वक्ताओं ने घसीट-घसीटकर दूसरे तमाम बड़े और महान शब्दों की तरह इसे भी ठस और निर्जीव बना दिया है। इसे लिखते हुए मुझे इस बात का डर है कि समाचारों में रोज़ सुने जाने वाले शब्दों की तरह सस्ता और अर्थहीन न रह जाए।

जिन बैलों को इंटर पास छोटा भाई किसी भी क़ीमत पर बेचने के लिए उतावला हो रहा है, उन्हीं के बारे में किसान रामधन कहता है, "यह कैसे समझता इस बात को कि बैल हमारे घर की इज़्ज़त हैं...घर की शोभा हैं और इससे बढ़कर हमारे पिता की धरोहर हैं...उस किसान का भी मान है समाज में जिसके घर एक जोड़ी बैल नहीं! कैसे समझाता कि हमारे साथ रहते-रहते ये भी घर के सदस्य हो गए हैं। जो भी रुखा-सूखा पेज-पसिया मिलता है, उसी पर खुश रहते हैं। वह मुन्ना से कहना चाहता था तुमको इनका बेकार बँधा रहना दिखता है मगर इनकी सेवा नहीं दिखती। इनकी दया-माया नहीं दिखती।" कैलास बनवासी की लिखी इन पंक्तियों में किसी को भी कहीं न कहीं प्रेमचन्द की गूँज सुनाई दे सकती है। यह गूँज उन्हीं लेखकों को नहीं सुनाई पड़ेगी जिनका गाँव में कोई घर नहीं है या जो अपने गंवई जीवन को एकदम भुला बैठे हैं।

ज़रूरी नहीं कि अच्छी कहानी वही हो जो किसी किसान के जीवन को या गाँव के वातावरण को लेकर लिखी गई हो। लेकिन यह भी सच है कि प्रेमचन्द की अधिकांश श्रेष्ठ कहानियाँ गाँव की पृष्ठभूमि पर ही आधारित हैं। चाहे वो 'सद्गति' हो या 'दूध का दाम', 'पूस की रात' हो या 'ठाकुर का कुआँ' और 'क़फन' के बारे में तो कहना ही क्या? तथ्य यह भी है कि हिन्दी कथा साहित्य के केन्द्र में किसान और गाँव को जगह दिलाने की पहल प्रेमचन्द ने ही की थी। आगे चलकर फणीश्वर नाथ रेणु, राही मासूम 'रज़ा', श्रीलाल शुक्ल तथा अन्य अनेक परवर्ती लेखकों ने इसी अनुभव की निधि के बल पर साहित्य में अपने लिए जगह बनाई। अपनी इस साहित्यिक विरासत के आधार पर आज यही कहने को जी चाहता है कि भूमंडलीकरण के आक्रामक दौर में नष्ट होती हुई ग्राम संस्कृति और आत्महत्या के लिए विवश किसानों को केन्द्र में रखकर किया जाने वाला कथा-सृजन ही अपनी सार्थकता प्रमाणित कर सकता है।

वैसे स्त्री-विमर्श, आरक्षण आदि मुद्दों के शोरगुल में इस सवाल के दब जाने की आशंका अधिक है। आज के शासन तन्त्र की दृष्टि में भी खेती और किसानों से जुड़े हुए सवाल हाशिए पर हैं। इसलिए कथाकारों का बड़ा हिस्सा इस ओर से

उदासीन है तो आश्चर्य की कोई बात नहीं। और तो और स्वयं वामपन्थी दलों की पहल पर स्थापित किसान सभाएँ भी निष्प्राण और निस्तेज हो चुकी हैं। ऐसी स्थिति में साहित्यकारों और संस्कृति कर्मियों से ही कुछ उम्मीद की जा सकती है। फ़ैज़ की जुबान में कहें तो–

किसी गुमां पै तवक्को ज़ियादा रखते हैं
फिर आज कू-ए-बुतां का इरादा रखते हैं।

['हंस', अगस्त, 2006]

पुरुष वर्चस्व के खिलाफ

मन्नू जी को मैं तब से जानता हूँ जब राजेन्द्र से उनकी शादी भी नहीं हुई थी–लगभग पचास वर्ष से कुछ अधिक ही समय से, जब वह कलकत्ता में अध्यापन कर रही थीं और राजेन्द्र तो कलकत्ता में थे ही। मन्नू जी सुख सम्पतराय भंडारी की बेटी हैं। भंडारी जी की बेटी के रूप में उनके लिए मेरे मन में बड़ा आदर है। शास्त्र की अनेक शाखाओं को लेकर भंडारी जी सुदूर अजमेर में अकेले अपने दम पर बगैर किसी संस्था के सहारे काम कर रहे थे, वो मैंने देखा था। अजीब बात है कि आज भी मैं उन्हें मन्नू के बजाय मन्नू जी ही कहता हूँ। 1957 में इलाहाबाद में तीन दिन का अखिल भारतीय स्तर का साहित्यिक सम्मेलन हुआ था। तब राजेन्द्र व मन्नू जी पहली बार कलकत्ता से बाहर साथ-साथ आए थे। तब उन्हें एक साथ देखकर यह आभास हो गया था कि वे जल्द ही दाम्पत्य सूत्र में बँध जाएँगे।

तब से लेकर जब राजेन्द्र के साथ गृहस्थ जीवन आरम्भ किया और कलकत्ता के सी.आई.टी. रोड पर एक छोटा लेकिन बड़ा खूबसूरत-सा फ्लैट लेकर रहने लग गए, मेरा उनसे सम्पर्क बना रहा। सन् 1960 की बात है यह। सी.आई.टी. रोड में न्यू ईयर ईव का हमने पार्क स्ट्रीट के एक रेस्तराँ में पहली बार सेलिब्रेशन किया। सन् 1964 में श्री शिक्षायतन में आधुनिकता पर आयोजित एक संगोष्ठी में हजारीप्रसाद द्विवेदी, धर्मवीर भारती, अज्ञेय और डॉ. देवराज के साथ हम सबने शिरकत की थी। तब भँवरमल सिन्धी जी ने अपने लॉन में एक आयोजन किया था–बड़ा खूबसूरत पार्क था, खूब खुली हुई धूप थी और टिंकू सफेद फ्रॉक पहने हुए हंसिनी-सी मस्त होकर डांस कर रही थी। पूरे आयोजन का वह एक बड़ा आकर्षण था।

1965 में मैं दिल्ली आया। राजेन्द्र और मन्नू एक साल पहले ही आ गए थे। मन्नू मिरांडा हाउस में प्राध्यापिका होकर आईं। दिल्ली विश्वविद्यालय के पास शक्तिनगर में किराए के मकान में वे रहने लग गए थे और फिर हौजखास में आ गए। इन तमाम वर्षों में यानी सन् 1965 से सन् 1992 तक लगभग हर हफ्ते हमारा

जमावड़ा होता था। राजेन्द्र के निकट कमलेश्वर, राकेश, शानी भी रहे। दुर्भाग्य से बहुत-से मित्र जा चुके हैं। बचे हुए लोगों में एक मैं हूँ जो सबसे लम्बे अरसे से इन दोनों को जानता हूँ। इस घर में हमारा खूब अड्डा जमता, बहसें होती थीं जिनमें निर्मला जैन भी कभी-कभी होती थीं तो मन्नू जी भी शरीक हो जाती थीं, वरना वे थोड़ी देर बैठकर चली जाती थीं। कुछ मुझ जैसे मित्र थे जो दोनों के थे लेकिन ज्यादातर राजेन्द्र के मित्र आते थे। मन्नू जी को ये बैठकें अच्छी लगती थीं और वे हमारी खूब आवभगत करतीं। मन्नू जी के आतिथ्य-सत्कार में कभी कोई कमी नहीं रही। हम लोगों के तीन अड्डे थे–राजेन्द्र का शक्तिनगर का घर, दूसरा निर्मला जी का, तीसरा अजित कुमार का।

राजेन्द्र तो यारों के यार हैं, उन्हें महफिली ज़िन्दगी में ही सुख मिलता है–हमप्याला, हमनिवाला इन्सान हैं राजेन्द्र, उनमें यारबाशी बहुत है, राजेन्द्र में और कोई कन्सर्न नहीं। राजेन्द्र ने 'हंस' के दफ्तर को अपना अड्डा बनाया, इस घर को भी वैसा ही अड्डा बनाते रोज दर रोज! मन्नू जी की असहमति भी होने लगी। मन्नू जी में ठहराव है, मानवीयता है, मनुष्यता कूट-कूटकर भरी है। मुझे याद है, राजेन्द्र जब एम्स में भर्ती थे, काफी बीमार थे, कई कॉम्प्लीकेशन्स थे, मन्नू जी अपने स्वास्थ्य की परवाह न करते हुए, सारी चीजों को भूलकर, लगातार तीमारदारी करती रहीं और वहाँ डटी रहीं। हालाँकि तब तक वे अलग हो चुके थे, पर मानवीय लगाव–कन्सर्न–मन्नू जी में बहुत ज़्यादा है, पर उनकी सहनशीलता का प्याला बिलकुल भर गया था। अलगाव के पीछे यह एक बड़ा कारण था।

मन्नू जी की रचनाएँ मैं शुरू से ही पढ़ता रहा हूँ। मुझे इसका अफसोस भी है और अपराधबोध भी कि मैंने कहानी पर अपनी लेखमाला में मन्नू जी पर कभी नहीं लिखा जबकि उषा प्रियम्वदा की कहानियों पर लम्बा आलेख लिखा। मन्नू जी की सभी पुस्तकों की एक-एक प्रति मेरे पास है। 'यही सच है' पर आधारित फिल्म 'रजनीगन्धा' फिल्म भी मैंने देखी, महाभोज के दोनों नाट्य रूपान्तर मैंने देखे–अमाल अल्लाना का भी और अंकुर का भी। साहित्य अकादमी की अरुण कोल की मन्नू जी पर बनाई फिल्म भी देखी। विनोद में ही सही, पर मन्नू और राजेन्द्र के सामने भी मैं कहता रहा हूँ कि राजेन्द्र का लेखन बहुत श्रमसाध्य होता है जिसे सायास लेखन कहते हैं। उसकी भाषा भी गाँठों वाली, बनावटी और कृत्रिम होती है, उसकी तुलना में मन्नू जी के साफ, स्वच्छ हृदय और एक सहज व्यक्तित्व के कारण उनकी रचनाओं को पढ़ते हुए सहज भाषा और अनायास लेखन का स्वाद-सुख मिलता है। राजेन्द्र का लेखन बहुत गँठीला (गठीला नहीं) है, जबकि मन्नू जी में दूर-दूर तक बनावट और कृत्रिमता है ही नहीं। जहाँ तक लेखन का सवाल है, राजेन्द्र के साहित्य को लेकर मैं बहुत 'क्रिटिकल' रहा हूँ और इस बारे में लिखता भी रहा हूँ। यह मेरी

बहुत स्पष्ट धारणा है कि मन्नू जी की कहानियाँ और उपन्यास भी राजेन्द्र जी की रचनाओं से बेहतर हैं।

बाद में राजेन्द्र ने जो मन्नू के बारे में टेप चला दिया कि मन्नू जी भाजपाई हैं, दकियानूसी हैं और खुद को क्रान्तिकारी, परम्परा विरोधी और प्रगतिशील मानने लगे, वह कतई सही नहीं है। 'महाभोज' के नाट्य रूपान्तर को आडवानी जी देखने आए इसका अर्थ मन्नू जी का भाजपाई होना नहीं हो जाता।

आज राजेन्द्र अधिक चर्चा में हैं, उन्होंने अपने प्रशंसकों की फौज खड़ी कर ली है, उनके नाम का डंका बज रहा है पर मन्नू जी हमेशा ही लो प्रोफाइल रहीं। मन्नू जी की मुख्य आकांक्षा मनचाहा लिखने की रही है। हिन्दी में मन्नू जी के लेखन के साथ न्याय नहीं हुआ है। उनकी रचनाओं की मात्रा और परिमाण कम है। उनके व्यक्तित्व में एक खास बात है कि यश के पीछे, पुरस्कारों के प्रति उन्होंने कतई दिलचस्पी नहीं दिखाई। उनकी दो दर्जन कहानियाँ और दो उपन्यास–'आपका बंटी' और 'महाभोज' अपने समय से आगे जाते हैं। दोनों उपन्यास आनेवाले भारत की समस्याओं का आभास देनेवाली रचनाएँ हैं जो मन्नू जी की दूरदर्शिता का सूचक हैं। 'आपका बंटी' जब लिखा गया था, तब से अब बंटियों की संख्या में ज़्यादा वृद्धि हुई है। तब लगता था, यह पश्चिम की समस्या है पर आज बंटी ज़्यादा प्रासंगिक है। 'महाभोज' भी जिस काल में (सन् 1979) लिखा गया था, जो राजनीतिक चरित्र 'महाभोज' उपन्यास में गढ़े गए थे, उनकी तब शुरुआत ही हुई थी। आज राजनीति का पूरा परिदृश्य ऐसे चरित्रों से अँटा पड़ा है इसलिए 'आपका बंटी' और 'महाभोज' अपने समय से आगे की रचनाएँ हैं। दोनों उपन्यासों का धरातल, विषयवस्तु बिलकुल अलग है। विषय की विविधता को एक समान दक्षता से साधना मन्नू जी के लेखन की विशिष्टता है।

'महाभोज' जैसे चुनौतीपूर्ण व अच्छे प्रासंगिक राजनीतिक उपन्यास हिन्दी साहित्य में बहुत कम ही लिखे गए हैं। 'महाभोज' के दा साहब एक यादगार चरित्र हैं–इतना घुटा हुआ, सधा हुआ, गांधीवादी, कम बोलनेवाला, तनिक भी आवेश में न आनेवाला अद्भुत चौकन्ना चरित्र उन्होंने रचा है।

मन्नू जी की परवर्ती कहानियों में से उनकी एक अत्यन्त महत्वपूर्ण लेकिन कम चर्चित कहानी के बारे में मैं चर्चा करना चाहता हूँ।

एक विषयान्तर यहाँ जरूरी है। तद्भव–छह में राजेन्द्र के आत्मकथ्य की एक किस्त छपी है और ठीक उसके बाद मन्नू जी की। दोनों को एक साथ छापकर सम्पादक ने दोनों का पक्ष उपस्थित कर दिया है। दोनों आलेखों को पढ़ने के बाद लगता है कि उसमें उल्लिखित घटनाओं में से दोनों पति-पत्नी ने अपनी-अपनी तरह से कहानियाँ निकाली हैं। तद्भव–आठ में मन्नू जी की चार पंक्तियों की टिप्पणी

से लगता है कि किसी उपन्यास की योजना में उनकी डायरी में लिखे गए नोट्स हैं, जिसे उन्होंने 'कच्चा माल' कहा है, जबकि यह कच्चा माल नहीं, खासी पकी पकाई कहानी है। वर्ष 2002 में छपी हुई कहानी मन्नू जी की भाषा के व्यंग्य की तीखी चुभन को उजागर करती है। यह कहानी उनकी पहले की लिखी हुई कहानी 'स्त्री सुबोधिनी' की थीम का ही परिपक्व विकास है। इसका शीर्षक उर्दू से लिया है–'करतूते मरदाँ', इसमें तीन किस्से हैं जिनको ज्यों का त्यों दे दिया है। पहले किस्से का नायक कवि नहीं, गीतकार है। दूसरे किस्से का नायक फिल्म का अभिनेता नहीं, निर्देशक–एक फिल्मकार है। तीसरा प्रसिद्ध कथाकार है। तीसरे किस्से को पुष्ट करने और उसे ही विस्तार देने के लिए पहले दो नायक रचे गए हैं। वर्ष 2002 में लिखी गई और अब तक की उनकी सबसे नई इस कहानी को उनकी एक कमजोर कहानी कहा गया पर मैं इसे एक बहुत सशक्त कहानी मानता हूँ हालाँकि इसका निष्कर्ष 'स्त्री सुबोधिनी' जैसा ही है, पर भाषा की परिपक्वता और कलात्मक अन्दाज प्रौढ़ता तक आ पहुँचा है। 'स्त्री सुबोधिनी' उपदेश की शैली में प्यारी बहनों को सम्बोधित करते हुए एक पैरोडी की तरह है। दोनों कहानियों की तुलना में यह देखा जा सकता है कि दोनों एक ही थीम पर हैं पर 'करतूते-मरदाँ' में उग्र और प्रभावी व्यंग्य है। जीवन की विडम्बनाओं से गुजरते हुए एक दग्ध हृदय, जिसके पीछे एक पीड़ा छिपी है–एक चोट खाया हृदय जब परिपक्व होकर व्यंग्य लिखता है तब वह छिछले किस्म के व्यंग्य के मुकाबले शिष्ट और अलग होता है।

इस कहानी में भाषा का व्यंग्य चमत्कारी असर छोड़ता है। यह कहानी मन्नू जी की श्रेष्ठ कहानियों में ही शामिल होने लायक है। इस कहानी की शुरुआत ही जिस शिष्ट और तिक्त व्यंग्य से होती है, देखें–

"उस समय के कथाकारों में आम प्रचलन था, नहीं-नहीं प्रचलन नहीं, बकौल उनके, ज़िन्दगी की अनिवार्यता थी कि एक अदद बीवी के साथ एक प्रेमिका भी रहे। एक प्रेमिका तो स्थाई, बाकी अपनी-अपनी औकात और हैसियत के हिसाब से–यानी वो सब आनी-जानी माया।"

"पत्नी ने माँ का घर तो नहीं छोड़ा पर उसकी छलछलाई आँखों ने यह तो बता ही दिया कि उसके पथराए दिल में दरारों का जाल बिछना शुरू हो गया है।"

"आधा किला तो फतह। अब फाइनल स्ट्रोक।"

"अब नायक ने बाकायदा ग्लिसरीनी नहीं, असली आँसू इतने तो बहा ही दिए कि पत्नी के दरारों पड़े मुट्ठी भर दिल में बाढ़ ला दे। बाढ़ आई और पत्नी का गुस्सा और निर्णय–सब उसमें धराशाई।"

"किला फिर फतह–पत्नी घर में, नायक आसमान में।"

"पत्नी पस्त, विजयी नायक अलमस्त।"

भोगा हुआ यथार्थ है इसमें। जो स्त्री विमर्श पर उबाऊ लेख लिखे जा रहे हैं, पुस्तकें लिखी जा रही हैं, कहानियों की चर्चा छोड़ भी दें तो इस कहानी में जैसा स्त्री विमर्श है और जिस तरह से गम की कहानी को मजे ले-लेकर कहा गया है, वह मन्नू जी के ही लेखन का कौशल है। मन्नू जी के यहाँ स्त्री सहज भाव से आती है। यह नहीं कि सताई हुई पीड़ित स्त्री है, उसके अधिकार पर लिखना है। मन्नू जी जेहादी नहीं हैं। इसे कुछ लोग उनके जैन या वैष्णव संस्कारों के साथ जोड़ना चाहेंगे लेकिन मैं इसे उनके मनुष्यता के संस्कार के रूप में ही लेता हूँ। इस कहानी में निश्चित रूप से उनकी शैली अपने चरम निखार पर है–

"नायक ने प्रेमिका के पत्र एक मित्र के पते पर मँगवाने शुरू कर दिए–अब पत्नी की खोजी कुत्तेवाली नाक वहाँ तो घुसने से रही।"

"वैसे इस नायक के संगी-साथियों में पत्नी छोड़ने का कीर्तिमान स्थापित करनेवाले पराक्रमी भी थे तो पत्नी की आहत भावनाओं की धेले भर भी चिन्ता किए बिना खम ठोककर यह ऐलान करनेवाले सूरमा भी कि भई, इसमें कोई शक नहीं कि बहुत औरतों के साथ सोया हूँ मैं तो।"

खासतौर पर मैं मन्नू जी की भाषा के बारे में बात करना चाहता हूँ। हमारे यहाँ किसी भी भाषा की बोली में जो जिन्दा जबान है, वह औरतों में पाई जाती है, गाँव-कस्बे की औरतें जिन पर अंग्रेजी का असर नहीं पड़ा है, जो साहित्यिक किताबें नहीं पढ़ती हैं, उनकी जबान पर जो चढ़े हुए मुहावरे हैं, वे जाने कैसे मन्नू जी की भाषा में–शायद अजमेर या इन्दौर में रहने के कारण–बोलचाल की औरतों की जबान के मुहावरे, लहजे, शब्द, वाक्य-विन्यास अनायास बड़े सहज और प्रभावी रूप में चले आते हैं। सिर्फ तुलना के लिए मैं महादेवी वर्मा का उदाहरण लूँ। महादेवी जी का गद्य संस्कृत की एक विदुषी महिला का लिखा हुआ गद्य है। 'स्मृति की रेखाएँ' या 'अतीत के चलचित्र' में छोटे-छोटे चरित्र हैं–निचले तबके से आए पात्र हैं–प्रयाग के कुम्भ मेले का वर्णन है–वहाँ उनकी भाषा बिलकुल अलग हो जाती है लेकिन अपने सामान्य गद्य में महादेवी जी संस्कृतनिष्ठ शब्दावली में लम्बे वाक्य, क्रियाएँ रचती हैं। मन्नू जी पर तनिक भी असर नहीं है। उनके यहाँ अंग्रेजी के ढंग का वाक्य-विन्यास नहीं है। आम बोलचाल की भाषा है, अंग्रेजियत का कतई प्रभाव नहीं है। अपनी समकालीन और कनिष्ठ कुछ लेखिकाओं के बीच अकेली मन्नू जी हैं जो अंग्रेजी संस्कारों से बिलकुल अलग रहनेवाली गाँव और कस्बे की बोलचाल की भाषा का लहजा और कहानी कहने का ढंग सामान्य औरतों की बोली का–जो पाठक के भीतर बड़ी सहजता से उतर जाता है।

उनकी कहानियों की पेचीदा थीम, कथानक और पेचीदा विषय–जैसे 'त्रिशंकु' या 'यही सच है'–में भी अपनी भाषा के सहज बहाव के कारण पेंचो-खम मालूम नहीं होते।

मन्नू जी की कहानियों की जो भाषा है, इनके समकालीन लेखकों में देखें तो अंशतः अमरकान्त में मिलती है। अमरकान्त में भी शहराती तत्व आ जाता है जिससे कि वे अछूती हैं। मन्नू जी की कई कहानियों में जो व्यंग्य की तल्खी है, वह विष बुझे हुए दिल से निकले हुए दर्द की आवाज है। बहुत आत्मनियन्त्रण व सूझ-बूझ के साथ वह लिखती हैं। एक सहज, सरल बोलती हुई हिन्दी, जिसमें कला बिलकुल भी मालूम न हो, पर यह सहजता, यह कलाहीनता ही उनकी कला है। मन्नू जी की कहानी ऐसे लगती है जैसे आप कहानी का एक सहज पहला ड्राफ्ट पढ़ रहे हैं। इस अर्थ में वे निर्मल वर्मा का ध्रुवान्त हैं।

'करतूते मरदां' शीर्षक ही काफी कुछ मुखर होकर कह जाता है। इस कहानी में टेबल टेबल नहीं रह जाता, वह एक प्रतीक बन गया है। पत्नी जो टेबल बनवाकर इन्तजार कर रही है, नायक उसी टेबल पर बैठकर फिर प्रेमिका को पत्र लिखता है। वह पत्नी को भी धोखा देता है, प्रेमिका को भी और साहित्य को भी, पर पूरी कहानी में कहीं उसे धोखेबाज नहीं कहा है, कहीं भी 'धोखा' शब्द नहीं आया है। यही व्यंजना है। कहानी की खूबी है जिसमें से व्यंजना ध्वनित होती है। निर्ममता का चरम है कि उसे पीड़ा भी नहीं है, भावनाओं में बहनेवाला नायक नहीं है वह, बड़ा हिसाबी किताबी, शातिर और हत्यारा किस्म का आदमी है।

यह कहानी स्त्री विमर्श की कहानी इसलिए भी बनती है कि आमतौर पर स्त्री विमर्श पर रचनाकार-विचारक तमाम लेख लिखते रहें, पुरुष वर्चस्व के खिलाफ यह एक कहानी काफी कुछ कह जाती है। स्त्री विमर्श की हिमायत में बोलनेवाले लोग सिर्फ़ ज़माने की हवा के हिसाब से चल रहे हैं। स्वयं इसमें न यकीन करते हैं, न अपने जीवन में इसे व्यवहार में लाते हैं। जो करता है, वह स्त्री विमर्श का डंका नहीं पीटता है। बगैर जाने-समझे ही आजकल स्त्री विमर्श बहुत हो रहा है। मन्नू जी इससे अछूती हैं। मन्नू जी की रचनाओं में स्त्री सहज भाव से आती है। प्रेमचन्द कहते हैं–"पुरुष में स्त्री का तत्व आ जाए तो वह देवता हो जाता है, स्त्री में पुरुष का तत्व आ जाए तो वह राक्षसी हो जाती है।"

मन्नू जी की कहानियों में बौद्धिक बहस नहीं है। उनकी कहानियों में घटनाएँ बोलती हैं, स्थितियाँ बोलती हैं, स्वयं कहानी बोलती है। उनके चरित्र स्वयं बहस नहीं करते। इससे यह भ्रम होता है कि बौद्धिक दृष्टि से वह उतनी प्रबल नहीं है, पर यह सोचना सरासर गलत है। एक समय राजेन्द्र जी ने फैला रखा था कि हिन्दुत्ववादी पार्टी के साथ मन्नू जी की सहानुभूति है, यह सरासर गलत है। मन्नू जी आँख मूँदकर

किसी राजनीतिक पार्टी को समर्थन देनेवाली हों, यह उनकी रचनाओं से भी कोई नहीं ढूँढ़ सकता।

आज के समाज, राजनीति व अन्य विषयों के बारे में मन्नू जी के अपने विचार हैं, वह बड़ी स्पष्ट राय रखती हैं, मतभेद व्यक्त करती हैं। कोई उन्हें जबरदस्ती कायल नहीं कर सकता।

['कथादेश' जनवरी, 2009]

व्यवस्था का विद्रूप और हिन्दी कथा साहित्य

मैं समझता था और समझकर चला था कि कुछ चीजों के बारे में तो आम सहमति है, उसको दोहराने की ज़रूरत नहीं है। यह मुख्यतः कथाकारों का सम्मेलन है और इसमें समकालीन कथाकार जिस परिस्थिति से अपने कथा सम्बन्धी सृजन को क्या रूप देगा—इस पर विचार होगा। हम लोग व्यवस्था पर ज़्यादा बात करते चले गए हैं। यह देखकर अच्छा लगा कि मुरली बाबू ने उसमें यथार्थ शब्द का भी प्रयोग किया। व्यवस्था पर चर्चा करने की और भी विधाएँ तथा शास्त्र हैं। राजनीतिशास्त्र, अर्थशास्त्र, समाजशास्त्र है लेकिन साहित्य में हम व्यवस्था का विमर्श यदि करेंगे तो साहित्यिक ढंग से करेंगे और वह कैसे करेंगे, यह मुख्य समस्या होनी चाहिए। कथाकारों के बीच आकर हम कम से कम उन्हें समझने की कोशिश करेंगे—यह न भूलें कि अव्यवस्था भी एक व्यवस्था होती है और उसका एक स्वरूप होता है। व्यवस्था बहुत पक्की हो, पुख्ता हो जैसे फासिस्ट राज्य। ऊपर से सब कुछ व्यवस्थित, पक्का। कहीं कोई विरोध की गुंजाइश नहीं दिखाई पड़ती है। ऐसे दौर भी गुजरे हैं हमारे यहाँ। छोटा-सा दौर इमरजेंसी का था। लेकिन एक ज़माने में जर्मनी और इटली में ऐसा दौर चार-पाँच साल तक रहा, बल्कि ज़्यादा रहा। ऐसे दौर में कथाकार क्या और कैसी भूमिका अदा करता है, एक समस्या है। पाँच साल पहले खुद अपने देश में एक व्यवस्था थी। जब चुनाव आया तो मीडिया और तमाम लोगों ने यह समझ रखा था और 'इंडिया शाइनिंग' से लगा कि दुबारा ये सत्ता में आएँगे—उस दौर में हमारी क्या भूमिका थी? वो व्यवस्था देखते-देखते धराशाई हो गई, जो इतनी मजबूत लगती थी। एनडीए के ध्वस्त होने के बाद फिर हम लोगों ने देखा कि उस हार के बाद क्या स्थिति है? अभी थोड़ी देर बाद मीडिया के जरिए मालूम हुआ कि इतनी कमजोर है, जिसमें सीधे अपने अध्यक्ष को एक साथी ने चुनौती देते हुए मीडिया की रोशनी के सामने दिखाया। इस समय जो व्यवस्था है वह कितनी व्यवस्थित है या उसके अन्दर कितनी अव्यवस्था है—यह ऐसा विषय है कि गहराई से इसकी छानबीन करने के लिए दूसरे भी मंच बने हुए हैं। सवाल यह है कि स्वयं कथाकार इसकी कहानी कैसे लिखेंगे? और अन्ततः हमें व्यवस्था की कहानी नहीं लिखनी है, बल्कि

हम अपनी भाषा में जिसको यथार्थ कहते हैं, उसकी कहानी लिखनी है। उस यथार्थ को हम चाहे पशुओं के माध्यम से कहें और चाहे गुलिवर की तरह लिखें और हम चाहे परियों, देवों, दानवों का सहारा लें अन्ततः हम इन्सानों की अपने आसपास के लोगों की कहानी ही कहते हैं। जब यह माध्यम होगा तब स्वयं कथा की अपनी समस्याएँ क्या होती हैं, इसके बारे में हम लोगों को नए सिरे से गहराई से विचार करने की ज़रूरत है। फ़िराक़ ने कभी कहा था :

हुआ मुझ गरीब को यह हुक्म है हयात का,
समझे हरेक राज को मगर फरेब खाए जा।

अधिकांश लेखक और प्रबुद्ध लेखक, खुशी की बात है, मोटे तौर से व्यवस्था विरोधी छवि लिए हुए हैं। हम मानकर चलते हैं कि इसके समर्थक बहुत कम हैं।

अनेक साथी लेखकों ने इसके पहलुओं पर प्रकाश डाला है। उन बातों को दोहराने की ज़रूरत नहीं है। 'नई कहानी' से लेकर बाद की कहानियों और इधर के उपन्यासों तक का जिक्र किया गया है। उन कृतियों की ताकत कहाँ है और कहाँ खामियाँ हैं, उनकी ओर नजर हम लोग जब तक नहीं रखेंगे, तब तक काम नहीं चलेगा। अभी कहा गया कि आज की सच्चाई को व्यक्त करने का साधन केवल लिखी हुई कहानियाँ और कविताएँ नहीं हैं बल्कि उससे ज़्यादा ताकतवर मीडिया है चाहे वह प्रिंट मीडिया हो, प्रिंट मीडिया से ज़्यादा इलेक्ट्रॉनिक मीडिया हो। क्या आप वही काम कर सकते हैं? मीडिया की पोल भी आपके सामने होनी चाहिए क्योंकि हमारा माध्यम शब्दों के माध्यम से उन चीजों को व्यक्त करता है। आरम्भ में 'व्यवस्था' शब्द का और उसके साथ 'सत्ता' शब्द का प्रयोग किया था। व्यवस्था सत्ता नहीं है, सत्ता अलक्षित है। देखने की ज़रूरत है कि ऐसी घड़ी में इस व्यवस्था के अन्दर इसकी तोड़ मौजूद है कि नहीं और वह कहाँ है, वो कौन-सी ताकतें हैं। उनको छोड़कर कुल मिलाकर अपनी आज की कथा की समस्याओं को देखें तो मुझे लगता है कि भले ही व्यक्ति बहस कर ले, लेकिन पूरे हिन्दी साहित्य में भला हो कुछ सम्पादकों का, कि अधिकांश कथा साहित्य दो-तीन विषयों, जिसकी मैं कहूँगा कि प्रायोजित यथार्थ, इन चीजों पर ज़्यादा विमर्श हो रहा है। व्यवस्था की तो कोई बात ही नहीं कर रहा है। कुल मिलाकर एक ज़माने में जब गुजरात का एक हिस्सा कुचला जा रहा था–तब सारी समस्या हो गई थी हिन्दू-मुस्लिम समस्या। वही साहित्य का मुख्य मुद्दा बना हुआ था, जैसे सबसे बड़ी समस्या वही हो। एक ज़माने में कभी भारत और राष्ट्र, राष्ट्रवाद से सम्बन्धित अधिकांश साहित्य लिखे गए। कहानियाँ, उपन्यास, कविताएँ–सब लिखी गईं। बीच में लगभग राष्ट्र के टुकड़े ज़्यादा महत्वपूर्ण हो गए। राष्ट्र और राष्ट्रवाद पुरानी चीज़ पड़ गई और लोगों ने कहा कि हमारे देश में ज़्यादा बड़ी समस्या दहेज की समस्या है। अधिकांश कथा विमर्श में इस बीच

दलित और इसके बाद स्त्री विमर्श के मुद्दे प्रमुख हो गए हैं। यानी साहित्य में यथार्थ और कल्पना आदि वाली बहस तो अब पुरानी पड़ गई। सारी व्यवस्था को हम लोगों ने कुछ विषयों में सीमित कर दिया है। क्या थीम है, क्या विषय है–इसके कारण कुछ कृतियाँ अत्यधिक महत्वपूर्ण हो गई हैं। कुल मिलाकर वो करती क्या हैं–व्यवस्था को तोड़ती हैं, बदलती हैं और विकल्प की ओर देखती हैं।

व्यवस्था की जब बात करते हैं तो ध्यान रखिए कि वह विश्व के पैमाने से लेकर के अपने देश तक जुड़ी हुई है। पेरी एंडरसन ने विश्व के पैमाने पर कुछ बातें कही हैं। उनका खास महत्व है, खासतौर से बुश के चुनाव जीतने के बाद। सभी लोग समझ रहे थे कि इराक में अमेरिका की जो दुर्गति फजीहत हो रही है, बुश नहीं जीतेगा, लेकिन जीता, एक नया नंगा साम्राज्यवाद फिर जीतकर के आया। और फिर उसके बाद कोरिया पर हमला हो रहा है। उस पर पेरी एंडरसन ने अपने व्याख्यान में कहा था कि तीसरी दुनिया का राष्ट्रवाद ही उस साम्राज्यवाद के विरुद्ध खड़ा हो सकता है। पश्चिमी यूरोप में कोई ऐसी ताकत नहीं है, जो इसका जवाब दे सके। पेरी एंडरसन ने कहा था कि तीसरी दुनिया साम्राज्यवाद से पहले दौर में लड़ चुकी है। यह इस तरह के साम्राज्यवाद से मुकाबला कर सकती है। यानी एक ज़माने में अमेरिका में ब्लैक पॉवर और ब्लैक से सम्बन्धित बहुत सारा साहित्य लिखा गया। आज इस नए दौर में वह समस्या गौण हो गई है। दुनिया देख रही है कि भारत और चीन में ही वह ताकत है जो कि साम्राज्यवाद को रोक सकती है। था एक समाजवाद–जो सच कहूँ इस लायक रह ही नहीं गया है–खत्म हो गया है।

हम हिन्दी के कथा साहित्य में चर्चा या बहस में व्यवस्था-व्यवस्था की बात कर रहे हैं, लेकिन सच्चाई यह है कि दो-तीन विषय हम लोगों ने चुन लिए हैं। इस पर लिखी हुई कहानी है तो बहुत अच्छी होगी। इस पर लिखा होगा तो उपन्यास अच्छा होगा। खुद वो उपन्यास है क्या, हम इस पर नहीं जाते। मैं टिप्पणी नहीं करना चाहता लेकिन 'कितने पाकिस्तान' और 'आखिरी कलाम' का उदाहरण मेरे सामने है। सिर्फ इसलिए 'आखिरी कलाम' को यहाँ 'कथाक्रम' में पुरस्कार भी दिया गया। ये दोनों इसलिए चर्चा में हैं कि बाबरी मस्जिद ध्वंस की थीम पर लिखे गए हैं। इस थीम के कारण दोनों महत्वपूर्ण हैं। कुछ समीक्षाएँ लिखी गई हैं। उन समीक्षाओं से पता लगता है कि एक तो भ्रष्ट कल्पना की सृष्टि है और उस पर अरुण प्रकाश की समीक्षा छपने के बाद भी यदि कोई आदमी अगर उसे बड़ा उपन्यास मानता हो, तो उसको मैं धन्य मानूँगा। 'कितने पाकिस्तान' उपन्यास है भी कि नहीं है। बावजूद इसके डंका पीट रहे हैं। मैं कथाकारों से इस सवाल का जवाब माँगूँ या कथा के समीक्षकों से जवाब माँगूँ? इसी तरह अनेक कहानियाँ सिर्फ दलित थीम पर होने के कारण महत्वपूर्ण मानी

जा रही हैं। वह कहानी है कि नहीं और अच्छी है कि नहीं, इसका पूरा का पूरा विवेक खत्म हो गया है।

इस माहौल में मैं एक कृति के माध्यम से कुछ मिनट केवल इशारा करूँगा। 'इस उम्र में' श्रीलाल शुक्ल की पुस्तक मैंने अभी पढ़ी। मैं सोच रहा था कि इस बीच पुस्तक के बारे में कुछ लिखूँ। इसी बीच 'कथाक्रम' में सुशील सिद्धार्थ की समीक्षा आई है। समीक्षा में एक वाक्य है–'प्रायोजित प्रकाश में छटपटाती धुँधली वास्तविकताएँ।' इस पूरे माहौल में, मीडिया की रोशनी में, विमर्श की रोशनी में–जो सारे स्पॉन्सर्ड हैं–वास्तविकताएँ छिप जाती हैं। हम अच्छी तरह से जानते हैं कि मीडिया में जो खबरें आती हैं, चाहे इलेक्ट्रॉनिक मीडिया हो या प्रकाशन, एक खास कोण से कुछ खास चीजें उछाली जाती हैं, दिखाई जाती हैं। उसके पीछे जो धब्बे हैं, जो छायाएँ हैं, छायाओं के रूप में जो जीवन का सच होता है, वह सच अगर लेखक नहीं देखेगा तो तय समझिए सिद्धान्त गढ़नेवालों के यहाँ–अर्थशास्त्र के आँकड़ों में राजनीति के सिद्धान्तों में वह नहीं आएगा। कहने के लिए यह सारी बहस इसलिए हो रही है कि एक प्रकार का लोकतन्त्र है। बहुत-सी बातें साल भर पहले नहीं की जा सकती थीं अब वह कही जा सकती हैं। हम लोग कह रहे हैं, कह सकते हैं। इसलिए उन चीजों को देखने के लिए मैं एक उदाहरण लेता हूँ 'इस उम्र में' की कुछ कहानियों के जरिए। 'शिष्टाचार' नाम की एक कहानी का जिक्र मैं करना चाहता हूँ। खासतौर से इसलिए कि उसे दलित विमर्श की कहानी माना जाएगा या नहीं, मुझे शक है। 'शिष्टाचार' कहानी बहुत लम्बी-चौड़ी नहीं है। कहानी में छोटा बच्चा बबलू है। उसके बाबा अपने अफसर बेटे के यहाँ गए। गाँव से आया हुआ उसका नौकर रामेश्वर था। उसका नाम रामेश्वर था, पर बबलू उसे 'रमेसर-रमेसर' चिल्ला रहा था। बाबा को बहुत बुरा लगा। बुलाकर कहा कि ये नहीं, रामेश्वर भइया कहो। उसने कहा, भइया क्या होता है? बाबा ने बताया–शिष्टाचार है घर का। यद्यपि वह हमारा खिदमतगार है, लेकिन हम रिश्ते से पुकारते हैं। नौकर भी यदि उम्र में बड़ा है तो उसको भइया कहेंगे, चाचा कहेंगे। जब रामेश्वर आता है तो उनको 'सर' कहता है। उन्हें बड़ा अजीब-सा लगा। वे कहते हैं–'मालिक क्यों नहीं कहता है हमको', बार-बार कहते हैं, वह 'सर' ही कहता है। पूरी खींचतान में वह छोटा बच्चा बबलू 'रमेसर' ही कहता है, 'रामेश्वर भइया' नहीं कहता। अन्त में वह इस्तीफा देकर, सारा हिसाब करके, लेन-देन पूरा करके चला जाता है। अन्त में वे अपने बेटे से पूछते हैं कि उसको तुमने बिना मेरे हुक्म के, हिसाब अदा करके, कर्ज चुकाकर के जाने क्यों दिया। पहले वह खिदमतगार था और अब वह मुक्त हो गया। कहीं नौकरी के लिए दिल्ली चला गया। जब तक कर्ज था तब तक रिश्ता था, जब कर्ज नहीं तो रिश्ता कैसा? यह कहानी ऊपर से लगता है कि पुरानी व्यवस्था की मनुष्यता दिखाती है

नौकर को भइया पुकारना, चाचा कहना, दादा कहना, बाबा कहना—ये कितना सम्मानजनक था; लेकिन हम भूल जाते हैं कि उस पुरानी सामन्ती व्यवस्था में ही वह कर्ज के कारण पुश्त दर पुश्त नौकर बना रहता। इस ऊपरी मिठास के बावजूद वह वहीं है, जहाँ उसकी जगह होनी चाहिए। नई व्यवस्था जो नितान्त क्रूर दिखाई पड़ती है, वह मुक्त कर सकती है आदमी को। यह पूँजीवाद और सामन्तवाद का अन्तर है। रामेश्वर छोटी जाति का है। अब यह कहानी दलित मानी जाएगी या नहीं। यह कहानी कहीं ज़्यादा गहराई और सच्चाई से विडम्बना को व्यक्त करती है।

ऐसी ही कहानियाँ, मैं कहना चाहता हूँ स्त्री विमर्श के नाम पर आती हैं, जहाँ स्त्रियों को ताकतवर दिखाना, मुँहजोर दिखाना, हीन न समझना—ये सब काम किए जाते हैं और समझा जाता है कि इसी बहाने स्त्री सशक्त हुई है। ये कहानियाँ सच्चाई पर परदा डालती हैं। इसी तरह की एक कहानी और है। एक आदमी से डाक बँगले में और जंगल में लोग मिलते हैं। बार-बार वह कहानी में कहता है कि और सब तो ठीक है लेकिन तुम औरतों को बहुत मुँहजोर दिखाते हो, ऐंठू दिखाते हो, यह तुम्हारी कमजोरी है। फिर वह बताता है कि चार शादियाँ उसने की थीं। वह शराब पीते हुए कहानी सुनाते हुए चला जाता है। इन्होंने पूछा कि भाई एक के बाद एक शादी की है तूने या साथ ही साथ चारों के साथ चलता रहा। तो उसने कहा एक छोड़कर, एक तलाक देकर। कुल मिलाकर के पूरी कहानी स्त्री के बारे में हकीकत बयान करती है। उसके रुख और उसके एटीट्यूड के बारे में मैं जानना चाहता हूँ कि वह इस जगह स्त्री विमर्श की कहानी होगी कि नहीं। मैं बहुत ब्योरे में न जाकर एक और उदाहरण लूँगा। 'कुछ अखबारी घटनाएँ' नाम से एक कहानी है। उसमें एक उदार मुख्यमन्त्री है। कुँवरपुर में कहीं बाढ़ आई है उसको देखने के लिए जाता है। जैसे मनमोहन सिंह ने अभी कश्मीर को दिया है कई करोड़ रुपया वहाँ के उद्धार के लिए, उसी तरह वह घोषणा करता है। सहमति हो गई अफसरों में। वह जानते थे रुपये मिलने का क्या मतलब होता है। वही उनके लिए ठीक था। अन्त में वह मुख्यमन्त्री जो कि निहायत गरीब गाँव के निर्धन परिवार से आया था, सबको हटाकर के अलग खड़ा हुआ देख रहा था। बाढ़ का, पानी का, डूब का दृश्य देखकर उदास अकेला था। भाषण-वाषण देकर के सरकारी रिपोर्ट के आधार पर उसने घोषणा कर दी लेकिन जानता था कि अंजाम इसका क्या होनेवाला है। अकेले उदास खड़ा था। किसी ने कहा चलें, तो बोला कहाँ? मैं यह कहना चाहता हूँ।

एक चीज़ और। खासतौर से हमारी उम्र और श्रीलाल जी की उम्र के हम लोग युवा पीढ़ी की पीठ ठोंकते हैं। यूथ पॉवर 1968 के आसपास फ्रांस में भी आया था। आज किसी को पता नहीं है। बहुत क्रान्ति करने वाले लोग थे। गलत जगह पीठ ठोंकना, जैसे गलत जगह शे'र पर दाद लेना। हम युवाओं की पीठ ठोंकते हैं, अपने

आपमें चाहे वह जितना गुमराह हो। यूथ तो शाखा में भी जाते हैं–बल्कि ज़्यादा तादाद वहाँ है। आपके यहाँ कम दिखाई पड़ती है। हम लोग फैशन के तहत, संगठन के नाते, विचारधाराओं के आधार पर गलत जगह दाद देते हैं। इसलिए आज व्यवस्था के विरोध की तमाम नजीरें दी गई हैं और आगे भी दी जाती रहेंगी। लेकिन असल चीज़ है कि दिन पर दिन आज की व्यवस्था जटिल और पेचीदा होती जा रही है। मसलन, धर्म का नाम लिया जा रहा था। नए राज में सेकुलर लोगों की बहार आ गई है और हम अच्छी तरह से जानते हैं कितने सेकुलर लोग हैं। वही सेकुलर लोग हैं, जिन्होंने मन्दिर का दरवाजा और ताला खोला था। जिन लोगों ने मस्जिद गिर जाने दी थी। इसे बहुत जल्दी हम लोग भूल जाते हैं। हम यथार्थ को स्याह और सफेद में बाँटकर बहुत जल्दी खुश हो जाते हैं। यह एक व्यवस्था है–उसके समर्थक हैं, दूसरी व्यवस्था विरोध है और उनके बीच में कहीं कोई छाया नहीं है। मित्रो! मैं कहना चाहता हूँ कि आमतौर से तो प्रकाश और छाया के बीच में बँटी हुई बहुत लम्बी दूरी है धुँधलके की, जिसके अन्तराल में ज़िन्दगी तय हुआ करती है।

कथा साहित्य का बड़ा नुकसान हुआ है। रचना के क्षेत्र में उससे ज्यादा। समीक्षकों, चाहे पुस्तक समीक्षा लिखने वाले हों, चाहे आलोचक हों, गलत चीज़ की दाद देने के कारण। उपन्यास 'आखिरी कलाम' में लिखा गया है–'किताबें शंका पैदा करती हैं'। आप सन्देहवादी बनाना चाहते हैं लोगों को। पोस्ट मॉडर्निज़्म तो यही कर रहा है। एक ज़माने में आस्था को बड़ा मूल्य माना जाता था। कमिटमेंट की बात की जाती थी। अपने को वामपन्थी विचारों से जुड़ा कहने वाला आदमी बाबरी मस्जिद के ध्वंस के पूरे प्रकरण में वामपन्थ को नाकारा साबित कर रहा है। क्या सचमुच नाकारा था! अकेले उस दौर में कोई था तो वामपन्थी ताकतें ही सच्चे अर्थों में सेक्युलरिज़्म की रक्षा कर रही थीं। पूरा उपन्यास अन्ततः यही दिखाता है। फिर भी आप पीठ ठोंके चले जा रहे हैं। क्या सच्चाई बयान की है? आज के इस दौर में जो धुँधलके का दौर है, बताना चाहता हूँ, बुश की जीत से एक नया विश्वतन्त्र और साम्राज्यवाद का एक निहायत नया रूप आने जा रहा है और उसका गहरा असर तीसरी दुनिया के हमारे जैसे देशों पर पड़ेगा। जहाँ हम लोग खंड-खंड पाखंड की समस्याओं से जूझेंगे। हम उस बड़े सच के लिए लाइन-अप हो जाएँगे। साहित्य में खासतौर से हम लोग। गीता में कृष्ण ने कहा था अर्जुन से–बड़े ज्ञानी की तरह बात कर रहे हो। आज जो लोग इस पूरी व्यवस्था के तन्त्र जाल को, उसकी पेचीदगी को कम करके आँकते हैं, उनके सामने हम लोग उन समस्याओं पर ज़्यादा जोर दे रहे हैं। इसलिए आप देखेंगे कि कुल मिलाकर राह हमारे सामने दिखाई नहीं पड़ रही है। दलित राजनीति की सीमाएँ क्रमशः स्पष्ट होती चली जा रही हैं। महाराष्ट्र के चुनाव ने साबित कर दिया है।

राजनीति में दलित राजनीति का चेहरा उजागर हो रहा है। साहित्य इससे कोई सबक नहीं ले रहा है। और स्त्री विमर्श, पश्चिमी जगत में मैं जानना चाहता हूँ कि फेमिनिस्ट मूवमेंट का क्या हश्र हुआ? 10-15 साल के बाद अमेरिका में कहाँ हैं वे लोग? अब इस समय अमेरिका द्वारा जो नया हमला विश्व सभ्यता पर हो रहा है पश्चिम में सारे सिद्धान्त चेरी बन गए थे। जो पोस्ट मॉडर्निज़्म या उत्तर आधुनिकतावाद सारे मॉडर्निज़्म का विरोध करते हुए बड़ा क्रान्तिकारी दिखाई पड़ता था, खत्म हो चुका, दुकान उठ चुकी उनकी। हमारे यहाँ वो फल-फूल रहा है। इसलिए कथा के सामने समस्याएँ हैं। दुनिया कभी भी स्याह और सफेद में बँटी हुई नहीं रही है। आज तो और भी नहीं है। एक लम्बा फासला है। हम लोग सतह के यथार्थ के नाम पर जिन रचनाओं को दाद दे रहे हैं, मैं समझता हूँ वे साहित्य का बड़ा लाभ नहीं कर रही हैं। पॉपुलिस्ट किस्म की चीजें हैं। पॉपुलिस्ट राजनीति के दौर में साहित्यकार और साहित्य भी पॉपुलिस्ट होगा तो सबसे बड़ा असर अपने लेखन पर डालेगा। समाज में तो आप क्या डालेंगे? इसलिए आखिरी बात मैं कहना चाहता हूँ दूसरों की आलोचना करने से पहले हम खुद अपनी आलोचना करें। मुक्तिबोध की यही ताकत थी। आजादी प्राप्त होने के पहले दशक में अकेला वह स्वर था, जो अपनी आलोचना, अपनी भर्त्सना करनेवाला था। उसके साथ-साथ व्यवस्था की भी आलोचना करता था। अपनी गहरी आलोचना, जो उनकी लम्बी कविताओं में और कहानियों में दिखाई पड़ती है, उनके 'विपात्र' नामक उपन्यास में सबसे ज़्यादा है। वे कहते हैं, हम लोग तो उस साधु की तरह हैं जो अपने ब्रह्मचर्य की रक्षा करने के लिए अपनी जननेन्द्रिय काट लेता है। यह मुक्तिबोध का सत्य है।

मुक्तिबोध की वह परम्परा आज कहाँ है, किन लोगों में है? लोग उत्साह या सस्ती भावुकता में या चालू फैशन के चालू दौर में आलोचना की प्रशंसा के चालू शब्दों के द्वारा काम चला रहे हैं। कथा-साहित्य के अन्दर रोकथाम यदि अगर इसकी नहीं होती है तो कमजोर रचनाएँ आएँगी। जैसे एक ज़माने में प्रगतिशील साहित्य जनवादी साहित्य के नाम पर बहुत-सी झूठी रचनाओं की तारीफ की गई थी। आज उन रचनाओं को कोई नहीं पढ़ता है। 'ताजमहल' पर लिखी हुई कविता एक ज़माने में थी 'हाय मृत्यु का ऐसा अमर पार्थिव पूजन'। आज इस कविता को कोई पढ़ना पसन्द नहीं करता। 'मुझसे पहली-सी मोहब्बत मेरे महबूब न माँग'। आज प्यार करने नहीं, हम तो क्रान्ति ही करने जाएँगे। बहुत पीठ ठोंकी गई थी। इसलिए इस दौर में जो यथार्थ सतह पर दिखाई पड़ रहा है, उसको खोदकर, अन्दर जाकर के उन सच्चाइयों को जो लोग दिखाने की कोशिश कर रहे हैं, उनका एक पाठक के नाते समीक्षक के नाते एक आलोचक के नाते तो मूल्यांकन करेंगे ही, इस तरह कथा साहित्य की सृजनात्मकता को बढ़ावा देने की कोशिश करेंगे। जितनी गहराई से, जितनी महत्वपूर्ण

रचनाएँ लिखी जा रही हैं, उसके समानान्तर उसकी गहरी और सही आलोचना नहीं हो रही है। विश्वविद्यालय से कोई उम्मीद नहीं है, क्योंकि वे कैनन पढ़ाते हैं। परम्परा पढ़ाते हैं, नई सृजनात्मकता में उनकी दिलचस्पी नहीं है। जब तक वह आचार्य नहीं बन जाएगा, बीस साल के बाद, तब तक वह नहीं पढ़ाया जाएगा। मुक्तिबोध मर गए तब जाकर के कोर्स में डाले गए थे। इसलिए जब नए लेखक बूढ़े हो जाएँगे तब विश्वविद्यालयों में तो शोध का कार्य लोग करेंगे। आज ग्लोबल दुनिया के यथार्थ के बीच अन्ततः लोकल चीजें ही हमारे काम के साहित्य का विषय बनेंगी। इसी बूँद में हम उस समुद्र की झलक दिखाने की कोशिश करेंगे।

[कथाक्रम समारोह, 2004 के उद्घाटन सत्र में लखनऊ में व्यक्त विचार।
'कथाक्रम', अक्टूबर-दिसम्बर, 2005 में प्रकाशित]

●●●